DIENSTBÜHL

Extremismus und Radikalisierung

Extremismus und Radikalisierung

Kriminologisches Handbuch zur aktuellen Sicherheitslage

Prof. Dr. Dorothee Dienstbühl
Fachhochschule für öffentliche Verwaltung
Nordrhein-Westfalen
Außenstelle Mülheim a. d. R.

BOORBERG

Bibliografische Information der Deutschen Nationalbibliothek | Die Deutsche Nationalbibliothek verzeichnet diese Publikation in der Deutschen Nationalbibliografie; detaillierte bibliografische Daten sind im Internet über www.dnb.de abrufbar.

ISBN 978-3-415-06579-6

Titelfoto: © domoskanonos – stock.adobe.com | Satz: Olaf Mangold Text & Typo, 70374 Stuttgart | Druck und Bindung: Laupp & Göbel GmbH, Robert-Bosch-Straße 42, 72810 Gomaringen

Richard Boorberg Verlag GmbH & Co KG | Scharrstraße 2 | 70563 Stuttgart
Stuttgart | München | Hannover | Berlin | Weimar | Dresden
www.boorberg.de

gewidmet
all denen, die täglich dafür arbeiten,
um uns zu schützen

Vorwort

„Die größte wissenschaftliche Tragödie:
Wenn eine häßliche Tatsache eine schöne Theorie ermordet.“
Thomas Henry Huxley (1825–1895)

Politischer und religiöser Extremismus sind in den letzten Jahren zu Kernproblemen der deutschen Sicherheitsbehörden geworden. Während sich die Phänomene vor allem unterscheiden und auch gegenseitig bekämpfen, ist ihnen gemein, dass sie sich vor allem über Anti-Haltungen definieren: Extremisten sind in erster Linie dagegen. Gegen Ausländer, gegen Globalisierung, gegen westliche Werte, etc. Aus dieser Antihaltung entwickeln sich der Wille zum Protest und vor allem der Wille zur Beseitigung alles dessen, was als falsch verstanden wird. Die Beseitigung muss jeweils konsequent und komplett sein. Entsprechend sind alle Mittel erlaubt.

Allen extremistischen Bestrebungen ist gemein, dass sie sich gegen den Staat und gegen demokratische Grundprinzipien richten. Insbesondere der Gleichheitsgrundsatz wird von sämtlichen extremistischen Strömungen abgelehnt und die eigene ideologische Ausrichtung über die bestehenden Rechte des Gegenübers gestellt. Terroristen gehen noch einen Schritt weiter und stellen das eigene Leben unter ihre Ideologie und sind nicht nur bereit, ihr ganzes Handeln danach auszurichten, sondern mitunter auch ihr Leben dafür zu opfern. Der vernichtende Hass, die grenzenlose Brutalität und der Umstand, dass sich sogar junge Menschen, teilweise schon im Kindesalter, solchen Ideologien verschreiben, wirft die Frage nach Gründen für diese Entwicklung auf.

Journalisten[1], Psychologen, Soziologen, Ethnologen, Pädagogen, Verhaltens- und Konfliktforscher mühen sich, Phänomene von Extremismus und Terrorismus zu ergründen und Gegenstrategien zu finden. Was sind die Ursachen? Armut oder Überfluss? Zu strenge oder zu lasche Erziehung? Zu viel oder zu wenig Religion? Was ist mit psychologischen Aspekten? Kann fanatische Gewalt seine Ursache in einem Krankheitsbild haben? Und wie soll man den Terrorismus bekämpfen? Mit präventiven Maßnahmen, mit mehr Toleranz und Zugeständnissen oder mit strengeren Gesetzen und re-

1 Zur besseren Lesbarkeit wird auf die stetige Verwendung der weiblichen Form bzw. der Schreibweise des sog. „Gender_Gap“ verzichtet. Dass jeweils Frauen und Männer gemeint sind, ist selbstverständlich.

pressiven Strategien? Mit offenen oder überwachten Grenzen? Mit Bildung und Erziehung oder harten Sanktionen und Ausweisung?

Die Ursachen von Kriminalitätsformen zu erforschen und die Phänomene interdisziplinär darzustellen, ist originäre Aufgabe der Kriminologie, unter Hinzunahme der erforderlichen Geistes-, Rechts- und Naturwissenschaften. Tatsächlich war Extremismus in der deutschen Kriminologie bislang jedoch kein Schwerpunkt, hingegen ist die Dimension politikwissenschaftlicher, soziologischer und journalistischer Literatur zu Extremismus und Terrorismus unübersehbar. Der Kriminologe Hans-Joachim Schneider sieht diesen Umstand u. a. darin begründet, dass auf Ideologien basierte Kriminalität von Kriminologen als zu spekulativ und zu abhängig vom jeweiligen Staatssystem betrachtet wird.[2] Gleichzeitig stellen Extremismus und Terrorismus Kriminalitätsfelder dar, in denen nahezu alle Straftaten verwirklicht werden. Und gerade komplexe Kriminalitätsgefüge verdienen eine fächerübergreifende Betrachtung.

Vorliegendes Handbuch befasst sich entsprechend mit Extremismus und Terrorismus aus kriminologischer und damit interdisziplinärer Perspektive. *Es richtet sich in erster Linie an die Angehörigen von Sicherheitsbehörden (Polizei, Verfassungsschutz, Zoll, aber auch der Bundeswehr) sowie deren Anwärter und Studenten, die sich mit der umfassenden Materie Extremismus in Deutschland auseinandersetzen müssen. Zudem soll es fachlich Interessierten einen Überblick über die aktuelle Situation in Deutschland sowie geschichtliche und gegenwärtige Entwicklungen bieten und grundlegendes Wissen zur Einschätzung von Bedrohungspotentialen vor Ort vermitteln.* Dabei handelt es sich aufgrund der dynamischen Entwicklungen um eine gegenwärtige Bestandsaufnahme, die sich in den jeweiligen extremistischen Bereichen sehr schnell anders darstellen kann. Insbesondere die genannten Zahlen verändern und entwickeln sich freilich im Laufe der Zeit.

Werke zu Terrorismus und Extremismus existieren mehr oder weniger aktuell und aus sämtlichen wissenschaftlichen Perspektiven heraus. Meistens liegt der Schwerpunkt auf Extremismus, einer Form des Extremismus oder auf Terrorismus. Ziel des vorliegenden Buches ist es, aus Perspektive der Kriminologie einen fundierten thematischen Überblick zu bieten und eine Basis zu schaffen, die weniger theoriefokussiert, sondern phänomenbezogen ist. Mit dieser Art wissenschaftlicher Erkenntnis soll ein Verständnis der Themenkomplexe Terrorismus und Extremismus ermöglicht werden, das im praktischen Umgang mit deren Akteuren und Strukturen

2 Vgl. Schneider, in: Sievers/Schneider (Hrsg.) 1998, S. 589.

hilfreich ist. Um gegenwärtige Erscheinungen von Extremismus und Terrorismus zu begreifen, müssen ihre Ursprünge, Historien und Entwicklungen verstanden werden. Entsprechend erfolgen Darstellungen und Analysen an zahlreichen Beispielen. Um ein schnelles Nachschlagen zu erleichtern, haben wir bewusst die Form eines Handbuches verwendet. Um das Verständnis auch für komplexere Sachverhalte zu erleichtern, wurden häufiger Modelle und Vergleichstabellen erstellt.

Gerade Terrorismus und Extremismus stehen als politische und gesellschaftsrelevante Themen im öffentlichen Fokus, werden jedoch zuweilen auf Basis von Meinungen behandelt. Jeder Polizist, Journalist und auch jeder Wissenschaftler entwickelt ebenfalls eine eigene Meinung, die durch eigene Erlebnisse, Medienberichte, Gespräche im eigenen soziokulturellen Umfeld und durch diverse Erfahrungen geprägt wird. 100 %ige Objektivität kann niemand gewährleisten. Ein kriminologischer Zugang ermöglicht jedoch eine sachliche und wissensbasierte Annäherung. Gerade diese ist für Angehörige von Sicherheitsbehörden und besonders für seine Anwärter in Ausbildung und Studium unabdingbar. Und auch im Berufsleben kann eine wissenschaftliche Perspektive für eine notwendige Distanz sorgen, die aufgrund aktueller und akuter Entwicklungen nicht immer möglich ist. Auch um diese Distanz zu erzeugen, kann der vorliegende Band hoffentlich einen Beitrag leisten.

Mülheim an der Ruhr im Mai 2019 *Dorothee Dienstbühl*

Danksagung

Für die vorzügliche Betreuung, seine Geduld und den entspannten Umgang mit zeitlichen Engpässen danke ich ganz besonders Herrn Hans-Jörn Bury vom Richard Boorberg Verlag.

Zu einem fertigen Buch tragen aber nur selten Autor und Verlag allein bei.

Zu diesem Buch hat besonders die Arbeit von Frau Sigrid Herrmann-Marschall beigetragen. Ihr Fachwissen, insbesondere zu islamistischen Szenen und Akteuren in Deutschland, ist beispiellos. Zunächst war das Buch als gemeinsames Projekt geplant. Da sie als Szene-Kennerin entsprechend gefragt ist, konnte sie die letzten Monate nicht die Zeit dafür aufbringen, stand mir aber stets für alle Fragen zur Seite. Ihr Blog[3] sei an dieser Stelle jedem empfohlen, der sich aktuell und detailliert über diese Thematik informieren möchte.

Ein ganz besonderer Dank gebührt meinem Mann Stephen Nickel, der mir mit Fachkompetenz, Rat und Tat zur Seite gestanden hat. Ein ganz herzlicher Dank für seine kollegiale und freundschaftliche Hilfe geht an Herrn Prof. Dr. Stefan Piasecki, der insbesondere bei dem Forschungsüberblick fachkundig und souverän durch den Literaturdschungel geführt hat. Herzlich bedanken möchte ich mich an dieser Stelle auch bei Frau Nadja Sommer, die es sich zur Aufgabe gemacht hat, Fortschritte der Arbeit in Augenschein zu nehmen und Impulse aus sozialen Behörden für die Thematik zu geben. Weiter möchte ich mich bei Herrn Regierungsdirektor Dr. Andreas Schwegel (LKA Niedersachsen) bedanken, dessen Freundschaft und stetiger Impuls ursächlich für die Entstehung so vieler Publikationen und nicht zuletzt meines Forschungsschwerpunktes war. Für seine Expertise und Ideen zum Aufbau danke ich zudem Herrn KOK André Balthasar. Für sehr praktische Hinweise und den unkomplizierten Austausch bedanke ich mich herzlich bei Frau POK'in Tania Kambouri und Herrn Burak Yilmaz (HeRoes Duisburg).

Zudem bedanke ich mich bei all den Polizeibeamten, mit denen ich mich in den unterschiedlichsten Seminaren austauschen konnte (v. a. an der Bundespolizeiakademie in Lübeck, bei der Bereitschaftspolizei Niedersachsen, im Schloss Gimborn mit Polizisten aus diversen Ländern, Verbindungsbeamten aus NRW und Niedersachsen und vielen weiteren).

3 Adresse: https://vunv1863.wordpress.com/.

Auch möchte ich mich bei meinen Mülheimer Bachelorstudenten des Studienganges PVD an der Fachhochschule für öffentliche Verwaltung NRW bedanken, bei denen ich Kriminologie unterrichtet habe, nämlich die Kurse MH 15/01, 15/02, 15/03 und 15/04, MH 16/01, 16/02, 16/54 und 16/55, MH 17/01, 17/02, 17/03, 17/04 und 17/58 sowie den Teilnehmern des Proseminars Extremismus in den EJ 2016 und 2017 am Standort Mülheim an der Ruhr. In all den Kursstunden mit ihnen sind die ein oder anderen Einfälle für das Buch entstanden – oder aber im Geiste wieder gestrichen worden, wenn ich feststellen musste, dass ich damit dann doch den Rahmen des Buches sprengen würde.

Inhaltsverzeichnis

Abkürzungsverzeichnis

a. a. O.	am angegebenen Ort
Abb.	Abbildung
Abs.	Absatz
AJK	Arbeitskreis Junger Kriminologen
ALN	Aliança Libertadora Nacional
AK	Arbeitskreis
Allg. M.	allgemeine Meinung
Alt.	Alternativ
APO	Außerparlamentarische Opposition
APuZ	Aus Politik und Zeitgeschichte
AQAP	Al Qaida Arabian Peninsula
Art.	Artikel
AZ	Aktenzeichen
BAMF	Bundesamt für Migration und Flüchtlinge
BAO	Besondere Aufbauorganisation
Bd.	Band
BDK	Bund Deutscher Kriminalbeamter
BePo	Bereitschaftspolizei
BfV	Bundesamt für Verfassungsschutz
BGBl	Bundesgesetzblatt
BGH	Bundesgerichtshof
BGHSt	Entscheidungen des Bundesgerichthofes in Strafsachen (amtliche Sammlung) (zitiert nach Band und Seite)
BGS	Bundesgrenzschutz
BGSG	Bundesgrenzschutzgesetz
BKA	Bundeskriminalamt
BKAG	Bundeskriminalamtgesetz
BMFSFJ	Bundesministerium für Familie, Senioren, Frauen und Jugend
BMI	Bundesministerium des Innern
BMVg	Bundesministerium der Verteidigung
BND	Bundesnachrichtendienst
BNS	Bund Nationaler Studenten
BOS	Behörden und Organisationen mit Sicherheitsaufgaben
BPA	Bundespresseamt
BPol	Bundespolizei

BPolG	Bundespolizeigesetz
BR	Brigate Rosso
BRAO	Bundesrechtsanwaltsordnung
BSI	Bundesamt für Sicherheit in der Informationstechnik
BtMG	Betäubungsmittelgesetz
BT-Drucks.	Bundestagsdrucksache
BVerfG	Bundesverfassungsgericht
BWH	Bewährungshelfer
CIA	Central Intelligence Agency
DDR	Deutsche Demokratische Republik
DFF	Dunkelfeldforschung
DGST	Direction générale de la surveillance du territoire (Marokkanischer Geheimdienst)
d.h.	das heißt
DITIB	Diyanet İşleri Türk İslam Birliği (Türkisch-Islamische Union der Anstalt für Religion e.V.)
DPolG	Deutsche Polizeigewerkschaft
DVJ	Deutscher Journalisten-Verband
Ebd.	Ebenda
EGGVG	Einführungsgesetz zum Gerichtsverfassungsgesetz
EMRK	Europäische Menschenrechtskommission
EOKS	Ermittlungsgruppe Organisierte Kriminalität und Steuerhinterziehung
ETA	Euskadi Ta Askatasuna
EU	Europäische Union
EuG	Gericht der Europäischen Union
EuGH	Europäischer Gerichtshof
EVG	Europäische Verteidigungsgemeinschaft
EZB/ECB	Europäische Zentralbank/European Central Bank
FATF	Financial Action Task Force on Money Laundering
FAZ	Frankfurter Allgemeine Zeitung
FBI	Federal Bureau of Investigation
FDGO	Freiheitlich Demokratische Grundordnung
FLN	Front de Liberation Nationale
FN	Fußnote
FR	Frankfurter Rundschau
FS	Festschrift

GAR	Gemeinsames Abwehrzentrum gegen Rechtsextremismus/ -terrorismus
GAFI	Groupe d'Action Financière
GBA	Generalbundesanwalt
GdP	Gewerkschaft der Polizei
GG	Grundgesetz
GMBl	Gesetzes- und Ministerialblatt
GSG 9	Grenzschutzgruppe 9
GTAZ	Gemeinsames Terroristisches Abwehrzentrum
GETZ	Gemeinsames Extremismus- und Terrorismusabwehrzentrum
GwBekErgG	Geldwäschebekämpfungsergänzungsgesetz
GVG	Gerichtsverfassungsgesetz
GWG	Geldwäschegesetz
HG	Häusliche Gewalt
HK	Heckler & Koch
HoGeSa	Hooligans gegen Salafisten
HSA	Hauptschulabschluss
i. d. F.	in der Fassung
IDKO	Identifikationskommission
IHH	Internationale Humanitäre Hilfsorganisation
IIRO	International Islamic Relief Organisation
IJU	Islamische Jihad Union
IMK	Innenministerkonferenz
IRD	Islamic Relief Deutschland
IStGH	Internationaler Strafgerichtshof
i. S. (d.)	im Sinne (des)
i. V. (m.)	in Verbindung (mit)
i. w. S.	im weitesten Sinne
Jhd.	Jahrhundert
Jg.	Jahrgang
JGG	Jugendgerichtsgesetz
JGH	Jugendgerichtshilfe
JVA	Justizvollzugsanstalt
KBZ	Kriminalitätsbelastungszahl (Zahl der ermittelten Tatverdächtigen pro 100.000 Einwohner)
KDD	Kriminaldauerdienst

KFN	Kriminologisches Forschungsinstitut Niedersachsen (Hannover)
KgIntTE	Koordinierungsgruppe Internationaler Terrorismus
KronzG	Kronzeugengesetz
KZfSS	Kölner Zeitschrift für Soziologie und Sozialpsychologie (zitiert nach Jahr und Seite)
LIC	Low Intensity Conflict
MEK	Mobiles Einsatzkommando
MIK	Ministerium für Inneres und Kommunales (NRW)
MGWMS	Motorisierung, Geld, Waffen, Munition, Sprengstoff (Logistikformel der RAF)
m.W.v.	mit Wirkung vom
NATO	North Atlantic Treaty Organisation
NCTC	National Counter Terrorism Center
NGO	Non-Governmental Organizations
NGvP	Die Reichsbewegung – Neue Gemeinschaft von Philosophen
NIAS	Nachrichtendienstliche Informations- und Analysestelle
NIM	Niedersächsisches Innenministerium
NJM	Niedersächsisches Justizministerium
NCAZ	Nationales Cyber-Abwehrzentrum
n. ö.	nichtöffentlich (Quellenangabe)
NRO	Nichtregierungsorganisation
NStZ	Neue Zeitschrift für Strafrecht (nach Jahr und Seite)
NSU	Nationalsozialistischer Untergrund
OAA	Ohne Autorenangabe
OC/OK	Organized Crime/Organisierte Kriminalität
OECD	Organisation für wirtschaftliche Zusammenarbeit und Entwicklung
OEF	Operation Enduring Freedom
OLAS	Organización Latinoamericana de Solidaridad
OLG	Oberlandesgericht
oOA	ohne Ortsangabe
OrgKG	Gesetz zur Bekämpfung von Organisierter Kriminalität
PDV	Polizeidienstvorschrift
Pegida	Patriotische Europäer gegen die Islamisierung des Abendlandes
PEP	Passersatzpapiere

PFLP	Popular Front for the Liberation of Palestine
PIAS	Polizeiliche Informations- und Analysestelle
PIOS	Personen, Institutionen, Objekte, Sachen
PKK	Partıya Karkeren Kurdistan
PKS	Polizeiliche Kriminalstatistik
PLO	Palestinian Liberation Organization
PMK	Politisch Motivierte Kriminalität
PolG	Polizeigesetz
PPK	Polizeipistole Kriminal
PTAZ	Polizeiliches Terrorismus- und Extremismus-Abwehrzentrum
PVB	Polizeivollzugsbeamte
PD	Polizeidirektion
PVD	Polizeivollzugsdienst
RAF	Rote Armee Fraktion
RSA	Realschulabschluss
RZ	Revolutionäre Zellen
SEK	Sondereinsatzkommando
SiKo	Sicherheitskonferenz
sog.	sogenannte(-s, -r)
SRP	Sozialistische Reichspartei
StA	Staatsanwaltschaft
Stasi	Staatssicherheit
Stat. Bundesamt	Statistisches Bundesamt
StGB	Strafgesetzbuch
StPO	Strafprozessordnung
StrÄndG	Strafrechtsänderungsgesetz
StrRG	Strafrechtreformgesetz
StrVz	Strafvollzug
StVStat	Strafverfolgungsstatistik
SZ	Süddeutsche Zeitung
taz	Die Tageszeitung
TBG	Terrorismusbekämpfungsgesetz
TBEG	Terrorismusbekämpfungsergänzungsgesetz
TE	Terrorismus
TerrorBekG	Terrorismusbekämpfungsgesetz
TOA	Täter-Opfer-Ausgleich
TOC	Transnational Organized Crime
TV	Tatverdächtiger

TVBZ	Tatverdächtigen-Belastungszahl
UdSSR	Union der Sozialistischen Sowjetrepubliken
u.H.	unter Hinweis
UK	United Kingdom
UN	United Nations
UNO	United Nations Organisation
UNODC	United Nations Office on Drugs and Crime
u. U.	unter Umständen
u.v.m.	und vieles mehr
VDS	Vorratsdatenspeicherung
vgl.	vergleiche
VIKZ	Verband der Islamischen Kulturzentren e.V.
vors.	vorsätzlich
WED	Wohnungseinbruchdiebstahl
WTC	World Trade Center
z. B.	zum Beispiel
zit. (in/nach)	zitiert
ZMD	Zentralrat der Muslime in Deutschland e.V.

Abbildungsverzeichnis

Tabellenverzeichnis

I. Extremismus als kriminologischer Forschungsgegenstand

„Die Bekämpfung des Verbrechens setzt voraus die Kenntnisse der Ursachen des Verbrechens und die Wirkung der Strafe.“
Franz von Liszt[4]

Da Terrorismus und Extremismus sehr komplexe Phänomene sind, betreffen sie sämtliche Bereiche der deutschen Sicherheitspolitik. Nachfolgend werden zunächst aktuelle Probleme und Aufkommen von Extremismus und Terrorismus in jüngster Zeit dargestellt. Anschließend werden Eckpfeiler der föderalen Sicherheitsarchitektur erläutert und die besondere Herausforderung für Polizeibeamte in den unterschiedlichsten Einsatzbereichen aufgezeigt. In diesem Zusammenhang wird darauf aufbauend die Kriminologie als praxisorientierte Wissenschaft vorgestellt, die gerade in diesen Aspekten Hilfestellung für die unterschiedlichen Bereiche der sicherheitsbehördlichen und insbesondere der polizeilichen Arbeit bieten kann. Da die Dimension von Kriminalität und auch von extremistischer Kriminalität nach quantitativen Gesichtspunkten bewertet wird, schließt dieses einführende Kapitel mit den Spezifika von Erfassung und Statistik ab.

1. Extremismus und Terrorismus als gegenwärtiges und zukünftiges Sicherheitsproblem

In den vergangenen Jahren haben sich extremistische Bestrebungen in Deutschland sowohl in den Personenzahlen als auch in ihren Strategien entwickelt. Teilweise wurden Kooperationen gebildet, teilweise wurden Splittungen von Szenen oder auch Transformationsprozesse beobachtet. Gegenwärtig vergeht kein Tag ohne Meldungen über Gewalt und Kriminalität durch extremistische Akteure im In- und Ausland. Nachfolgend werden aktuelle Vorkommnisse der drei großen Extremismusfelder Linksextremismus, Rechtsextremismus und Islamismus in Schlaglichtern dargestellt.

Während Linksextremismus in der öffentlichen Wahrnehmung häufig eher als weniger relevantes Problem betrachtet wird, sind die dadurch ver-

4 Liszt 1970, S. 16.

ursachten Schäden enorm. Und tatsächlich ist politisch links motivierter Extremismus in ganz Europa sowohl mit steigender Tendenz, als auch in einer Zunahme der Gewaltbereitschaft präsent und zeigt besorgniserregende Ausmaße. So bewarfen am 1. Mai 2017 linksextreme Autonome französische Polizisten in Paris am Rande der Mai-Kundgebungen mit Molotowcocktails. Einer der Beamten erlitt schwere Verbrennungen im Gesicht, ein anderer an seiner Hand.[5] Die Bilder von Polizisten in Flammen gingen um die Welt und schockierten die Öffentlichkeit. Doch solche brutalen Angriffe gegen Polizeibeamte finden schon seit Jahren in Deutschland statt.

2015 beispielsweise protestierten linksextreme Aktivisten unter dem Demonstrations-Kollektiv *Blockupy* gegen die Eröffnung der neuen EZB-Zentrale in Frankfurt und dokumentierten dabei eindrucksvoll ihre Zerstörungswut. Insbesondere Polizeibeamte wurden zur Zielscheibe ihrer Gewalt. Nach polizeilicher Bilanz wurden 150 Polizeibeamte verletzt (davon zwei schwer) und 62 Polizeifahrzeuge beschädigt, sieben durch Brandanschläge völlig zerstört.[6] Es wurden 26 Strafverfahren eingeleitet, davon drei wegen gefährlicher Körperverletzung. Neben Personen aus dem gesamten Bundesgebiet war eine hohe Anzahl von Aktivisten aus dem europäischen Ausland nach Frankfurt angereist – insbesondere aus Italien, Frankreich, Griechenland, den Niederlanden und Belgien. Doch die Gewalt in Frankfurt wurde spätestens während des 12. G20-Gipfels[7] am 7. und 8. Juli 2017 in Hamburg völlig in den Schatten gestellt. Ca. 31.000 Polizisten aus ganz Deutschland waren zum Schutz der Veranstaltung und den Teilnehmern aus der internationalen Spitzenpolitik im Einsatz. Zehntausende Demonstranten protestierten mehrheitlich friedlich gegen den Gipfel und deren politische Inhalte. Durch Ausschreitungen, Sachbeschädigungen, Plünderungen und gezielte Angriffe gegen Polizisten durch Linksextremisten wurden hunderte Personen verletzt. Laut Erklärung des Hamburger Senats wurden ca. 400 Polizeibeamte während des Gipfels verletzt, in 182 Fällen durch Reizgas.[8] In der Silvesternacht 2017/18 wurden vor allem in Leipzig Polizeieinsatzkräfte durch Linksextremisten attackiert. Etwa 1.000 Menschen hatten sich gegen Mitternacht am Connewitzer Kreuz, einem Brennpunt linksmotivierter Gewalt, versammelt. Schnell kam es zu Vandalismus,

5 Der französische Innenminister Matthias Fekl verurteilte die Gewalt und rief die Demonstranten zur Ruhe auf, vgl. OAA, in: BFM TV vom 1. Mai 2017.

6 Vgl. BfV (Hrsg.), ohne Datumangabe.

7 G20 bezeichnet die Gruppe der zwanzig wichtigsten Industrie- und Schwellenländer. Am Treffen in Hamburg nahmen neben den Staats- und Regierungschefs Politiker weiterer Staaten teil sowie Vertreter internationaler wirtschafts- und handelspolitischer Organisationen.

8 Kleine Anfrage an den Senat vgl. Bürgerschaft der Freien und Hansestadt Hamburg 21. Wahlperiode, Drucksache 21/9772 vom 18. Juli 2017.

Brennsätzen in Mülltonnen und einem Brand im Leipziger *Haus des Jugendrechts*[9]. Anrückende Einsatzkräfte von Polizei und Feuerwehr wurden attackiert. Einen Tag später bekannte sich ein linkes Aktionsbündnis zu dem „Neujahrsgruß", das auf diese Art und Weise seinen Protest gegen „Bullen und Staatsanwälte" sowie die gegenwärtige Politik und einem allgemeinen Rechtsruck zum Ausdruck habe bringen wollen.[10] Am 28. August 2018 stürmten vermummte Autonome das Büro des Referatsleiters im Berliner Justizsenat und bedrohten diesen.[11] Dies sind nur Beispiele für die Gewaltkultur von Linksextremisten, die vorzugsweise „anlassbezogen" und exzessiv zelebriert wird. Zudem legen Vertreter solcher Szenen Listen mit Namen von Rechtsextremen und vermeintlichen Rechtsradikalen und politischen Gegnern, aber beispielsweise auch Polizisten an, gegen die „Aktionen" gerichtet werden.[12] Auch systematische Brandanschläge gegen Züge und Signalanlagen der Deutschen Bahn werden als linksextreme Gewaltakte eingeschätzt, die nicht nur Menschenleben gefährden, sondern auch enorme Kosten verursachen. Die durch Brandanschläge vom 19. August 2017 auf zwei ICE-Strecken bei Berlin verursachten Schäden wurden fast dreimal so hoch eingeschätzt, wie die nach dem G20-Gipfel in Hamburg.[13] Nach neuesten Erkenntnissen der Deutschen Bahn waren bundesweit 442 Züge im Fern-, Nah- und Güterverkehr betroffen, was die Umleitung von 173 Zügen und insgesamt 14.625 Minuten Verspätungen zur Folge hatte. Es kam zu 22 Zugausfällen und 137 Teilausfällen im Bahnbetrieb.[14] Im September 2018 wurden auf der Bahnstrecke zwischen Duisburg und Düsseldorf Kabelschächte entlang der Strecke geöffnet und die Signalkabel zerstört. Dadurch kam es zwei Tage zu erheblichen Störungen im Zugverkehr in Nordrhein-Westfalen. Auf Indymedia.org bekannten sich „namenlose abschiebegegner" zu der Tat, die von der Polizei als linksextremistisch motiviert eingestuft wurde.[15]

---

9 Gemeinsame Institution der Staatsanwaltschaft Leipzig, der städtischen Jugendgerichtshilfe und der Polizeidirektion Leipzig. 2015 ins Leben gerufen, soll es effektiveren Umgang mit jungen Intensivtätern, u. a. durch verbesserte und beschleunigte Jugendstrafverfahren, ermöglichen.

10 Döring vom 2. Januar 2018.

11 Tagesspiegel vom 30. August 2018.

12 Ebd.

13 Durch gezielte Anschläge von Linksextremen während des G20-Gipfels wurden am 7. und 8. Juli in Hamburg 4.829 Minuten Verspätungen bei 195 Zügen verursacht. 116 Züge fielen komplett und 269 zum Teil aus. 44 Züge musste die Bahn umleiten

14 Vgl. Opitz, in: Focus Online vom 25. August 2017.

15 Unter „Shutdown Deportation Düsseldorf Airport" war in dem Bekennerschreiben zu lesen: „Wir wollen mit unserer Aktion die Ohnmacht und die Gewöhnung an Menschenverachtung unterbrechen. Die Welt ist derzeit ein scheiß-dunkler Ort. Deshalb müssen wir Leuchtfeuer

Doch auch Rechtsextremismus war und bleibt ein Problem. Gerade im Zuge der Flüchtlingskrise bekommen rechte Ideologien Zuspruch. Ab Ende August 2018 wurde Chemnitz zum Ort ausgetragener Gewalt einer gut vernetzten rechtsextremen Szene, die Bürgerproteste nach dem Tötungsdelikt an einem Menschen und zwei Schwerverletzte durch zwei mit Messern bewaffnete Asylbewerber für sich beanspruchten.[16] Die angespannte Situation in der Stadt, die durch Übergriffe und Hetze Rechtsextremer einerseits und einer fühlbaren Gewaltkriminalität durch Asylbewerber andererseits gekennzeichnet war, entlud sich und sorgte für ein nicht nur bundesweites, sondern internationales Medienecho. Auch die Polizei wurde kritisiert, da sie rechte Gewalttäter habe agieren lassen, zudem wurde der Haftbefehl gegen den mutmaßlichen Haupttäter mit allen persönlichen Angaben durch einen Justizbeamten an die Öffentlichkeit herausgegeben.[17] Doch nicht nur in Chemnitz, insgesamt ist eine latente Radikalisierung des gesellschaftlichen Diskurses zwischen Asylbefürwortern und Asylgegnern wahrnehmbar. Grenzen zwischen Kritik an der Flüchtlingspolitik einerseits und Feindschaft gegenüber Fremden verschwimmen dabei zunehmend und Rechtsextremismus wird in Zeiten von Flüchtlingskrise und Zuwanderung zu einem Dauerthema. 2016 wurden 907 Anschläge auf Flüchtlingsunter-

---

anzünden. Unser (zugegeben der Sache unangemessen) kleines Leuchtfeuer soll ermutigen, ein anlassunabhängiges, grundsätzliches ‚Abschiebehindernis' zu organisieren. Wir wollen eine in die Defensive geratende Debatte um Menschlichkeit anschieben. Eine Debatte um uneingeschränkte Freizügigkeit eines jeden – unabhängig von ökonomischer Verwertbarkeit oder erzwungenem Wohlverhalten," Quelle: https://de.indymedia.org/node/24588 (Stand: 2. Oktober 2018).

16 In der Nacht zum 26. August 2018 wurde der 35-jährige Daniel H. mit zwei Freunden durch zwei Asylbewerber angegriffen. Er wurde mit fünf Messerstichen getötet und die zwei Begleiter schwer verletzt. Einen Tag darauf, am Montag, den 27. August 2018, erfolgte eine Demonstration, zu der die AfD aufgerufen hatte, auch Pegida (siehe FN 22) schloss sich dieser Aufforderung an. Die Demonstration umfasste ca. 6.000 Personen. Aus einer Gruppe von diesen wurden „Ausländer raus!"-Rufe skandiert, auch sollte es regelrechte Hetzjagden auf der Straße gegen augenscheinliche Ausländer gegeben haben. Diese Meldungen wurden Anfang September korrigiert. Eine Hetzjagd gab es tatsächlich nicht, doch die fremdenfeindlichen Parolen blieben. Doch auch viele Bürger aus Chemnitz nahmen an der Demonstration teil, weil sie nach mehreren gewalttätigen Vorfällen in Chemnitz durch Asylbewerber Politiker zum Hinsehen zwingen wollten. Der Ministerpräsident von Sachsen, Michael Kretschmer (CDU), lud daher die Bürger Chemnitz zu einem öffentlichen Dialog ein, um ihnen zu zeigen, dass ihre Sorgen ernst genommen werden. Am Sonntag, den 2. September 2018, eskalierte eine erneute Demonstration, vgl. ohne Autorenangabe: Chronologie zu Ausschreitungen in Chemnitz „Das ist das Aufblühen von etwas Gefährlichem" in: Spiegel-Online vom 1. September 2018, online verfügbar unter: www.spiegel.de/politik/deutschland/chemnitz-chronologie-zu-den-ausschreitungen-in-sachsen-a-1226103.html (letzter Zugriff am 4. September 2018).

17 Vgl. Tagesschau.de vom 30. August 2018, online verfügbar unter: www.tagesschau.de/inland/haftbefehl-chemnitz-101.html (letzter Zugriff am 3. September 2018).

künfte durch das BKA registriert, 2017 waren es 286 Angriffe.[18] Vor allem Einrichtungen, die noch in Fertigstellung waren, waren im Fokus von Rechtsextremisten, um sie unbewohnbar zu machen und so den Einzug der geflüchteten Menschen zu verhindern. Im Jahr 2016 wurden zudem 12 versuchte Tötungsdelikte mit fremdenfeindlichem Hintergrund festgestellt.[19] Bereits in den Jahren zuvor bildeten sich neue Gruppen und Bündnisse, die sich von lokalen Bewegungen, wie beispielsweise Pro Köln und Pro Mainz, abheben und die auch auf Landes- und Bundesebene agieren; so die Bürgerbewegung Pro NRW, die bundesweiten Pro-Bewegungen zugeordnet wird.[20] Ein weiteres Beispiel stellte das Aktionsbündnis HoGeSa[21] dar, bei deren gewalttätigen Agitation auch die Polizei in den Fokus geriet. Oder das rechtspolitische Demonstrationsbündnis „Pegida“[22], das sich 2014 in Dresden gegründet hat und in diversen Städten Ableger bilden konnte. Das Spektrum der Teilnehmer reicht von Personen, die aktuellen Entwicklungen in Deutschland ängstlich gegenüber stehen, bis hin zu eindeutig rechtsextremen Anhängern. Aufmärsche und Demonstrationen rechter Anhänger nehmen zu und werden in dreierlei Hinsicht zum Sicherheitsrisiko: Erstens werben sie auf diese Weise um weitere Anhänger, zweitens sind sie Grund für bzw. geraten häufig in gewalttätige Konflikte mit Gegendemonstranten und drittens werden sie damit zu einem wachsenden Gefährdungspotential für Polizisten.

Die Parteienlandschaft zeigt sich unruhig. Während über Ambitionen und Einordnung der AfD (Alternative für Deutschland) diskutiert wird und die Partei nacheinander in sämtliche Landesparlamente sowie bei der Bundestagswahl 2017 in den deutschen Bundestag eingezogen ist, scheiterte zum zweiten Mal das Verbotsverfahren[23] gegen die NPD (Nationaldemokra-

---

18 Vgl. BMI (Hrsg.) 2018, S. 27.

19 Vgl. BfV 2017, S. 25.

20 Als sogenannte Pro-Bewegung werden rechtsradikale bis rechtsextreme Wählervereinigungen und Vereine in Deutschland zusammengefasst, die rein rechtlich betrachtet zwar eigenständig, tatsächlich allerdings personell, organisatorisch und programmatisch eng miteinander verknüpft sind.

21 HoGeSa = Hooligans gegen Salafisten ist eine bundesweit agierende, vorwiegend aus der Hooligan-Szene stammende Aktionsgruppe, die sich nach eigenen Angaben gegen den Salafismus in Deutschland wendet. Durch eine gewalttätige Demonstration am 26. Oktober 2014 in Köln, an der tausende Personen teilnahmen und sich zum Teil heftige Straßenschlachten mit der Polizei lieferten, wurde die Gruppe bekannt.

22 Kurzform für Patriotische Europäer gegen die Islamisierung des Abendlandes.

23 Das erste NPD-Verbotsverfahren fand zwischen 2001–2003 statt und scheiterte aus Verfahrensgründen, das zweite zwischen 2013–2017. Im Januar 2017 lehnte das BVerG den Verbotsantrag endgültig ab; vgl. BVerfG, Urteil des Zweiten Senats vom 17. Januar 2017 – 2 BvB 1/13 – Rn. (1-1010), online verfügbar unter: www.bverfg.de/e/bs20170117_2bvb000113.html (Stand: 26. Januar 2019); siehe auch Pressemitteilung Nr. 4/2017 vom 17. Januar 2017, unter:

tische Partei Deutschlands). Wäre die NPD verboten worden, hätten die neonazistische Partei „Die Rechte“ und „Der III. Weg“ bereit gestanden, um Neonazis politisch zu vertreten.[24] Abseits von Bestrebungen, die den Weg in den öffentlichen Raum suchen, gibt es auch solche, die schon deutlich länger existieren und jahrelang vom Großteil der Bevölkerung unentdeckt blieben. Ein erschreckendes Beispiel dafür ist der *Nationalsozialistische Untergrund* (NSU). Die neonazistische Terrororganisation wurde Ende der 1990er Jahre gegründet und erst im November 2011 mit dem Suizid der zwei führenden Mitglieder *Uwe Mundlos* und *Uwe Böhnhardt*[25] der Öffentlichkeit bekannt. Im Mai 2013 wurde der Prozess gegen das dritte Mitglied *Beate Zschäpe* und vier weitere Angeklagte eröffnet.[26] Das Trio soll mindestens neun Menschen aus Fremdenhass ermordet haben.[27] Zschäpe wurde schließlich am 1. Juli 2018 wegen Mordes, Mitgliedschaft in einer terroristischen Vereinigung und schwerer Brandstiftung vom sechsten Strafsenat des Oberlandesgericht (OLG) München zu einer lebenslangen Freiheitsstrafe verurteilt, obwohl ihr keine eigenhändigen Tatbeteiligungen nachgewiesen werden konnten.[28, 29] Der Prozess gilt in seiner Dauer von fünf Jahren und 437 Hauptverhandlungstagen als einer der längsten in der deutschen Nachkriegsgeschichte. Die Kosten des Gerichtsprozesses liegen im mittleren zweistelligen Millionenbereich. Im Januar 2019 musste die erstaunte Öffentlichkeit feststellen, dass es Anhänger des amerikanisch-rechtsextremen Ku-Klux-Klan auch in Deutschland gibt.[30]

---

www.bundesverfassungsgericht.de/SharedDocs/Pressemitteilungen/DE/2017/bvg17-004.html (Stand: 26. Januar 2019).

24 Sigmund 2017, S. 39.

25 Böhnhardt agierte zunächst sehr sichtbar und provozierte gezielt die Polizei. 1997 gründete er in Jena eine Kameradschaft und kündigte Demonstrationen bei der Polizei an. Dort ließ er sich sogar beraten, welche Waffen er mit welcher Munition verwenden und wie in der Öffentlichkeit tragen dürfe, vgl. Aust/Laabs 2014, S. 206 ff.

26 Von Beginn an gestaltete sich der Prozess als schwierig. Insgesamt 14 Strafverteidiger übernahmen Mandate für die fünf Angeklagten und stellten im Laufe des Prozesses 43 Befangenheitsanträge. Neben 264 Beweisanträgen wurden 154 Beweisanträge durch die Nebenkläger gestellt. Eine ausführliche Datenlage des Prozesses findet sich unter: www.nsu-watch.info/2018/07/der-nsu-prozess-in-zahlen/ (Stand 1. September 2018).

27 Die Morde werden auch als Ceska-Mordserie bezeichnet, da bei den Anschlägen auf die Kleinunternehmer mit türkischem Migrationshintergrund eine tschechische Ceska 83 verwendet wurde. Dies war zunächst die einzige gemeinsame Spur.

28 Vgl. OLG München, 11. Juli 2018 – 6 St 3/12, zum Redaktionsschluss n.ö.

29 Anmerkung: Zum Abschluss des Buches im Herbst 2018 war das Urteil noch nicht rechtskräftig, da ein Strafverteidiger Zschäpes Rechtsmittel (Revision) gegen das Urteil eingelegt hatte. Über diese muss der BGH entscheiden, möglicherweise könnte nach das BVerG in Karlsruhe hinzugezogen werden.

30 Vgl. Tagesschau.de vom 16. Januar 2019.

Doch ein weiteres Phänomen mit rechtsextremem Bezug wird mit einem Schlag allseits bekannt. Im Oktober 2016 erschießt ein sogenannter Reichsbürger,[31] der dem rechtsextremen Spektrum zugerechnet wird, einen SEK-Beamten.[32] Am Ende des Jahres 2016 hatte das Bundesamt für Verfassungsschutz (BfV) die Zahl der Reichsbürger und Selbstverwalter auf über 15.000 beziffert, bereits im Januar 2017 steigt sie auf 15.600, von diesen gelten 900 als Rechtsextremisten. Zudem schrecken zu Beginn des Jahres 2017 weitere Pressemeldungen die Öffentlichkeit auf, wonach Reichsbürger Pläne für eine eigene Armee hegen.[33] Rechtsextremismus bleibt ein Problem, das nicht nur für Menschen anderer Herkunft gefährlich ist, sondern auch für die Polizei. Doch neben Links- und Rechtsextremisten gibt es noch weit mehr Feinde der Freiheitlich Demokratischen Grundordnung (FDGO).

Vor allem Europa ist seit Jahren Ziel des islamistischen Terrors. Bereits 2004[34] und 2005[35] fanden islamistische Anschläge in Madrid und London statt. Seit 2014 wird dieser islamistische Terror verstärkt mit dem sogenannten „Islamischen Staat" in Verbindung gebracht. Im Mai 2014 wurden in einem Jüdischen Museum in Brüssel vier Menschen erschossen. Am 7. Januar 2015 griffen Terroristen in Paris das Satiremagazin „*Charlie Hebdo*" und am Folgetag weitere Menschen in einem jüdischen Supermarkt an. Sie erschossen insgesamt 17 Personen und verletzten eine Vielzahl weiterer Menschen.[36] Im Februar 2015 erschoss ein Terrorist bei zwei Angriffen auf ein Kulturzentrum und eine Synagoge in Kopenhagen zwei Menschen und verletzte fünf Polizeibeamte zum Teil schwer.[37] Am 21. August 2015

---

31 Reichsbürger sind nicht per se als rechtsextremistisch einzustufen, vielmehr handelt es sich um einen Oberbegriff sowohl rechtsextremer, rechtsradikaler, querulatorischer, als auch in sonstiger Weise antistaatlich agierender Akteure. Da gewalttätige Reichsbürger häufig mit rechtsextremen Einstellungen auffallen, werden sie im vorliegenden Buch im Kapitel III Rechtsextremismus näher behandelt und in ihrem Auftreten/in ihrer Agitation differenziert.

32 Zeit Online/dpa vom 23. Oktober 2017, online verfügbar.

33 dpa vom 13. Januar 2018, online verfügbar.

34 Bei Bombenanschlägen am 11. März 2004 werden die durch jeweils mehrere angebrachte und detonierte Sprengladungen angegriffenen Züge völlig zerfetzt. 192 Menschen sterben, mehr als 1.400 werden verletzt. Der Anschlag gilt als einer der größten terroristischen Attentate.

35 Am 7. Juli 2005 werden bei gezielten Anschlägen durch Islamisten im Londoner Nahverkehr 56 Menschen getötet und 784 verletzt.

36 Beim Anschlag auf die Redaktion des Satiremagazins wurden 11 Personen durch zwei Attentäter getötet, ein weiterer Polizist während deren Flucht. Tags darauf werden eine Polizistin erschossen und anschließend Geiseln im jüdischen Supermarkt „Hyper Cacher" genommen, vier Geiseln werden erschossen, der Täter schließlich von der Polizei überwältigt und erschossen.

37 Der Täter wurde erschossen. Als Motiv wurde sein Hass auf Israel angenommen, vgl. OAA in FAZ vom 16. Februar 2015.

konnte ein geplanter Anschlag in einem Thalys-Schnellzug gerade noch durch drei US-Bürger, die mit dem Zug fuhren, verhindert werden.[38] Dieser Terrorismus gipfelte vorläufig in den an mehreren Orten in Paris ausgeführten Anschlägen vom 13. November 2015, bei denen 130 Menschen getötet und über 680 Personen verletzt wurden.[39] Vom 21. bis 26. November 2015 wurde Brüssel auf Grund einer Terrorwarnung fast eine Woche lang komplett lahmgelegt. Am 22. März 2016 kam es in Brüssel schließlich zu mehreren Bombenanschlägen, bei denen 35 Menschen getötet und 340 Menschen zum Teil lebensbedrohlich verletzt wurden.[40] In der Türkei erschüttern binnen weniger Monate mehrere Anschläge das Land. Einige davon werden kurdischen Gruppen, einige dem Islamischen Staat zugeordnet. Am 12. Januar, am 19. März und am 28. Juni 2016 wurden Bombenanschläge in Istanbul verübt, die dem IS zugerechnet wurden. Dabei verloren insgesamt 77 Menschen ihr Leben, hunderte Menschen wurden zum Teil schwer verletzt.[41] England wird 2017 mehrfach von Terroranschlägen erschüttert. Am 22. Mai 2017 reißt ein Attentäter auf dem Konzert eines Popstars mindestens 22 Menschen in den Tod, unter ihnen auch Kinder. Nur

38 Der Attentäter *Ayoub El Kahzani* lud während der Fahrt von Belgien nach Frankreich zwei Waffen auf der Zugtoilette und eröffnete dann das Feuer. Nur durch das beherzte Eingreifen der US-Passagiere konnten der Täter überwältigt und Todesopfer verhindert werden. Später wurde bekannt, dass El Kazhani bereits geheimdienstlich überwacht wurde, vgl. OAA in: Spiegel Online vom 22. August 2015.

39 Die Anschläge waren geplant und wurden binnen weniger als 35 Minuten durchgeführt. Sie begannen am Stade de France während des Freundschaftsspiels Frankreich gegen Deutschland gegen 21.20 Uhr und 21:30 Uhr mit zwei Detonationen. Dazwischen werden wahllos Menschen in der Bar Carillon und Le Petit Cambodge erschossen. Nur zwei Minuten später werden in der Rue du Faubourg-du-Temple und der Rue de la Fontaine-au-Roi Schüsse abgefeuert, fünf Menschen sterben. Vier Minuten darauf fallen in der Rue de Charonne in der Bar La Belle Équipe Schüsse, insgesamt 19 Menschen werden dort getötet. Gegen 21:40 Uhr sprengt sich ein Terrorist auf dem Boulevard Voltaire in die Luft. Der Höhepunkt des gewalttätigen Angriffes findet im Konzerthaus „Le Bataclan" während eines Auftrittes der Band Eagles of Death Metal mit ca. 1.500 Besuchern statt. 89 Menschen werden zum Teil auf bestialische Weise, durch gezielte Schüsse, Messer und Handgranaten ermordet. Eine letzte Detonation am Stadion erfolgt kurz vor 22:00 Uhr.

40 Welt Online vom 28. März 2016.

41 Am 12. Januar 2016 sprengt sich ein Angreifer inmitten einer deutschen Reisegruppe im historischen Zentrum in Istanbul in der Nähe der Hagia Sophia und der Blauen Moschee in die Luft. Im März 2016 sprengt sich ein Selbstmordattentäter auf der zentralen Einkaufsstraße Istiklal in Istanbul in die Luft und reißt vier Menschen mit in den Tod, 39 weitere werden verletzt. Drei der Todesopfer sind Israelis, ein weiteres Opfer ist aus dem Iran. Im Juni 2016 sprengten sich im Atatürk-Flughafen in Istanbul drei Selbstmordattentäter in die Luft und rissen 45 Menschen mit in den Tod, rund 240 Menschen werden verletzt. Alle drei Anschläge rechnet die türkische Regierung dem Islamischen Staat zu. Dieser bekennt sich zu dem im Januar und im Juni, nicht jedoch zum Anschlag im März 2016, vgl. OAA in: Tageschau vom 1. Januar 2017.

wenige Tage später, am 3. Juni attackieren drei Männer Personen mit einem Lieferwagen und langen Messern. Dabei werden sieben Passanten getötet und rund 50 weitere teils schwer verletzt.[42] In Hamburg sticht am 28. Juli 2017 ein 26-jähriger Asylbewerber in einem Supermarkt im Stadtteil Barmbek-Nord auf Kunden ein. Er tötete einen 50-Jährigen und verletzte fünf weitere, bevor er gestoppt werden kann. Am 31. August 2018 erschütterte ein Anschlag mit einem Messer am Hauptbahnhof Amsterdam die Niederlande. Schnell konnte auch hier ein terroristisches Motiv festgestellt werden.[43]

Doch auch Deutschland rückte in den Fokus. Am 2. März 2011 erschießt *Arid Uka* amerikanische Soldaten im Frankfurter Flughafen und verletzt zwei weitere schwer. Sein Fall wird die Radikalisierungsforschung in beispielloser Weise beeinflussen, denn Uka hatte sich via Internet radikalisiert.[44] Im Dezember 2012 wird im Bonner Hauptbahnhof eine Sporttasche mit einem Sprengsatz gefunden. Die Bundesanwaltschaft geht von einem versuchten Terroranschlag mit islamistischem Hintergrund aus. 2013 werden vier Verdächtige festgenommen, die einen Anschlag auf den Chef der rechtsextremen Splittergruppe „Pro NRW“ geplant haben sollen.[45]

Vor allem das Jahr 2016 stand im Zeichen des islamistischen Terrors und war von ihm geprägt, wie kein anderes zuvor in Deutschland. Fünf Anschläge bundesweit fanden jeweils mehr oder weniger Aufmerksamkeit in Politik und Öffentlichkeit. Im Februar 2016 sticht die damals 15-jährige Salafistin *Safia S.* im Hauptbahnhof Hannover einem 34-jährigen Bundespolizisten ein Messer in den Hals und verletzt ihn schwer. Dabei handelte es sich jedoch keineswegs um eine spontane Tat aus einem Reflex oder eines Wortgefechts heraus. Das Mädchen plante die Ermordung eines Polizisten und hatte zu diesem Zweck bereits am Tag zuvor über einen Internet-Nachrichtendienst Kontakt zu IS-Mitgliedern aufgenommen,[46] um diesen ihr Bekennervideo für die am nächsten Tag geplante Tat zuzusenden und

---

42 Die Angreifer, die Sprengstoffattrappen am Körper tragen, werden von Polizisten erschossen – vom Notruf bis zu ihrer Tötung vergehen nur acht Minuten, vgl. Reis Schweizer, in: NZZ vom 15. September 2017.

43 Vgl. dpa-Meldung in: NOZ vom 2. September 2018. Die Terroranschläge vom 13 November sind bislang die schlimmsten nach den Bombenanschlägen von Madrid 2004 in Europa.

44 Uka hielt ein Propaganda-Video, in welchem die Vergewaltigung und Ermordung afghanischer Frauen durch US-Soldaten dargestellt wurde, für echt, dabei handelte es sich um geschnittene Inhalte aus dem amerikanischen Spielfilm „Redacted“, vgl. Dienstbühl/Weber, in: Kriminalistik 3/2015, S. 168 f.; das Phänomen Radikalisierung via Internet und die Wirkweisen von Propaganda werden in Kapitel IX ausführlich behandelt.

45 Jansen, in: Tagesspiegel vom 8. September 2014.

46 Mit ihr wurde der 20-jährge Mohammed Hasan K. angeklagt, der mindestens mitwissend gewesen sein und sie zudem in den Kontakt zu IS-Aktivisten gebracht haben soll.

die Videobotschaft verbreiten zu lassen.[47] Am 16. April 2016 verüben zwei Islamisten einen Sprengstoff-Anschlag auf den Gebetstempel der sikhistischen[48] Religionsgemeinschaft *Gurdwara Nanaksar* in Essen während einer Hochzeit. Dabei wurde der Priester schwer, zwei weitere Gäste leicht verletzt. Da die meisten Gäste im Tempel verteilt und viele schon im angrenzenden Gemeindesaal waren, gab es nur wenig Verletzte. Die zur Tat sechzehnjährigen Täter sind Anhänger einer salafistischen Szene und verstehen sich als Krieger für die Sache des Islamischen Staates (IS), jedoch konnten keine konkreten bzw. physischen Verbindungen zu Akteuren des IS nachgewiesen werden. Im März 2016 wurden die drei ermittelten Täter *Yusuf T., Mohamad B.* und *Tolga I.* zu mehreren Jahren Jugendstrafe verurteilt, im Juli 2016 wurde ein 20-jähriger Mittäter aus Münster zu 20 Monaten auf Bewährung verurteilt.[49] In der zweiten Juli-Hälfte überschlugen sich die Ereignisse, eine Schreckensnachricht jagte die nächste. Der 14. Juli 2016 wird als Terroranschlag von Nizza in die Geschichte eingehen.[50] Während Europa ob des Anschlages noch in Schockstarre verharrte, löst ein vermeintlicher Putschversuch in der Türkei in der Nacht des 15. Juli 2016 eine Welle der Gewalt in dem Land aus.[51] Während diese Meldungen die gesamte Aufmerksamkeit auf sich ziehen, werden Menschen in Deutschland Opfer von islamistischer Gewalt. Am 18. Juli 2016 geht ein Geflüchteter aus Afghanistan mit einem Beil in einem Regionalzug in Richtung Würzburg auf die Reisenden los und verletzt fünf Menschen schwer, einen Familienvater aus China lebensgefährlich. Er wird von der Polizei erschossen, als er auch diese angreift. Auch hierbei handelte es sich nicht um eine spontane, sondern um eine geplante Tat: Am 19. Juli beanspruchte der IS über sein

47 Zeit Online/dpa vom 26. Januar 2017, online verfügbar.

48 Sikhismus ist eine im 15. Jahrhundert n. Chr. entstandene, monotheistische Religion mit Ursprung in Nordindien. Sie geht auf den Wanderprediger *Guru Nanak* zurück. Weltweit hat sie heute rund über 25 Millionen Anhänger, mehrheitlich in Indien. Die männlichen Glaubensanhänger fallen vor allem durch ihren *Darstar*, den Turban, auf. Sie haben Bezüge zum Hinduismus, glauben an einen leidvollen Kreislauf der Reinkarnation, empfinden aber materielle Bedürfnisse und deren Befriedigung als wichtig und lehnen die Askese ab. Sie propagieren die ehrliche Arbeit als einen Weg zur Erlösung, der Ertrag der Arbeit soll mit jedem geteilt werden, ganz gleich, ob und woran er glaubt, auch mit Nichtgläubigen (Grundsatz der Brüderlichkeit). In Deutschland leben etwa 13.000 Sikhs.

49 Vgl. Spiegel Online/dpa vom 21. März 2016, online verfügbar.

50 Am Abend des 14. Juli 2016, während der anhaltenden Feierlichkeiten des Französischen Nationalfeiertages, fuhr der Attentäter *Mohamed Lahouaiej Bouhlel* auf der *Promenade des Anglais* in Nizza mit einem LKW in eine Menschenmenge. Dabei wurden 86 Personen getötet und mehr als 400 zum Teil schwer verletzt. Der Attentäter wurde noch im LKW erschossen. Die Terrororganisation Islamischer Staat (IS) bekannte sich zu dem Anschlag.

51 Vgl. Dienstbühl vom 26. Juli 2016.

Propaganda-Sprachrohr *Amaq*[52] die Täterschaft für sich und veröffentlichte ein Video im Internet, in dem der Täter, der sich in selbigem Muhammad Riyad nennt und in paschtunischer Sprache mit einem Messer die „heilige Operation in Deutschland" ankündigt. Nur wenige Tage später, am 24. Juli 2016, sprengt sich der in Deutschland als Flüchtling registrierte *Mohammed Daleel* bei einem Musikfestival im fränkischen Ansbach in die Luft. Die Besucher entgehen nur knapp einer Katastrophe. Ursprünglich wollte er sich während des Konzertes und inmitten der Menschenmenge in die Luft sprengen. Da dem 27-jährigen Täter aufgrund der nicht vorhandenen Konzertkarte der Eintritt verweigert wurde, zündete er den Sprengsatz vor den Absperrungen. Auch hier bekannte sich die Terrormiliz des Islamischen Staates zu der Tat. Im Oktober 2016 wird der Syrer *Dschaber al-Bakr* in Leipzig festgenommen, nachdem ihn mehrere seiner Landsleute überwältigt haben. Der 22-Jährige hatte sich Sprengstoff besorgt und wollte laut Polizei einen Berliner Flughafen angreifen. Al-Bakr erhängte sich kurz nach der Festnahme in seiner Gefängniszelle. Der Fall löste einen bundesweiten Skandal aus, da der Verdächtige al-Bakr sich trotz Beobachtung das Leben nehmen konnte.[53] Am 19. Dezember erfolgte dann der islamistische Terroranschlag in Deutschland, der mehrere Todesopfer forderte. Der zur Tatzeit 23-jährige Tunesier *Anis Ben Othman Amri*[54] steuerte nach Vorbild des

52 *Amaq* wird häufig als Pressedienst oder Nachrichtenagentur bezeichnet, tatsächlich handelt es sich dabei aber um ein Medium des Islamischen Staates, mit welchem die Terrororganisation via verschlüsselter Nachrichten per Nachrichtendienst *Telegram* Meldungen absetzt und so Öffentlichkeitsarbeit betreibt.

53 Vgl. Jansen/Gräber, in: Tagesspiegel vom 13. Oktober 2016.

54 Der Fall Amri sorgte in Deutschland nicht nur aufgrund der Morde für Entsetzen, sondern auch, weil er als Flüchtling nach Deutschland kam und sich unter mehreren Namen in verschiedenen Aufnahmeeinrichtungen anmeldete. Er war mit 14 Identitäten ausgestattet, gab jedoch bei den bearbeitenden Behörden stets an, über keine Papiere zu verfügen. Zudem fiel Amri schnell als kriminell und als Sympathisant des IS auf. Bereits im Oktober 2015 meldete die Ausländerbehörde in Kleve den Tunesier bei den Sicherheitsbehörden, da ein Zimmernachbar IS-Propaganda-Material bei Amri gesichtet und entsprechende Äußerungen zur Anschlagsplanung gehört habe. Der Fall wurde geprüft und Amri als Gefährder eingestuft. Im Juli 2016 informierte das LKA NRW die Polizei in Konstanz und Friedrichshafen, da ihnen eine geplante Reise Amris bekannt war. Am 30. Juli 2016 wurde er tatsächlich in Friedrichshafen nahe der Schweizer Grenze aufgegriffen. Amri wies sich mit einem gefälschten italienischen Pass aus. In seinem Gepäck fanden sich ein weiterer gefälschter Pass und Drogen. Nach Rücksprache der Landespolizei mit der Ausländerbehörde Friedrichshafen wurde Amri in Haft genommen, die zuständige Behörde in Kleve solle über das weitere Verfahren entscheiden. Der Fall wurde schließlich der Sicherheitskonferenz (Siko) vorgelegt. Diese kam zu dem Schluss, dass Amris Abschiebung nicht innerhalb der nächsten drei Monate realisiert werden könne, weil die tunesischen Behörden die für die Ausweisung notwendigen PEP (Passersatzpapiere) nicht liefern würden. Dies hätte einer Abschiebehaft entgegenstehen können. Entsprechend schickte die Ausländerbehörde Kleve noch am selben Tag eine E-Mail mit der Ar-

Anschlags von Nizza einen LKW mitten in einen Weihnachtsmarkt am Berliner Breitscheidplatz, direkt vor der Kaiser-Wilhelm-Gedächtniskirche. Dabei tötete er insgesamt 12 Menschen (mit dem Fahrer des LKW, den er zuvor erschoss) und verletzte 55 Menschen zum Teil lebensgefährlich. Die Toten sind zum Teil so schlimm zugerichtet, dass die Identifizierungskommission (IDKO) des BKA[55] identifizieren muss.[56] Der Anschlag hätte deutlich schlimmer ausfallen können, hätte das automatische Bremssystem des LKWs nicht gegriffen und den Lastwagen nach ca. 70–80 Metern gestoppt.[57] Damit erlebte Deutschland den ersten großen Terroranschlag durch Islamisten, der nicht durch Glück, Ermittlungserfolge und Hinweise ausländischer Sicherheitsbehörden verhindert werden konnte – obwohl der marokkanische Geheimdienst DGST, der BND und auch das BKA vor Amri gewarnt hatten.[58]

Während diese Taten eindeutig als terroristisch identifiziert werden konnten, gibt es zum Teil noch ungeklärte Mordfälle in verschiedenen Städten Deutschlands, welche scheinbar völlig willkürlich begangen wurden, wobei Aufrufe des Islamischen Staates existieren, wonach Glaubenskrieger vereinzelt Menschen töten sollen. In einem Fall aus Hamburg könnte es möglicherweise bereits zu einem Todesopfer durch einen islamistisch motivierten Terroristen gekommen sein. Am Abend des 16. Oktober 2016 saß ein 16-jähriger Junge zusammen mit einem 15-jährigen Mädchen an der Alster, als er völlig unvermittelt erstochen und die Begleiterin in den Fluss geworfen wurde. Der IS beanspruchte via Amaq die Tat für sich. Zwar passt auch eine solche Vorgehensweise in die Diktion der Terrormiliz („Kämpfer" sollen zu jeder Zeit für jedermann eine tödliche Gefahr darstellen), jedoch konnte der Täter nicht identifiziert und ein tatsächlich terroristischer Mord nicht bewiesen werden. In der Nacht zum 29. Mai 2016 wurde eine 70-jährige Frau in ihrer Wohnung in Bad Friedrichshall ermordet, an mehreren Stellen wurden vom mutmaßlichen pakistanischen Täter islamische Schrift-

gumentation der Siko/Innenministerium NRW an die JVA Ravensburg: Amri sei sofort aus der Haft zu entlassen. Man bat die JVA Ravensburg, vorher von Amri Handflächenabdrücke zu nehmen. Zeitgleich stellte die Staatsanwaltschaft Ravensburg die o.g. Verfahren nach § 154f StPO ein. Amri wurde freigelassen, konnte jedoch nicht lückenlos überwacht werden. Dabei hätte er vermutlich länger in Haft gehalten werden können: Der BGH hatte bereits im Jahre 2010 entschieden, dass Verzögerungen durch fehlende Passersatzpapiere zulasten des Ausreisepflichtigen gehen.

55 Zu Arbeit und Aufgabenbereich der IDKO, vgl. Arnhold, in: DPolBl 1/2017, S. 25ff.

56 Vgl. Schmidt 2017, S. 12.

57 Vgl. die Pressemitteilung 77/2016 des Generalbundesanwalts vom 29. Dezember 2016, online verfügbar unter: www.generalbundesanwalt.de/de/showpress.php?newsid=659 (letzter Zugriff am 28. August 2018).

58 Vgl. Goertz 2017a, S. 132.

zeichen angebracht. Obwohl Sicherheitsbehörden nicht von einem terroristischen Akt sprechen wollen, können die Tatumstände so gedeutet werden. Laut Anklage wollte der Täter eine „Ungläubige" töten.[59]

Neben all diesen Anschlägen und weiteren Anschlagsversuchen[60] und Gewaltverhalten muss zudem und zwingend die Frage geklärt werden, inwiefern der politische Islam mit demokratischen Werten einhergeht und ab wann von einer religiösen Form des Extremismus auszugehen ist.

Die Meldungen über Terroranschläge und extremistische Gewalt dokumentieren nicht nur eine Zunahme von Gewalttaten und Anschlagsversuchen, sondern auch das immense Bedrohungspotential jeglicher extremistischen Couleur. Für Linksextremisten zählt ein Menschenleben genauso wenig wie für Rechtsextremisten oder Islamisten, solange dieses dem Feindbild entspricht oder als Kollateralschaden betrachtet werden kann. Extremismus und Terrorismus führen zu einer stetig steigenden Kriminalitätsfurcht im ganzen Land und in ganz Europa. Dabei wird die Gefährdung der jeweiligen Bestrebungen noch völlig unterschiedlich bewertet: Während Rechtsextremismus in Deutschland aufgrund der grausamen Vergangenheit noch immer eine breite gesellschaftliche Ächtung hervorruft, wird Linksextremismus auf „autonome Steineschmeißer" reduziert und deren Gewalt damit verharmlost. Islamistischer Extremismus und Terrorismus spalten die Gesellschaft in polarisierender Art und Weise: Nämlich in die zunehmende Angst vor einer Islamisierung auf der einen Seite und die Angst vor einer sich daraus ergebenden Zunahme des Rechtsextremismus auf der anderen Seite. Die Gesellschaft wird durch diese Extreme sehr stark beeinflusst und dabei der Gefährdung einer um sich greifenden Radikalisierung ausgesetzt. Diskussionen in sozialen Netzwerken zeigen beispielhaft die Schwierigkeit auf, neutral über solche Phänomene zu sprechen. Debatten, beispielsweise in Meldungen um extremistische Gewalt oder auch im Zuge politischer Talkshows, demonstrieren sowohl Angst als auch eine Zunahme des „Schwarz-Weiß-Denkens". Tatsächlich sind gesellschaftliche Phänomene, und zu solchen zählen auch politischer und religiöser Extremismus, komplex und voller Graustufen. Die zunehmende Übernahme einfacher Muster in „Gut – Böse"-Manier führen zu einer Radikalisierung der breiten gesellschaftlichen Mitte in Deutschland und in anderen europäischen Ländern. Diese Entwicklung wird nicht nur im Wahlverhalten er-

59 Vgl. Stuttgarter Nachrichten vom 27. September 2016, online verfügbar.

60 Laut BKA wurden in den Jahren 2017 und 2018 sechs islamistische Anschläge verhindert, vgl. RP Online vom 18. Dezember 2018.

sichtlich. *Cesare Beccaria*[61] plädierte einst dafür, die Schwere von Kriminalität nach ihrem Schaden für die Gesellschaft zu bewerten.[62] Wie stark Terrorismus und Extremismus einer Gesellschaft schaden, zeigt sich in Angst, Misstrauen und nicht zuletzt den Opfern ihrer Gewalt. Und darunter sind nicht nur die Menschen zu verstehen, die ihr Leben verloren oder die verletzt wurden, sondern auch all die, die einen Menschen verloren oder aufgrund des Erlebens traumatisiert wurden. Entsprechend relevant und gefährlich bleibt das Thema in Deutschland und ganz Europa.

2. Die Sicherheitsarchitektur in Deutschland

Die wichtigsten Aufgaben des Staates sind die Gesetzgebung und die Ausführung dieser Gesetze (Exekutive), Verwaltung, Rechtsprechung (Judikative), Finanzen und Sicherheit. Jeder Staat hat Gesetze, die das Zusammenleben der Menschen regeln. Das Grundgesetz beschreibt, wer für diese Gesetze zuständig (kompetent) ist. In der Bundesrepublik können der Bundesstaat (Bund) oder die Bundesländer (Föderalstaatsprinzip) zuständig sein. Das Grundgesetz definiert und regelt die Aufgaben des Staates und klärt, welche Zuständigkeiten (Kompetenzen) der Bund hat und welche die Länder haben. Bezüglich der Bekämpfung von Terrorismus und Extremismus tritt vor allem die Polizei in (öffentliche) Erscheinung. Doch die Sicherheitsarchitektur in Deutschland ist deutlich umfassender. Die deutsche Sicherheitspolitik ist durch die Trennung von innerer und äußerer Sicherheit geprägt. Seit dem Ende des Ost-West-Konflikts und aufgrund der Herausforderungen durch transnationalen Terrorismus wird diskutiert, ob diese Trennung der neuen Sicherheitslage noch gerecht wird. Und trotz dieser Trennung stellen Terrorismus und Extremismus nicht nur eine immense Gefährdung dar, regelmäßig stellen sie die Sicherheitsbehörden in Deutschland auch vor das sehr praktische Problem der Zuständigkeit und praktischer Absprachen. Die Einrichtung des **Gemeinsamen Terrorismusabwehrzentrum (GTAZ)** 2004 in Berlin erfolgte aufgrund dieser Bedürfnislage, die nicht nur Deutschland mit den Terroranschlägen vom 11. September 2001 die Bedrohung durch transnationalen islamistischen Terrorismus vor Augen geführt hat. Das GTAZ ist keine eigenständige Behörde, sondern

---

61 Italienischer Rechtsphilosoph, Reformer und Begründer der „klassischen Kriminologie" (1738–1794).

62 Beccaria 1998, S. 74.

eine Kooperations- und Kommunikationsplattform von 40 nationalen Behörden.[63] Folgende Einrichtungen sind im GTAZ vertreten:

- Generalbundesanwalt
- Bundeskriminalamt
- Bundesamt für Verfassungsschutz
- Bundesnachrichtendienst
- Bundespolizei
- Zollkriminalamt
- Bundesamt für Migration und Flüchtlinge
- Militärischer Abschirmdienst
- Landesämter für Verfassungsschutz
- Landeskriminalämter

Intension ist die Kooperation zwischen nachrichtendienstlichen und polizeilichen Institutionen und Akteuren anderer Behörden (wie beispielsweise dem BAMF zur Klärung von Fragen des Asyls, etc.). Die GTAZ-Mitglieder arbeiten in verschiedenen Arbeitsgruppen (AG) zusammen.[64] Rechtlich nicht ganz einfach gestaltet sich genau dieser Informationsaustausch zwischen den unterschiedlichen Institutionen und Verwaltungen.[65] Generell obliegt die Strafverfolgung der Polizei der Länder. Für besondere Fälle wie Terrorismus, Spionage, Landesverrat und Verbrechen gegen des Völkerstrafrecht wird die **Bundesanwaltschaft** tätig. Darüber hinaus kann der Generalbundesanwalt nach § 120 Abs. 2 Absatz 2 GVG aufgrund einer Gefährdung für die Sicherheit Deutschlands das Verfahren an sich ziehen (Evokation[66]).[67] Diese Möglichkeit ist deswegen problematisch, weil sie die

63 Da keine neuen Kompetenzen geschaffen oder anders verteilt wurden, musste kein neues Gesetz geschaffen werden, www.verfassungsschutz.de/de/arbeitsfelder/af-islamismus-und-islamistischer-terrorismus/gemeinsames-terrorismusabwehrzentrum-gtaz (Stand: 28. August 2018).

64 Folgende AG finden sich auf der Informationsseite des BfV: Tägliche Lagebesprechung, Gefährdungsbewertung, Operativer Informationsaustausch, Risikomanagement, Fälle/Analysen zum islamistischen Terrorismus, Islamistisch-terroristisches Personenpotential, Deradikalisierung, Transnationale Aspekte, Statusrechtliche Begleitmaßnahmen, www.verfassungsschutz.de/de/arbeitsfelder/af-islamismus-und-islamistischer-terrorismus/gemeinsames-terro rismusabwehrzentrum-gtaz (Stand: 28. August 2018).

65 Ausführlich zu der rechtlichen Problematik vgl. Sommerfeld 2015, S. 167 ff.

66 Von *evocare* = herausrufen; steht für das Anrufen einer Gottheit im antiken Rom und wird auch vor diesem Hintergrund als Recht der Bundesanwaltschaft nicht selten kritisch betrachtet.

67 Ein Beispiel für eine Evokation fand im Falle des durch einen angetrunkenen Mann verübten Attentats gegen die regierende Kölner Oberbürgermeisterin Henriette Reker statt. Der gerade in sein Amt eingeführte Generalbundesanwalt Peter Frank zog als erste Amtshandlung das

Kompetenzverteilung zwischen Bund und Länder außer Kraft setzt.[68] Die polizeiliche Zuständigkeit liegt in solchen Fällen dann beim Bundeskriminalamt (BKA) oder den Landeskriminalämtern (LKA), zudem kann der GBA auch direkt die GSG 9 der Bundespolizei beauftragen. Das **BKA** ist dem Bundesministerium des Innern (BMI) unterstellt und übernimmt Ermittlungen sogenannter länderüberschreitender Kriminalität,[69] wie beispielsweise bei Terrorismus und Organisierter Kriminalität (OK). Eine weitere Bundesbehörde, die dem BMI unterstellt ist, ist die **Bundespolizei**. 1951 als Bundesgrenzschutz (BGS) gegründet, wurde sie 2005 zur Bundespolizei. Eine der Hauptaufgaben besteht in der Grenzsicherung, des Weiteren soll sie Gefahren auf den Gebieten von Bahnanlagen abwehren und für öffentliche Sicherheit und Ordnung sorgen, ebenso im Luftverkehr und auf See.[70] Im Notstands- oder Verteidigungsfall nimmt sie zudem Aufgaben zur Abwehr einer drohenden Gefahr für den Bestand oder die freiheitliche demokratische Grundordnung des Bundes/Landes wahr und unterstützt andere Bundesbehörden, wie beispielsweise das Bundesamt für Verfassungsschutz. International kann sie im Auftrag der Vereinten Nationen und der Europäischen Union tätig werden, wie beispielsweise in der europäischen Grenzsicherungsagentur FRONTEX[71] und RAILPOL.[72]

Eine besondere Rolle nimmt der **Zoll** ein, der dem Bundesministerium für Finanzen untersteht. Die Zollbehörden werden zu häufig eher als Randerscheinung in der Sicherheitsarchitektur betrachtet, dabei haben sie vergleichbare Aufgaben wie Polizeibehörden und durchaus weitreichende Befugnisse. Mit acht Zollfahndungsämtern in Berlin, Dresden, Essen, Frankfurt am Main, Hamburg, Hannover, München und Stuttgart besitzt der Zoll eigene Observationseinheiten, die im gesamten Bundesgebiet tätig werden

---

Verfahren aufgrund einer möglichen politischen Tragweite an sich, was umstritten war, da ein terroristisches Motiv schnell ausgeschlossen werden konnte.

68 Vgl. Griesbaum, in: Fünfsinn/Pfahl-Traughber (Hrsg.) 2011, S. 94.

69 Gemäß dem Wortlaut in § 4a BKAG wird der Bundesbehörde die Möglichkeit eingeräumt (Kann-Bestimmung), in Fällen, in denen „1. eine länderüberschreitende Gefahr vorliegt, 2. die Zuständigkeit einer Landesbehörde nicht erkennbar ist oder 3. die oberste Landesbehörde um eine Übernahme ersucht“, die Aufgabe zur Abwehr der Gefahren durch internationalen Terrorismus wahrzunehmen.

70 Ausführlich, vgl. Lange, in: Möllers/Ooyen 2007, S. 251.

71 Aus dem Französischen *frontières extérieures* = Außengrenze; also die europäische Agentur für die Grenz- und Küstenwache (englisch *European Border and Coast Guard*).

72 RAILPOL ist das Netzwerk der europäischen Polizeibehörden mit bahnpolizeilichen Aufgaben. Diese Organisation führt regelmäßig konzertierte Aktionen zu bestimmten Schwerpunktthemen durch. An diesen europaweiten bahnpolizeilichen Einsatztagen geht die Polizei z. B. gezielt gegen Buntmetall- und Frachtdiebstahl vor, bekämpft Graffitistraftäter und Gewaltkriminalität, fahndet zu Menschenhändlern und illegaler Migration oder leistet Aufklärungsarbeit zu richtigem Verhalten auf Bahnanlagen und zur Vorbeugung von Taschendiebstahl.

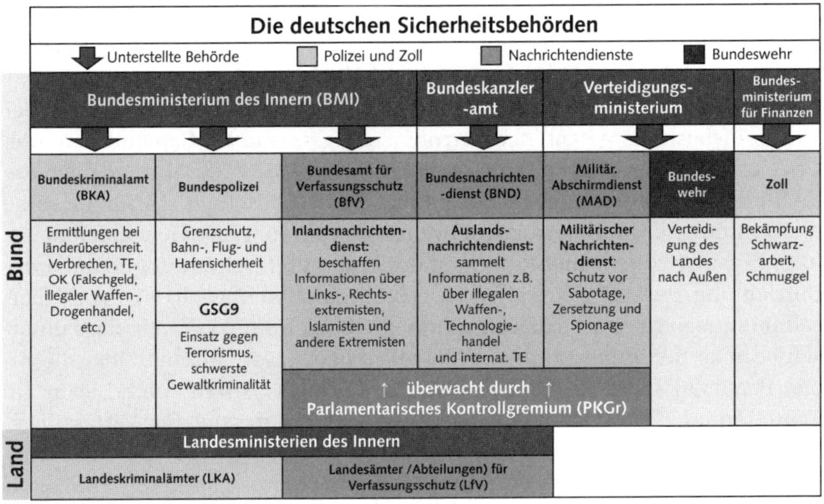

Abbildung 1: Darstellung der deutschen Sicherheitsbehörden; eigene Darstellung nach Angaben des BMI)

können. Der Vorbehalt liegt in der Nützlichkeit eines Einsatzes für den Zoll, der bei sämtlichen illegalen Finanzierungsmethoden gegeben ist. Der Zoll wird im Bereich der Terrorismusbekämpfung somit interessant für sämtliche Methoden zur Bekämpfung der Terrorismusfinanzierung, die regelmäßig mit ganz unterschiedlichen Straftaten einhergeht und auch illegalen Waffenhandel miteinbezieht.[73]

Behörden, in die die Zuständigkeit der Bekämpfung von Extremismus und Terrorismus fällt, sind insbesondere auch die Nachrichtendienste (des Bundes und der Länder). **Das Bundesamt für Verfassungsschutz** (BfV) hat das Sammeln und Auswerten von Informationen (sach- und personenbezogene Auskünfte, Nachrichten und Unterlagen) zur Aufgabe, um sämtliche Bestrebungen ausfindig zu machen, die sich gegen die FDGO, den Bestand und die Sicherheit des Bundes/des Landes und dergleichen richten.[74] Auf

73 Die Kompetenzen des Zolls wurden nach einem Terroralarm in Bremen 2015 öffentlich diskutiert, da der Zoll den Anlass gab, sich jedoch nicht zu den Vorfällen äußern wollte, die die Stadt aufgrund der angespannten Situation, die einen unmittelbar bevorstehenden Terroranschlag vermuten ließ, in Unruhe/Aufruhr versetzte, vgl. Schmidt 2017, S. 134 f.; Abschlussbericht des Untersuchungsausschusses, BREMISCHE BÜRGERSCHAFT Drucksache 19/801 Landtag (zu Drs. 19/24) 19. Wahlperiode 26. Oktober 2016.

74 Hierzu ausführlich Wille 2017, S. 57 ff., vgl. auch vorverlagerter Demokratieschutz durch Beobachtung in: Grumke/Hüllen 2016, S. 26 ff.

Ebene der Länder agieren die Landesämter für Verfassungsschutz (LfV) oder Abteilungen der Landesinnenministerien für Verfassungsschutz. BKA und Verfassungsschutz arbeiten mit unterschiedlichen Informationssystemen.[75]

Die Sicherheitsarchitektur in Deutschlands steht seit vielen Jahren in der Kritik. Insbesondere nach den Terroranschlägen vom 11. September in den USA wurden Stimmen laut, die beispielsweise das Föderalprinzip für die Sicherheitsbehörden außer Kraft gesetzt oder die Befugnisse für Einsätze der Bundeswehr im Innern erweitert haben wollten. Diese Debatten dauern, trotz diverser vollzogener Reformen der Sicherheitsbehörden und auch der Einrichtung des GTAZ, weiter an. Auch existieren nach wie vor Überschneidungen in den Zuständigkeiten, die dazu führen können, dass unterschiedliche Behörden Ermittlungen gegen bzw. Informationen über dieselben Personen sammeln, jedoch kein Austausch existiert. Auch haben die Landesämter für Verfassungsschutz und das Bundesamt für Verfassungsschutz häufiger auf ausgebildete Polizisten zurückgegriffen, um den Personalbedarf zu decken. Dies verschärft den Personalmangel in der Polizei einerseits, zudem sind die Befugnisse der Polizei ganz andere, die wenig mit denen der nachrichtendienstlichen Tätigkeiten gemein haben.[76]

Wenn die Strukturen und vor allem die von den Sicherheitsbehörden ergriffenen Maßnahmen funktionieren und beispielsweise terroristische Anschläge verhindert werden können, dann fällt genau dies deutlich seltener in der Öffentlichkeit auf. Findet jedoch ein terroristischer Anschlag, wie der durch *Anis Amri* am Weihnachtsmarkt 2016 in Berlin durchgeführt, statt, sind Angst und Misstrauen der Bevölkerung in die Behörden eine wahrscheinliche und logische Folgeerscheinung. Wenn Bürger fordern, der Staat solle sie schützen, dann wird damit die Polizei als sichtbare staatliche Exekutive angesehen. Und es ist vor allem die Polizei, die extremistische Gewalt unmittelbar zu spüren bekommt.

3. Herausforderungen für die Polizei

Die demokratische Gesellschaft stellt an ihre Polizei hohe Erwartungen. In erster Linie erwartet sie Schutz und die Abwendung von Gefahren für die eigene Sicherheit. Erfolgreiche Terroranschläge mit Toten und Verletzten, Meldungen über gewalttätige Ausschreitungen, die Silvesternacht des Jah-

75 Dies war eine zwingende Voraussetzung für die Kooperation innerhalb des GTAZ. Das BfV arbeitet mit der Nachrichtendienstlichen Informations- und Analysestelle (NIAS) und das BKA mit der Polizeilichen Informations- und Analysestelle (PIAS).

76 Vgl. Lange, in: Möllers/Ooyen 2006, S. 255 f.

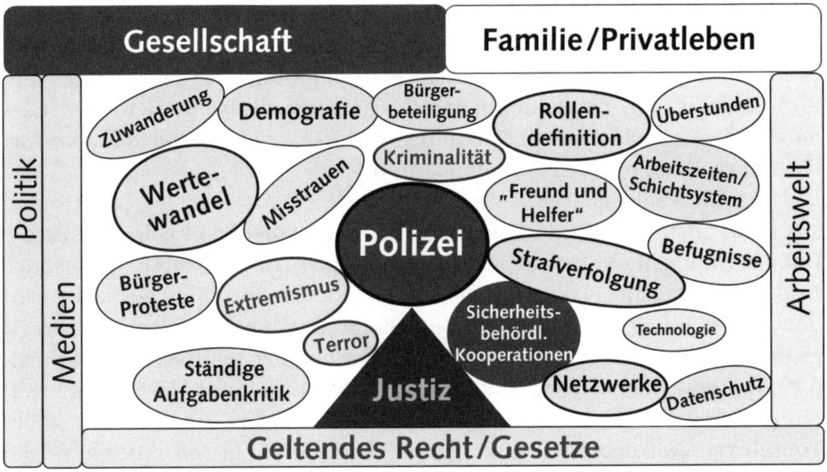

Abbildung 2: Aufgaben und Spannungsfelder der Polizei; eigene Darstellung

res 2015 auf 2016, sogenannte No-Go-Areas oder die Machenschaften des Nationalsozialistischen Untergrundes (NSU) fördern nicht nur die Kriminalitätsfurcht. Sie fördern auch das Misstrauen der Menschen in den Staat und dessen Kompetenzen, seiner Kernaufgabe, nämlich der Sicherung des Friedens nach innen und außen noch gerecht zu werden und stellen mitunter auch die Frage nach der Kontrolle des Verfassungsschutzes.[77] Dieses Misstrauen betrifft ganz besonders die Polizei als sichtbare staatliche Exekutive, als Ordnungshüter und Strafverfolgungsbehörde. Doch nicht nur die Wut der extremen Lager bekommen Polizisten zu spüren. Das Sicherheitsempfinden in Deutschland hat in den vergangenen Jahren sehr gelitten. Die latente Gefährdung durch Terrorismus, die täglichen Medienberichte von Vergewaltigungen, sexueller Belästigung und Angriffen mit Messern im öffentlichen Raum, und trotz sinkender Fallzahlen ein nach wie vor hohes Niveau von Wohnungseinbruchdiebstahl (WED) bei einer unerfreulichen Aufklärungsquote[78] führen zu der Angst, dass die Polizei den Bürger nicht mehr schützen kann. Das wiederum führt im schlimmsten Fall zur Bildung von Bürgerwehren und Bejahung der Selbstjustiz.

---

77 Ausführlich zu Möglichkeiten und Grenzen der parlamentarischen und richterlichen Kontrolle vgl. Gusy 2011, S. 15 ff.

78 Erläuterungen zur AQ finden sich ab Seite 61.

Technisch obliegt der Polizei als staatliche Exekutive die Gefahrenabwehr (Prävention) und die Strafverfolgung (Repression).[79] Doch die Polizeibeamten stehen auch aufgrund diverser struktureller Gegebenheiten und nicht zuletzt der unterschiedlichen Erwartungshaltungen an sie in einem enormen gesellschaftlichen Spannungsverhältnis zur Gesellschaft, der Justiz und nicht zuletzt der eigenen Familie.

Nie schien extremistische Gewalt, ganz gleich aus welchem Lager, einen solchen Aufschwung zu erleben wie heute. Entsprechend gefordert ist die Polizei. Deutschland besitzt bereits langjährige Erfahrung mit Extremismus. In den vergangenen Jahrzehnten konnten Konjunkturen ausgemacht werden, die es erlaubten, kriminalpolitische Schwerpunkte zu setzen. Das ist gegenwärtig kaum möglich: Nahezu alle Formen des politischen und religiösen Extremismus zeigen Anhängerwachstum und immer häufiger gewalttätige Agitation. Der Polizeidienst in Deutschland ist ohnehin ein hochkomplexes Aufgabenfeld. Und gerade extremistische Strukturen zeigen sich zunehmend als vernetzt, nicht selten transnational aufgestellt und mitunter in Gesellschaft und Politik etabliert. Politisch motivierte Kriminalität (PMK) und vor allem daraus resultierende Gewalt richtet sich zudem immer häufiger gegen Polizisten. Nicht nur deutsche Formen des Extremismus und Islamismus bilden ein weites und problematisches Aufgabenspektrum, auch sog. Ausländerextremismus (ohne Islamismus)[80] tritt in den Vordergrund. In Deutschland zeigen sich vor allem durch die Entwicklungen in der Türkei türkischer Ultranationalismus und die wachsende Solidarität der Kurden mit der PKK[81] mehr denn je. Schon öfter kam es dabei zu schwerwiegenden gewalttätigen Auseinandersetzungen, bei denen die Polizei eingreifen musste.

Der **Politisch motivierten Kriminalität (PMK)**[82] werden Straftaten zugeordnet, wenn die Tatumstände und/oder die Tätereinstellung Anhaltspunkte dafür bieten, dass sie

79 Ausführlich zu den Rechtsgrundlagen der Polizei und daraus resultierende verfassungsrechtliche Problemaspekte vgl. Albrecht 2010, S. 178 ff.

80 Der Begriff fasst ganz unterschiedliche extremistische Bestrebungen und Vereinigungen zusammen. So sind sie entweder linksextrem ausgerichtet oder extrem nationalistisch, wobei sie meistens separatistische Ziele verfolgen.

81 Die Arbeiterpartei Kurdistans; wird in Kapitel V.3. behandelt.

82 Die PMK ist abzugrenzen von der politischen Kriminalität, die deutlich umfassender ist und auch Gewalt und Kriminalität eines Staates gegen seine Bevölkerung impliziert, wie beispielsweise zur Zeit des NS-Regimes, vgl. ausführlich hierzu: Blasius1983.

- den demokratischen Willensbildungsprozess beeinflussen sollen, der Erreichung oder Verhinderung politischer Ziele dienen oder sich gegen die Realisierung politischer Entscheidungen richten,
- sich gegen die freiheitlich demokratische Grundordnung bzw. eines ihrer Wesensmerkmale, den Bestand und die Sicherheit des Bundes oder eines Landes richten oder eine ungesetzliche Beeinträchtigung der Amtsführung von Mitgliedern der Verfassungsorgane des Bundes oder eines Landes zum Ziel haben,
- durch Anwendung von Gewalt oder darauf gerichtete Vorbereitungshandlungen auswärtige Belange der Bundesrepublik Deutschland gefährden,
- gegen eine Person wegen ihrer politischen Einstellung, Nationalität, Volkszugehörigkeit, Rasse, Hautfarbe, Religion, Weltanschauung, Herkunft oder aufgrund ihres Erscheinungsbildes, ihrer Behinderung, ihrer sexuellen Orientierung oder ihres gesellschaftlichen Status gerichtet sind und die Tathandlung damit im Kausalzusammenhang steht bzw. sich in diesem Zusammenhang gegen eine Institution/Sache oder ein Objekt richtet.[83]

Darüber hinaus werden Tatbestände gem. §§ 80a–83 StGB (Friedens- und Hochverrat)[84], §§ 84–86a, §§ 87–91 StGB (Gefährdung des demokratischen Rechtsstaats), §§ 94–100a StGB (Landesverrat und Gefährdung der äußeren Sicherheit), §§ 102–104a StGB (Straftaten gegen ausländische Staaten), §§ 105–108e StGB (Straftaten gegen Verfassungsorgane), §§ 109–109h StGB (Straftaten gegen die Landesverteidigung), § 129a StGB (Bildung einer terroristischen Vereinigung im Inland), § 129b StGB (Kriminelle und terroristische Vereinigungen im Ausland; Einziehung)[85], § 234a StGB (Verschleppung) oder § 241a StGB (politische Verdächtigung) erfasst, weil sie *Staatsschutzdelikte* sind, selbst wenn im Einzelfall eine politische Motivation nicht festgestellt werden kann.[86] Staatsschutzdelikte und PMK sind wesensgleich.[87]

---

83 Vgl. BKA unter: www.bka.de/DE/UnsereAufgaben/Deliktsbereiche/PMK/pmk_node.html (letzter Zugriff 9. September 2018).

84 Zuvor wurden stets §§ 80–83 StGB in der Aufzählung der Staatsschutzdelikte zu einer Kategorie zusammengefasst. § 80 StGB ist durch das Gesetz zur Änderung des Völkerstrafgesetzbuches vom 22.12.2016 (BGBl. I S. 3150) mit Wirkung vom 01.01.2017 aufgehoben und somit weggefallen. Daher beginnt die Kategorie nun mit § 80a StGB (Aufstacheln zum Verbrechen der Aggression).

85 Fassung aufgrund des Gesetzes zur Reform der strafrechtlichen Vermögensabschöpfung vom 13.04.2017 (BGBl. I S. 872), in Kraft getreten am 01.07.2017, vgl. ebenso § 74a StGB (Einziehung von Tatprodukten, Tatmitteln und Tatobjekten bei anderen).

86 Vgl. BKA unter: www.bka.de/DE/UnsereAufgaben/Deliktsbereiche/PMK/pmk_node.html (letzter Zugriff 9. September 2018).

87 Unterschiede kann es bei der Zuweisung vereinzelter Delikte geben, vgl. Wirth, in: Wirth 2011, S. 531.

Staatsschutzdelikte werden Straftaten genannt, die sich gegen den Bestand des Staates, seine verfassungsmäßigen Einrichtungen, das Funktionieren des Staatapparates und andere lebenswichtige Interessen und Rechtsgüter des Staatswesens richten. Dazu gehören u. a. Friedensverrat, Hochverrat, Gefährdung des demokratischen Rechtsstaats, Landesverrat. Für einen Teil von ihnen ist in erster Instanz das Oberlandesgericht zuständig, in dessen Bezirk die Landesregierung ihren Sitz hat (sog. Staatsschutzsenat); ein anderer Teil wird von einer besonderen, für den gesamten Oberlandesgerichtsbezirk zuständigen Strafkammer eines Landgerichts abgeurteilt (sog. Staatsschutzkammer). Hier kann in Fällen von besonderer Bedeutung der Generalbundesanwalt die Verfolgung übernehmen und Anklage beim Oberlandesgericht erheben (sog. *Evokationsrecht*) und dadurch die Zuständigkeit des OLG begründen; sie können aber dem LG wieder überwiesen werden (gem. §§ 74a, 120 II GVG).[88]

Auch Straftaten, die ebenso in der Allgemeinkriminalität begangen werden, können als politisch motiviert eingestuft werden (z. B. Tötungs- und Körperverletzungsdelikte, Brandstiftungen, Sachbeschädigungen, etc.). Dies erfolgt jedoch nur dann, wenn die Würdigung der gesamten Umstände der Tat und/oder der Einstellung des Täters Anhaltspunkte dafür geben. Damit ist sog. *Hasskriminalität* ebenfalls als politisch motiviert einzustufen, wenn sie sich gegen eine Person aufgrund ihrer politischen Einstellung, Nationalität, Volkszugehörigkeit, Rasse, Hautfarbe, Religion, Weltanschauung, Herkunft oder des äußeren Erscheinungsbildes, der Behinderung, sexuellen Orientierung oder des gesellschaftlichen Status richtet. Dies impliziert auch Straftaten gegen eine Institution oder eine Sache. Weder Extremismus noch Terrorismus kann völlig isoliert von anderen Kriminalitätsformen betrachtet werden und er schlägt sich mitnichten ausschließlich in Gewalttaten nieder. Das verdeutlichte bereits die erste Generation der RAF, die vor allem mit Banküberfällen als Verbrechen auffiel. Daher werden nachfolgend Deliktsbereiche aufgezeigt, die typischerweise mit Terrorismus und Extremismus in Verbindung zu bringen sind und entsprechende Berücksichtigung in der Strafverfolgung finden müssen.

Das Repertoire von Straftaten, die durch Extremisten, Terroristen und Unterstützer begangen werden, ist sehr groß. Neben den bereits zuvor erwähnten Staatsschutzdelikten gehen häufig noch viele weitere Tatbestände einher, um beispielsweise einen Anschlag vorzubereiten, Personen anzuwerben, Identitäten zu verschleiern oder auch Gelder zu generieren. Nachfolgende exemplarische Aufzählung ohne Anspruch auf Vollständigkeit zeigt die Vielseitigkeit von:

88 Vgl. OAA, Rechtslexikon Staatsschutzdelikte (ohne Datumsangabe).

- Bildung, Beitritt und Unterstützung krimineller Gruppen nach § 129a, b StGB (Mitgliedschaft in terroristischen Organisationen, wie dem IS, dem NSU etc.)
- Propagandadelikte nach §§ 86, 86a StGB (z.B. Verwendung verbotener und verfassungsfeindlicher Symboliken auf Demonstrationen, Zeigen des Hitlergrußes, Verbreiten illegales Propagandamaterial, etc.)
- Terrorismusfinanzierung nach § 89c StGB/illegale Finanzierungsmethoden (Bank- und Raubüberfälle, Diebstahlsdelikte, Wett- und Kreditkartenbetrug, etc.)
- Betrug, Urkundenfälschung (z.B. Anbringen falscher Kennzeichen; Fälschungen von Ausweisdokumenten zur Identitätsfälschung/-verschleierung, Sozialbetrug)
- Erpresserischer Menschenraub, Geiselnahme (z.B. zum Austausch gegen inhaftierte Terroristen oder auch als Möglichkeit zur Finanzierung)

Der Schwerpunkt von Terrorismus und Extremismus fällt in der polizeilichen Arbeit vor allem in den Bereich des Staatsschutzes. Aufgrund der oben dargestellten Deliktsbreite kann so ziemlich jede polizeiliche Einheit mit Extremisten in Berührung kommen.

Praxishinweis:

Nachfolgend werden exemplarisch Einsatzbereiche und Beispielsachverhalte dargestellt:

- **Staatsschutz:** Gezielte Ermittlungsarbeit zu den unterschiedlichen Phänomenbereichen von Extremismus ist das originäre Arbeitsfeld des Staatsschutzes. Er bildet das polizeiliche Gegenstück zum Verfassungsschutz.
- **Streifendienst:** Extremismus findet häufig im Verborgenen statt. Nun kann eine Streife aufgrund von Ruhestörung oder des Verdachts einer Häuslichen Gewalt (HG) gerufen werden und findet in einer Wohnung dann extremistische Erkennungszeichen oder Terrorpropaganda vor. Auch eine einfache Personenüberprüfung während einer Routinekontrolle kann zur Feststellung einer wegen des Terrorverdachts gesuchten Person führen. Daneben treten extremistische Bestrebungen aber zuweilen ganz offensiv auf, um für ihre Ideologie zu werben (beispielsweise die Werbung von Salafisten durch ihre „Lies!"-Stände).
- **Kriminaldauerdienst (KDD):** Da, ähnlich wie beim Streifendienst auch, zunächst alles beim KDD landet, gibt es auch hier Berührungspunkte mit ganz unterschiedlichen Formen und Akteuren von Extremismus.
- **Bereitschaftspolizei (BePo):** Gewalt durch oder auch zwischen extremistischen Gruppierungen entlädt sich, vor allem zwischen rechten und linken Gruppierungen bevorzugt bei Demonstrationen und Aufmärschen, doch auch bei Terroranschlägen werden sie eingesetzt.

- **Spezialeinheiten (MEK, SEK, GSG 9):** Eskalierende Gewalt von Extremisten (wie während des G20-Gipfels 2017), die Festnahme von Terrorverdächtigen, terroristische Geiselnahmen (z. B. die Entführung der Lufthansamaschine Landshut 1977), etc. können Einsätze von Spezialkommandos notwendig machen.
- **Mordkommission:** Tötungsdelikte erfordern das entsprechende Fachkommissariat der Mordkommission. Nach Anschlägen müssen zudem die Opfer identifiziert werden (z. B. durch die IPKO des BKA)
- **Kommissariate für Jugendkriminalität:** Da häufig junge Menschen durch extremistisches Gedankengut beeinflusst werden und Radikalisierung zudem mit anderen Formen von Kriminalität korrelieren kann, wie beispielsweise KV-Delikten. Zudem begleiten sie mitunter Präventionsprojekte.
- **Fahndung, Observations- und Festnahmeeinheiten:** Sobald Extremisten/Terroristen zur Fahndung ausgeschrieben oder observiert werden, übernehmen dies Mobile Einsatzkommandos (MEK) oder die Fahndung. Doch auch die Observation von Personen aus diesem Zirkel, wenn zu befürchten ist, dass sie einen Anschlag planen, sind wesentliche Bestandteile polizeilicher Arbeit.
- **OK-Kommissariate:** Finanzierung extremistischer und terroristischer Interessen kann zum Gegenstand von Ermittlungen im Bereich Bandenkriminalität/Organisierte Kriminalität werden.
- **Polizeilicher Opferschutz/Zeugenschutz:** Sobald Personen als Zeugen aussagen oder aus der Szene aussteigen wollen, bedürfen sie des polizeilichen Schutzes und beispielsweise auch Beratung hinsichtlich Schutz der Familie, Verhaltensmaßnahmen, etc.

Doch hat die Polizei aus terroristischer Perspektive nicht nur den gegnerischen Part der staatlichen Exekutive. Zunehmend gerät sie explizit in den Fokus und wird zum erklärten Anschlagsziel. Die Dschihadisten-Miliz Islamischer Staat fordert bereits seit Jahren von ihren Anhängern, gezielt Polizisten und Soldaten in westlichen Staaten zu ermorden. In Magnanville, in der Nähe von Paris, ersticht am 13. Juni 2016 der vorbestrafte Islamist *Larossi Abballa* (25) einen Polizisten und schnitt dessen Frau die Kehle durch.[89] Im Februar 2017 wurde im niedersächsischen Northeim ein 26-jähriger Mann festgenommen, der einen Bombenanschlag auf Polizisten plante.[90] Im April 2017 wurde bekannt, dass der IS erneut explizit zum Terror gegen deutsche Polizeibeamte aufgerufen hat. Mit einem Video wird Anhängern zudem gezeigt, wie sie Polizisten ablenken, um sie dann mit einem

89 Abballa hatte Fotos und Videos von der Tat bei Facebook eingestellt, noch während er sich im Haus der Opfer mit deren Sohn verbarrikadiert hatte, vgl. Wiegel, in: FAZ vom 14. Juni 2016.

90 Dolle/Unger, in: Hamburger Abendzeitung vom 23. Februar 2017.

Messer anzugreifen.[91] Die dargestellte Taktik gleicht also dem Verhalten, das die damals 15-jährige *Safia S.* gezeigt und wodurch sie einen Polizeibeamten schwer verletzt hat. Im Oktober 2017 berichten Medien von einer Warnung ausländischer Geheimdienste, wonach in Deutschland Giftgasanschläge durch islamistische Terroristen geplant seien.[92] Das Repertoire von Waffen und Anschlagsmöglichkeiten ist schier unerschöpflich: Eine Terrorfahrt mit entführten/gemieteten Lastwagen/Autos, Anschläge mit selbstgebastelten Sprengsätzen in herkömmlichen Kochtöpfen oder der sogenannte (Küchen-)Messer-Dschihad – ein solches Equipment steht prinzipiell jedem zur Verfügung. Zudem beenden die militärischen Niederlagen des IS in Syrien und im Nord-Irak den grenzüberschreitenden Terrorismus nicht. Vielmehr ruft das Netzwerk zu Anschlägen in Europa auf. Vor allem große deutsche Städte müssten sich auf diese Gefahr einstellen. Die Entwicklung, wonach insbesondere Polizisten und Soldaten zur ausgewählten Zielscheibe von Terroristen werden, auch in Deutschland, ist keine neue. Bereits die RAF rief zu Morden an Polizisten als Vertreter des „Schweinesystems" auf.

4. Aufgabe der Kriminologie

Die Kriminologie (von *crimen* und *logos* = Lehre vom Verbrechen) befasst sich mit sämtlichen Facetten kriminellen Verhaltens. Es gibt diverse Ansätze für Definitionen, die allesamt ihre Stärken und Schwächen haben.[93] Darauf, sie aufzuzählen, wird nachfolgend verzichtet, anstatt dessen kann aber der Charakter beschrieben werden.

> Kriminologie ist eine **empirische Wissenschaft**, das bedeutet, sie basiert auf Erfahrungswissen, das systematisch erfasst, ausgewertet und auf entsprechende Fragestellungen angewandt wird. Empirie (griech. Empeira = Erfahrung) bezeichnet sowohl eine philosophische Strömung (Empirismus) als auch ein (Alltags-) Wissenschaftsverständnis.

Daher muss Kriminologie als ein interdisziplinärer Forschungsbereich verstanden werden, da sie auf sämtlichen empirischen Wissenschaften basiert,

91 Kopietz, in: Berliner Zeitung vom 7. April 2017, online verfügbar.
92 Flade, in: Welt-Online vom 20. Oktober 2017, online verfügbar.
93 Vgl. Pientka 2014, S. 146 ff.

die Erkenntnisse über das Zusammenleben und menschliches Verhalten bieten.[94] Solche Wissenschaften sind vor allem die Psychologie und die Soziologie. Doch gerade Kriminalitätstheorien sind auf vielen weiteren Wissenschaften aufgebaut, sie stellen medizinische, biologische oder mathematische Ansätze dar. An deutschen Universitäten ist der Fachbereich der Kriminologie allerdings regelmäßig an juristischen Lehrstühlen angesiedelt. Die Interdisziplinarität hat den Vorteil, dass komplexe Fragestellungen nach den Ursachen von Kriminalität aus diversen fachlichen Perspektiven und somit „rundum“ untersucht werden. Im besten Fall ergänzen sich die fachlichen Perspektiven und Untersuchungsmethoden zu einer Gesamtperspektive. In der Forschungspraxis stößt diese Idealvorstellung allerdings häufig an die Grenzen akademischer Eitelkeiten, in der die Fachdisziplinen und deren Vertreter nicht selten im Konkurrenzverhältnis zueinander stehen. Dies zeigt sich bereits an den unterschiedlichen Ansätzen von Definition und auch Aufgabenbestimmung, was Kriminologie sein und können soll. Polizeipraktiker kritisieren zuweilen die kriminologischen Lehren im Studium, aber auch im wissenschaftlichen Diskurs als zu theoretisch und praxisfern. Damit haben sie häufig Recht. Die Lehre vom Verbrechen darf sich nicht an unterschiedlichen Streitpunkten zu Sichtweisen über den Verbrechensbegriff oder der Lehre obsolet anmutender Kriminalitätstheorien erschöpfen. Kriminologie muss vielmehr Schritt mit aktuellen Entwicklungen halten und kriminelle Phänomene in diesem Kontext erläutern. In der Gegenwart zeigt sich der Anstieg sämtlicher extremistischer und terroristischer Bedrohungen als besonders bedrohlich. Der Beitrag der Kriminologie muss an dieser Stelle sein, diese Entwicklungen umfänglich darzulegen und die Probleme so treffend zu beschreiben, dass Gegenmaßnahmen, sowohl polizeilicher als auch gesellschaftlicher Art, eingeleitet oder möglicherweise auch korrigiert werden können.

Innerhalb der Kriminologie existieren unterschiedliche Richtungen:

a) **Kritische Kriminologie:** Sie thematisiert Kontroll- und Kriminalisierungsprozesse, vor allem aber die zuständigen Instanzen (Polizei, Justiz). Diese Richtung ist in erster Linie sozialwissenschaftlich orientiert.

b) **Kriminalpolitische Kriminologie:** Diese Richtung befasst sich vor allem auf die Optimierung strafrechtlicher und gesellschaftlicher Kriminalprävention.

c) **Angewandte Kriminologie:** Als „Einzelfall-Kriminologie" ist ihr Praxisfeld vor allem die Strafrechtspflege.

94 Schwindt 2016, S. 8 f.

In den vorliegenden Ausführungen geht es vor allem um die kriminalpolitische und die angewandte Kriminologie. In diesem Sinne sollen erfahrungswissenschaftlich fundierte Erkenntnisse der kriminologischen Forschung für die Praxis und für die Beurteilung des konkreten Einzelfalles nutzbar gemacht werden. Aus dem weiten Aufgabenfeld, Kriminalität und kriminelles Verhalten zu erforschen, ergeben sich vielfältige Untersuchungsgegenstände und Aufgabengebiete. Solche, insbesondere auf den vorliegenden Untersuchungsgegenstand von Extremismus und Terrorismus fokussiert, sind beispielsweise

- Ursachenforschung (Ätiologie) und Entstehung von Extremismus/ Terrorismus
- Erscheinungsformen, ihre Unterschiede, Berührungspunkte, etc.
- Erfassung der Dimension, Personen, Delikte (Phänomenologie und Statistik)
- Registrierte Kriminalität (Hellfeld) und nicht registrierte Kriminalität (Dunkelfeld)
- Voraussage kriminellen Verhaltens und kriminalitätsrelevanter Entwicklungen (Kriminalprognose)
- Betrachtung der extremistischen Delinquenten (Tätertypologien und -Profile)
- Lehre vom Opfer (Viktimologie)
- Extremismusprävention, Intervention und De- oder Antiradikalisierung
- Kriminalitätskontrolle
- Wirkung von Strafen (Poenologie), Kriminaltherapie (Forensik) und die damit verbundene Institutionenforschung

Im Kontext der *Kriminalwissenschaften* bildet die Kriminologie optimalerweise eine fundierte Basis, auf der Kriminalistik und Kriminalpolitik ansetzen können. *Kriminalistik* behandelt die methodische Bekämpfung von Kriminalität. Sie ist eine Wissenschaft mit hohem Anwendungsbezug. In dieser Fachdisziplin sind verbrechensvorbeugende (präventive) und vor allem strafverfolgende (repressive) Maßnahmen eingeschlossen. Die Kriminalistik behandelt somit sämtliche Methoden, Taktiken und Techniken[95], die für den Einzelfall zur Anwendung kommen können. Ziel ist die Vermittlung, Überprüfung und Optimierung für die polizeiliche Ermittlung, die durch forensische (gerichtsfeste) Beweise erfolgen soll, sowie alle rechtlich

95 Die Kriminaltechnik gehört ebenfalls zur Kriminalistik. Sie befasst sich als eigene Fachdisziplin mit der Anwendung und Nutzbarmachung wissenschaftlicher Erkenntnisse in Bezug auf kriminalistische Spuren (Spurenkunde). Ziel ist das Erstellen eines Spurenbildes, das die Tatumstände sowie die Beweislage aufzeigt.

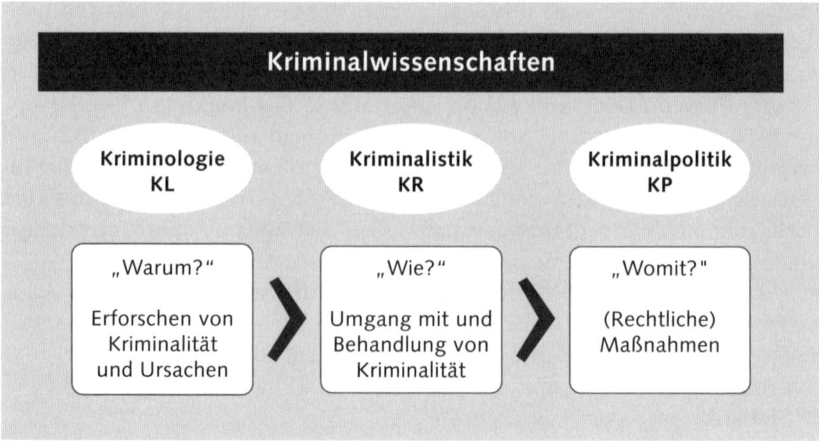

Abbildung 3: Kriminalwissenschaften; eigene Darstellung

zulässigen Maßnahmen zur Abwehr von Gefahren und das Verhindern von Straftaten. Unter *Kriminalpolitik* ist einerseits die wissenschaftliche Auseinandersetzung mit staatlichen und außerstaatlichen Maßnahmen zum Schutz der Gesellschaft bzw. des einzelnen Bürgers vor Kriminalität, als auch sämtliche Maßnahmen als Resultat auf kriminelle Phänomene selbst zu verstehen. Zum anderen kann sie als ein Teilbereich der Sicherheitspolitik verstanden werden.[96] Gerade der Diskurs über kriminalpolitische Maßnahmen, wie neue Möglichkeiten der Sicherheitsbehörden wie beispielsweise die Vorratsdatenspeicherung[97] oder der Umgang z. B. mit Kriminalität und Gewalt gegen Polizeibeamte, ist Gegenstand in der öffentlichen Meinung. Diese drei Fachdisziplinen, die in sich diverse Schwerpunktthemen beherbergen, ergänzen sich. Dabei darf und soll es auch zu Überschneidun-

96 Sicherheitspolitik soll als sämtliche Handlungen zur Verteidigung der Gemeinschaft verstanden werden, das auf aktivem Handeln und Gestalten zuständiger Akteure beruht, vgl. Böckenförde, in: Böckenförde/Gareis (Hrsg.) 2009, S. 12.

97 In der rechtspolitischen Debatte bezieht sich der Begriff der Vorratsdatenspeicherung (VDS) meist auf Telekommunikations-Verbindungsdaten. Anbieter von Telekommunikationsdiensten sollten damit zur Registrierung der Verbindungsdaten elektronischer Kommunikationsvorgänge auf einen bestimmten Zeitraum verpflichtet werden; zunächst ohne Anfangsverdacht oder dem Vorliegen einer konkreten Gefahr. Mit Vorliegen eines richterlichen Beschlusses könnte die Polizei dann auf diese Daten zurückgreifen. Aufgrund des Urteils des Europäischen Gerichtshofs (EuGH) vom 21. Dezember 2016 (Az.: C-203/15; C-698/15) wurde die anlasslose Vorratsdatenspeicherung für illegal erklärt. Damit kann seit dem 1. Juli 2017 zwar gespeichert werden, die Kommunikationsanbieter müssen dies jedoch bis zu einer abschließenden Klärung nicht.

gen der Fachbereiche und zu fächerübergreifenden „Verzahnungen" kommen. Beispielsweise kann auf Grundlage kriminologischer Forschung ein Prognoseinstrument geschaffen werden, das in die Kriminalistik implementiert Anwendungen durch die Polizeibeamten findet.

Mit der Feststellung, dass Gesellschaften niemals statisch, sondern im dauerhaften Wandel existieren, muss auch Kriminalität als durch gesellschaftliche Akteure begangen stets im Wandel begriffen werden. Entscheidend für eine effektive und stets an aktuelle Gegebenheiten angepasste Polizeiarbeit ist daher der Transfer zwischen Polizei und einer umfassenden kriminologischen Wissenschaft, die neue gesellschaftliche und kriminelle Phänomene untersucht. Dabei ist das Verhältnis zwischen Kriminologie als Wissenschaft und Kriminalistik als polizeiliche Praxis nicht ganz einfach. Nach *Thomas Ohlemacher* gibt es unterschiedliche Erwartungen und Anforderungen im Umgang mit Wissen innerhalb von Polizei und Wissenschaft, die teilweise konträr zueinander funktionieren.[98]

Tabelle 1: Verhältnis Polizei / Wissenschaft; eigene Darstellung nach Ohlemacher 2013

Polizei	**Wissenschaft**
Ausbilden	Erforschen/Bilden
Komplexität reduzieren	Komplexität erhöhen
Homogenität	Heterogenität
Hierarchien einsozialisieren	Hierarchien imitieren (?)

Bei diesen Unterschieden sollte es jedoch nicht bleiben. Vielmehr muss es darum gehen, einmal Polizei als Institution und polizeiliches Handeln einerseits, wie auch Kriminalität auf der anderen Seite wissenschaftlich zu untersuchen und diese Untersuchungen der Polizei so zur Verfügung zu stellen, dass sie wiederum Nutzen für die eigene Arbeit daraus generieren kann. Als Anspruch an die Wissenschaft bedeutet dies, die Komplexität wissenschaftlicher Ergebnisse

a) auf notwendige, polizeirelevante Inhalte zu reduzieren,
b) diese der Polizei zur Verfügung zu stellen und
c) Übernahme und Anwendung dieses Wissens durch die Polizei zu evaluieren.

Der wissenschaftliche Transfer bedarf somit einer gleichen Sach- und Sprachebene, sowie eines dauerhaften und gegenseitigen Austauschprozes-

98 Ohlemacher, in: Die Polizei 7/2013, S. 187 ff.

ses. Um Erkenntnisse aus der Kriminologie konkret für kriminelle Taten nutzen zu können, müssen ihre Ergebnisse in den jeweiligen Bezug zu den unterschiedlichen Phasen einer Tat gesetzt werden.

Tabelle 2: Tat- und Handlungsebene; eigene Darstellung

Zeitlicher Bezug zur Tat	Handlungsebene
vor	Risikoeinschätzung
während	Einsatz
während/nach	Ermittlung
nach	Nachbe-/Aufarbeitung
nach/vor	Ergebnissicherung

Anders zusammengefasst:
Die Kriminologie beobachtet reale Phänomene (empirischer Zugang), wertet sie aus und bildet eine theoretische Basis. Die Kriminalistik lehrt daran angelehnt die praktischen Maßnahmen und die Kriminalpolitik nimmt gesellschaftliche Entwicklungen, kriminologische Forschung und kriminalistische Bedarfe auf, um die Maßnahmen stetig anzupassen. Zu den Kriminalwissenschaften zählen Juristen noch das Strafrecht, als rechtlichen Umgang mit und Reaktion auf Kriminalität.

4.1 Methoden der Kriminologie

Kriminalitätsursachen zu untersuchen, ist immer komplex und kann nie monokausal formuliert werden. Auch reicht die Perspektive eines einzelnen wissenschaftlichen Faches nicht aus. Als interdisziplinäre Wissenschaft bedient sich die Kriminologie daher diverser Bezugswissenschaften.

Um ein extremistisches oder terroristisches Phänomen als Ursache von Kriminalität begreifen zu können, existieren unterschiedliche Untersuchungsansätze der Kriminalitätsanalyse. Diese basieren regelmäßig auf Methoden der empirischen Sozialforschung.[99] Die Kriminologie unterscheidet zunächst folgende:

99 Solche können theoretisch als Vollerhebung gestaltet sein (z. B. im Sinne einer Volkszählung, was aber innerhalb der Kriminologie keine Anwendung finden dürfte) oder als Teilerhebungen (z. B. Befragungen innerhalb einer Schule, etc.), vgl. hierzu Clages/Zeitner 2016, S. 47.

- **Quantitative Methoden** bezeichnen all solche, die zählbar gemacht werden können durch messen, klassifizieren, skalieren, standardisieren (statistische Auswertungen, standardisierte Interviews, etc.).[100] Sämtliche Formen von (deskriptiven) Statistiken[101] (wie die PKS, siehe nachfolgenden Punkt I .4.2.) und statistischen Auswertungen gehören zu den quantitativen Methoden.
- **Qualitative Methoden** ist ein Oberbegriff für offene Methoden, die sich eher inhaltlich mit dem Untersuchungsthema auseinandersetzen, wie beispielsweise Einzelfallanalysen. Dies kann mit unterschiedlichen Arten von Interviews, Feldforschung oder Experimenten untersucht werden. Die Methoden basieren auf dem Zweck des Sinnverstehens.[102]

Beide Methodenansätze[103] können kombiniert werden; beispielsweise können qualitative Einzelfallanalysen auf gemeinsame Merkmale hin untersucht und diese messbar dargestellt werden. Nachfolgende **Analysemethoden** können sowohl quantitativ als auch qualitativ angewandt werden:
- **Längsschnittanalysen** dienen dazu, Entwicklungen über eine bestimmte Zeitspanne nachvollziehen zu können, beispielsweise der Radikalisierungsverlauf anhand einer Biografie.
- **Querschnittsanalysen** beziehen sich auf einen bestimmten Zeitpunkt (z. B. einer Straftat), bzw. den Vergleich unterschiedlicher Zeitpunkte zueinander. [104]

Auch Längs- und Querschnittsanalysen können kombiniert angewandt werden (z. B. Vergleich von Biografie und daran orientierten Radikalisierungsverläufen und Vergleichen einzelner Ereignisse/Zeitpunkte).[105]
Wissenschaftliches Arbeiten erfordert zudem stets die **Einhaltung von Standards**. Solche sind:
- Hinter dem Begriff der **Reliabilität** verbirgt sich die Zuverlässigkeit einer Erhebungsmethode. D. h., jede Sammlung von Daten muss so gestaltet sein, dass eine erneute Untersuchung mit denselben Werkzeugen zum selben Ergebnis führen würde.[106]

100 Vgl. Meier 2010, S. 86 f.
101 Deskriptive, also beschreibende Statistiken dienen der nutzerorientierten Datenaufbereitung, um zusammenfassende Ergebnisse präsentieren zu können, vgl. Bock 2013, S. 34 ff.
102 Vgl. Meier 210, S. 87.
103 Ausführlich zu qualitativen und quantitativen Analyseansätzen, vgl. Poser 2012, S. 85 ff.
104 Vgl. Clages/Zeitner 2016, S. 47.
105 Vgl. Meier 2010, S. 94 f.
106 Vgl. Pientka 2014, S. 163; Meier 2010 S. 97 f.

- Die **Validität** bezeichnet die Gültigkeit einer Methode und bezieht sich auf die Gestaltung einer wissenschaftlichen Fragestellung, die gezielt und präzise formuliert sein muss.[107]
- Eine so logische und allgemeine Forderung an wissenschaftliche Erhebungen ist deren **Relevanz**. Zum einen des Gegenstandes als Forschungsfrage an sich, zudem stellt sich aber auch die Frage nach Ableitung zu erwartender Ergebnisse auf allgemeine Erkenntnisse.
- Auch wenn die Forschung als frei gilt, so unterliegt sie freilich den Grenzen der **Rechtssicherheit**. Beispielsweise grundsätzliche Rechte, wie Persönlichkeitsrechte oder Datenschutz (z. B. Gewährleistung der Anonymität in Befragungen etc.), sind stets zu beachten.[108]

Nachfolgend werden einige **Erhebungstechniken** dargestellt, die miteinander kombiniert werden können, um eine Untersuchung so zu gestalten, dass sie aussagekräftige Ergebnisse liefert. Solche sind

1. **Quellen- oder Dokumentenanalyse:** Regelmäßig ist dies der erste Schritt einer wissenschaftlichen Untersuchung, häufig basieren aber auch komplette Ausarbeitungen auf Fachliteratur, Fallakten, verfügbaren Statistiken, Biografien und sonstigen Unterlagen.
2. **Befragungen** und **Interviews:** Es gibt sehr viele unterschiedliche Möglichkeiten, mit fachkundigen oder sonstigen für die Untersuchung interessanten Personen Interviews durchzuführen. Sie können schriftlich oder mündlich erfolgen, (teil-)standardisiert (z. B. als Fragebogen) oder qualitativ geführt werden. Beispiele für qualitative Interviews sind Experteninterviews (vorbereitete, strukturierte Befragung eines Fachkundigen zum Thema), narrative Interviews (freies Erzählen des Interviewpartners) und das explorative Interview (keine feste Form, gemeinsames Erkunden des Sachverhaltes durch die Interviewpartner).
3. **Psychologische Tests:** Psychologische Testverfahren sind in der Regel computerbasiert. Beispiele für solche sind Intelligenztests, Tests zur Ermittlung des Aggressionspotentials o. Ä. Die Anwendung obliegt i. d. R. Experten/fachlich geschulten Personen.[109]
4. **Experiment** oder **Feldforschung:** Um eine Hypothese zu überprüfen, kann ein Versuch unter Beobachtung entweder in einer „klinischen Umgebung“ (Experiment) oder in „freier Wildbahn“ (Feldforschung) erfolgen. Innerhalb von Experimenten/Feldforschungsprojekten hat der Wis-

---

107 Vgl. Pientka 2014; S. 164; Meier 2010 S. 97.

108 Weitere Punkte betreffen z. B. das Vermeiden von Plagiaten und den Verzicht auf Veröffentlichung geheimer Daten (z. B. mit dem Sperrvermerk „VS – Nur für den Dienstgebrauch“), Einhalten von Beamtenrechten etc., vgl. Pientka a. a. O.

109 Zu ethischen Grundsätzen von Persönlichkeitstests vgl. Friedman/Schuhstack 2004, S. 85 f.

senschaftler die Möglichkeit zur teilnehmenden Beobachtung, in welcher er nicht aktiv am Geschehen teilnimmt/in dies eingreift, und der beobachtenden Teilnahme, aus welcher der Beobachtende in das Geschehen eingebunden ist.[110]

Der Ablauf einer wissenschaftlichen Untersuchung kann in drei Abschnitte oder Phasen eingeteilt werden, ganz gleich, ob es sich dabei um eine komplexe Studie oder um die Bearbeitung einer Seminar- oder der Bachelorarbeit handelt:

1. **Konzeptphase:** In dieser ersten Phase wird zunächst die Auswahl zum kriminologischen Forschungsgegenstand getroffen und dann eine oder mehrere Forschungsfragen und/oder Hypothesen (Annahmen erwarteter Untersuchungsergebnisse) formuliert. Anschließend werden Überlegungen zur Methodenwahl angestellt, um die Untersuchung durchführen zu können.[111]
2. **Erhebungsphase:** In der zweiten Phase werden die gewählten Erhebungsinstrumente (Befragung, Beobachtung und/oder Inhaltsanalysen)[112] angewandt.
3. **Auswertungsphase:** Die gewonnenen Ergebnisse werden in der dritten Phase zusammengetragen und in Hinblick auf die Forschungsfrage/Hypothese ausgewertet.

Kriminologische Untersuchungen zu Formen von Extremismus und Terrorismus können sich auf Einzelfallanalysen konzentrieren (z. B. den Radikalisierungsverlauf eines Einzelnen, mit Fokus auf dessen Biografie und ggf. Befragungen/Interviews mit Bezugspersonen), auf den Vergleich unterschiedlicher Extremismusformen (z. B. Gewaltverhalten und Gewaltintensität zwischen Rechts- und Linksextremisten) oder auch die Aufarbeitung eines Terroranschlages sein (sowohl im Vergleich, als auch einzelne). Egal, für welche Untersuchung man sich entscheidet, es empfiehlt sich, eine in der Konzeptphase ausführliche Vorarbeit für die Erhebung zu leisten und sich bereits hier intensiv mit der Quellenlage zu befassen.

4.2 Zum Umgang mit Statistiken

Die für die Polizeiarbeit wichtigste Statistik ist die **Polizeiliche Kriminalstatistik (PKS)**. Die PKS zählt sämtliche registrierten, also die bei der Poli-

110 Pientka 2014, S. 165; Meier 2010, S. 92 ff.

111 Ausführlich hierzu: Meier 2010, S. 89 ff.

112 Zu diesen ausführlicher: Bock 2013, S. 30 ff.

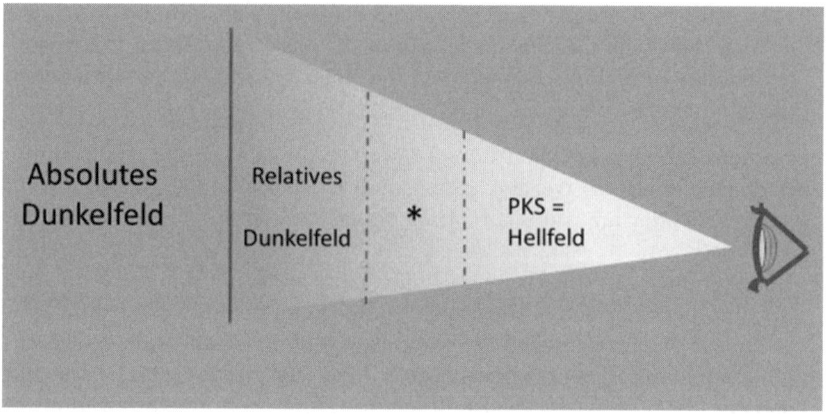

Abbildung 4: Hellfeld/Dunkelfeld; eigene Darstellung

zei zur Anzeige gebrachten Straftaten (durch Bürger angezeigt oder eigene Ermittlungen), sobald sie an die Staatsanwaltschaft kommuniziert werden. Sie stellt kein Abbild der Kriminalitätsrealität dar, sondern dokumentiert lediglich das sogenannte *Hellfeld*. Der Anteil an Kriminalität, der den Strafverfolgungsbehörden nicht bekannt und somit nicht registriert wird, wird als *Dunkelfeld* bezeichnet.

Das **absolute Dunkelfeld** stellt den Teil der Kriminalität dar, der weder durch die PKS, noch durch Dunkelfeldforschung aufzuhellen ist, es sind völlig unbekannte Straftaten, die auch als doppeltes Dunkelfeld bezeichnen werden. Das **relative Dunkelfeld** bezeichnet Straftaten, die durch Dunkelfeldforschung (DFF) aufgehellt wurden. Die dadurch erfassten Straftaten sind jedoch weiterhin nicht registriert.[113] Die **PKS/Hellfeld:** Registrierte Straftaten, werden nach Aufnahme Anzeige und Abgabe an die Staatsanwaltschaft in der PKS abgebildet. Mit dem Stern* ist die **Schnittmenge** aus Taten gekennzeichnet, die sowohl in der PKS, als auch in Studien der DFF registriert wurden. Die Größe des Hellfelds ist vor allem abhängig vom Kontrollverhalten der Polizei und dem Anzeigeverhalten der Bevölkerung. Die Dunkelziffern (der in Zahlen gefasste Anteil nicht bekannter Straftaten) variieren je nach Delikt. Die Anzeigebereitschaft der Bevölkerung und damit die Größe des Hellfelds hängt von verschiedenen Faktoren ab. Je nach Deliktsart variiert die Nähe zur Realität durch das Anzeigeverhalten. Daher kann in den meisten Fällen nicht von einem realen Ansteigen oder Absin-

113 Vgl. Clages/Zeitner 2016, 107 f.; zur Einschätzung der Dimension, vgl. Schwindt 2016, S. 23 ff.

ken von Kriminalität gesprochen werden, wenn die Entwicklungen der PKS diskutiert werden.

Generell enthält die PKS Informationen zu den registrierten Fällen, aber auch zu Tatverdächtigen und Opfern (z. B. Alter, Geschlecht, Staatsangehörigkeit, ggf. Beziehung Täter und Opfer). Die Aussagekraft der PKS muss immer im Hinblick auf ihre methodischen Schwächen und generellen Grenzen betrachtet werden. Beispielsweise können sich Gesetzesänderungen oder auch Erfassungskriterien auf die Erfassung niedergeschlagen haben. Dennoch ist es das umfassendste Instrument zur Kriminalitätserfassung, das zur Verfügung steht. Trends in der Kriminalitätsentwicklung lassen sich damit skizzieren.

Der Begriff „Fälle" umfasst vollendete Fälle und strafbare Versuche. Als aufgeklärt gilt eine angezeigte Straftat dann, wenn ein vorläufiger Tatverdächtiger ermittelt werden konnte (sprich: dessen Namen bekannt ist).

$$AQ = \text{Aufklärungsquote} = \frac{\text{aufgeklärte Fälle} \times 100}{\text{bekannt gewordene Fälle}}$$

Dieses Vorgehen und die Bezeichnung dessen als *Aufklärungs*quote ist jedoch umstritten. Häufig zeigt sich im weiteren Ermittlungsverlauf, dass sich diesbezüglich noch sehr viel ändern kann (beispielsweise keine Erhärtung des Tatverdachtes o. Ä.). Die Aufklärungsquote (AQ) bedeutet folglich nicht, dass ein Täter für eine angezeigte Tat verurteilt wurde. Somit transportiert die Aufklärungsquote häufig eine falsche Vorstellung in das öffentliche Bewusstsein.[114] Die PKS erfasst keine Delikte der Politisch Motivierten Kriminalität (PMK). Im Mai werden die registrierten Fallzahlen der Polizeilichen Kriminalstatistik (PKS) und der Politisch Motivierten Kriminalität (PMK) des Vorjahres vorgestellt, die die extremistischen Straftaten erfasst. Die Ständige Konferenz der Innenminister und -senatoren des Bundes und der Länder (IMK) führte im Jahr 2001 das Erfassungskriterium der „Politisch motivierten Taten" ein. Für diese wird nicht mehr wie bei den traditionellen Staatsschutzdelikten allein auf die Absicht der Überwindung der freiheitlichen demokratischen Grundordnung abgestellt. Die Definition fasst eine Tat als politisch motiviert auf, „wenn die Umstände der Tat oder die Einstellung des Täters darauf schließen lassen, dass sie sich gegen eine Person aufgrund ihrer politischen Einstellung, Nationalität, Volkszugehörigkeit, Rasse, Hautfarbe, Religion, Weltanschauung, Herkunft, sexuellen Orientierung, Behinderung oder ihres äußeren Erscheinungsbildes bzw. ihres gesellschaftlichen Status richtet." Die Täter fühlen sich bei der Bege-

---

114 Vgl. Kawelovski, Drucksache 16/12344 des nordrhein-westfälischen Landtags (ohne Datumangabe); Dienstbühl, in: Deutsche Polizei 9/2018, S. 4 ff.

hung politisch motivierter Straftaten aufgrund ihrer Ideologie legitimiert, somit besitzen sie kein Unrechtsbewusstsein. Die Straftaten werden folgenden Phänomenbereichen zugeordnet: Politisch motivierte Kriminalität – rechts, Politisch motivierte Kriminalität – links, Politisch motivierte Ausländerkriminalität und Sonstige politisch motivierte Straftaten mit extremistischem Hintergrund.

Vor einigen Jahren wurde die Forderung laut, Hasskriminalität gesondert in den Verfassungsschutzberichten auszuweisen. Das stellte zunächst den Gesetzgeber vor ein Problem, da Hasskriminalität und auch Hass an sich keine Legaldefinition besitzen.[115] Kriminologisch werden Hassverbrechen nach Würdigung der Tatumstände und der Einstellung des Täters dann als solche beurteilt, wenn die Tathandlung mit einem oder mehreren dieser Merkmale in einem kausalen Zusammenhang steht. Auch Delikte, die der Allgemeinkriminalität zugeordnet werden (Tötungs- und Körperverletzungsdelikte, Brandstiftungen, Widerstandsdelikte und Sachbeschädigungen), können Hasstaten sein, wenn die Würdigung der gesamten Umstände von Tat und Einstellung des Täters/der Täter Anhaltspunkte für eine politische Motivation geben. Unter diesem Aspekt werden vor allem Gewalttaten analysiert und beim Vorliegen entsprechender Zusammenhänge als politisch motivierte Tat eingeordnet. Dies ist einleuchtend, in der Umsetzung zur statistischen Erfassung jedoch schwierig, da Abgrenzungsschwierigkeiten bezüglich der Definitionskriterien existieren. Insbesondere Ländervergleiche sind hinsichtlich ihrer quantitativen Aussagen über die Entwicklung von Hasskriminalität schwer durchführbar, da Hasskriminalität nicht einheitlich definiert und ausgewiesen in den jeweiligen Kriminalstatistiken geführt wird. Die OECD sammelt in ihrem Bericht über Hasskriminalität zwar die nach Vorgabe der jeweiligen Länder registrierten Straftaten, dies jedoch ohne die notwendige Kommentierung bezüglich der Erhebungs- und Zählfaktoren. Insgesamt bestehen in Europa noch erhebliche empirische Erkenntnisdefizite auf diesem Gebiet, wodurch kriminalistische, kriminal-

---

115 Hass als rechtlich definiertes Element einer Straftat findet sich allerdings in § 130 StGB, Volkverhetzung, vgl. § 130 Nr. 1 Abs. 1: „Wer in einer Weise, die dazu geeignet ist, den öffentlichen Frieden zu stören, zum Hass gegen Teile der Bevölkerung aufstachelt oder zu Gewalt- oder Willkürmaßnahmen gegen sie auffordert (...)". Demnach ist der Aufruf zu Hasstaten explizit strafrechtlich zu ahnden, vgl. Dienstbühl/Abou-Taam, in: Kriminalpolizei 9/2012, S. 5 f. In diesem Zusammenhang legte die AfD-Fraktion im Bundestag einen Gesetzentwurf vor, um den Begriff der Volksverhetzung auszuweiten. Demnach sollen Deutsche ebenfalls als „Teile der Gesellschaft" verstanden werden, da auch Deutsche aufgrund von Deutschlandfeindlichkeit zu Opfern von Gewalt werden könnten, wie beispielsweise einige Fälle von Übergriffen in Schulen gezeigt haben, vgl. Gesetzentwurf der Fraktion der AfD: BT-Drs. 19/1842.

politische und strafrechtliche Bedenken gegenüber der Klassifikationsmethode und der justiziablen Verfolgung von Hasskriminalität hervorgerufen werden.

Tabelle 3: Straf- und Gewalttaten im Bereich Hasskriminalität 2016 und 2017; *Quelle BMI 2018*[116]

Themenfelder	**PMK** – rechts		**PMK** – links		**PMK** – ausländ. Ideologien	**PMK** – religiöse Ideologien	**PMK** – nicht zuzuordnen	
	2017	**2016**	**2017**	**2016**	**2017**	**2017**	**2017**	**2016**
Hasskriminalität ges.	7.170	9.696	44	75	132	221	346	576
• davon Gewalttaten	821	1.252	11	12	27	48	78	79
fremdenfeindl. Straftaten	6.166	8.530	10	10	81	93	84	256
• davon Gewalttaten	794	1.213	0	0	14	19	11	57
antisemit. Straftaten	1.412	1.381	1	2	41	30	20	37
• davon Gewalttaten	29	32	0	0	5	1	2	1
rassistische Straftaten	1.277	1.305	1	0	14	4	4	16
• davon Gewalttaten	158	213	0	0	1	1	0	3
gegen sonst. Religionen gerichtete Straftaten[117]	27	1.100	1	12	3	27	5	150
• davon Gewalttaten	2	53	0	0	2	9	1	7
gegen den **gesell. Status** gerichtete Straftaten	20	47	21	38	5	0	14	33
• davon Gewalttaten	0	10	6	12	0	0	0	0
geg. d. **sex. Orientierung** gerichtete Straftaten	99	86	2	8	14	9	189	190
• davon Gewalttaten	5	9	0	0	5	2	62	55
gegen eine **Behinderung** gerichtete Straftaten	20	22	0	8	0	0	2	2
• davon Gewalttaten	2	7	0	0	0	0	0	0
christenfeindl. Straftaten	20	-	5	-	3	84	17	–
• davon Gewalttaten	0		1		0	30	3	

116 Bundesministerium des Innern, für Bau und Heimat 2018, online verfügbar unter: www.bmi.bund.de/SharedDocs/downloads/DE/veroeffentlichungen/2018/pmk-2017-hasskriminalitaet.pdf;jsessionid=B5CC43D349E318649D02C3D0E43E2A03.2_cid295?__blob=publicationFile&v=3 (Stand 8. September 2018).

117 Auf der Sommer-IMK des Jahres 2016 wurden Anpassungen am Kriminalpolizeilichen Meldedienst beschlossen, die auch das Themenfeld „Hasskriminalität" betreffen. Seit dem 1. Januar 2017 sind u.a. zusätzlich die Unterthemen „christenfeindlich" und „islamfeindlich" aufgenommen worden. Daher gibt es auch hier keine vergleichbaren Vorjahreszahlen. Das Unterthema „Religion" wurde zum 1. Januar 2017 durch die zusätzliche Aufnahme der zuvor genannten Unterthemen in „Sonstige Religion" eingegrenzt und ist daher ab 2017 nicht mehr mit den Vorjahreszahlen vergleichbar.

Themenfelder	PMK – rechts		PMK – links		PMK – ausländ. Ideologien	PMK – religiöse Ideologien	PMK – nicht zuzuordnen	
	2017	**2016**	**2017**	**2016**	**2017**	**2017**	**2017**	**2016**
islamfeindl. Straftaten	994	–	3	–	1	18	59	–
• davon Gewalttaten	52		0		0	2	2	
antiziganist. Straftaten	39	–	0	–	2	0	0	–
• davon Gewalttaten	1		0		1	0	0	
gegen sonst. ethnische Zugehörigkeit gerichtete Straftaten	12	–	1	–	8	6	4	–
• davon Gewalttaten	2		0		2	4	0	

Die dargestellten, erfassten Zahlen aus den Jahren 2017 und 2016 müssen ebenso kritisch betrachtet werden. Beispielsweise nutzen türkische Nationalisten der Grauen Wölfe nicht selten das Hakenkreuz als Symbol; auch wenn Personen, deren Bezug zum Rechtsextremismus ausgeschlossen werden kann, einen Hitlergruß zeigen, wird dies unter Rechtsextremismus verbucht.[118]

Im Gegensatz zur PKS handelt es sich bei der Registrierung der PMK um eine Eingangsstatistik, wobei die Fallzählung tatzeitbezogen erfolgt.[119] Die Fallzahlen werden von den Polizeibehörden der Länder erhoben und zur bundesweiten Erfassung und Auswertung übermittelt. Die Auswertung erfolgt jährlich anhand des jeweils zurückliegenden Kalenderjahres. Freilich stellt auch der Bericht PMK nicht das reale Abbild von Straftaten dar. Die Erfassung ist häufig anlassbezogen, wie beispielsweise durch Aufmärsche, Proteste, etc., aber auch Wahlen. Die Daten werden im Polizeibereich erhoben und zentral durch das Bundeskriminalamt erhoben. In den Verfassungsschutzberichten spiegeln sich die quantitativen, also zählbaren Entwicklungen extremistischer Agitation wider. Der jährlich erscheinende Bericht informiert über verfassungsfeindliche Bestrebungen, deren Entwicklungen und Organisationen bzw. Gruppierungen, die sich gegen die freiheitliche demokratische Grundordnung richten. Darüber hinaus informiert er über Spionageaktivitäten gegen Deutschland und Proliferation. Er basiert auf Erkenntnissen, die das Bundesamt für Verfassungsschutz (BfV) gemeinsam mit den Landesbehörden für Verfassungsschutz gewonnen hat. Dem Bericht liegt der Gedanke zur Aufklärung der Bürger zugrunde; sie

118 Vgl. hierzu die Beantwortung einer Nachfrage durch die Polizei München via Twitter vom 12. Oktober 2018, unter https://twitter.com/PolizeiMuenchen/status/1051743833355165696 (Stand: 12. Oktober 2018),

119 Vgl. Dienstbühl, in: Sicherheitsmelder vom 1. Juni 2015.

sollen sich eigenständig mit den verschiedenen Formen extremistischen Gedankenguts auseinandersetzen können. Das BfV verweist stets darauf, dass die zur Verfügung gestellten Informationen und Aufzählung nicht abschließend seien.[120]

Diese Beobachtung führt zu einer weiteren Auffälligkeit: Viele der registrierten Straftaten beruhen auf Beobachtungen während Demonstrationen oder Aufmärschen. Die in der PKS aufgeführten und ausgewerteten Straftaten beziehen sich einzig auf solche, die von den Polizisten registriert wurden; das heißt Fälle, in denen es zur Anzeige durch Bürger oder den staatlichen Sicherheitsorganen kommt.[121] Generell ist bei der Registrierung von Straftaten das Anzeigeverhalten der Bürger maßgeblich, so dass solche bis etwa 90 % der aufgenommenen Delikte ausmachen.[122] Straftaten mit extremistischem Hintergrund bilden dabei oft eine Ausnahme, da die Anzahl der von der Polizei registrierten Straftaten in erster Linie durch polizeiliche Aktivitäten erfasst wird. Somit ergibt sich für die Registrierung von PMK ein ambivalentes Bild: zum einen gibt es ein beträchtliches Hellfeld durch Beobachtungen und Initiativen der Polizei. Dies gilt für Straf- und Gewalttaten Linksautonomer und Rechtsextremisten während Demonstrationen und Kundgebungen. In diesem Zusammenhang ist dem zuvor angesprochenen Gewaltpotential durch die Wechselwirkung links- und rechtsextremistischer Interaktion besondere Aufmerksamkeit geboten. Andererseits bleiben solche Delikte, die weiterhin auf dem Anzeigeverhalten der Öffentlichkeit beruhen, nur schwer zu erfassen. Dies betrifft vor allem Sachbeschädigungen und Propagandadelikte. Hier ist mit einem hohen Dunkelfeld zu rechnen, welches nicht zuletzt auf einer empfundenen Normalisierung extremistisch motivierter Sachbeschädigung von den Bewohnern in entsprechenden Ballungsgebieten beruht (z. B. linke Parolen an Göttinger Hausfassaden). Sobald die Bürger es nicht als lohnenswert empfinden, in solchen Fällen Anzeige zu erstatten, sinkt die Wahrscheinlichkeit, dass solche Straftaten registriert werden.

---

120 Eine weitere Einschränkung zeigt sich mit dem Berichtsjahr 2017, da das BKA eine Kategorisierung von Straftaten neu geordnet hat: Der bisherige Bereich „Politisch motivierte Ausländerkriminalität" wurde in die Phänomenbereiche „Politisch motivierte Kriminalität – religiöse Ideologie" und „Politisch motivierte Kriminalität – ausländische Ideologie" ausdifferenziert. Deswegen ist die direkte Vergleichbarkeit der Fallzahlen 2017 mit denen der Vorjahre nicht mehr gegeben. Zudem wurden im Jahr 2017 erstmals Delikte ausgewiesen, die „Reichsbürgern" oder „Selbstverwaltern" zugerechnet wurden. Bundesministerium für Inneres, Bau und Heimat 2018, S. 23.

121 Vgl. Weihmann, in: Kriminalistik 1/2005, S. 16.

122 Vgl. Dörmann 2004, S. 45 ff.; Lüdemann/Ohlemacher 2002, S. 13 f.

Als generell sehr schwierig stellt sich die Erfassung von ausländischem Extremismus wie auch extremistisch-terroristisch motivierter Ausländerextremismus für die Sicherheitsbehörden dar. Dafür gibt es mehrere Gründe: zum einen handelt es sich um Delinquenz, die zum Teil von einem Großteil der Öffentlichkeit nicht wahrgenommen wird bzw. nicht wahrgenommen werden kann (z. B. Volksverhetzung, Aufruf zum Mord, etc. in arabischer Sprache). Wenn jene Delinquenz als solche auch erkannt wird, betrifft dies vor allem Personen aus dem gleichen Kulturkreis. Dass diese Anzeige erstatten, ist aufgrund folgender Möglichkeiten unwahrscheinlich:

1. bedeutet eine Anzeige die strafrechtlich relevante Meldung gegen einen Landsmann und wird als Verrat an der Heimat empfunden;
2. hat der potentielle Anzeigensteller nicht selten Angst vor Vergeltung;
3. empfindet ein eventueller Anzeigensteller eine zu große Scham, dass ein Landsmann gegen die Gesetze des Gastlandes/der neuen Heimat verstößt;
4. besitzt ein solcher keinerlei Vertrauen zur Polizei und den Sicherheitsbehörden im Allgemeinen oder
5. weiß derjenige zwar den Vorgang, empfindet aufgrund von Unkenntnis oder ethnischem Hintergrund aber keinen Akt gegen geltendes Recht.

Wie die Relation von Hell- und Dunkelfeld bei Straftaten des Extremismus und Terrorismus ausfällt, kann nur geschätzt[123] und nicht seriös beantwortet werden. Zudem ist die statistische Erfassung zwischen dem Verfassungsschutzbericht und der PKS nicht immer ganz einfach zuzuordnen. Betrachtet man beispielsweise die Morde der rechtsextremen Terrorgruppe des Nationalsozialistischen Untergrundes (NSU), dann wurden sie in den Jahren als solche in der PKS aufgenommen, obwohl sie als politisch motivierte Morde in den jeweiligen Verfassungsschutzbericht hätten einfließen müssen, was jedoch erst viel später festgestellt wurde.[124]

Mark Twain sprach einst: „Man muß die Tatsachen kennen, bevor man sie verdrehen kann." Dies trifft auch auf die PKS und die Zahlen des Verfassungsschutzes zu, da ihre ausgewiesenen Zahlen derart vielen Einschränkungen unterliegen, die zur nahezu freien Interpretation einladen.[125] Auch zeigt sich in der gesellschaftlichen Debatte, dass Kriminalitätsfurcht und

---

123 Weitläufig existiert die Einschätzung, dass das Verhältnis zwischen Hell- und Dunkelfeld insgesamt 1:3 beträgt, bei Delikten wie z. B. sexuellen Missbrauch an Kindern gehen die Einschätzungen von 1:10 bis 1:30 auseinander, vgl. Pientka 2014, S. 189.

124 Auch nachträglich wurde dieser Umstand nicht korrigiert, was nach Abschluss des NSU-Prozesses gegen die Hauptangeklagte Beate Zschäpe für Kritik gesorgt hat, vgl. OAA, in: DLF vom 8. September 2018.

125 Vgl. ausführlich hierzu: Dienstbühl, in: Deutsche Polizei 9/2018, S. 4 ff.

die auf den verfügbaren Daten basierten Aussagen zur Entwicklung der Kriminalität in Deutschland nicht übereinstimmen (müssen). Denn laut unterschiedlicher Umfragen steigt die Kriminalitätsfurcht in Deutschland seit rund fünf Jahren an. Die Menschen in Deutschland haben Angst vor Terroranschlägen, vor Überfällen und die Frauen vor allem auch vor Übergriffen. Bereits im Januar 2016 dokumentierte sich nach den massenhaften Übergriffen der Silvesternacht in Köln, Hamburg und in kleinerer Dimension in vielen weiteren deutschen Städten einer Umfrage des Meinungsforschungsinstitutes *Allensbach* eine steigende Angst in der Bevölkerung, Opfer von Kriminalität zu werden.[126] Kriminalitätsfurcht als Forschungsgegenstand innerhalb der Viktimologie (= Lehre vom Opfer) wird als subjektives Bedrohtheitsgefühl verstanden, das nicht auf eine tatsächlich gegebene und damit objektive Bedrohungslage bezogen sein muss.[127] Im Mai 2018 wurde mit Erscheinen der Polizeilichen Kriminalstatistik (PKS) für das Berichtsjahr 2017 ein historischer Tiefstand der Kriminalität seit der Wiedervereinigung gefeiert; die Presse titelte: „Zahl der Straftaten sinkt deutlich" und zitierte die Worte des Bundesinnenministers *Horst Seehofer* (CSU): „Deutschland ist sicherer geworden".[128] Doch Umfragen, sowohl zur Kriminalitätsfurcht einerseits, als auch zur Glaubwürdigkeit der PKS, sprachen eine andere Sprache. So zeigte eine Tagesumfrage mit 1.000 Teilnehmer vom 4. April 2018, die vom Meinungsforschungsinstitut *Emnid* durchgeführt wurde, dass 41 Prozent der Befragten angaben, heute deutlich mehr Angst vor Kriminalität zu haben, als dies noch vor fünf Jahren der Fall war.[129] Auch in den Kommentarspalten unter den Online-Artikeln der Nachrichtenmedien sowie auf deren Facebook-Präsenzen zeigte sich, dass viele Menschen die Verkündung der positiven statistischen Kriminalitätsentwicklung nicht mit den vielen negativen Nachrichten, dem „Hören-

126 Während sich vor sechs Jahren noch rund zwei Drittel der Befragten sicher fühlten und lediglich 26 Prozent Sorgen darum machten, Opfer eines Verbrechens werden zu können, änderte sich dies ab dem Jahr 2014. Damals stieg der Anteil an Befragten, die Angst vor Kriminalität angaben, bereits auf 45 Prozent. Im Frühjahr 2016 lag er schließlich bei 51 Prozent. Davon fühlte sich zwar nur eine Minderheit von ca. neun Prozent akut und im Alltag bedroht, jedoch hat sich deren Anteil in den vergangenen Jahren von drei Prozent verdreifacht: fünf Prozent der Männer und 12 Prozent der Frauen fühlen sich akut bedroht. Vor allem Frauen und Menschen über 60 Jahre fühlen sich häufiger bedroht. Menschen aus Ostdeutschland haben mehr Angst davor, Opfer krimineller Handlungen zu werden, als Menschen aus Westdeutschland. Insgesamt gaben 41 Prozent der befragten Männer und aber 60 Prozent der befragten Frauen an, sich in Deutschland nicht mehr sicher zu fühlen, vgl. Köcher, in FAZ Online vom 17. Februar 2016.

127 Vgl. Steffens, in: Wirth 2011, S. 350f.

128 Vgl. OAA, in: Tagesschau.de vom 8. Mai 2018.

129 Vgl. OAA, in: Presseportal.de vom 5. April 2018.

sagen“ und eigenen Erfahrungen in Einklang bringen konnten. Um Kriminalität allgemein und hier insbesondere das Phänomen Extremismus zu erfassen, bedarf es natürlich des Zugriffes auf verfügbare Daten und damit auf Statistiken.

5. Zusammenfassung

Kriminologie als interdisziplinäre Wissenschaft stellt die Frage nach den Ursachen von Kriminalität und insbesondere nach dem „Warum?“, nach Tätern und Opfern und nach Möglichkeiten zur Kontrolle. Um Kriminalität im Kontext von Extremismus und Terrorismus einordnen, untersuchen und ermitteln zu können, bedarf es umfassender Kenntnisse, insbesondere vier relevanter Bereiche der Kriminologie, die in diesem Buch behandelt werden sollen.

1. Phänomenologie: Je komplexer ein Kriminalitätsphänomen ist, desto wichtiger wird die grundlegende Fragestellung, was diese Form von Kriminalität im Gegensatz zu anderen ausmacht. Ziel ist, das jeweilige extremistische und/oder terroristische Phänomen in seiner Erscheinung zu begreifen.
2. Ätiologie: Die Frage, warum Kriminalität entsteht, ist eine Frage nach Ursachen, und damit befasst sich die Ätiologie. In diesem Feld wird beispielsweise untersucht, wie sich ein junger Mensch radikalisiert, bis er schließlich bereit ist, sein Leben und das anderer Menschen für seine Überzeugungen zu opfern.
3. Statistik: Der dritte Bereich, der – wie zuvor dargestellt – mit einigen Einschränkungen zu behandeln ist, ist die Erfassung von Kriminalität. Doch sie kann nüchtern auch sehr wichtige Anhaltspunkte geben, die für die Kriminalitätsprognose wichtig sein können (z. B. die Erfassung von genutzten Waffen zu terroristischen Anschlägen zur Prognose und darauf basierenden Szenarien und Schutzmaßnahmen).
4. Prognostik: Die Grundlage für Prognosebildungen (bezogen auf Einzeltäter, Tätergruppen und auch Opfer) basiert auf den ersten drei Bereichen.

Der Anspruch an die kriminologische Forschung basiert vor allem auf der Werturteilsfreiheit der Untersuchungen. Die Bezugnahme der PKS in diesem Zusammenhang offenbart häufig, dass die Interpretation von Ergebnissen nicht selten mit politischen Deutungsmustern zusammenhängt.

II. Begriffe, Abgrenzungen und Überschneidungen

Die rasante Dynamik, ständige Schreckensnachrichten, Berichte (nahezu) in Echtzeit und twitternde Journalisten und Politiker sorgen für eine Informationsflut, in der es zu voreiligen Behauptungen kommt. Einige erweisen sich später als falsch oder es wird bekannt, dass Details verschwiegen wurden. Auch aufgrund der Vorwürfe gegen die sogenannte „Lügen"- und „Lückenpresse" sind soziale Medien für eine stark wachsende Anzahl von Menschen der Weg geworden, sich über die Geschehnisse in der Welt zu informieren. Und gerade soziale Netzwerke beschleunigen: durch teilen, „liken" und kommentieren wird man zum Transporteur von Nachrichten, ohne journalistisch ausgebildet sein zu müssen.

Vor allem Radikalismus und Extremismus werden in den Medien gerne synonym verwendet und zuweilen noch mit Populismus vermischt. Auch Vertreter der Politik- und Sozialwissenschaften scheinen eine Unterscheidung der Phänomene zunehmend für entbehrlich zu halten.[130] Jedoch ist die Abgrenzung der Phänomene unabdingbar, möchte man Personen und Personengruppen und damit die aktuellen politischen Phänomene einordnen – vor allem in Hinblick auf Gefährdungs-, aber auch Selbstgefährdungspotentiale der freiheitlich demokratischen Grundordnung. Populär, radikal und extrem sind alltagssprachlich und darin häufig inflationär verwendete Begriffe. Mit dem Suffix der „Ismen" klingen sie nach einer wissenschaftlichen Kategorie, gleichzeitig verschwimmen sie immer mehr und werden sogar falsch zugeordnet. Nachfolgend werden die Begriffe Populismus, Radikalismus, Extremismus und als dessen äußerste Form Terrorismus, sowie Rassismus und Fanatismus genauer dargestellt.

1. Populismus

Populismus bezeichnet einen Politikstil, der insbesondere durch Rhetorik geprägt ist. Maßgeblich sind dabei Redensarten, die den Anspruch demonstrieren, auf Seiten „des einfachen Volkes" zu stehen und dessen Interessen zu vertreten. Zentral ist somit eine Sprache, die von jedem verstanden werden kann. Der Duden, der den Begriff Populismus seit 1980 führt, kennt zwei Definitionen: 1. „(Politik) von Opportunismus geprägte, volksnahe, oft

130 Vgl. Bötticher/Mares 2012, S. 54.

demagogische Politik, die das Ziel hat, durch Dramatisierung der Lage die Gunst der Massen (im Hinblick auf Wahlen) zu gewinnen", und 2. als „literarische Richtung des 20. Jahrhunderts, die bestrebt ist, das Leben des einfachen Volkes in politischen natürlichem realistischem Stil ohne idealisierende Verzerrungen für das einfache Volk zu schildern".[131] Die *Encyclopedia of Democracy* definiert Populismus als eine „politische Bewegung, die die Interessen, kulturellen Züge und spontanen Empfindungen der einfachen Bevölkerung betont, im Gegensatz zu denen der privilegierten Elite". Um sich zu legitimieren, sprechen populistische Bewegungen den Mehrheitswillen an – durch Massenversammlungen, Referenden oder andere Formen der direkten Demokratie – ohne tatsächliches Interesse für Gewaltenteilung oder die Rechte von Minderheiten."[132] Charakteristisch für Populismus ist eine einfache und für das Volk, also jedermann verständliche, zuweilen sogar unterhaltsame Rhetorik.[133] Auch der Begriff der Volksparteien *pars populi* zielt auf das Erreichen des ganzen Volkes. Populismus wird dabei als Strategie zum Machterwerb verstanden, als politischer Stil und/oder als Gesamtheit dieser Elemente. Andererseits wird Populismus in der sozialwissenschaftlichen Forschung nicht selten als Ideologie begriffen.[134] Der Begriff ist negativ besetzt, da populistische Rhetorik dazu diene, Ressentiments in der Bevölkerung aufzugreifen und zu verbreiten. Vor allem bestimmten Medienformaten wird der Vorwurf gemacht, durch ihre Kommunikationspolitik und -struktur komplexe Sachverhalte auf „billigen Populismus" zu vereinfachen. Der Begriff Populismus ist ein Kampfbegriff, der in seiner Nutzung nicht klar definiert ist. *Ralf Dahrendorf* problematisierte die rein kritische bis stigmatisierende Nutzung des Begriffes: „Die Schwierigkeit beginnt schon mit dem Begriff Populismus. Er besagt, dass der Rekurs auf das Volk nicht in Ordnung ist. Jedenfalls ist Populismus ein abwertender Begriff. Aber ist nicht das Volk der Souverän, der daher die Demokratie legitimiert? Der Verdacht ist nicht von der Hand zu weisen: des einen Populismus ist des anderen Demokratie, und umgekehrt".[135] Populismus wird vor allem in Deutschland stets mit rechtem Gedankengut verbunden. Denn Populismus wird oft an klassischen Themen der Rechten ersichtlich. Allerdings gibt es kein Monopol der politischen Rechten auf einen populistischen Diskursstil, dieser findet sich

131 Vgl. Duden online unter: www.duden.de/rechtschreibung/Populismus (letzter Zugriff 20.11.2016).

132 Aus dem Englischen übersetzt nach: Di Tella, in: Lipset (Hrsg.) 1995, S. 985.

133 In diesem Zusammenhang spricht man auch von „Politainment", vgl. Meyer, in: Decker (Hrsg.) 2006, S. 84 ff.

134 Hierzu ausführlich Rensmann, in: Decker 2006, S. 59 ff.

135 Vgl. Dahrendorf 2003, S. 315.

ebenso bei der politischen Linken.[136] Seit einigen Jahren ist der Begriff besonders häufig im politischen Sprachgebrauch zu finden. Gegnerische Ansichten werden von jeglichen Parteien und gegenseitig als populistisch abgewertet. Der Vorwurf des Populismus gerät im politischen Diskurs zum Machtinstrument, kann jedoch selbst Populismus sein.[137] Dies vor allem dann, wenn damit die inhaltliche Auseinandersetzung entbehrlich wird. Allerdings sagen die dargestellten Ziele meist nur wenig über eine tatsächliche Herrschaftsgestaltung aus. Zudem ist Kritik am politischen Gegenüber nicht zwangsläufig als Populismus zu verstehen.

Die Frage ist, inwiefern Populismus eine tatsächliche Bedrohung für demokratische Grundwerte darstellt, denn zu häufig werden bereits populistische Strömungen als radikal, wenn nicht gar extremistisch bezeichnet. Über kommunizierte Inhalte kann regelmäßig nicht zweifelsfrei auf das Gefährdungspotential geschlossen werden, man kann solche Inhalte jedoch auf einige Gesichtspunkte hin analysieren.[138] Diese Frage ist vor allem vor Wahlen interessant, ganz gleich, ob es sich dabei um Landes- oder Bundestagswahlen in Deutschland oder in anderen Ländern handelt. Denn gerade zu diesen Zeiten wird die aktive Anwendung von populistischer Rhetorik einerseits und andererseits der gegenseitigen Stigmatisierung des Populismus zur Strategie in der politischen Arena.[139]

2. Radikalismus

Der Begriff des Radikalismus bezeichnet eine Überzeugung, die an den Grundzügen bzw. Wurzeln[140] einer politischen oder religiösen Einstellung ansetzt, beziehungsweise wahrgenommene Probleme an der Wurzel bekämpfen möchte. Die allgemeinen Bedeutungen von radikal sind „gründlich", „kompromisslos", „scharf" oder auch „unerbittlich".[141] Die politische Verwendung des Begriffes unterliegt sozialen und ideologischen Interpretationen, die je nach gewollter Ausrichtung positiv oder negativ ausfallen. Positiv wird der Begriff dann aufgefasst, wenn er mit „unbeirrt", „konsequent" oder „mit vollem Einsatz" konnotiert wird. Negativ ausgelegt

136 Vgl. Münkler 2012, S. 11.

137 Vgl. Dahrendorf 2003.

138 Z. B. über die Ansichten zu Pluralität oder rassistischen Kontexten in der Hervorhebung „des einen Volkes", etc., vgl. Pfahl-Traughber, in: Blätter der Wohlfahrtspflege 4/2017, S. 124.

139 Vgl Piasecki/Johne, in: Blätter der Wohlfahrtspflege 4/2017, S. 137.

140 Vom Lateinischen *Radix* = *Wurzel*.

141 Vgl. Pfeifer 2005, S. 1074.

bezeichnet er eine Haltung, die keine Abweichung der eigenen Meinung durch sein Gegenüber duldet. Obwohl der Begriff sehr häufig verwendet wird, wird er unterschiedlich aufgefasst. Vertreter radikaler Ansichten bewegen sich regelmäßig am rechten oder linken Rand des demokratischen Parteienspektrums und stellen demokratische Prinzipien zuweilen in Frage, setzen sie in Kontext aktueller Prozesse und diskutieren sie aus. Rechts- oder linksradikale Anhänger wollen den Rechtsstaat und seine Statuten jedoch nicht beseitigen oder vernichten. Sie grenzen sich zu extremistischen Bestrebungen dadurch ab, dass sie sich innerhalb des demokratischen Spektrums bewegen und keine Gewaltlegitimation zur Erreichung von Zielen oder zur Durchsetzung der eigenen Ansichten kennen.[142] Vielmehr sind sie als Erscheinung gesellschaftlicher und politischer Diversität zu begreifen.[143] Radikale zwingen nicht, sie insistieren und versuchen zu überzeugen. Damit sind Radikale und Extremisten nicht gleichzusetzen. Häufig ist die ideologische Grenze zum extremistischen Spektrum jedoch fließend. Sie wird schließlich dann überschritten, wenn illegitime Mittel angewandt werden und sich die Anhänger einer radikalen Ideologie gegen die Verfassungsgrundsätze richten.[144] Radikalismus und Radikalisierung als Prozess zum Extremismus müssen ebenfalls voneinander abgegrenzt werden.[145]

3. Extremismus

In Abgrenzung zum Radikalismus kennzeichnet Extremismus, wie zuvor dargestellt, eine Einstellung, die Gewalt legitimiert oder zumindest billigt, um die eigenen Überzeugungen durchzusetzen. Der Grad, den diese Gewalt einnehmen muss, ist allerdings auch in der Praxis heftig umstritten. Denn es stellt sich die Frage, ob bereits die Betonung von Gewalt (beispielsweise in Schriften) und ab wann Einstellungen bezüglich Gewalt als ein Merkmal des Extremismus begriffen werden könnten.[146] Ein zweifelsfreier Unterschied zum Radikalismus besteht in der Bereitschaft, rechtsstaatliche Grenzen zu durchbrechen, um die eigenen Ziele durchzusetzen. Menschen, die eine politisch und/oder religiös extremistische Ideologie vertreten, stehen der freiheitlich demokratischen Grundordnung feindlich gegenüber. Ihr

142 Vgl. Wirth 2011, S. 193 und 453.

143 Vgl. Bötticher/Mares 2012, S. 57.

144 Vgl. Wirth 2011, S. 453 f.

145 Vgl. Böttcher, in: Kriminalistik 4/2017 S. 237 ff.

146 Vgl. Salzorn 2015, S. 22; diese Frage wird im nachfolgenden Kapitel III weiter ausgeführt.

Ziel ist es, diese abzuschaffen und durch eigene Normen und Werte zu ersetzen. Somit sind der Staat selbst und sämtliche Institutionen bereits Bestandteil des Feindbildes. Extremismus stellt somit die Antithese des demokratischen Verfassungsstaates dar, der auf Pluralismus, Gewaltenteilung und der grundgesetzlich verbürgten Akzeptanz der Menschenrechte basiert.[147] Die Existenz extremistischer Strömungen ist eine Normalität in westlichen Demokratien des 21. Jahrhunderts.[148] Eine weit verbreitete Ansicht definiert die Bewegung weg von den Rändern hin zur „normalen" politischen Mitte als Bestrebungen, die sie in ihrer Substanz bedrohen.[149] Als extremistisch werden somit die Aktivitäten bezeichnet, die darauf abzielen, die Grundwerte der freiheitlichen Demokratie zu beseitigen. Deshalb bestehen die Aufgaben des Verfassungsschutzes nach eigenem Verständnis darin, solche Bestrebungen zu verhindern, „die gegen die freiheitliche demokratische Grundordnung (FDGO), den Bestand und die Sicherheit des Bundes oder eines Landes gerichtet sind oder eine ungesetzliche Beeinträchtigung der Amtsführung der Verfassungsorgane des Bundes oder eines Landes oder ihrer Mitglieder zum Ziele haben".[150] Dies ist extremen Ideologien, gleich welcher Couleur, gemein: sie werden als Antithese zum demokratischen Verfassungsstaat betrachtet.[151] Gleichzeitig stehen sich die Extreme (z. B. rechts/links) feindlich gegenüber und üben gegeneinander Gewalt aus. Die Benennung insbesondere politischer Ideologien basiert auf der Vorstellung, dass sich in der Mitte des politischen Spektrums die zentralen Bestandteile der demokratischen Ordnung und des Staates befinden. Diese werden von den vertretenen Ideologien des politischen Randes bedroht.

Als **offene Gesellschaft** wird heute die Vorstellung einer Gesellschaft verstanden, die insbesondere multikulturell und multireligiös geprägt ist. Tatsächlich ist der Begriff geprägt von den Vorstellungen *Karl Poppers* (1902–1994), der ein ideales Modell in den unterschiedlichen kritischen Fähigkeiten von Menschen sieht, die in der Lage sind, eine Regierung gewaltfrei abwählen zu können. Er orientiert sich somit an der Demokratie, sieht aber nicht die Macht der Mehrheit im tatsächlichen Herrschen.

---

147 Vgl. Backes/Jesse 1989, S. 33.

148 Grumke, in: Frevel (Hrsg.) 2015, S. 53.

149 Der Begriff Extremismus stammt von den lateinischen Wörtern *extremus* (äußerst, entferntest, aber auch: der Ärgste, Gefährlichste, Schlechteste, usw.) und *extremitas* (der äußerste Punkt oder Rand), vgl. Möller, in: Schäfers/Zapf (Hrsg.) 1998, S. 188.

150 Stöss, in: Friedrich-Ebert-Stiftung, Berlin 2007, S. 17.

151 Vgl. Ziercke, in: Egg 2006, S. 62; Backes/Jesse, in: Aus Politik und Zeitgeschichte 44/1983, S. 3 ff.

Aus extremistischen Positionen heraus ergibt sich die sogenannte *Hasskriminalität.* Als solche allein oder vorwiegend wegen der Rasse, der Religion, der ethnischen Zugehörigkeit, des Geschlechts, der politischen oder sexuellen Orientierung, des Alters oder der geistigen und körperlichen Behinderung dieser Person oder des Eigentümers oder Besitzers dieser Sache begründete Motivation ist sie ein Unterscheidungsmerkmal zum Radikalismus, der diese Form von Kriminalität nicht billigt. Neben Gewalt stehen die Anhänger solcher Weltanschauungen für diskriminierende Forderungen. Sie plädieren gewissermaßen für ein gesellschaftliches Macht- und Gewaltverhältnis, das sich aus der Tatsache ergibt, dass es sich bei ihnen um stark emotionalisierte, in ihrer Identität sehr schwache Personen handelt. Die strukturelle, soziale und kulturelle Abwertung ihrer Gegner ist ihre einzige Chance auf Aufwertung.[152] Die Deutung von Radikalismus und Extremismus als Begriffe der politischen Interessenskämpfe ist durch politische Interessen gekennzeichnet. In der politischen Arena verändern sich tendenziell und akut die Begriffsbestimmungen von Radikalismus und Extremismus, weil sich die Zieloptionen der Akteure, auch bei gleichbleibender Herkunftsprogrammatik aufgrund ständig wechselnder politischer Konstellationen dementsprechend wandeln. Die Begriffspolitik um die Wörter Radikalismus und Extremismus wird entsprechend angepasst und instrumentell in die politische Praxis implementiert. Die tagespolitische bzw. mittelfristige Zielorientierung bestimmt die Begrifflichkeit. Die Grenzen sind gerade zwischen Radikalismus und Extremismus fließend. Es existieren diverse Ansätze, beispielsweise den Extremisten ohne Agitation und einen militanten Radikalen unterschieden zu wollen, um das Phänomen genauer einzugrenzen.[153]

Extremismus zeigt sich beim polizeilichen Gegenüber regelmäßig darin, dass er

- gewaltbereit ist,
- Polizisten als staatliche Exekutive als Feind definiert,
- eine ausgeprägte und aggressive Vorurteilsneigung hat,
- häufig unter enormen Gruppendruck steht, wenn die extreme Community sein relevantes soziales Umfeld darstellt[154],
- regelrechte Verschwörungstheorien vertritt.[155]

---

152 Vgl. Dienstbühl/Abou-Taam, in: Kriminalpolizei 9/2012, S. 5

153 Vgl. Lützinger 2010, S. 19.

154 Der Fall Arid Uka hat allerdings gezeigt, dass eine derartige Beeinflussung nichts zwangsläufig an einem „echten" sozialen Umfeld gebunden ist, sondern auch in der Virtualität und durch die empfundene ideologische Verbundenheit ausreichend sein kann.

155 Vgl. Neu/Pokorny, in: Jesse/Mannewitz (Hrsg.) 2018, S. 175.

4. Terrorismus

Terrorismus wird insbesondere mit Terroranschlägen gleichgesetzt. Angst vor Terrorismus bedeutet Angst vor von Terroristen ausgeübter Gewalt. Terrorismus umfasst allerdings noch mehr. Terrorismus ist abgeleitet aus dem Lateinischen „terrere" und bedeutet „Schrecken, Angst und Schrecken bereitendes Geschehen".[156] Terrorismus ist als Mittel zur Machtausübung zu verstehen.[157] Als gewaltsame Regierungsmaßnahme wird der Begriff im 18. Jahrhundert und in Zusammenhang mit der Französischen Revolution verwendet und bezog sich auf das gewaltsame Vorgehen *Robespierres* und der *Jakobiner*,[158] der sog. „Schreckensherrschaft".[159] Der Begriff Terror ist bereits im Alten Testament enthalten und wird von *Martin Luther* mit „Schrecken" übersetzt.[160] Im Neuen Testament erscheint der Begriff nur selten, wird aber auch im Mittelalter noch von Theologen als „Motivation" zur unbedingten Gottesfürchtigkeit herangezogen.[161] Um 1800 fand der Terminus Terrorismus schließlich Eingang in den deutschen Sprachgebrauch. In diesem Sinne bezeichnet Terrorismus allgemein die Gewalt „von unten", durch gesellschaftliche Gruppen gegen staatliche Autoritäten.[162] Heute wird Terrorismus zunächst allgemein als eine Form politischen Extremismus definiert.[163] Der Begriff beschreibt eine Art von Machtanspruch und ist immer dort zutreffend, wo „legitimierte Macht auf politisch nicht

---

156 Kluge/Seebold 2002, S. 914.

157 Vgl. Macchiavelli 1990, S. 78: „Daher muss ein Fürst, der sich behaupten will, imstande sein, schlecht zu handeln, wenn die Notwendigkeit es erfordert" (weitläufig existiert dieser Satz in folgender Übertragung: „Um die Machtausübung zu bewahren, ist es notwendig, sich zu gewissen Zeiten des Terrors zu bedienen.").

158 Maximilien de Robespierre war ein führendes Mitglied der Jakobiner, des wichtigsten politischen Klubs während der Französischen Revolution 1789–1799, die äußerst links-politische Positionen vertraten. Die Politik der Jakobiner als *La Terreur* bezeichnet Massenmord an politischen Gegnern als Mittel der Anhänger, um eine Verfassung durchzusetzen, die, in Anlehnung an den formulierten Ideen Rousseaus, das „allgemeine Glück" zum verpflichtenden Staatsziel erklärt. Terror als Mittel, bis der angestrebte Zustand erreicht ist, bezeichnet die unmittelbare Gewaltanwendung, die bereits vor der Französischen Revolution mit dem Begriff „Schreckung" als erste Stufe von Folterpraktiken durch zeigen der Folterinstrumente und dadurch Ankündigung der Folter verwandt wurde.

159 Nehring 2007, S. 9; Hippler, in: Institut für Auslandsbeziehungen (ifa) (Hrsg.) 2006, S. 79.

160 Vgl. z.B. Hiob 6,4 „terrores Die millitant contra me", und „die schrecknis Gottes sind auff mich gerichtet", zitiert nach: Busa 1980, S. 158.

161 Schrecken der Strafe vor Zuwiderhandlung (*„terror poenae"*), vgl. von Aquin 1951, S. 219.

162 Dietl/Hirschmann/Tophoven 2006, S. 17.

163 Vgl. Jesse, in: Andersen/Woyke (Hrsg.) 2009, S. 693; Terrorismus als letzte Form der Eskalationsstufe von Extremismus, vgl. Hirschmann, in: Bundesakademie für Sicherheitspolitik 2001, S. 453; Bundesamt für Verfassungsschutz (Hrsg.) 2012, Verfassungsschutzbericht 2011, S. 34 f.

legitime Gewalt trifft".[164] Mittlerweile wird jede Gewalttat, die als besonders gravierend und gegen die Gesellschaft gerichtet empfunden wird, als terroristischer Akt bezeichnet.[165] *Franz Wördemann* definiert Terrorismus als „Gewaltanwendung durch die kleine und isolierte Gruppe [...], die nicht über die Kraft verfügt, die etablierte Macht des Terrors oder die allgemein akzeptierte Macht des Rechts und des Gesetzes auf breiter Front, durch den Aufstand der Masse oder mit konventionellen Methoden anzugreifen."[166] Der Angriff und die somit vorsätzlich herbeigeführte Verunsicherung der „herrschenden Schicht", aber auch der Massen, durch Attentate auf Repräsentanten des politischen und wirtschaftlichen Systems war insbesondere bei der *Roten Armee Fraktion* (RAF) in Deutschland zu beobachten.[167]

Dietl, *Hirschmann* und *Tophoven* schreiben Terrorismus fünf Komponenten zu:

1. die Gewaltanwendung muss über einen bestimmten Zeitraum andauern bzw. fortgesetzt werden;
2. die Gewalt muss geplant und organisiert sein;
3. die Taten sind politisch oder religiös oder moralisch motiviert; Zielsetzung ist nichtökonomischer Art;
4. der Einsatz von Gewalt ist von terroristischer Seite als Kommunikationsstrategie zu verstehen; sie muss allgemein als unnatürliche und unverhältnismäßige Gewalttat empfunden werden;
5. das Ziel ist die endgültige Machtübernahme.[168]

Maßgeblich ist der Zusammenhang zwischen der Machtdemonstration und der Wahl symbolträchtiger Ziele bzw. prominenter Personen für terroristische Anschläge, um eine Breite der Gesellschaft zum Opfer zu machen und von dieser gleichzeitig mehr Aufmerksamkeit zu erhalten.[169] Öffentliche Aufmerksamkeit soll dabei durch Schrecken erzwungen werden, der durch Zerstörungswillen und nicht zuletzt durch eine empfundene Sinnlosigkeit

---

164 Nach Bart/Küpper 2004, online abrufbar unter: www.friedenskooperative.de/ff/ff04/6-61.htm (letzter Zugriff am 22. März 2012); dieser Macht gegenüber steht die staatliche Souveränität, vgl. Schmitt 1985, S. 11.

165 Hoffman 2002, S. 13, auch zitiert in: von Knop 2004, S. 39.

166 Wördemann 1977, S. 24; ferner Schwind 1978, S. 26.

167 Die RAF plante ihre Anschläge auf Repräsentanten des sog. „Schweine-Systems" möglichst präzise und betrachtete die Tötung von Dritten, also Chauffeuren oder Passanten, als „Kollateralschaden", vgl. Hilgers, in: Frankfurter Rundschau vom 18. September 2007, Artikel online verfügbar unter: www.fr-online.de/spezials/raf-protagonisten-die-radikalisierung-des-gewissens,1472610,2708748.html.

168 Dietl/Hirschmann/Tophoven 2006, S. 17 f.

169 Hirschmann, in: Bundesakademie für Sicherheitspolitik 2001, S. 454, 458.

der Tat herbeigeführt wird.[170] Die vorliegend betrachteten Definitionsansätze schließen das Unvermögen als wesentliches Merkmal von Terrorismus ein, in anderer Weise politischen Einfluss auszuüben, und gegnerische Machthaber zu stürzen.[171] Die terroristische Praxis von Anschlägen als Angriffsstrategie eines kleineren Angreifers gegen eine Übermacht wird auch im Sinne einer *asymmetrischen Kriegsführung* verstanden.[172] Damit ist neben der flexiblen Verlagerung von Kampfgebieten der Minderheitenaspekt und die Frage entscheidend, von wem Gewalt ausgeht und mit welchem Zweck sie ausgeübt wird. Asymmetrierung bedeutet nach *Herfried Münkler*: „… sich dem Gegner nicht dort zum Kampf zu stellen, wo er mit Sicherheit seine Überlegenheit ausspielen kann, und stattdessen die militärische Konfrontation dort zu suchen, wo man seine Schwächen und Verwundbarkeiten ausgemacht hat.“[173]

Friedrich Schneider und *Bernhard Hofer*[174] unterscheiden vier Formen von Terrorismus:

- **Nationaler Terrorismus:** Diese Form konzentriert den Aktionsradius innerhalb eines Landes. Ein noch recht aktuelles Beispiel ist die Agitation der baskischen Separatistenorganisation **ETA**[175] in Spanien. Auch die **RAF** und die **IRA** waren nationale Terrororganisationen.
- **Internationaler Terrorismus:** Auch hier kann sich das eigentliche Interesse auf ein Land beziehen, dennoch ist der Aktionsradius auf unbetei-

170 Vgl. die Ausführung des Wladimirs in Joseph Conrads „Der Geheimagent“: „Wie aber kann man diese groteske Idee so in den Köpfen der Mittelklassen hämmern, daß es kein Mißverständnis gibt? Das ist die Frage. Und die Antwort ist: indem man Schläge gegen etwas richtet, das außerhalb der bekannten menschlichen Leidenschaften liegt.“, vgl. Conrad 1993, S. 38.

171 Vgl. Schätz, in: ÖMZ 2002, S. 279.

172 Anschläge sollen das Profil terroristischer Akteure für potentielle Anhänger schärfen und den politischen Rückhalt der angegriffenen Regierung schwächen. Mit direkten, unvorhersehbaren Angriffen in das Zentrum des betitelten Feindes versetzen Terroristen die Bevölkerung in Trauer und aufgrund der erlittenen Verwundbarkeit in einen psychologischen Schockzustand. Dadurch erschüttern sie deren Vertrauen in die Regierung ihres Staates, die innerhalb demokratischer Systeme von der Bevölkerung gewählt wurde. Somit beinhaltet diese Form des terroristischen Kampfes weitreichende psychologische Berechnungen und kalkuliert das Trauma einer ganzen Bevölkerung als Kriegstaktik, die auch die der psychologischen Kriegsführung impliziert.

173 Vgl. Münkler 2010, S. 66; Terrorismus als asymmetrische Kriegsführung wird häufig in Verbindung zu Guerilla-Taktiken gesehen. Als Guerilleros werden organisierte, bewaffnete Teile einer Bevölkerung verstanden, die sich gegen eine bestehende Fremd- oder Gewaltherrschaft richten, vgl. Heinke 2016, S. 131.

174 Vgl. Schneider/Hofer 2008, S. 35 f.

175 Euskadi Ta Askatasuna = Baskenland und Freiheit (baskisch). Als marxistisch-leninistische, separatistische baskisch-nationalistische Untergrundorganisation hat sie sich am 2. Mai 2018 selbst aufgelöst.

ligte oder nur mittelbar beteiligte/betroffene Länder ausgedehnt, um die Weltöffentlichkeit auf die Probleme im Land aufmerksam zu machen. Ein Beispiel hierfür stellt der Dachverband der palästinensischen **PLO** dar, dessen Mitglieder(organisationen) Mittel des Terrors und der asymmetrischen Kriegsführung nutzen, um nationale palästinensische Interessen zu vertreten[176], ebenso wie die **HAMAS**.[177]
- **Transnationaler Terrorismus:** Diese Form des Terrorismus ist eine eher neue Erscheinung und unmittelbar mit islamistischem Terrorismus verknüpft. Terror-Netzwerke wie die **Al Qaida**[178] und der Islamische Staat (**IS**) führen nach eigenem Verständnis Krieg gegen den Westen und all das, was aus ihrer Sicht unislamisch oder islamfeindlich ist. Sie streben eine Neuordnung der Welt an.
- **Cyberterrorismus:** Diese Form kann zum einen ein Mittel der o.g. Terrorformen sein, aber auch einzelne Terroristen können nach Auffassung von *Schneider* und *Hofer* als Cyberterroristen auftreten und agieren; die Beweggründe und der Aktionsradius sind damit deutlich erweitert.[179]

Terrorismus wird insbesondere von den terroristischen Akteuren selbst regelmäßig als Krieg verstanden. Sowohl die Linksterroristen der RAF, als auch Islamisten der Al Qaida oder des Islamischen Staates, betrachten sich selbst als Krieger. Doch auch die politischen Adressaten von Terroranschlägen nutzen den Kriegsbegriff nicht nur, sondern sie beantworten Terror auch mit kriegerischen Anschlägen; wie die USA nach den Anschlägen vom 11. September 2001.[180] Im deutschen Strafrecht existiert, wie bereits angesprochen, keine explizite Legaldefinition zu Terrorismus, jedoch gibt es den Straftatbestand nach § 129a StGB *Bildung einer terroristischen Vereinigung*, der im Zuge der staatlichen Auseinandersetzung mit der RAF vom Gesetzgeber aufgenommen wurde.[181] Demnach soll bestraft werden,

---

176 PLO = Palestine Liberation Organization. Unter dieser Befreiungsorganisation Palästinas sind mehrere Gruppen subsumiert, die mit mehr oder weniger aggressiven Methoden palästinensische Interessen vertreten wollen.

177 Die HAMAS (aus dem Arabischen = Begeisterung) ist eine sunnitisch-islamistische palästinensische Terrororganisation. Als Zweig der Muslimbruderschaft (MB) 1987 gegründet, hat sie zum Ziel, Israel als Staat „auszulöschen“.

178 Die im Afghanistankrieg 1988/1989 gegründete Terrororganisation Al Qaida (= „Die Basis“/ „Das Fundament“) war neben zahlreichen weiteren u.a. für die Terroranschläge auf die USS Cole im Jahr 2000, den Terror vom 11. September 2001 in den USA, den Bombenanschlag von Madrid 2004 und die Londoner U-Bahn 2005 verantwortlich. Die Anzahl der Opfer der Al Qaida kann kaum bestimmt werden.

179 Vgl. Schneider/Hofer 2008, S. 36.

180 Zum „War on Terror“ unter George W. Bush, vgl. Nabers 2005, S. 128 ff.

181 Die Vorschrift des § 129a wurde durch das Gesetz vom 18. August 1976 in das Strafgesetzbuch eingefügt, vgl. BGBl. I 2181, im Zuge des sog. Ersten Antiterrorpaketes vom 19. Novem-

„wer in der Absicht, die Bevölkerung auf schwerwiegende Weise einzuschüchtern, eine Behörde oder eine internationale Organisation rechtswidrig zu einer Handlung, Duldung oder Unterlassung zu zwingen, oder die politischen, verfassungsrechtlichen, wirtschaftlichen oder sozialen Grundstrukturen eines Staates oder einer internationalen Organisation ernsthaft zu destabilisieren oder zu zerstören, eine Vereinigung gründet.“[182] Damit besteht ein Strafmaß für das Wirken einer kollektiven terroristischen Absicht, jedoch definiert die Rechtsnorm nicht den terroristischen Akt an sich und ist zudem sehr generell. Ebenfalls allgemein klingt die Definition der Verfassungsschutzbehörden, nach welcher Terrorismus als der „nachhaltig geführte Kampf“ für politische Ziele bestimmt wird, der mit Hilfe von Anschlägen auf Leib, Leben und Eigentum anderer Menschen durchgesetzt werden soll, insbesondere durch schwere Straftaten, wie sie in § 129a Absatz 1 StGB genannt sind, oder durch andere Straftaten, die zur Vorbereitung solcher Straftaten dienen.[183] Neben diesen beiden „amtlichen“ Definitionen gibt es zahlreiche weitere, die von staatlichen Institutionen verwendet werden.[184]

Terrorismus impliziert nach *Elter*[185] folgende Merkmale:

- Durchführung ist nicht staatlich legitimiert.
- Politisch, ideologisch oder religiös motivierte Täter mit längerfristigen Zielen.

---

ber 2001 geändert, vgl. Art 1 Nr. 1 TerrorBekG, vgl. Deutscher Bundestag Drucksache 14/7386 vom 08. November 2001, beschlossen am 19. November 2001. Weitere Änderung und heutige Fassung aufgrund des Gesetzes zur Umsetzung des Rahmenbeschlusses des Rates vom 13. Juni 2002 zur Terrorismusbekämpfung und zur Änderung anderer Gesetze vom 22. Dezember 2003, vgl. BGBl. I S. 2836 m.W.v. 28. Dezember 2003; die Erfassung einer kriminellen und terroristischen Vereinigung im Ausland wurde mit der Neuschaffung des § 129b StGB im Zuge des 34. StÄG vom 22. August 2002 geregelt, vgl. BGBl. I 3390, damit wird der erweiterte Verfall und Einziehung geregelt. Bereits im Reichsstrafgesetzbuch (RStGB) von 1871wurden im § 129 „staatsfeindliche Vereinigungen“ unter Strafe gestellt, vgl. Maletz, in: Kriminalistik 7/2010, S. 428; im Zuge der Sozialistengesetze (1878–1890) bekam der Paragraph entsprechenden inhaltlichen Kontext, vgl. Lange 2006, S. 335. Diese Vorschrift wurde mit Art. 2 Nr. 4 des 1. StrÄndG vom 30. August 1951 neu geschrieben, vgl. BGBl I 5 739. In der Fassung von 1975 umfasst § 129 StGB „kriminelle Vereinigungen“ und ist nicht mehr auf staatsfeindliche Vereinigungen ausgelegt. Die Bildung einer „terroristischen Vereinigung“ wurde durch das Gesetz vom 18.08.1976 in das Strafgesetzbuch eingefügt, vgl. BGBl. I 2181; Fischer 2016 S. 935.

182 Fischer 2016, S. 941.

183 Vgl. Fischer 2016, S. 940.

184 Hilker 2006, S. 11; dies ist eine Parallele zu US-amerikanischen Sicherheitsbehörden, die allesamt unterschiedliche Definitionen und damit einhergehend auch unterschiedliche Auffassungen von Terrorismus haben.

185 Vgl. Elter, in: bpb vom 20. August 2007.

- Verwendung physischer Gewalt als primäres Mittel zur Verbreitung von Angst und Schrecken.
- Operationen zielen nicht nur auf den personifizierten Gegner, sondern häufig billigend oder vorsätzlich auf unbeteiligte Dritte ab.
- Täter bekennt sich in der Regel zu seiner Tat und nutzt die Aufmerksamkeit der Bevölkerung zu seinem Zweck. Seit der Einführung der Massenmedien werden diese bei spektakulären Taten zunehmend als Mittel der Propaganda eingesetzt.
- Je nach Größe und Verbreitung der Tätergruppe existieren Finanzierungsquellen und logistische Infrastrukturen.
- In der Regel existiert eine Unterstützer- und Sympathisantenszene.[186]

Terrorismus kann nach amerikanischem Vorbild unterschieden werden in *domestic/homegrown* (Terrorismus, der sich im Inland entwickelt hat, wie beispielsweise der Terror der RAF) oder *international* (Terrorismus, der aus dem Ausland herrührt, wie beispielsweise islamistischer Terror).[187]

Um die Begriffe nun besser nachvollziehen und zueinander abgrenzen zu können, werden die Begriffe in Hinblick auf ihre Ziele, Vorstellungen, ihr Verhältnis zu geltenden Normen und zur Gewalt hin überprüft.

Tabelle 4: Vergleich Populismus – Radikalismus – Extremismus – Terrorismus

	Populismus	**Radikalismus**	**Extremismus**	**Terrorismus**
Ziel	Systemkritik, direkte Demokratie	Systemveränderung	Systemüberwindung	Systemvernichtung
Werte/ Vorstellungen	Themenbezogene Abweichung zur politischen Elite/ Regierung/Justiz	Abweichender Standpunkt zur herrschenden Meinung	Übersteigert kritische Haltung gegenüber allgemein akzeptierten Regeln	Ablehnung bestehender und Wunsch nach neuer Ordnung
Verhältnis Normen	Fühlen sich in Minderheit, wollen Mehrheitsverhältnisse ändern	Bewegt sich innerhalb geltender Gesetze/systemischer Ordnung	Ablehnung geltender Gesetze/ systemischer Ordnung	Bekämpfung geltender Gesetze/ systemischer Ordnung
Gewalt	In Rhetorik wird mit Gewalt gespielt, aber nicht explizit dazu aufgerufen	Wird ausgeschlossen	Wird akzeptiert, Gewaltanwendung wird entschuldigt	Wird aktiv propagiert, forciert und angewandt

186 Ebd.

187 Vgl. Davis/Moldenhauer/Davis 2014, S. 110.

5. Rassismus

Auf Rassenideologien basierende Vorstellungen ordnen Menschen aufgrund ihrer Herkunft und/oder Abstammung bestimmten Rassen zu und definieren darüber deren Wert. Die Grundannahme basiert auf einer Unterteilung von Rassen in eine „höhere Rasse“, die über höher entwickelte Fähigkeiten verfügt, und in die anderen „niedrigeren Rassen“, die der höheren Rasse dienen sollen und ihnen in Stellung und Recht unterlegen sind.

Das Rassendenken gehörte insbesondere im Nationalsozialismus zum festen Bestandteil der Ideologie und unterscheidet zwischen der „Herrenrasse“ (Arier[188], Germanen, nordische Menschen) und den „Untermenschen“ (Slawen, Farbige, etc.). Durch das Heranziehen biologischer Scheinfakten und der Beschwörung des „reinen Blutes“ sollen Menschen, die derselben Nationalität angehören, begeistert und für diese Sichtweise gewonnen werden. Alle Menschen, die aus anderen Nationen, Völkern oder Ethnien abstammen, werden degradiert und als Quelle sämtlichen Übels ausgemacht. Rassismus taucht in vielen verschiedenen Ländern auf. Beispielsweise ist er nach wie vor ein schwieriges Thema in Amerika, wo durch die „Martin Luther King“-Bewegung erst Ende der 60er Jahre die Rassentrennung aufgehoben werden konnte. Ein weiteres Beispiel bildet die südafrikanische Apartheid, die 1994 endete.

Auf der anderen Seite steht die *Xenophobie*, die Angst vor dem Fremden, die häufig mit Rassismus einhergeht. Denn die Erhebung und Überhöhung der eigenen Rasse besitzt nicht selten die Komponente, sich und seine Existenz durch andere als bedroht zu empfinden.[189]

6. Faschismus

Inflationär gebraucht, wird Faschismus seit Jahren alltäglich mit rechtsextrem und rassistisch synonym verwendet. Rassismus ist ein wesentlicher Bestandteil des Faschismus. Dieser war zunächst die Eigenbezeichnung der

---

188 Der Begriff des Ariers beschreibt ursprünglich eine Person, die Indoiranisch spricht. Im 19. Jahrhundert entwickelte sich die Ansicht, dass hellhäutige Europäer von Ariern abstammen. Der Philosoph *Friedrich Schlegel* übersetzte Arier mit „der Ehrenhafte“, was auch französische Vertreter aufgriffen und als Begriff manifestierten. Schließlich prägte der Begriff des Ariers die Doktrin des Nationalsozialismus, vgl. Schmitz-Berning 2007, S. 54.

189 Vgl. Abou-Taam/Dienstbühl, in: Die Kriminalpolizei 3/2012, S. 4 ff.

politischen Bewegung[190] unter Führung von *Benito Mussolini* in Italien von 1922 bis 1943. Als herrschende politische Macht errichtete sie ein totalitäres, diktatorisches Regierungssystem. Adolf Hitler übernahm nicht nur Symbole, wie den „saluto romano“ als „Deutschen Gruß“, sondern auch Inhalte von Mussolini. Seine Verehrung für den „Duce“ zeigte sich nicht zuletzt in einem ähnlich aufgebauten Führerkult.

Faschistische Ideologien können sehr unterschiedlich zueinander sein. Einige Merkmale[191] sind ihnen jedoch gemein:

- **Extremer Nationalismus:** das jeweilige nationale Eigeninteresse wird verabsolutiert, soziale Spannungen werden in faschistischen Bewegungen geleugnet und die „Volksgemeinschaft“ mythisiert und beschworen.
- **Führerprinzip:** Die streng hierarchische Ausrichtung an einem Führer, der an der Spitze der faschistischen Bewegung bzw. des faschistischen Staates steht (italienisch: Duce).
- **Totalitärer Anspruch:** Ziel der Einparteiendiktatur
- **Antidemokratische, antiliberale und antiparlamentarische Ideologie:** Abschaffung der Demokratie
- **Verherrlichen von Gewalt, Kampf und Militarismus:** Aggressivität aus politischer Überzeugung und Demonstration der eigenen Stärke
- **Überwachungsapparat:** Möglicher oder tatsächlicher Widerstand wird durch einen brutalen Überwachungs- und Terrorapparat unterdrückt, mit dem die paramilitärischen Verbände der faschistischen Organisationen die politischen Gegner einschüchterten bzw. ausschalteten.

Ziel ist die Errichtung einer Diktatur, die die Massen der modernen Industriegesellschaft lenkend einbezieht und die alle individuellen und demokratischen Freiheiten abschafft. Sämtliche Ansätze zur Wiederbelebung des Faschismus nach dem 2. Weltkrieg werden unter dem Begriff *Neofaschismus* zusammengefasst.

7. Fundamentalismus

Eine ähnlich enorme Bedeutungsbreite besitzt der Begriff des Fundamentalismus, der ursprünglich nicht negativ konnotiert war. Als theologischer Begriff ging es um den fundamentalen Glauben, also eine fundierte Religionsausübung.[192] Mittlerweile wird Fundamentalismus häufig dann ge-

190 Faschismus aus dem Lateinischen von *fasces* = Rutenbündel, dem Sinnbild der Macht römischer Beamten.

191 Abgewandelter Merkmalskatalog nach MPG Saarlouis (OAA, ohne Datumsangabe).

192 Aus dem Lateinischen *fundamentum* = Unterbau, Basis, Fundament.

braucht, wenn zur Durchsetzung religiöser Ziele Gewalt eingesetzt oder der Gewalteinsatz legitimiert wird. Fundamentalisten messen somit nicht nur ihrer Religion besondere Relevanz zu und versuchen die Glaubensregeln zu befolgen, sondern sie stellen ihre Glaubensansichten über alle anderen Wertevorstellungen. Daher lehnen sie Neuerungen ab und möchten sich der modernen Zeit nicht anpassen. Befinden sich Glaubensnormen im Widerspruch zu herrschenden Gesetzen und anderweitigen gesellschaftlichen Normen, wird ein Fundamentalist seine Überzeugung über diese stellen. Fundamentalismus ist die Haltung, der eigenen und nur der eigenen Auslegung von sozialen und politischen Vorgängen Deutungsmacht zuzubilligen. Fundamentalismus beansprucht dabei Allgemeingültigkeit und beruft sich oftmals auf nicht abänderliche Wahrheiten, die meist dem Beweis nicht zugänglich sind. Nach *Thomas Schirrmacher* beinhaltet Fundamentalismus sogar eine Militanz in ihrem kommunizierten Wahrheitsanspruch.[193] *Christian Jäggi* sieht darin eine „rückwärts gerichtete Rebellion".[194] Gibt es dem Beweis zugängliche Tatsachen, ist dies von einer Meinung, die begründet sein kann, aber nicht muss, abzugrenzen. Das Beharren auf Deutungen, die dem Beweis zugänglich sind und die erweislich wahr sind, ist demnach kein Fundamentalismus. Andererseits steht Fundamentalismus oft für eine vorgefasste Meinung, die nachträglich rationalisiert wird (z. B. Intelligent Design, eine christlich fundamentalistische Strömung, die biologische Sachverhalte im Sinne eines vorhandenen überlegenen Schöpfers selektiv auswählt und in einem religiösen Sinn bewertet). Allerdings werden nicht nur sehr religiöse Vertreter als Fundamentalisten bezeichnet: Auch andere Ideologien eignen sich zum Wesen des Fundamentalen, wie beispielsweise Vegetarier- oder Veganertum (solche werden auch als Ersatzreligionen bezeichnet).

Der Theologe und Facharzt für Psychiatrie *Günter Hole* nennt sechs psychische Bedürfnisse[195], die für fundamentalistisch eingestellte Menschen typisch sind:

- Das Bedürfnis nach Sicherheit
- das Bedürfnis nach Verankerung
- das Bedürfnis nach Autorität
- das Bedürfnis nach Identifikation
- das Bedürfnis nach Perfektion
- das Bedürfnis nach Einfachheit.

---

193 Vgl. Schirrmacher 2010, S. 14.

194 Vgl. Jäggi/Krieger 1991, S. 15 f.

195 Vgl. Hole 2004, S. 28.

8. Fanatismus

Fundamentalismus kann zum Fanatismus führen. Fanatismus beschreibt, im Gegensatz zum Fundamentalismus, derweilen eine psychische Konstitution. Fanatismus ist eine besondere Besessenheit von einer Vorstellung, die bis hin zur fixen Idee geht. Wenn man Fundamentalismus als umfassendes, mitunter lebensgestaltendes Element betrachtet, ist Fanatismus selektiver, mehr auch eine Art, wie Inhalte vertreten werden. Ein Fundamentalist muss kein Fanatiker sein, wenn er die Inhalte seiner Weltsicht nicht vehement gegenüber anderen vorbringt und eher privat auslebt. Ein Fanatiker muss kein Fundamentalist sein, wenn er seine Idee zwar für gültig und wahr, nicht jedoch für unabänderlich hält. Eine Schnittmenge beider Zuordnungen ist häufig. Fundamentalistische Fanatiker und fanatische Fundamentalisten vertreten Inhalte, die sie für alleine wahr und unabänderlich halten, auf vehemente bis hin zu einer die persönlichen Grenzen überschreitenden Art. Gegenargumente, egal wie logisch, erreichen diese Personen nicht.

Voltaire widmete sich in seiner Schrift „Über die Toleranz" ebenfalls dem Phänomen des Fanatismus. Die Bartholomäus-Nacht zum 24. August 1572 in Paris, die als „Bluthochzeit an der Seine" in die Geschichte eingehen sollte, veranschaulichte auf besonders barbarische Art und Weise, wozu Menschen in einer völlig übersteigerten „Gottesliebe" fähig wurden.[196] Sie begingen ein Massaker an tausenden Menschen. Voltaire bezeichnet Fanatismus als Krankheit und Seuche, die, wenn sie „das Gehirn erst verpestet habe", meist nicht mehr heilbar sei.[197] Günter Hole unterscheidet Fundamentalismus (als Kern einer Lehre) von Fanatismus (Kampf für diese Lehre)[198] und definiert drei bestimmende Faktoren. Demnach sei Fanatismus

- „eine durch die Persönlichkeitsstruktur mitbedingte, auf eingeengte Werte und Inhalte bezogene persönliche Überzeugung von hohem Identifizierungsgrad,

196 Am Bartholomäus-Tag fand die Hochzeit des Protestanten Heinrich von Navarra (des späteren Königs Heinrich IV.) mit der Katholikin Margarete von Valois in Paris statt, die der Versöhnung zwischen Katholiken und Protestanten dienen sollte. Admiral Gaspard de Coligny und weitere Führer der französischen Protestanten, die sich zu diesem Anlass einfanden, wurden dabei ermordet. In derselben Nacht wurden in einem Pogrom weitere tausende Pariser Protestanten ermordet. Die Gemetzel im öffentlichen Raum weiteten sich auf ganz Frankreich in den nachfolgenden Tagen aus.

197 Vgl. Voltaire 2015, S. 22.

198 Vgl. Hole 2004, S. 44.

- die Durchsetzung diese Überzeugung mit großer Intensität, Nachhaltigkeit und Konsequenz, unter hohem Energieaufwand („fanatische Energie“), wobei Dialog- und Kompromissunfähigkeit besteht, und
- die Bekämpfung von Außenfeinden mit allen, auch rigorosen, aggressiven Mitteln, unter gleichzeitiger positiver Gewissenskonformität („gutes Gewissen“).“[199]

Sowohl Voltaire als auch Hole versuchten sich an einer Typologisierung. Voltaire unterscheidet zwischen solchen, die aufgrund von Fanatismus Gewalt im Affekt ausführen, und kaltblütigen Fanatikern, die er vor allem im Richterstand sieht und die ihre Position missbrauchen, um Andersdenkende systematisch zu sanktionieren.[200] Auch in Holes Beobachtungen bildeten sich zwei Typen von Fanatikern heraus. Demnach gäbe es den *essentiellen* Fanatiker, dessen Wertewelt intrinsisch, als aus dem eigenen Innenleben heraus fanatisiert wird, und induzierte Fanatiker, die extrinsisch überzeugt werden (quasi in Konsumentenhaltung), diesen Fanatismus aber vollkommen übernehmen und damit ebenfalls Leute als Mitstreiter gewinnen wollen.[201]

9. Abgrenzung Terroranschlag und Amoklauf

Einige Gewaltakte der letzten Jahre sind nur sehr schwer zwischen einem terroristischen Anschlag und einem Amoklauf abzugrenzen. Beispielsweise die Tat des *Anders Breivik* kann sowohl als Amoklauf als auch als terroristischer Anschlag bewertet werden. Breivik zündete am 22. Juli 2011 in Oslo eine Bombe im Regierungsviertel, durch die acht Menschen starben und richtete kurz darauf auf der Ferieninsel Utøya ein Massaker an, indem er 69 Menschen binnen 90 Minuten erschoss.[202] War dies nun ein Amoklauf oder ein terroristisches Attentat? Vor allem seine erklärte Absicht, Norwegen u. a. gegen Islam und „Kulturmarxismus“ verteidigen und für alle Fehlentscheidungen die regierenden Sozialdemokraten bestrafen zu wollen, spricht für ein terroristisches Motiv. Sein Manifest, dass er vor der Tat versendete, ist ein Potpourri zusammengewürfelter Texte und Blogs, durch ihn zum Teil verändert. Somit handelt es sich weniger um eine Erklärung im Sinne einer Propaganda der Tat, denn die Einschätzung der europäischen

199 Vgl. Hole 2004, a. a. O.
200 Vgl. Voltaire 2015, a. a. O.
201 Vgl. Hole 2004, S. 77.
202 Vgl. Dienstbühl, in: Die Kriminalpolizei 1/2017, S. 6.

Verhältnisse und insbesondere seine Selbstwahrnehmung und seine wahrgenommene geschichtliche Rolle waren völlig verzerrt.[203] Es gab kein konsensfähiges Leitbild, das von mehreren Personen geteilt wurde. Die Einschätzung seiner Person durch die bestellten Gerichtsgutachter wies gravierende Persönlichkeitsstörungen auf. Auch wenn er im zweiten rechtspsychiatrischen Gutachten schließlich für zurechnungsfähig erklärt wurde, blieb seine psychische Disposition, die das Bild eines irrationalen Amokläufers stützt und nicht das eines rational agierenden Terroristen, der mit seinen Taten eine gesellschaftliche Änderung herbeiführen möchte.[204] Obwohl er versuchte, bei Rechtspopulisten Fuß zu fassen, war er keiner Gruppe zuzuordnen. Als einzelner Krieger wollte er eine ausgedachte Elite anführen, als Kommandant einer Fantasiearmee, für die er sich eigens eine Uniform kreiert hatte.[205] Breivik suchte sich eine neue Identität, was typisch für Amokläufer ist.[206] Die Frage, die jeder beantworten muss, der Breivik als einen Terroristen betrachtet, ist, ob er dieses Attentat auch verübt hätte, wenn er geistig gesund gewesen wäre.

Das nächste Beispiel für einen schwierigen Fall von Einordnung stellt die Tat des 18-jährigen *Ali David S.* am 22. Juli 2016 in München dar. Er erschoss am und im Olympia-Einkaufszentrum (OEZ) im Münchner Stadtbezirk Moosach neun Menschen und verletzte fünf weitere. Als die Meldung von den Schüssen durch erste Medienberichte die Öffentlichkeit erreichte, dachten viele reflexartig an einen terroristischen Akt. Sowohl die Ermittler als auch die Staatsanwaltschaft ordneten die Tat als einen Amoklauf ein. Zuvor fand die Polizei heraus, dass der 18-Jährige in der Schule gemobbt wurde, wahrscheinlich von Schülerinnen und Schülern, die äußerlich den Opfern ähnelten. Ali David S., der mit 18 Jahren darauf bestand, nur noch seinen zweiten Vornamen David zu führen, beschäftigte sich bereits ein Jahr vor der Tat intensiv mit Amok allgemein, vor allem aber mit Breiviks Schreckenstat in Norwegen.[207] Zwar wurden Aufzeichnungen gefunden, wonach der Täter stolz auf den gemeinsamen Geburtstag mit Adolf Hitler und sein Herkunftsland, den Iran („Land der Arier"), gewesen sei. Dennoch war die Tat wahrscheinlich nicht extremistisch motiviert. Der 18-jährige Münchner war der Polizei zuvor nicht als Täter, sondern als Opfer von Mobbing und Diebstahl bekannt.

---

203 Ebd.

204 Trotz unterschiedlicher Ergebnisse der gerichtlich bestellten Gutachten zur Klärung der Schuldfähigkeit Breiviks, attestierten ihm alle eine psychische Konstitution jenseits geistiger Gesundheit in seinen Toleranzen.

205 Vgl. Dienstbühl, in: Die Kriminalpolizei 1/2017, S. 6.

206 Vgl. Degen, in: Deutschlandfunk vom 20. April 2014.

207 Vgl. Dienstbühl, in: Die Kriminalpolizei 1/2017, S. 5.

Amoktaten werden von religiös motivierten Selbstmordattentaten unterschieden. Der Begriff bezeichnet zunächst „nicht materiell-kriminell motivierte, tateinheitliche, mindestens in selbstmörderischer Absicht durchgeführte, auf den unfreiwilligen Tod mehrerer Menschen zielende plötzliche Angriffe".[208] Häufig geht es dabei um eine psychische Extremsituation, aus der heraus es zu einer „willkürlichen, anscheinend nicht provozierten Episode mörderischen oder erheblich (fremd-) zerstörerischen Verhaltens kommt." Die Tat von München war geplant. Doch mittlerweile wird Amok nicht ausschließlich für spontane, sondern auch geplante Taten verwandt.[209] Während Polizei und Staatsanwaltschaft die Tat als Amoklauf einschätzten, sahen einige Wissenschaftler das anders und ordneten die Tat als „politisch motivierte Kriminalität" ein, als Akt eines „einsamen Wolfes".[210] Rassistische Äußerungen in Chats und gemalte Hakenkreuze seien Indizien für einen rechtsterroristischen Anschlag.[211] Die psychische Konstitution des Ali David S. und seine Probleme, erlebtes Mobbing zu verarbeiten, werden entsprechend als nachrangig eingestuft. Ein sehr differenziertes Gutachten wurde von *Christoph Kopke* erstellt. Nach seiner Einschätzung sei es dem Täter nicht darum gegangen, eine politische Botschaft zu kommunizieren, vielmehr sei seine psychische Situation ausschlaggebend, auch die Rache für Mobbing durch Mitschüler mit Migrationshintergrund. Kopke stellte nachfolgende Aspekte als besonders gravierend heraus:

- **Mobbingerfahrungen** (im Fall Ali David erlebte er die seit der 5. Klasse und wurde deswegen sowohl ambulant als auch teils stationär psychotherapeutisch bereut; ADHS und „Asperger-Syndrom" seien dabei diagnostiziert worden sein.)[212] [213]
- **Defizite im Sozialverhalten**; narzisstische[214] und/oder sozialphobische Züge

208 Ausschlaggebend sei der aggressive Bewegungsdrang, der je nach Wahl der eingesetzten Waffe die Typisierung bestimmt (Amokschütze/Amokfahrer), vgl. Wirth 2011, S. 21.

209 Vgl. Scheithauer/Bondü 2008 S. 63 ff.

210 *Lone Wolves-Terrorism* kennzeichnet ein Phänomen, bei welchem Menschen als terroristische Einzeltäter und losgelöst von Netzwerken und Gruppen agieren, sich jedoch ideologisch zugehörig fühlen.

211 Vgl. Hartleb, in: Kriminalistik 12/2017, S. 715 ff.; zu einem Netzwerk Ali David S. mit in den USA befindlichen, potentiellen Massenmördern, vgl. Hartleb, in: Deutsche Polizei 9/2018, S. 32 ff.

212 Vgl. Kopke vom 6. Oktober 2017.

213 Wobei sich Studien widersprechen, ob die Mehrzahl der Täter unter einer psychischen Erkrankung leidet; entsprechende Angaben schwanken in dieser Frage zwischen 8 % und 68 %, vgl. Dienstbühl, in: Die Kriminalpolizei 1/2017, S. 7.

214 Zur Typologie narzisstischer Persönlichkeiten, vgl. Hartmann, in: Kernberg/Hartmann (Hrsg.) 2006, S. 14 f.

- **Soziale Isolation** (Ali David schien keine gleichaltrigen Freunde zu haben, er gehörte nirgendwo dazu, fühlte sich unterlegen)
- **Übermäßiger PC-Konsum**, Exzessives Spielverhalten, Ego-Shooter-Spiele
- **Rachegedanken** (die Polizei fand in den Aufzeichnungen Ali Davids diverse niedergelegte Rachefantasien, in diesem Zusammenhang wurden auch gemalte Hakenkreuze entdeckt)[215]
- Ausgeprägtes Interesse an bzw. eine **Faszination für Amoktaten** und **-tätern**, Massenmördern. Die Polizei ermittelte zudem, dass Ali David Winnenden und den Ort des Amoklaufes des Tim K. im März 2009 mindestens zweimal besucht hatte.[216]

Die Bewertung von Polizei und Staatsanwaltschaft wurde auch dadurch gestärkt, dass Ali David S. sich während der Tat in einer psychischen Ausnahmesituation befand, die der eines regelrecht „klassischen" Amoklaufes entspricht. Amok wird im DSM-IV in den Rubriken Dissoziative Störungen und Störungen der Impulskontrolle aufgeführt, im Glossar kulturabhängiger Syndrome wird Amok als „eine dissoziative Episode, die durch eine Periode des Grübelns charakterisiert ist, auf die ein Ausbruch gewalttätigen, aggressiven oder menschengefährdenden Verhaltens folgt, das sich auf Personen und Objekte richtet" definiert. Ähnlich sieht die Weltgesundheitsorganisation (WHO) Amok als kulturspezifische, psychische Störung. Im Gegensatz zum DSM-IV empfiehlt das ICD-10 die Einordnung des Amoks in das bestehende System unter Persönlichkeits- und Verhaltensstörungen. Amok wird im Anhang II zum ICD-10 (Forschung und Praxis) für Indonesien und Malaysia aufgeführt und wie folgt beschrieben: „Eine willkürliche, anscheinend nicht provozierte Episode mörderischen oder erheblich destruktiven Verhaltens, gefolgt von Amnesie oder Erschöpfung. Viele Episoden gipfeln im Suizid".[217] Im Fall des Münchner Amoklaufes ist vielen Menschen noch die bizarre Szene gegenwärtig, in der ein Mann Ali David von seinem Balkon anschreit und beschimpft und das alles mit dem Handy gefilmt hat und es direkt auf der Videoplattform Youtube und auf sämtlichen sozialen Netzwerken zu sehen war. Dieser erwidert, er habe „nichts gemacht" und er sei Deutscher. Er versuchte sich zu rechtfertigen. Die Analyse dieses Videos lässt die Schlussfolgerung zu, dass Ali David durch die

---

215 Vgl. Kopke a.a.O.

216 Ebd.

217 Vgl. Braun 2017, S. 50; Suizidalität ist derweil keine psychische Erkrankung, sondern die krisenhafte Zuspitzung einer krankhaften Entwicklung, die sich über wenige Wochen bis hin zu mehreren Monaten und Jahren erstrecken kann vgl. Horn, in: Notfall + Rettungsmedizin 6/2001, S. 491.

Ansprache aus seiner Tat herausgeholt wurde und tatsächlich zunächst eine Amnesie hatte. Er rief immer wieder, dass er nichts getan habe, gleichzeitig hatte er die Waffe in der Hand und wurde von einem wildfremden Mann beschimpft. Auch dies spricht für einen Amoklauf. Das Motiv des Ali David S. bezog sich auf ihn selbst, auf seine Leidenserfahrungen und seinen Willen zur Rache an einer Personengruppe Jugendlicher mit türkischem/arabischem Migrationshintergrund, zu denen er nie dazugehörte und die ihm sein Leben schwermachten. Es ging ihm damit nicht um eine gesellschaftliche Veränderung oder eine politische Einflussnahme. Er gehörte schlichtweg „nicht dazu“, fühlte sich ausgegrenzt und wollte Rache. Auch der Wunsch nach Popularität kann ein Motiv gewesen sein, das zudem eine Verbindung zwischen Amok-Tätern und Selbstmord- bzw. politisch motivierten Attentätern darstellt.[218]

Egal, um welche Form von exzessiver Gewalt im öffentlichen Raum es sich handelt, ihnen allen gemein ist der intensive Schrecken und die Unsicherheit in der Bevölkerung, die sie hinterlassen. Taten, die mit dem Suizid der Täter enden, wie bei Selbstmordattentaten und häufig auch bei Amokläufen oder regelrechten „Himmelfahrtskommandos“, bei der die Angreifer davon ausgehen, von der Polizei erschossen zu werden bzw. dies gezielt durch Angriffe provozieren (u. U. qua „suicide by cop“[219]), erzeugen zudem Ratlosigkeit. Die Jenseitsvorstellungen dieser Täter reichen zum Verständnis einfach nicht aus. Diese Ratlosigkeit führt häufig zu der allgemeinen Feststellung, dass die Täter psychisch nicht gesund gewesen sein können. Sobald wir an die Grenzen dessen kommen, was an menschlichem Verhalten nachvollziehbar ist, liegt die Unterstellung einer psychischen Disposition jenseits der Toleranzen des Normalen nahe. Doch die Täterlogik muss nicht zwangsläufig von jedem nachvollzogen werden können. Gerade die Terroristen orientieren sich an Handlungsmaximen, die in der Perspektive asymmetrischer Kriegstaktiken äußerst sinnvoll, nutzbringend und clever sind, auch wenn dabei das eigene Leben als Mittel eingesetzt und im Endeffekt geopfert wird. Je nachdem, wie die Täter den Wert ihres Lebens in Relation zum Ergebnis ihrer Tat bewerten, ist die Abwägung zu Ungunsten des eigenen Lebens durchaus rational nachvollziehbar. Die schnelle Erklärung des terroristischen Einzeltäters als durch Traumata psychisch erkrank-

---

218 Vgl. Braun 2015, S. 296 f.

219 Die Bezeichnung „suicide by cop“ beschreibt eine Methode des Suizids, das eigene Leben durch tödliche Schüsse eines Polizisten beenden zu lassen, beispielsweise durch das bewusste Simulieren des Feuerns einer nicht geladenen Pistole oder das Richten der Waffe auf Polizeibeamte, um durch Erschießen einer Haftstrafe zu entgehen, vgl. Füllgrabe, in: Kriminalistik 2003, S. 225 ff. Der Begriff wird vereinzelt allerdings kritisch gesehen und stattdessen als „provozierter Suizid“ beschrieben, vgl. Polndorfer 2014, S. 61 ff.

ten, irrationalen Lebensmüden greift somit häufig zu kurz und besitzt außer einer gewissen Bequemlichkeit wenig wissenschaftlich Verwertbares. Die schwierige Frage, ob es sich um einen Amok oder einen terroristischen Anschlag handelt, muss von der ethischen Schuldfrage gelöst werden. Es geht nicht darum, einen Mehrfachmörder seiner Tat zu entschuldigen, wenn er als irrationaler Amokläufer kategorisiert wird. In der gesellschaftlichen Debatte wird Schuldunfähigkeit noch immer als eine unerträgliche Entschuldigung für Leid und Schrecken betrachtet. Darum geht es aber nicht, sondern darum, nüchtern Tatantrieb und Motivation zu klären. Und diesbezüglich existieren gravierende Unterschiede zwischen den Phänomenen.[220]

Für den akuten polizeilichen Einsatz einer Großlage ist nur dann eine Unterscheidung zwischen Amok und Terror relevant, wenn die Einsatzkonzepte Unterscheidungen aufweisen (z.B. wegen kalkulierter Gefahr von Sprengfallen bei einem terroristischen Attentat). Für die Ermittlungen zum Hintergrund und der Untersuchung, ob möglicherweise Netzwerke bestehen, sind diese Unterscheidungen jedoch irrelevant.

220 Beispielsweise zeigen vergleichende Untersuchungen bei Selbstmordattentätern weniger Anzeichen für Substanzmissbrauch und psychische Symptome. Somit stehe die Kulturalität und damit verbundene Motive im Vordergrund und weniger die psychische Konstitution, vgl. Braun 2017, S. 297 f.

III. Rechtsextremismus

„Der Rechtsextremismus ist jünger, aktionistischer und militanter geworden."
Hans-Georg Maaßen[221]

Deutschland hat hinsichtlich Rechtsextremismus mit dem nationalsozialistischen Regime eine unrühmliche Vergangenheit. Entsprechend erzeugen rechtsextrem motivierte Straftaten eine breite Ächtung in der Gesellschaft. Als Oberbegriff umfasst Rechtsextremismus sämtliche neofaschistische, neonazistische und ultra-nationalistische Ideologien. Zentrales Merkmal ist die Überbetonung der ethnischen Zugehörigkeit, durch welche sich die Anhänger als Menschen einer „höheren Rasse" definieren. Andere Nationalitäten und Volkszugehörigkeiten werden degradiert und als Menschen mit minderem Wert angesehen. Herabsetzungsmerkmale werden neben der anderen ethnischen Zugehörigkeit mit kulturellen, geistigen und nicht zuletzt biologischen Unterschieden begründet. Daraus folgen zwangsläufig ein einfaches Freund-Feind-Schema und eine völlig intolerante Haltung gegenüber Menschen anderer Herkunft und Prägung. Dies führt zur Fremdenfeindlichkeit[222], da alles Fremde für Probleme im Land bis hin zu ganz persönlichen Problemen verantwortlich gemacht wird. „Der Fremde" wird dabei nicht anhand seines Passes als fremd definiert, sondern aufgrund äußerer Merkmale, wie der Hautfarbe oder solchen einer anderen Kultur oder Religion.[223]

1. Deutscher Rechtsextremismus

Eine Legaldefinition[224] gibt es weder für Extremismus allgemein, noch für den Begriff des Rechtsextremismus. Dies liegt daran, „dass der Rechtsextremismus kein einheitliches, ideologisch geschlossenes Phänomen ist, sondern eine Vielzahl unterschiedlicher Strömungen, ideologischer Aus-

221 Vgl. Maaßen zur Entwicklung des Rechtsextremismus in den 1990er Jahren, in: BKA (Hrsg.) 2013, S. 74.

222 Der Begriff der Fremdenfeindlichkeit hat den der Ausländerfeindlichkeit weitestgehend abgelöst, vgl. Jaschke 2001, S 62.

223 Vgl. Jaschke 2001, S. 63.

224 Legaldefinition bezeichnet die Erläuterung eines Rechtsbegriffs durch das Gesetz selbst.

richtungen und Organisationsformen umfasst."[225] Doch auch innerhalb rechtsextremistischer Bewegungen gibt es kein einheitliches ideologisches Gefüge.[226]

Das BfV beschreibt den Komplex Rechtsextremismus wie folgt:
„Die Zugehörigkeit zu einer Ethnie, Nation oder Rasse ist im rechtsextremistischen Weltbild entscheidend für den Wert eines Menschen. Diesem ‚völkischen' Kriterium sind auch die Bürger- und Menschenrechte des Einzelnen untergeordnet. Rechtsextremistische Agitation ist geprägt von Fremdenfeindlichkeit und Rassismus, Antisemitismus und Geschichtsrevisionismus sowie einer grundsätzlichen Demokratiefeindschaft. Damit stehen Rechtsextremisten und deren Ideologie im fundamentalen Widerspruch zu zentralen und universellen Werten des Grundgesetzes, das die Würde des Menschen in den Mittelpunkt stellt."[227]

Rechtsextreme Bestrebungen richten sich also gegen die Prinzipien der FDGO.[228]

So wichtig wie schwierig die Trennung von Radikalismus und Extremismus generell ist, so sehr nötig ist diese Differenzierung auch in der politischen Rechten. Der Unterschied besteht darin, dass Rechtsradikale im Gegensatz zu Rechtsextremisten nur eine verfassungskritische Haltung einnehmen, allerdings noch nicht verfassungsfeindlich sind.[229] Dies hat zur Folge, dass der Verfassungsschutz nur rechtsextremistische Bewegungen beobachtet. Allerdings werden auch rechtsradikale Gruppierungen vom Verfassungsschutz beobachtet, sobald sich Anhaltspunkte ergeben, dass bei diesen Bestrebungen zu erkennen sind, welche sich gegen die freiheitlich demokratische Grundordnung richten.[230] Aus dem politisch linken Spektrum herrscht die Ansicht, dass es keine Rechtsradikalität geben könnte, weil Radikalität Gesellschaftskritik bedeuten würde, politisch rechte Interessenvertreter jedoch nicht an kritischen Fragen zur Entwicklung, sondern an einer Zuspitzung der Macht- und Elitenlogik interessiert seien.[231] Diese

---

225 Grumke, in: Glaser/Pfeiffer (Hrsg.) 2009, S. 19.

226 Vgl. Bundesministerium des Innern, für Bau und Heimat 2018, S. 47.

227 Vgl. Bundesministerium des Innern, für Bau und Heimat 2018, S. 44; im Prinzip lehnen sie somit die Ideen der Französischen Revolution (Gleichberechtigung) ab, vgl. Jaschke, in: Dovermann (Hrsg.) 2011, S. 18.

228 Die Prinzipien der freiheitlichen demokratischen Grundordnung wurden erstmals 1952 im SRP-Urteil des Bundesverfassungsgerichtes definiert, bei welchem zum ersten Mal eine politische Partei aufgelöst und verboten wurde, vgl. Stöss, R. 2005, S. 15.

229 Grumke, in: Glaser/Pfeiffer (Hrsg.) 2009, S. 21.

230 Ebd.

231 Vgl. Salzborn 2015, S. 17.

Einstellung muss jedoch hinterfragt werden, da Fragen vom rechten demokratischen Rand rein logisch nicht nur möglich sind, sondern auch das Absprechen etwaiger Anliegen zu einer Stigmatisierung aller Kritik als rechtsextrem führen würde. Der gesellschaftliche Diskurs und die dieser zugrundeliegenden, grundgesetzlich verbürgten Meinungsfreiheit würde damit empfindlich eingeschränkt. Die Verfassungsschutzbehörden unterscheiden zwischen Rechtsextremismus und Neonazismus. Im Rechtsextremismus zeigen sich in den Organisationsformen, Aktionsformen und Zielsetzungen durchaus Unterschiede; einheitlich sind jedoch gewisse Ideologieelemente. Die neonazistischen Gruppierungen unterscheiden sich hingegen bei einzelnen Ideologieelementen mitunter deutlicher voneinander.[232] Auch definiert der Verfassungsschutz Rechtsterrorismus, dessen Übergänge vom Rechtsextremismus fließend sein können und der sich unterscheidet: Während der Terrorismus-Begriff im strafrechtlichen Sinne mit der „terroristischen Vereinigung" gemäß § 129 a StGB eine relativ enge Konkretisierung erfährt, ist dieser im Verfassungsschutzverbund weiter gefasst: Dieser versteht unter Rechtsterrorismus den nachhaltig geführten Kampf von Rechtsextremisten für politische Ziele.[233] Diese sollen mithilfe von Anschlägen auf Leib, Leben und Eigentum anderer durchgesetzt werden, insbesondere durch schwere Straftaten, wie sie in § 129 a Abs. 1 StGB genannt sind, oder durch andere Straftaten, die zur Vorbereitung solcher Straftaten dienen. Aus Perspektive des Verfassungsschutzes müssen drei wesentliche Faktoren gleichzeitig vorliegen:

- eine politische Motivation in Verbindung mit konkreten politischen Zielen
- ein nachhaltiges, also nicht nur spontanes, impulsives oder einmaliges Agieren
- Verüben von besonders schweren Straftaten, insbesondere massiven Gewaltstraftaten[234]

Damit besteht der Verfassungsschutz nicht auf die Notwendigkeit einer Gruppe und kann somit Einzelpersonen erfassen, womit dem Phänomen der „Lone Wolves"-Terroristen[235] entsprochen werden kann. In Deutschland zeigen sich offen agierende Vertreter rechtsextremer Ideologien als

232 Vgl. Deutscher Bundestag, WD 1 – 3000 – 159/14.

233 Vgl. Bundesministerium des Innern, für Bau und Heimat 2018, S. 54.

234 Ebd.

235 In diesem Zusammenhang wird auch *Anders Breivik* diskutiert, ob es sich bei ihm um einen Amok-Läufer oder einen Terroristen handelt, der keinerlei Gruppenzugehörigkeit hat. Der Begriff ist in der Fachwelt umstritten, zumal der einsame Wolf an sich durch Rudelverhalten ein Mythos ist und zum anderen, weil auch die Agitation des Einzelnen sich regelmäßig auf

aktiv-kämpferisch gegen wesentliche Prinzipien der freiheitlichen demokratischen Grundordnung des Grundgesetzes, sie bekämpfen aktiv das Demokratie- und Rechtsstaatsprinzip mit unterschiedlichen Mitteln. Einstellungen im Rechtsextremismus können wir folgt dargestellt werden:

Tabelle 5: Einstellung und Verhalten im Rechtsextremismus; nach Salzborn 2015, S. 21

Einstellungen	Verhalten
Völkisches Denken	Protest/Provokation
Biologismus/Kulturalismus	Wahlverhalten
Rassismus	Mitgliedschaft
Autorataritismus	Gewalt
Homogenitätsdenken	Terrorismus
Elitismus	
Sexismus	
Antisemitismus	
Anti-Amerikanismus	
Geschichtsrevisionismus	
Militarismus	
Antirationalismus	

Zusammenfassend kann man den deutschen Rechtsextremismus für unterschiedliche Bestrebungen betrachten, die auf rassistischen, antisemitischen, antipluralistischen[236] und totalitären Ideen und Ideologieelementen beruhen. Sie idealisieren ein homogenes Volk, dass an das Rasseverständnis des Nationalsozialismus anknüpft. Häufig ist eine Verehrung der Schlüsselfiguren um Adolf Hitler zu erkennen, bei reduzierter Geschichtskenntnis, gerade in der Neonazi-Szene. Sie sind generell antisemitisch eingestellt. Zusätzlich existieren geschichtsrevisionistische Strömungen, die beispielsweise den Holocaust leugnen oder ihn verharmlosen.[237] Sie lehnen den Gleichheitsgrundsatz des Grundgesetzes ab.

---

extremistische oder terroristische Gruppen oder von Personenmehrheiten getragenen Ideologien bezieht und nicht selten unterstützt wird.

236 Anti-Pluralismus bezeichnet die Ablehnung einer Koexistenz von verschiedenen Interessen und Lebensstilen in einer Gesellschaft.

237 Leugner des Holocaust existieren sowohl im deutschen (bekannteste Vertreter sind Ursula Haverbeck [geb. 1928] und Horst Mahler [Mitbegründer der RAF]) als auch internationalen Rechtsextremismus, aber auch im Islamismus.

1.1 Historie und Phänomenologie

Die Gründung der Bundesrepublik und die Verabschiedung des Grundgesetzes am 23. Mai 1949 markieren den endgültigen Bruch mit der NS-Vergangenheit auf der Ebene von Verfassung und rechtsstaatlichen Institutionen. Entsprechende Positionen, die vor 1945 mehrheitsfähig waren und als gemäßigt galten, markieren fortan eine rechtsextreme Einstellung. Es gründeten sich zunächst Parteien und Interessengruppen, die an Inhalte der Weimarer Republik anzuknüpfen versuchten, sich aber schließlich wieder in unmittelbare Bezüge des Nationalsozialismus begaben. Offensiver verhielt sich die Ende 1949 gegründete *Sozialistische Reichspartei* (SRP): Sie formulierte ganz offen Programmatiken der NSDAP und hatte damit Erfolg.[238] 1952 wurde sie verboten.[239] Darauf folgten Anfang 1953 ein Verbot zahlreicher rechtsextremer Gruppierungen, die aufgelöst wurden.[240] Stattdessen bildeten sich nun Jugendgruppen, die sich in Anlehnung an die Hitlerjugend soldatisch und völkisch ausrichten. Auch an Universitäten gründet sich der „*Bund Nationaler Studenten*“ (BNS). Die Kultusminister-Konferenz reagierte darauf schließlich 1962 damit, die Behandlung des Nationalsozialismus im Unterricht obligatorisch zu machen. Die Anhängerschaft älterer Anhänger des Nationalsozialismus, die den Umbruch und die Anfänge der Demokratie zunächst verarbeiten mussten, nahm hingegen seit Beginn der 1950er Jahre ab. Das rechte Lage zersplitterte. Aus den Resten der verbliebenen Mitglieder der einzelnen verbotenen oder generell erfolglosen Parteien gründete sich Ende 1964 die „*Nationaldemokratische Partei Deutschlands*“ (NPD). Tatsächlich kann diese Entwicklung nicht unabhängig von den gesellschaftlichen Umbrüchen und den sich anbahnenden Studentenprotesten der 1960er Jahre betrachtet werden: Das Aufbegehren der Jugend und die Bildung der Außerparlamentarischen Opposition (APO) ist nicht nur durch die Frage bedingt, welchen Anteil die Eltern am Genozid der Nazis hatten, sondern es ist auch ein Aufbegehren gegen ein als erdrückend empfundenes Spießertum.[241] In dieser gesellschaftlichen Atmo-

238 Als sie 1951 bei der niedersächsischen Landtagswahl antraten, holten sie auf Anhieb 11 Prozent und zehn Prozent bei verschiedenen Bundestags-Nachwahlen Anfang 1952, Jaschke, in: Gewerkschaftliche Monatshefte 9/89, S. 516.

239 Siehe BVerfG 2 1 BVB 1/51, Urt. v. 23.10.1952.

240 Zwar kandidiert die DRP weiter bei Wahlen, aber im Zuge der vor allem sozialpolitischen Integration ihres Wählerreservoirs geraten sie in die Bedeutungslosigkeit. vgl. Jaschke, in: Gewerkschaftliche Monatshefte 9/89, S. 517.

241 Das ehemalige Mitglied der linksterroristischen „Bewegung 2. Juni“, Michael „Bommi“ Baumann berichtete, dass es Mitte der 1960er Jahre egal war, ob man links oder bei der NPD gewesen sei – Hauptsache anders. Die Feindschaft sei erst später entstanden, vgl. Baumann 1998, S. 23.

sphäre findet auch die NPD erneut junge Anhänger, insbesondere, als die Studenten lauter werden und sich schließlich eine Feindschaft entwickelt. 1966 gelang der NPD der Einzug in die Landesparlamente von Hessen und Bayern, ein Jahr später zog sie in die Landtage von Bremen, Rheinland-Pfalz, Niedersachsen und Schleswig-Holstein ein. Anschließend geriet die Partei in einen Abwärtstrend und in die Krise. Bis zu Beginn der 1990er Jahre wurde sie nahezu bedeutungslos in Westdeutschland. Mit der Wiedervereinigung begann schließlich eine neue Phase des Rechtsextremismus in Deutschland.

Es sind vor allem die 1990er Jahre, die dem Rechtsextremismus Auftrieb verschaffen. Seit dieser Zeit ist ein Netzwerk von selbstständigen „Kameradschaften" entstanden. Die Aktivisten dieses „nationalen Widerstands" arbeiten häufig anonym, sie treten nur punktuell auf und bedienen sich geschickt jugendkultureller Symbole. Große Teile dieser Szene sind gewaltbereit, wie die Morde des Terrornetzwerkes „*Nationalsozialistischer Untergrund*" (NSU) gezeigt haben. Allgemein ist eine Tendenz innerhalb rechtsradikaler Gruppierungen aus der Neonazi-Szene zur NPD beobachtbar, um deren weiteren Zersplitterung entgegenzuwirken.[242] Die politischen Inhalte beziehen sich vor allem auf die Überbetonung ihrer ethnischen Zugehörigkeit und der entsprechenden Ablehnung des Gleichheitsgrundsatzes nach Art. 3 des Grundgesetzes, den Erhalt eines arischen deutschen Volkes, eine feindliche Gesinnung gegen in Deutschland lebenden Ausländer, sowie der Leugnung des Holocaust. Sie orientieren sich an der Zeit des Nationalsozialismus und bedienen sich dem Führerkult mit entsprechenden Parolen, Gebärden und Symbolen.

Es sind auch die 1990er Jahre, in denen die gewalttätigen Übergriffe auf nach Deutschland geflohene Menschen stark zunehmen. Bei mehreren Anschlägen auf Flüchtlingsunterkünfte wurden Menschen getötet. Auftakt bildeten die Ausschreitungen in Hoyerswerda, die im September 1991 etwa eine Woche andauerten und bei denen 32 Menschen verletzt wurden.[243] In den Folgejahren kam es vor allem in den neuen Bundesländern immer wieder zu ausländerfeindlichen Anschlägen. 1992 wurden im August in Rostock-Lichtenhagen Ausländer in ihrer Einrichtung angegriffen. Hinzu kamen Mordanschläge gegen Türkeistämmige in Deutschland wie der Mordanschlag von Mölln (November 1992) und der Brandanschlag von Solingen (Mai 1993). Beim nicht aufgeklärten Lübecker Brandanschlag (Ja-

242 Vgl. Bundesministerium des Innern, für Bau und Heimat 2018, S. 47 f.

243 Eine eigens dafür eingerichtete Homepage dokumentiert die fremdenfeindlichen Attacken unter www.hoyerswerda-1991.de.

nuar 1996) starben zehn Menschen. Der Politologe *Richard Stöss* sieht die NPD als Initiator der Überfremdungskampagne, die die Gewaltbereitschaft begünstigt und angeheizt hat.[244]

1.2 Aktuelle Entwicklungen

Nach den Anschlägen vom 11. September und diversen Folgeanschlägen auch in Europa, entwickelte sich eine allgemeine Skepsis gegenüber islamischen Religionen. Diese Unsicherheit nutzten rechtsextreme Akteure für sich aus und machten Islamfeindschaft zu einem festen Bestandteil ihrer Ideologie. Der Verfassungsschutzbericht 2013 stellt dazu fest, dass „Aktionen von Islamisten außerhalb Deutschlands, außerhalb Europas (…) demgegenüber völlig anders bewertet (werden). Hier sehen sich Rechtsextremisten z. T. von den Angriffen islamistischer Terroristen gegen die USA und gegen Israel in ihrem Weltbild bestätigt, in ihrem Antiamerikanismus ebenso wie in ihrem Antisemitismus."[245]

Gerade die Flüchtlingskrise, im Zuge derer ab dem Jahr 2015 sehr viele Menschen nach Europa und vor allem Deutschland kamen, wirkte wie ein Katalysator. Anti-Asyl-Kampagnen haben seitdem an Bedeutung gewonnen. Tatsächlich blieben die Gewalttaten glücklicherweise hinter den Befürchtungen, die an den Erinnerungen der fremdenfeindlichen Angriffe der 1990er Jahre anknüpften, zurück. Zwar stieg die Zahl der als rechtsextremistisch zugeordnet und registrierten Gewalttaten in den Jahren 2015 auf 1.408 und 2016 auf 1.600 an. Im Jahr 2017 gingen diese deutlich auf 1.054 zurück. Dies entspricht gegenüber dem Vorjahr einem Rückgang um 34,1 %. Damit befindet sich die aktuelle Zahl der rechtsextremistischen Gewalttaten deutlich unter der des Jahres 2015.[246] Im Jahr 2017 wurden 774 fremdenfeindliche Gewaltdelikte registriert (2016 waren es 1.190), was einem Rückgang von 35 % entspricht. Die Zahl der rechtsextremistisch motivierten Straftaten mit antisemitischem Hintergrund stieg im Jahr 2017 leicht auf insgesamt 1.385 Taten (2016 wurden 1.363 Taten registriert); bei den Gewalttaten war ein Rückgang auf 28 zu im Vorjahr 31 zu verzeichnen.[247] Im Jahr 2017 wurden insgesamt vier versuchte Tötungsdelikte als mutmaßlich rechtsextremistisch motiviert bewertet, die zudem Hinweise auf einen

---

244 Stöss, in: Niedermayer (Hrsg.) 2013, S. 563 ff.

245 Vgl. BMI 2013, S. 65, ferner Backes, in: Gallus/Schubert/Thieme (Hrsg.) 2013, S. 398.

246 Vgl. Bundesministerium des Innern, für Bau und Heimat 2018, S. 25.

247 Vgl. Bundesministerium des Innern, für Bau und Heimat 2018, S. 26.

fremdenfeindlichen Hintergrund aufwiesen.[248] Wie diese Entwicklung für das Berichtsjahr 2018 nach den Ausschreitungen in Chemnitz zu Aufeinandertreffen mit linken Demonstrationsbündnissen zu bewerten ist, bleibt abzuwarten.

2. Gruppen, Szenen und Örtlichkeiten

Um rechtsextremistisches Personenpotential zu unterteilen, hat der Verfassungsschutz die Kategorien „Subkulturell geprägte Rechtsextremisten", „Neonazis", „Parteien" und „Sonstige rechtsextremistische Organisationen" gebildet. Neben dieser nach eher inhaltlicher Ausrichtung erfolgten Einteilung wird auch der Organisationsgrad bewertet. Dabei wird zwischen „in Parteien", „in parteiunabhängigen bzw. parteiungebundenen Strukturen" und „Weitgehend unstrukturiertes rechtsextremistisches Personenpotential" unterschieden.[249] Unter „in parteiunabhängigen bzw. parteiungebundenen Strukturen" werden seit dem Berichtsjahr 2017 Kameradschaften, Vereine, Netzwerke, gegebenenfalls Nachfolgebestrebungen zu verbotenen Organisationen, Verlage und sonstige organisierte Rechtsextremisten gezählt. In der Kategorie „Weitgehend unstrukturiertes rechtsextremistisches Personenpotential" werden alle organisationsungebundenen Rechtsextremisten, die keiner Organisation zugeordnet werden können, erfasst.[250]

2.1 Parteien

Nachfolgend wird die Parteienlandschaft der extremen Rechten dargestellt. Da die Wahlergebnisse bei der Bundestagswahl am 24. September 2017 sehr schwach ausfielen, zeigt sich dieses Spektrum als geschwächt. Dies darf jedoch nicht als Entwarnungssignal missverstanden werden. Dies könnte bedeuten, dass sich Organisation und Kooperationsformen untereinander zukünftig anders gestalten, um zu einem Erstarken zu führen. Nachfolgend werden die Parteien nach den Erkenntnissen des Bundesamtes für Verfassungsschutz dargestellt[251]:

248 Ebd.

249 Vgl. Bundesministerium des Innern, für Bau und Heimat 2018, S. 48 f.

250 Ebd.

251 Die AfD ist als Prüffall bislang kein Bestandteil des Verfassungsschutzberichtes.

2.1.1 NPD

Die NPD ist mit ca. 4.500 (2016 wurden die Mitglieder auf 5.000 beziffert) Personen nach wie vor die stärkste rechtsextremistische Partei. Sie ist nicht im Bundestag, aber mit einem Abgeordneten im Europa-Parlament vertreten. Die Jungen Nationaldemokraten (JN) stellen etwa 320 Mitglieder der Gesamtpartei. Zudem haben sie mit dem Ring Nationaler Frauen (RNF) eine eigene Frauenorganisation, die unter 100 Mitglieder zählt.[252] Die NPD gilt als verfassungsfeindlich und völkisch. Aufgrund dessen wurden gegen die Partei bereits zwei Verbotsverfahren eingeleitet (zwischen 2001 und 2003 und zwischen 2013 und 2017). Am 17. Januar 2017 wurde der Bundesratsantrag auf Parteiverbot durch das BVerG abgelehnt. Obwohl das Gericht den verfassungsfeindlichen Kurs nicht anzweifelte und sogar feststellte, sprach es angesichts ihrer Bedeutungslosigkeit im politischen Geschehen kein Verbot aus. Gleichzeitig führte die Feststellung der Verfassungsfeindlichkeit zu einer Veränderung der Rechtsposition der NPD, wie zum Beispiel eine Einschränkung des Neutralitätsgebotes von öffentlichen Amtsträgern gegenüber der Partei.[253] Hinsichtlich ihrem Verhältnis zur Gewalt zeigt sich die Partei ambivalent: Generell versuchten Funktionäre, die einen gewissen Bekanntheitsgrad erreicht haben, sich bezüglich der Befürwortung gewalttätiger Handlungen ruhig zu verhalten und treten entsprechend seltener in diesem Zusammenhang in Erscheinung, während bekennende Anhänger häufiger in gewaltbejahenden Skinhead-Szenen zu finden sind.[254]

2.1.2 „Die Rechte"

Auch die Partei „Die Rechte" musste leichte Rückgänge verzeichnen. 2012 gegründet, schaffte sie es bislang nicht, sich in Gremien parteipolitisch zu etablieren. Zur Bundestagswahl 2017 trat sie nur in Baden-Württemberg an, konnte aber auch hier keine Erfolge für sich verbuchen. Intern beobachtet der Verfassungsschutz einen Machtkampf, der die Partei gegenwärtig schwächt, jedoch auch eine Tendenz zu mehr Macht der Aktiven aus NRW anzeigt. „Die Rechte" propagiert antisemitische, islamfeindliche, rassistische und revisionistische Inhalte.[255]

---

252 Vgl. Bundesministerium des Innern, für Bau und Heimat 2018, S. 85; zur Rolle des RNF für die Partei, vgl. Röpke/Speit 2011, S. 8 f.

253 Vgl. Gundling, in: Zeitschrift für Landesverfassungsrecht und Landesverwaltungsrecht, 1/2017, S. 23.

254 Vgl. Pfahl-Traughber, in: Kriminalistik 4/03 (202–208), S. 204 ff.; Zwiener/Kodalle, in: Zwiener/Kodalle/Frindte 2003, S 12.

255 Vgl. Bundesministerium des Innern, für Bau und Heimat 2018, S. 76.

2.1.3 Der III. Weg

Der als Kleinst-Partei bezeichnete „Der III. Weg“ wurde 2013 gegründet und verfügt mittlerweile über ca. 500 Mitglieder. Entgegen des sonstigen Abwärtstrends wurden bei ihnen somit mehr Mitglieder festgestellt, als noch 2016 (350). Die Anhänger treten für die Erhaltung einer „biologischen Substanz“ des Deutschen Volkes ein.[256] Der Verfassungsschutz beobachtet Verbindungen zu europäischen rechtsextremen Strukturen, wie zur „Nordischen Widerstandsbewegung“ (NRM).[257]

2.1.4 Pro NRW

Die Partei „Bürgerbewegung Pro NRW“ wurde 2007 als ursprünglich islamkritische Bewegung gegründet. Insbesondere gegen den Bau neuer Moscheen traten sie ein. Während sie sich in den Berichtsjahren 2015/16 stabil bei ca. 500 Mitglieder hielten, verloren sie 2017 ein Fünftel ihrer Anhängerschaft und werden fortan nur noch auf insgesamt 400 Personen geschätzt. Der Partei konnten Kontakte zu der Neonazi-Kameradschaft „Freundeskreis Rade“[258] nachgewiesen werden. Als Bürgerbewegungs-Partei veranstalteten sie Kundgebungen. Die ersten Pro-NRW-Demonstrationen in Essen und Gelsenkirchen verliefen friedlich, 2012 kam es in Solingen und Bonn jedoch zu massiven Ausschreitungen, als Salafisten die anwesenden Polizisten angriffen. Dabei wurden 35 Polizisten zum Teil schwer verletzt, zwei Beamte trugen schwere Verletzungen durch Messerstiche davon.[259] Gegenwärtig ist Pro NRW eher mit internen Problemen und Streitigkeiten beschäftigt.

2.2 Bürger- und Protestbewegungen

2.2.1 PEGIDA

Mit den als „Abendspaziergängen“ titulierten Kundgebungen der PEGIDA (Patriotische Europäer gegen die Islamisierung des Abendlandes) traten im Jahr 2014 in Dresden erstmals in Erscheinung und stießen auf ein breites

256 Vgl. Goertz/Goertz-Neumann 2018, S. 103.

257 Vgl. Bundesministerium des Innern, für Bau und Heimat 2018, S. 79.

258 Die Kameradschaft wird den Autonomen Nationalisten (AN) zugerechnet; sie bestand vor allem aus Minderjährigen. Nachdem im Jahr 2014 einige Mitglieder verurteilt wurden, sind sie nicht mehr kriminell in Erscheinung getreten.

259 Hasan K., der einen Polizisten und eine Polizistin mit dem Messer angriff, floh später aus Deutschland, um der Haftstrafe zu entgehen, vgl. Diehl, in: Spiegel vom 1. Oktober 2015.

Interesse, besonders auch von Menschen, die der bürgerlichen Mitte zuzuordnen sind. Neben Angehörigen einschlägig bekannter rechtsextremen Kreisen schlossen sich Menschen aus unterschiedlichen politischen Spektren an, die sich in ihren Befürchtungen und Ängsten von der herrschenden Politik nicht verstanden fühlten und ein Signal an die politische Elite senden wollten. Nach Dresden bildeten sich weitere Ableger in diversen Städten und zeigten, dass die Vorbehalte in der Bevölkerung, sich auch mit Rechtsextremen zu zeigen, hinter den Ängsten und einer zunehmenden Wut gegen die etablierten Parteien zurückstehen. Das Verhältnis von Demonstrationsteilnehmern, die nicht originär dem rechtsextremen Lager zuzuordnen sind und solchen, die aus eben diesem kommen, wurde auch unter Politikwissenschaftlern zu einer Streitfrage.[260] Die schon seit Jahren kommunizierten Befürchtungen, dass Rechtsextremismus salonfähig und in der gesellschaftlichen Mitte ankommen könnte, wurden damit genährt. Hinsichtlich Gewaltbereitschaft und Verfassungsfeindlichkeit hat der Verfassungsschutz das Bündnis bislang jedoch noch nicht als Verdachtsfall erklärt, der im Verfassungsschutzbericht behandelt wird, entsprechend findet es im Bericht des BfV für das Jahr 2017 keine Erwähnung.

2.2.2 Verdachtsfall: Identitäre Bewegung Deutschland (IBD)

Als Identitäre Bewegung (IB, auch Identitäre Generation oder die Identitären) bezeichnen sich mehrere aktionistische, zum Teil völkisch orientierte Gruppierungen, die zwar ethnopluralistische Konzepte verfolgen, allerdings von einer geschlossenen „europäischen Kultur" ausgehen, deren „Identität" vor allem von einer „Islamisierung" bedroht sei.[261] Die Bewegung wird insbesondere in Deutschland von Politikwissenschaftlern als rechtsextrem eingeordnet, was jedoch nicht einheitlich betrachtet wird, da sie nicht zur Gewalt aufruft und bisherige Aktionen ohne auffällige Aggressionen durchgeführt wurden. In Frankreich gegründet, ist sie beispielsweise auch in Großbritannien vertreten. Im Zuge der Flüchtlingskrise thematisierten Anhänger ihre Theorie, dass das europäische und christlich geprägte Volk gezielt ausgetauscht werden soll. Ihre Kampagne „Islamists not welcome" als Antwort auf die Parole „Refugees welcome" fand breiten Anklang bei Gegnern und Kritikern der Flüchtlingspolitik. Der Verfassungsschutz behandelt sie als Verdachtsfall, da einzelne Mitglieder Verbindungen zu anderen rechtsextremen Zirkeln aufweisen.[262] Die Kontroversen zur

260 Vgl. Armin Pfahl-Traughber, in: Backes/Gallus/Jesse (Hrsg.) 2015, S. 154ff.

261 Vgl. Bundesministerium des Innern, für Bau und Heimat 2018, S. 80.

262 Vgl. Bundesministerium des Innern, für Bau und Heimat 2018, S. 81.

Einschätzung der Identitären sind ein gutes Beispiel für die Schwierigkeit, Rechtspopulismus, Rechtsradikalismus und Rechtsextremismus voneinander abzugrenzen.

2.2.3 Neue Rechte

Schwerer zu greifen und weniger in Gruppierungen einzuordnen, stellt sich die sogenannte „Neue Rechte" dar. Von Politologen werden sie als ein ideologisches Gefüge und weniger physisches Bündnis betrachtet. Strategisches Ziel sei die Intellektualisierung des Rechtsextremismus, um damit die Salonfähigkeit zu erreichen.[263] Die inhaltlichen Positionen seien dabei völkisch und auch ansonsten denen sonstiger rechtsextremer Gruppen gemein. Sie können nach *Samuel Salzborn* als Gegenpol zur neuen Linken betrachtet werden.[264] Die Einschätzung zur „Neuen Rechten" fällt nicht nur in Deutschland sehr gespalten aus. Hinsichtlich ihrem tatsächlichen Bezug zu rechtsextremen Inhalten und auch ihrer Reichweite gibt es unterschiedliche Ansichten.

2.3 Sonstige gewalttätige Gruppierungen

2.3.1 Combat 18

„Combat 18" (C18) ist ein Code für den 1. und 8. Buchstaben des Alphabets und steht für „Kampftruppe Adolf Hitler". Gegründet wurde sie 1992 in England, wo sie als „Saalschutz" den bewaffneten Arm der „British National Party" (BNP) bildete. Sie erlangte Bekanntheit durch Gewalttaten, gezielte Einschüchterung Andersdenkender und nicht zuletzt einer Serie von Anschlägen im Jahr 1999.[265] In England waren sie ferner mit der rechtsextremen Musik-Szene unterwegs und übernahmen schließlich das extremistische Netzwerk und Musiklabel „Blood & Honour".[266] Hinter dem Namen „Combat 18" steht das Konzept des „führerlosen Widerstands" oder anders ausgedrückt: Ein internationales Netzwerk gewaltbereiter und waffenaffiner Rechtsextremisten. Die Idee kleiner, autonomer Zellen,[267] die versteckte

263 Vgl. Salzborn 2015, S. 64.

264 Vgl. Salzborn 2015, S. 66 ff.

265 Vgl. Bundesministerium des Innern, für Bau und Heimat (Hrsg.) 2018, S. 56.

266 Vgl. Hempel 2008, S. 196; Bundesministerium des Innern, für Bau und Heimat (Hrsg.) 2018, S. 57.

267 Diese werden in Anlehnung an die Organisationskultur im Dritten Reich auch als „Gau" bezeichnet.

Waffendepots anlegen und ohne Befehl aus einer Führungsriege Terroranschläge begehen, begründete das Konzept. Der NSU ging nach diesem Konzept von C18, dem führerlosen Widerstand, vor. Das Bundesinnenministerium verbot „Blood & Honour" in Deutschland im Jahr 2000, allerdings umfasste die Verbotsverfügung nicht den „bewaffneten Arm" C18. 2007 wurde ein Tunesier von einem Mitglied in einem Dortmunder Supermarkt niedergeschossen.[268] Aktuell liegen dem Verfassungsschutz keine Erkenntnisse einer konkreten militanten Gruppierung vor, allerdings muss von einer individuellen Gefahr durch einzelne gewaltbereite Mitglieder ausgegangen werden. Der gegenwärtige Schwerpunkt wird in der Mitwirkung kleinerer Musikveranstaltungen, sog. Rechtsrockkonzerten, gesehen.[269]

2.3.2 Autonome Nationalisten (AN)

Unter dem Sammelbegriff der Autonomen Nationalisten (AN) verbergen sich junge Neonazis aus den Reihen freier Kameradschaften in Deutschland. Rein äußerlich sind sie kaum von Links-Autonomen zu unterscheiden, deren Auftreten sie bewusst seit etwa Beginn der 2000er kopieren.[270] Sie knüpfen auf diese Art und Weise an moderne Jugendkulturen an, gleichzeitig treten sie gewalttätiger auf.[271] Ferner vertreten sie ähnliche antizionistische sowie antiimperialistische Parolen. Vermutlich im Jahr 2015 gründeten sie innerhalb der Neonazi-Szene ein Netzwerk mit der Bezeichnung „Antikapitalistisches Kollektiv" (AKK), was ebenfalls sehr stark an ein linkes Bündnis erinnert. Ein Teil dieser Gruppierung, nämlich die Autonomen Nationalen Berlin, löste sich im Jahr 2017 offiziell, jedoch ohne Begründung auf.[272]

2.3.3 Oldschool-Society (OSS)

Wann sich die rechtsterroristische Gruppe oder das Netzwerk der Oldschool Society gegründet hatte, ist nicht ganz klar. Fest steht, dass die Mitglieder in Deutschland verteilt waren und via Internet Anschläge planten. Sie besaßen zudem eine Facebook-Seite, auf dem ihr Logo (Blutverschmierter Totenkopf mit darin befindlichen Beilen) prangte, jedoch nicht öffent-

---

268 Vgl. Goertz/Goertz-Neumann 2018, S. 144.

269 Vgl. Bundesministerium des Innern, für Bau und Heimat (Hrsg.) 2018, S. 57 f.

270 Zum Auftreten der NA und deren Selbstinszenierung, vgl. ausführlich Sanders/Jentsch, in: Schedler/Häusler 2011, S. 139 ff.

271 Vgl. Maaßen, in: BKA (Hrsg.), S. 69.

272 Vgl. Bundesministerium des Innern, für Bau und Heimat 2018 (Hrsg.), S. 61.

lich über die geplanten Anschläge kommuniziert wurde.[273] Gleichzeitig warben sie mit einem Kreis von vaterlandstreuen Anhängern, die „noch Tugenden leben".[274] Sie wurde am 6. Mai 2015 ausgehoben, nachdem Mitglieder kurz zuvor beim unerlaubten Kauf von Pyrotechnik in Tschechien entdeckt wurden. Die Gruppe soll Anschläge auf bekannte Salafisten, Moscheen, Kirchen, Kindergärten, Asylbewerber- und Behindertenheime geplant haben.[275] Das Oberlandesgericht (OLG) München verurteilte im März 2017 vier Mitglieder der OSS wegen der Bildung einer terroristischen Vereinigung gemäß § 129a StGB zu Haftstrafen zwischen drei und fünf Jahren. Im Rahmen der Hauptverhandlung gelangte das Gericht zu der Überzeugung, dass die OSS darauf ausgerichtet war, Menschen ausländischer Herkunft mittels Gewalt aus Deutschland zu vertreiben. Zu diesem Zweck seien Sprengstoffanschläge auf Asylbewerberunterkünfte geplant gewesen. Den Tod möglicher Opfer hätte die Gruppierung bei der Durchführung ihrer Pläne dabei billigend in Kauf genommen. Das Urteil ist rechtskräftig.[276]

2.3.4 Der Nationalsozialistische Untergrund (NSU)

Ende des Jahres 2011 entdeckt, ist die terroristische Kleingruppe für die Ermordung von neun Menschen zwischen 2000 und 2007 und mehrere Sprengstoffanschläge verantwortlich. Zudem werden der Zelle insgesamt 15 Überfälle auf Sparkassen, Postfilialen und einen Supermarkt zugeordnet.[277] Die rechte Terrorzelle um Uwe Mundlos, Uwe Böhnhardt und Beate Zschäpe besaß ein Unterstützernetzwerk, das bis zuletzt nicht präzise in seinem Umfang und seinen Tatbeiträgen festgestellt werden konnte. Weder der langwierige Prozess, der im Mai 2013 gegen Beate Zschäpe eröffnet wurde, noch die eingesetzten Untersuchungsausschüsse des Bundestages und die in acht Bundesländern,[278] konnten die vielen Fragen beantworten oder die Unklarheiten, insbesondere darüber, warum Akten vernichtet wurden, über die Rolle der Sicherheitsbehörden und insbesondere der V-Leute,

---

273 Dort posteten die Anhänger u.a Fotos von ihrer Teilnahme an einer Veranstaltung der „Hooligans gegen Salafisten". Viele Botschaften auf der Seite sind zwar völlig rechts, aber nicht unbedingt strafbar. Andreas H. warnte seine Unterstützer auch ausdrücklich davor, verbotene Nazibilder zu posten, vgl. Janisch/Schultz, in: Süddeutsche Zeitung vom 7. Mai 2015.

274 Vgl. Böckler/Hoffmann 2018, S. 48.

275 Vgl. Rietzschel, in: Süddeutsche Zeitung vom 7. Mai 2015.

276 Vgl. Bundesministerium des Innern, für Bau und Heimat (Hrsg.) 2018, S. 55.

277 Vgl. Aust/Laabs 2014, S. 365, 403, 404, 469; Elberling, in: Behrens (Hrsg.) 2018, S. 185 ff.

278 Die parlamentarischen Ausschüsse ergänzten das Strafverfahren, weniger um die Mord- und Gewalttaten der NSU und ihr Unterstützerumfeld, sondern eher um das mitunter zweifelhafte Verhalten von Bundes- und Landesbehörden im NSU-Komplex aufzuklären.

beseitigen. Das Trio soll mindestens neun Menschen aus Fremdenhass ermordet haben.[279] Zschäpe wurde schließlich am 1. Juli 2018 wegen Mordes, Mitgliedschaft in einer terroristischen Vereinigung und schwerer Brandstiftung vom sechsten Strafsenat des Oberlandesgericht (OLG) München zu einer lebenslangen Freiheitsstrafe verurteilt, obwohl ihr keine eigenhändigen Tatbeteiligungen nachgewiesen werden konnten.[280] Der Prozess gilt in seiner Dauer von fünf Jahren und 437 Hauptverhandlungstagen als einer der längsten in der deutschen Nachkriegsgeschichte. Auch wenn nicht alle Strukturen und Beteiligten aufgeklärt werden konnten, gilt der NSU durch den Suizid von Mundlos und Böhnhard als offiziell aufgelöst. Der Politikwissenschaftler *Armin Pfahl-Traughber* stellt fest, dass die Praxis der Serienmorde und fehlende öffentliche Bekenntnisse „die besondere Dimension des neuen Rechtsterrorismus“ des NSU ausmachten, er enthält sich aber jeder Spekulation über mögliche Nachahmungstäter.[281] Im Verfassungsschutzbericht 2013 wurde derweil registriert, dass im rechtsextremen Spektrum die Existenz des NSU schlichtweg geleugnet werde. Bei den einzelnen Solidaritätsbekundungen schien es sich „eher um bewusst kalkulierte Provokationen des politischen Gegners bzw. staatlicher Stellen (zu) handeln als um eine Absichtsbekundung für Nachahmungstaten.“[282] Nichtsdestotrotz mahnt das Beispiel des NSU, welche Dimensionen Fremdenhass in Deutschland erreichen kann und ermahnt explizit Sicherheitsbehörden, beispielsweise in Anwerbung und Umgang mit V-Leuten, aber auch mit inhaltlichen Kenntnissen zu den Phänomenen, die stets auf dem neuesten Stand gesellschaftlicher Entwicklungen sein müssen.[283]

3. Ausländischer Rechtsextremismus

Aufgrund der nationalsozialistischen Vergangenheit wird Rechtsextremismus in Deutschland mit einer ganz besonderen Aufmerksamkeit und Sensibilität betrachtet. Er handelt sich dabei jedoch um ein internationales und vielschichtiges Phänomen. Alleine in den europäischen Gesellschaften

279 Die Morde werden auch als Ceska-Mordserie bezeichnet, da bei den Anschlägen auf die Kleinunternehmer mit türkischem Migrationshintergrund eine tschechische Ceska 83 verwendet wurde. Dies war zunächst die einzige gemeinsame Spur.

280 Vgl. OLG München, 11. Juli 2018 – 6 St 3/12, zum Redaktionsschluss n.ö./noch nicht rechtskräftig (Stand: September 2018).

281 Pfahl-Traughber, in: Hirscher/Jesse 2013, 128 f.

282 Bundesministerium des Innern (Hrsg.) 2014, S. 78 f.

283 Vgl. hierzu Möllers/Ooyen 2015, S. 218 ff.

existieren mehr oder weniger verbreitete Ansichten, die als nationalistisch, fremdenfeindlich, antisemitisch aufzufassen sind, bzw. Ablehnung der Demokratie. Derlei Einstellungen gesellschaftlicher Teile bietet die soziale Basis für Rechtsextremismus. Gerade in Europa nehmen die Sympathien für diese Einstellungen seit einigen Jahren in gesellschaftlichen Teilen der bürgerlichen Mitte zu und sie nehmen auch Einfluss auf Deutschland und dortige rechte Bestrebungen. Islamistischer Terrorismus in Europa wirkt sich auch auf rechtsextreme Kräfte aus. Gewalttätige Ausschreitungen Jugendlicher mit afrikanischem Migrationshintergrund in den Banlieues[284] und die Terroranschläge 2015 und 2016 wirken beispielsweise auf das Sicherheitsempfinden der französischen Gesellschaft ein. Doch nicht nur auf diese. Die Sorge vor einem um sich greifenden Islamismus, vor kultureller Überfremdung als Folge der Flüchtlingspolitik und dem Verlust von Sicherheit und Freiheit wirken sich entsprechend aus. Schreckensnachrichten, nicht nur von terroristischen Anschlägen, sondern auch täglicher Kriminalität und der zunehmenden Wahrnehmung einer Polizei, die nicht handlungsfähig ist, führen zum Wunsch nach einer politischen Kraft, die diese schwindende Ordnung wiederherstellt. Wahlen in allen europäischen Ländern haben zu einem Erstarken der Parteien geführt, die als populistisch oder rechtsradikal verstanden werden. Allerdings stellt sich vorliegend die Frage nach tatsächlich extremistischen Organisationen und Netzwerken, die aus der gegenwärtigen Unsicherheit Nährboden finden können.

3.1 Internationale rechtsextreme Bündnisse

In Russland und Osteuropa haben sich nach dem Fall des Eisernen Vorhangs 1990 diverse rechtsextreme Strömungen herausgebildet. Seit Jahren werden in Ungarn[285], Tschechien, Kroatien, Serbien und Bulgarien Entwicklungen beobachtet, dass rechtsextreme Strömungen Zulauf bekommen und auch die Intensität rechtsextremer Gewalt ansteigt. Sie machen sich zudem den untergründigen Antisemitismus zunutze und formieren sich sowohl als Parteien wie auch als subkulturelle jugendliche Strömungen im Umfeld rechter Skinheads und gewaltbereiter Kameradschaften.[286] Inhaltli-

---

284 Banlieues bedeutet „Bannmeile“ und bezeichnet Randbezirke in (Groß-)Städten, die als sozial randständig gelten. In Frankreich kommt es dort, vor allem in denen von Paris, immer wieder zu Ausschreitungen bei Jugendprotesten.

285 Beispielsweise veranstalten Rechtsextremisten der „Hungaristen“ in Ózd und Ghettos wie Hétes brutale Hetzjagden auf Roma, vgl. Mayer/Odehnal 2010, S. 17 ff.

286 2010 wurde in Russland beispielsweise ein Richter, der in mehrere Prozesse gegen Rechtsextreme verwickelt war, auf offener Straße erschossen.

che Übereinstimmungen, wie beispielsweise Judenfeindlichkeit und Antiziganismus[287] könnten die Grundlage für rechte Bündnisse bilden oder gemeinsame, gewalttätige Operationen bilden. Das Phänomen Blood & Honour/C18 zeigt klar auf, dass Rechtsextremismus nicht nur innerhalb deutscher Grenzen funktioniert, sondern auch im Ausland und auch Potential für Kooperationen besitzt. Beispielsweise sind rechtsextremistische oder auch rechtsterroristische Bündnisse möglich, die sich gegenseitig unterstützen, um gezielt Jagd auf ethnische Gruppen, wie beispielsweise Roma, zu machen. Ein entsprechendes Gefährdungspotential kann nicht ausgeschlossen werden.

3.2 Die Grauen Wölfe (Bozkurtlar/Ülkücü-Bewegung)

Ein weiteres Phänomen, dass Deutschland aus dem Ausland her beeinflusst und auch im Land Fuß fasst, ist türkischer Rechtsextremismus. Die Bewegung der Bozkurtlar, der Grauen Wölfe, stammt aus der Türkei. Selbige bezeichnen sich auch als Bewegung der Ülkücü (Bewegung der Erneuerer). Die Grauen Wölfe präsentieren sich weder in der Türkei noch in Deutschland als eine einheitliche Gruppe. Zwar können Mitglieder und Anhänger der türkischen Nationalisten, der MHP unmittelbar den Bozkurtlar zugeschrieben werden. Jedoch finden sich Anhänger dieser Ideologie bei näherer Betrachtung auch in anderen Parteien oder außerhalb des parteipolitischen Spektrums. Gerade in Deutschland gibt es nicht eine große Gruppe oder einen Verein, dessen Anhänger sich zu dieser Ideologie bekennen. Es gibt nahestehende Vereine, darüber hinaus aber viele Anhänger und Unterstützer, die nicht in einer festen Organisationsstruktur eingebunden sind und darüber abgebildet werden könnten. Entsprechend schwierig ist es, das Personenpotential dieser Bewegung einzuschätzen. Die türkischen Ultranationalisten[288] Graue Wölfe sind seit Jahren im Visier der deutschen Sicherheitsbehörden. Gerade in den vergangenen zwei Jahren ist ein besorgniserregendes Anwachsen der Bewegung zu verzeichnen. Zudem treten Anhänger immer häufiger aggressiv in der Öffentlichkeit auf. Aufgrund der Agitation des türkischen Präsidenten Erdoğan und der damit verbundenen Verschärfung des Kurdenkonfliktes, ertönen längst Aufrufe zur Gewalt ge-

287 Der Begriff des Antiziganismus ist umstritten. Aus dem Französischen *tsigane* = Zigeuner ist der Begriff eine Analogie zu „Antisemitismus“. Dieser beschreibt eine spezielle Form des Rassismus gegen Roma, Sinti, Fahrende, Jenischen und andere nicht sesshafte Personen und Gruppen, die als „Zigeuner“ bezeichnet werden.

288 Zum Ultranationalismus und Pan-Turanismus vgl. Bozay 2005, S. 139ff.

gen Kurden, Griechen und Armenier. Doch auch die Deutschlandfeindlichkeit nimmt zu.[289]

Türkische Nationalisten und andere nationalistisch geprägte Ausländerorganisationen messen ihrer eigenen Nation den höchsten Stellenwert bei und wollen dieses Ansehen möglichst weltweit unter bewusster Missachtung der Menschen- und Völkerrechte durchsetzen. In der Türkei hat sich seit Jahren die neofaschistische Bewegung der sog. Bozkurtlar heraus entwickelt. Die Grundlage des türkischen Rechtsextremismus bilden der türkische Nationalismus und Turanismus.[290] Die Ideologie der Grauen Wölfe (türkisch Bozkurtlar), oder auch Ülkücüs (Bewegung der Idealisten) genannt, basiert auf den Vorstellungen von *Alparslan Türkeş*. Dieser gründete im Jahr 1961 die Partei MHP (*Milliyetçi Hareket Partisi* = Partei der nationalistischen Bewegung) und agierte als deren Vorsitzender.[291] Jedes MHP-Mitglied musste ihn mit dem Titel „Basbugum“ (mein Führer) anreden. Über 30 Jahre lang führte Türkeş die Bewegung. Nach seinem Tod im April 1997 setzte sich dieser Führerkult fort, indem sich der Parteivorsitzende *Devlet Bahçeli*, der noch immer im Amt ist, als „neuer Führer“ (Baskan) betiteln lässt.[292] Die MHP ist in der Großen Nationalversammlung der Türkei vertreten. Eine weitere rechtsextreme und gleichzeitig islamistische Partei, die ebenfalls der Bewegung der Grauen Wölfe nahesteht, ist die BBP (Büyük Birlik Partisi = Große Einheitspartei). Jugendverbände der BBP nennen sich Alperen Ocaklar (Unterschlupf).

Seine Ansichten prägen noch heute die Ansichten der Grauen Wölfe. Gemäß diesen sei das türkische Volk anderen Völkern überlegen. Die Sym-

---

289 Vgl. Dienstbühl, in: Die Kriminalpolizei 2/2016, S. 17.

290 Zwischen 1965 und 1970 bekam der türkische Ultranationalismus eine faschistische Massenbewegungsform. Der ehemalige Offizier Türkeş nutzte diesen Trend und etablierte einen Führerkult um seine Person, der sich an der Person Adolf Hitlers zu orientieren schien, siehe ebd.

291 Überhaupt zeigt sich seit den Anfängen der Ülkücü-Bewegung eine Affinität zur Zeit des deutschen Nationalsozialismus: So gab es eine nationalsozialistische Gruppierung 1969 in Izmir, als eine Gruppe ehemaliger CKMP-Mitglieder (Vorgängerpartei der MHP) den Verein „Nasyonal Aktivitede Zinde İnkişaf“ (NAZİ) gründeten. Der Verein unterhielt zwei Kampfverbände. Die Mitglieder trugen SA-Uniformen und verwendeten den Hitler-Gruß. Diesen sieht man noch heute häufig bei Veranstaltungen, Demonstrationen und Kundgebungen, an denen Mitglieder der Grauen Wölfe teilnehmen. Auch in Deutschland fallen vermehrt türkischstämmige Migranten mit dem Hitlergruß oder Symboliken wie dem Hakenkreuz auf.

292 Bahçeli war vor allem während seiner Studentenzeit ein aktives Mitglied der Grauen Wölfe; inwiefern er in Gewalttaten involviert war, ist unklar. Offiziell hat er die Partei vom militanten Rand gelöst und ein Prinzip der Gewaltlosigkeit verankert. Die rechtsnationale Ideologie blieb davon unberührt und auch seine Rhetorik blieb faschistoid. Die Biografie des Basbug Türkeş ist noch heute auf den Internet-Seiten der Bewegung zu finden, seine Prinzipien gelten weiterhin.

bolik der drei Halbmonde steht für den Anspruch der Herrschaft über die drei Kontinente Asien, Afrika und Europa unter einem vereinigten Turkvolk in der Religion des sunnitischen Islam. Zentral sind dabei die Vorstellung des fiktiven Landes „Turan“ und die Vereinigung der „Türk Dünyası“ (Türkische Welt), die besonders die türkischen Minderheiten außerhalb der türkischen Republik anspricht. Die Symbolik des Wolfes entstammt der türkischen Mythologie, wonach die Wölfin Asena das türkische Volk vor der Unterwerfung gerettet und aus Zentralasien in das Gebiet der heutigen Türkei geführt habe. Mit erhobener rechter Hand, die einen Wolfskopf symbolisieren soll, zeigen sie daher den „Wolfsgruß“.[293] Die Anhänger empfinden noch heute eine weltliche Unterdrückung des türkischen Volkes und ihres Stolzes. Doch beschränkt sich die gefährliche Ideologie nicht nur auf diese beiden Parteien. Die Mitglieder der AKP (Adalet ve Kalkınma Partisi = Partei für Gerechtigkeit und Aufschwung) bezeichnen sich selbst als konservativ-demokratisch. Gegen den Vorwurf des Islamismus, der sich unter anderem durch einen Zwang zum Islamunterricht in den Schulen, einer drastischen Einschränkung des Alkoholausschankes oder auch den umstrittenen Gesetzesentwurf zum Jugendschutz[294] äußert, wehren sich Funktionäre nach wie vor vehement. Doch auch nationalistische Tendenzen werden der Partei sowohl von der Opposition, als auch von Beobachtern im Ausland attestiert. *Necdet Sevinç*, ein Vordenker der MHP, charakterisierte in seinen „Notizen an einen Idealisten“ (Ülkücüye Notlar) die Anhänger folgendermaßen: „Ein Ülkücü ist in der Regel kein Mann des Denkens, sondern immer ein Mann der Tat [...] Alle Denkweisen, Handlungen und Meinungen, die von Handlungs- und Denkweise der Ülkücü abweichen, sind ungültig.“[295] Damit wird die Legitimation zur Gewalt als notwendiges Mittel zur Durchsetzung der eigenen Interessen offensichtlich. Dass die türkischen Rechtsextremisten nicht nur Propaganda betreiben, sondern auch für ihre Überzeugungen bereit sind zu morden, haben sie in früheren Jahren schon mehrmals unter Beweis gestellt. In den 1980er-Jahren agierten die Grauen Wölfe paramilitärisch im Zusammenhang mit dem Erstarken linker Bewegungen und kurdischer Autonomie-Bestrebungen in der Türkei. Daneben wurden Militär und Polizei von der Bewegung dominiert. Sie gingen gewalttätig gegen alles vor, was sie als nichttürkisch definierten, dazu zählen in der Türkei nach wie vor Linke, Kurden und Aleviten. Diese Ideologie führte zu gezielten Attentaten und Anschlägen. So

293 Vgl. Dienstbühl, in: Die Kriminalpolizei 2/2016, S. 18.

294 Dieser sieht u.a. vor, dass Gebetsräume in allen Schulen zu errichten sind und der Besuch von Internetcafés für Jugendliche unter 18 Jahren verboten sei.

295 Sevinç 1976, S. 28.

wurden beispielsweise das Pogrom von Kahramanmaraş 1978 und das Pogrom von Çorum 1980, bei denen hunderte türkische Aleviten ums Leben kamen, von den Grauen Wölfen verübt. Sie führten außerdem zusammen mit dem türkischen Geheimdienst den Bombenanschlag auf das Alfortville-Völkermordmahnmal 1984 durch. *Mehmet Ali Ağca*, der das Attentat 1981 auf *Papst Johannes Paul II.* beging, war ebenfalls ein Mitglied der Grauen Wölfe und begründete seine Tat mit der zugrundeliegenden Ideologie. Es war auch Ağca, der *Abdi İpekçi*, den Chefredakteur der Zeitung Milliyet, ermordete, weil er sich für Frieden mit Griechenland einsetzte. Das Attentat auf einen Frauenladen in Berlin-Kreuzberg, bei dem die bekannte türkisch-kurdische Publizistin und Anwältin *Seyran Ateş*, damals noch Studentin, lebensgefährlich verletzt wurde, wird ebenfalls der Ülkücü-Bewegung zugeschrieben, die sie noch heute bedrohen.[296]

In Deutschland sind seit der sog. „Gastarbeiter-Einwanderung" in den 1960er und 1970er Jahren zahlreiche nationalistische bis rechtsextreme türkische Vereine entstanden. Viele von ihnen schlossen sich 1978 im Dachverband ADÜTDF (Türkische Föderation der Idealistenvereine in Deutschland, heute bekannt als *Türk Federasyon*) zusammen. Die Türk Fedarasyon ist als eingetragener Verein mit Sitz in Frankfurt/Main juristisch selbstständig, inhaltlich und ideologisch aber kann sie als Tochterorganisation der MHP bezeichnet werden.[297] Ähnlich der Türk Fedarasyon gibt es Dachverbände für MHP-Anhänger in zahlreichen weiteren westeuropäischen Ländern (etwa in Belgien, Dänemark, Frankreich, Großbritannien, Österreich oder in der Schweiz), aber zum Beispiel auch in Australien und den USA.[298] Im Zuge interner Auseinandersetzungen spalteten sich von der Türk Federasyon die ATB (Europäisch-Türkische Union) und ATIB (Türkisch Islamische Union Europa) ab, die sich mehr als islamisch orientierter Flügel der Szene der „Grauen Wölfe" verstehen. Der nordrhein-westfälische Verfassungsschutz konstatierte bereits 2004, dass die Grauen Wölfe „zur Entstehung einer Parallelgesellschaft in Europa" beitragen und sieht in ihr „ein Hindernis für die Integration der türkischstämmigen Bevölkerung".[299] 4.000 Mitglieder in ausgewiesenen Ülkücü-Vereinigungen wurden vom BfV im Jahr 2017 registriert.[300] Bundesweit unterhalten Türk Federasyon, ATIB und ATB gemeinsam ungefähr 300 lokale Vereine und Zweigstellen und lassen mit geschätzt mehr als 18.000 Mitgliedern beispielsweise die NPD

296 Vgl. Dienstbühl, in: Die Kriminalpolizei 2/2016, S. 16 f.
297 Vgl. Bozay, in: bpb vom 24. November 2017.
298 Ebd.
299 Vgl. Bericht des Verfassungsschutzes des Landes Nordrhein-Westfalen, Oktober 2004, S. 15 f.
300 Vgl. Bundesministerium des Innern (Hrsg.) 2014, S. 261.

weit hinter sich.[301] Trotz der hochgradig rassistischen und ultranationalistischen Ideologie sind die Grauen Wölfe und entsprechende Vereine und Ableger der türkischen MHP und BBP bislang in Deutschland nicht verboten. Vielmehr sind Anhänger in deutschen Parteien, in den Kommunen oder in lokalen Integrationsräten engagiert.

Die aktuelle Spaltung von Deutsch-Türken und Hinwendung zum türkischen Nationalismus unter Präsident Erdoğan kann als „Auto-Segregation" bezeichnet werden. Eine solche ist gegenwärtig in muslimischen Gemeinschaften in Deutschland zu beobachten, vor allem innerhalb der türkisch-sunnitischen Community. Erdoğans Rede in Köln im Jahr 2010 und sein berühmter Satz: „Denn Assimilation ist ein Verbrechen gegen die Menschlichkeit"[302] kennzeichnet acht Jahre später noch deutlicher denn je die politische Leitlinie des türkischen Präsidenten. Entsprechend zeigten sich zu dessen Staatsbesuch am 29. September 2018 in Köln diverse türkische Ultranationalisten öffentlich und bekannten sich zu ihren Ansichten. Die Szenen förderten eine Diskussion um die Integration von Deutsch-Türken, die zum Teil in Deutschland geboren wurden, sich aber dennoch nicht mit Deutschland identifizieren wollen, und den Anteil türkischer Kultur- und Moschee-Gemeinden.[303]

4. Zusammenfassung

Rechtsextremistische Bestrebungen bleiben, auch wenn weniger Straf- und vor allem Gewalttaten im Verfassungsschutzbericht registriert wurden, ein gesellschaftliches Problem. Insbesondere die Themen der letzten Jahre, wie die Flüchtlingspolitik und die gesellschaftlichen Spannungen und Probleme im Kontext der Zuwanderung, sowie die Armutsentwicklungen in Deutschland, kommen rechtsextremen Bestrebungen in ihren Anliegen entgegen. Die drängende Frage, ob es wieder zu einem Phänomen wie dem NSU kommen kann, bleibt im Raum, denn der Prozess gegen Beate Zschäpe und einige als Mitwisser und Helfer Angeklagte, brachte nur wenig Klarheit. Noch immer liegen so viele Details im Dunkeln, dass die quälende

301 Bozay, in: bpb vom 24. November 2017.

302 Dabei setzte er Assimilation mit der Aufgabe kultureller Traditionen wie Essen, etc. gleich, vgl. OAA, in: Süddeutsche Zeitung vom 17. Mai 2010.

303 Vor allem der Moscheeverband DITIB (Türkisch-Islamische Union der Anstalt für Religion e. V.; türkisch Diyanet İşleri Türk İslam Birliği, abgekürzt DİTİB) steht in diesem Zusammenhang als offizieller politischer Ansprechpartner in Deutschland in der Diskussion, vgl. Hür, in: Deutschlandfunk vom 26. Januar 2018.

Frage, wie der Hass einzelner Personen zu solchen Taten führen und diese so lange unentdeckt bleiben konnten, weiterhin unbeantwortet bleibt.

Gesellschaftlich und politisch bleibt es auch eine Herausforderung, auch bei politisch Rechten zwischen Populisten, Radikalen und Extremisten zu unterscheiden, die jedoch angenommen werden sollte, um den gesellschaftlichen Zusammenhalt zu stärken und nicht weiter zu zersplittern.

Für Polizei und Verfassungsschutz stellen sich die Herausforderungen durch rechtsextreme Strukturen und Interessen wie folgt dar:

- Rapide, sich entwickelnde Konfliktpotentiale während Demonstrationen und Kundgebungen.
- Frühes Erkennen von Anschlagsplänen zersplitterter Gruppen oder Einzelpersonen.
- Zunehmendes Gewaltverhalten von Rechtsextremisten im öffentlichen Raum.
- Flüchtlingskrise und Spannungen aufgrund des Zuzuges von Ausländern wirken als Katalysator für rechtsextreme Bestrebungen und Tendenzen in der Bevölkerung.
- Türkischer Rechtsextremismus kann in Deutschland zu konfrontativer Gewalt mit Gegnern, aber auch kurdischen Linken führen.

IV. Phänomen Reichsbürger und Selbstverwalter

„Die Reichsbürger galten lange Zeit nur als Lachnummer.“
Armin Pfahl-Traughber[304]

Als Reichsbürger und Selbstverwalter bezeichnet man Personen, die aus unterschiedlichen Gründen die Bundesrepublik Deutschland als Republik ablehnen. Sie sind keineswegs als homogene Gruppierung zu verstehen, da sich deren Motive, Einstellungen und auch Ziele voneinander unterscheiden, mitunter sehr individuell sind und reichen über den gesellschaftsabgewandten Eigenbrötler und Verschwörungstheoretiker bis hin zum pathologischen Querulanten. Unterteilen kann man sie jedoch in Reichsbürger und Selbstverwalter, die Grenzen sind allerdings fließend. Reichsbürger gehen dabei von einem Fortbestand des Deutschen Reiches aus und erkennen deswegen die Bundesrepublik und ihre Institutionen nicht an. Sie besitzen zum Teil rechtsextremistische Ansichten und Kontakte, bzw. es gibt rechtsextreme Reichsbürger. Den Reichsbürgern ist gemein, dass nach ihren Vorstellungen Deutschland lediglich ein geduldetes Projekt der USA bzw. dessen GmbH ist. Sie bezeichnen sich selbst bevorzugt als „natürliche Personen“, „Angehörige des Freistaates Preußen“ oder „Angehörige des deutschen Königreiches“.[305] Nach Ansicht der Reichsbürger wie auch der Selbstverwalter habe Deutschland keine gültige Verfassung, sei somit als Staat nicht existent. Nach Verständnis rechts orientierter Reichsbürger befindet sich Deutschland nach wie vor noch im Kriegszustand mit den Kriegsparteien des Zweiten Weltkrieges. Vor allem die neuen Bundesländer werden mangels Gründungsurkunden nicht als rechtmäßig verstanden. Reichsbürger gründen eigene Regierungen bzw. Monarchien mit ernannten Reichskanzlern oder Königen (z. B. in Sachsen-Anhalt mit eigenem „Königreich“). Sie stellen Phantasiepapiere aus und drucken eigenes Geld („Engelgeld“).

1. Historie und Phänomenologie

Reichsbürger existieren in unterschiedlichsten Ausprägungen seit Jahrzehnten. Ihre Geschichte beginnt direkt mit der Gründung der BRD, aller-

304 Pfahl-Traughber, in: HPD vom 25. September 2017.

305 Vgl. Dienstbühl, in: Sicherheitsmelder vom 22. November 2016.

dings handelt es sich dabei eher um einzelne Meinungsansichten. Verbreitung findet das Phänomen dann in den 1980er Jahren und verstärkt seit der Wende. Mit pseudojuristischer Argumentation begründen Anhänger ihre Sichtweise und treten mit Phantasiedokumenten (Reichsausweisdokumente, Reichsführerschein[306] etc.) in Erscheinung. Ab ca. 2010 werden sie aufgrund ihrer Agitation und ihren Behauptungen im Internet häufiger in der Öffentlichkeit wahrgenommen. Reichsbürger sind nicht als homogene Gruppierung zu verstehen, denn die Begründung für die Nicht-Anerkennung des deutschen Staates ist durchaus unterschiedlich motiviert. Ihnen gemein ist die Ansicht, dass sämtliche Gesetze, Gerichtsurteile und amtliche Bescheide nichtig sind. Sie sind damit nicht per se Rechtsextremisten, die Gewalt anwenden, um eine Rassenideologie durchzusetzen. Gruppenweise befassen sie sich ausgeprägt mit Esoterik. Einige wollen lediglich „ohne Staat" leben, werden dabei jedoch auch straffällig, wenn sie beispielsweise ihre Kinder trotz Schulpflicht vom Unterricht fernhalten oder statt mit amtlichen Kennzeichen ein selbst angefertigtes Nummernschild am Auto anbringen und dies auch im Straßenverkehr bewegen. Die Aktivitäten der Szene gipfeln in der Einrichtung verschiedener „Regierungen" oder „Verwaltungen" bis hin zur Ausrufung eines eigenen Königreiches oder Staates. Hierzu zählen die von „Reichsbürgern" und „Selbstverwaltern" „aktivierten", „reaktivierten" oder „reorganisierten" Gemeinden. Mit ausufernden „Selbstermächtigungsschreiben" erklären Szeneangehörige eine Reichsbürger-Gemeinde als unabhängig von der Bundesrepublik Deutschland. Mitunter schicken sie auch Schreiben an ausländische Botschaften mit der Bitte, die von ihnen angeblich geschaffene Gemeinde oder Gebietskörperschaft (völkerrechtlich) anerkennen zu lassen. Ziel ist es, bei Behörden Verwirrung zu stiften, um die staatliche Eingriffsverwaltung zu behindern oder unmöglich zu machen. Nicht zuletzt erzielen die selbst ernannten „Verwaltungen" aber auch Einnahmen (z. B. Gebühren für die Ausstellung von „Reichsdokumenten" und durch den Verkauf von Devotionalien) durch Szeneangehörige. „Selbstverwalter" kennzeichnen die „eigenen" Gebiete teilweise durch Grenzziehungen oder Banner.

306 In der Frage nach der Entziehung der Fahrerlaubnis hatte der VGH in Mannheim zu entscheiden, ob einem Reichsbürger die Fahrerlaubnis entzogen werden kann. Nach Urteil des VGH ist dies jedoch nur bei hinreichenden Anhaltspunkten für eine die Fahreignung ausschließende psychische Erkrankung der Fall (Az. 10 S 2000/17), vgl. Buschbeck, in: Sicherheitsmelder vom 26. März 2013.

2. Aktuelle Entwicklungen

Der größte Teil der „Reichsbürger“ und „Selbstverwalter“ ist männlich (ca. 74 %) und älter als 40 Jahre, viele von ihnen sind bereits seit Jahren in der Szene aktiv.[307] Nach Einschätzung des Verfassungsschutzes wächst der Personenkreis.

In Deutschland gibt es verteilt im Bundesgebiet etwa 18.000 Personen (Stand vom 31. März 2018) Reichsbürger und Selbstverwalter (im Dezember 2017 wurden offiziell 16.500 Personen registriert). Davon sind 950 Rechtsextremisten (2017 waren es 900 Rechtsextremisten).[308] Im Jahr 2017 verfügten rund 1.100 Reichsbürger und Selbstverwalter über waffenrechtliche Erlaubnisse.[309] Dieser Anteil von knapp 7 % der Szeneangehörigen mit waffenrechtlichen Erlaubnissen liegt höher als in der Gesamtbevölkerung (ca. 2 %).[310] Die vielen Sicherstellungen von Waffen und Munition im Zuge polizeilicher Maßnahmen im Berichtszeitraum belegen die hohe Waffenaffinität und stellen eine Risikogruppe innerhalb der Szene dar, der ein besonderes Augenmerk der Sicherheitsbehörden gilt. In vielen Fällen führten staatliche Behörden Entziehungsmaßnahmen durch, gegen die die Betroffenen jedoch häufig Rechtsmittel einlegten.[311] Die Verfahren dauern zumeist noch an. Bei diversen Exekutivmaßnahmen gegen „Reichsbürger“ und „Selbstverwalter“ wurden zahlreiche Waffen aufgefunden und sichergestellt. Zudem kann die Zahl der illegal bei Reichsbürgern befindlichen Waffen kaum seriös geschätzt werden. Zu sonstigen strafbaren Verhaltensweisen von „Reichsbürgern“ und „Selbstverwaltern“ zählen unter anderem Beleidigungen, Nötigungen, Bedrohungen gegenüber Repräsentanten.

2012 sendeten Mitglieder der Gruppe „Die Reichsbewegung – Neue Gemeinschaft von Philosophen (NGvP)“ Morddrohungen an jüdische und islamische Mitbürger per Brief und Aufrufe zum Mord via Internet. In diesen war von „standrechtlicher Erschießung“ die Rede, wenn die Angeschriebenen Deutschland nicht verließen. Die Schriften zeugten von exzessivem Judenhass, Rassismus und von Verschwörungstheorien. Während die Urheber nie identifiziert werden konnten und auch keine Fälle bekannt wurden, in denen diese Drohungen umgesetzt wurden, so offenbaren sie eine Ideo-

307 Vgl. Bundesministerium des Innern, für Bau und Heimat 2018 (Hrsg.), S. 91.

308 Vgl. Bundesministerium des Innern, für Bau und Heimat 2018 (Hrsg.), S. 98.

309 Vgl. Bundesministerium des Innern, für Bau und Heimat 2018 (Hrsg.), S. 95.

310 Vgl. Bundesamt für Verfassungsschutz (BfV) vom 31. März 2018.

311 Siehe z. B. den Beschluss des VGH München vom 5. Oktober 2017 – 21 CS 17.1300, nach Klage aufgrund des Widerrufes einer waffenrechtlichen Erlaubnis durch die Stadt Fürth gegen einen Reichsbürger.

logie, die sich mit der Vernichtung von Menschen beschäftigt und diese legitimiert. Alarmiert durch diese Drohungen stellte sich die Frage nach der Personenstärke der Reichsbürger. Insbesondere rechtsextreme Strömungen in der Bewegung wurden nach Angaben der Bundesregierung durch Einschätzung des Bundesamtes für Verfassungsschutz im unteren dreistelligen Bereich verortet.[312]

Nicht nur aufgrund extremistischer Tendenzen beschäftigen die Reichsbürger deutsche und ausländische Behörden. Generell werden ganz unterschiedliche Ämter zur Zielscheibe der Reichsbürger und ihren Vorstellungen. Verwaltungen, Kommunen und Hochschulen werden beispielsweise mit Geld- oder Schadensersatzforderungen konfrontiert. Beispielsweise mittels der sogenannten „Malta-Masche" werden Behördenoberhäupter ins Schuldenregister Uniform Commercial Code (UCC) des Bundesstaates Washington eingetragen, um dann über ein Inkasso-Unternehmen auf Malta Forderungen gegen die jeweilige Behörde durchzusetzen. Solche Vorgehensweisen wurden unter anderem in Thüringen und Nordrhein-Westfalen beobachtet.[313]

Weiterhin gab es in unterschiedlichen Behörden bislang vereinzelt Auseinandersetzungen zwischen Angehörigen der Reichsbürgerbewegung und Mitarbeitern, beispielsweise wegen Verweigerung amtlicher Beglaubigungen von Scheindokumenten. Zudem kam es zu Übergriffen gegenüber Gerichtsvollziehern durch Reichsbürger. Ein bekanntes Beispiel für diverse Konfrontationen bietet das Strafregister des Reichsbürgers und selbst ernannten „Obersten Souverän" des „Königreich Deutschland" *Peter Fitzek*. Dieser hat u.a. wegen vorsätzlichen Fahrens ohne Fahrerlaubnis und gefährlicher Körperverletzung über 30 Eintragungen im Bundeszentral- und Verkehrsregister. Beispielsweise ging er in einer Schule zwei Lehrerinnen an, weil er den Sexualkundeunterricht in den Schulen nicht billigt.[314]

Zur Verbreitung der eigenen Auffassungen entwickeln die Szeneangehörigen ständig neue Varianten und Wege. Eine weitverbreitete Strategie ist dabei die Überflutung von Behörden mit pseudojuristischen, langatmigen Schreiben in einer oftmals aggressiven Diktion. Vielfach suchen „Reichsbürger" und „Selbstverwalter" aber auch die unmittelbare Konfrontation mit Mitarbeitern der Behörden. Sie belästigen diese durch vielfache Anrufe oder persönliche Vorsprachen. Die Gespräche zeichnen sie mitunter auf und veröffentlichen sie gegen den Willen ihrer Gesprächspartner im Inter-

312 Vgl. Dienstbühl, in: Sicherheitsmelder vom 22. November 2016.

313 Ebd.

314 Ebd.

net. Ziel dieser Vorgehensweise ist es, die behördliche Arbeit zu stören und lahmzulegen sowie die Mitarbeiter einzuschüchtern und bloßzustellen. Die Szene lehnt vielfach Ausweisdokumente der Bundesrepublik Deutschland als unwirksam ab und propagiert stattdessen eigene Dokumente, Urkunden und Nummernschilder.

3. Handlungsempfehlungen im Umgang mit Reichsbürgern in Behörden

In Sachsen wurden unlängst Handlungsempfehlungen im Umgang mit Reichsbürgern herausgegeben, da vor allem Mitarbeiter im öffentlichen Dienst beunruhigt über deren Aktivitäten und vor allem deren Auftreten sind. Diese ähneln solchen, die generell auch im Umgang mit querulatorischen Persönlichkeiten empfohlen werden können.

- Diskussionen mit Reichsbürgern sind generell zu vermeiden. Bestehen Sie darauf, dass alle Anliegen in schriftlicher Form eingereicht werden.
- Mündlich wird keine Auskunft erteilt, sondern ebenfalls nur schriftlich erwidert, in kurzer und prägnanter Form (Rechtssicherheit).
- Dienstlicher Schriftwechsel sollte auf das absolut Notwendigste beschränkt bleiben.
- In alle Vorgänge sollte die Führung (z. B. die Amtsleitung) und das Justiziariat eingebunden sein.
- In Fällen von Ordnungswidrigkeiten sollte umgehend die Polizei informiert werden.
- Strafrechtlich relevante Verhaltensweisen, wie bspw. Beleidigungen und Drohungen, sollten unverzüglich den Strafverfolgungsbehörden angezeigt werden.
- Materialien von Reichsbürgern mit augenscheinlich rechtsextremistischen/strafrechtlich relevanten Inhalten sollten dem zuständigen Landesamt für Verfassungsschutz übermittelt werden; entsprechende Strafanzeigen sind zu stellen.
- Wenn sich Reichsbürger an Behörden wenden, um sich eigens erstellte Urkunden und andere pseudo-amtliche Schriftstücke beglaubigen zu lassen, verweigern Sie die Beglaubigung (schriftlich nach schriftlichem Antrag, s. o.).

– Erfahren Sie von der Nichteinhaltung der Schulpflicht, ist das zuständige Jugendamt zu informieren.[315]

„Reichsbürger" und „Selbstverwalter" beanspruchen rechtswidrig hoheitliche Rechte und Aufgaben, insbesondere im Umgang mit Behörden und staatlichen Stellen. Hierzu produzieren und vertreiben sie zum Beispiel Fantasieausweise oder nehmen Änderungen an ihren Kfz-Kennzeichen vor. Zahlreiche Protagonisten erzielen mit Szeneschulungen und „Rechtsberatungen" erhebliche Einnahmen. Dies gilt besonders für sogenannte Rechtskonsulenten und deren „Ausbilder". Diese geben vor, auf dem Gebiet des „Reichsrechtes" bewandert zu sein und prüfen in diesem Zusammenhang auch Rechtsangelegenheiten anderer. Weiterhin treten sie als „Rechtsbeistände" in Gerichtsverfahren auf. Selbst ernannte „Rechtsbeistände" angeblicher Justizopfer behindern damit gezielt die Justiz. Andere maßen sich an, als Gerichtsvollzieher aufzutreten.

Wie gefährlich Anhänger der Reichsbürgerideologie sein können, hat der tödlich endende Einsatz am 19. Oktober 2016 gezeigt. Es handelt sich dabei allerdings nicht um eine generell militante Bewegung mit einheitlichen Vorstellungen. Jedoch können gerade rechtsextreme Strömungen zu einer echten Gefährdung werden, zumal zu befürchten ist, dass sie sich via Internet vernetzen und somit in ihren staatsfeindlichen Absichten bis hin zur Gewalt bestärken. Regelmäßig fallen einzelne Reichsbürger eher wegen ihrer querulatorischen Verhaltensweisen bei einzelnen Behörden auf. Da auch augenscheinlich harmlose Sachverhalte jedoch zu handfesten Auseinandersetzungen führen können, sollten Mitarbeiter von Behörden oben genannte Handlungsanweisungen beherzigen und auftretende Auseinandersetzungen direkt den Vorgesetzten mitteilen.

4. Zusammenfassung

Seit dem tödlichen Angriff vom 19. Oktober 2016 stehen die Reichsbürger unter strikterer Beobachtung der Sicherheitsbehörden, die Einschätzung hinsichtlich des Gefährdungspotentials wurde von den Landesämtern für Verfassungsschutz größtenteils vorsichtig nach oben korrigiert. Aktuell stellt sich zudem die Frage, ob gerade die extremistische Strömung wächst und ob sie in ihren Grundgedanken in Deutschland populärer werden

315 Ausführlich zu Anliegen und Umgang mit Reichsbürgern, vgl. Caspar/Neubauer, in: Speit (Hrs.) 2018, S. 79 ff.

kann.[316] Egal, ob es sich bei Reichsbürgern und Selbstverwaltern auch um solche Personen handelt, die Deutschland schlichtweg für keinen Staat halten: sie alle lehnen ihn damit ab.

Für die Polizei bedeutet das:

- Latente Gefährdung durch ein überdurchschnittliches Waffenaufkommen.[317]
- Belastung durch niedrigschwellige Einsätze, z. B. wegen Belästigung von Behörden mit unrealistischen Anliegen (z. B. Aufforderung zur Beglaubigung von Fantasiedokumenten) und damit einhergehendem Hausfriedensbruch oder Außerachtlassen der Schulpflicht der Kinder, etc.
- Finanzielle Nöte der Reichsbürger aufgrund wenig vorhandener Arbeitsverhältnisse können zu Kriminalität und Gewalt führen.
- Angehörige sämtlicher Behörden und staatlicher Einrichtungen als Feindbild und im schlimmsten Fall Zielscheibe.
- Betrachtungsweise der Reichsbürger, dass sie selbst eine eigene Polizei haben/selbst die echte Polizei seien, damit Aberkennen polizeilicher Maßnahmen und Verdrehung der Rechtslage.[318]

---

316 Einer der bekanntesten Vertreter ist das RAF-Gründungsmitglied und ehemaliger Linksextremist Horst Mahler, der seit den 1990er Jahren als Rechtsextremist von sich reden macht, und seine ehemalige Lebensgefährtin, die verurteilte Leugnerin des Holocaust, Sylvia Stolz.

317 Ausführlich zur Gefährdung durch Waffenbestände bei Reichsbürgern, vgl. Janz/Speit, in: Speit (Hrsg.) 2018, S. 123 f.

318 Vgl. Janz/Speit, in: Speit (Hrsg.) 2018, S. 124 ff.

V. Linksextremismus

„Linksextremismus ächtet man nicht, allenfalls stellt man ihm kritische Fragen. Deshalb sind seine Verzahnungen mit dem demokratischen Spektrum weitaus enger.“

Rudolf van Hüllen[319]

Unter dem Oberbegriff Linksextremismus werden ganz unterschiedliche kommunistische und anarchistische Strömungen und Ideologien innerhalb der politischen Linken erfasst. Ihnen gemein ist die Ablehnung der parlamentarischen Demokratie und des Rechtsstaates. Diese wollen sie durch eine nicht ausdefinierte egalitäre Gesellschaft und unter Anwendung von Gewalt bis hin zu terroristischen Mitteln ersetzen. Linksextremisten verfolgen das Ziel, die Staats- und Gesellschaftsordnung und damit die freiheitliche Demokratie abzuschaffen und durch ein kommunistisches oder ein „herrschaftsfreies“, anarchistisches System zu ersetzen. Wie dieses ausgestaltet sein kann, ist kaum spezifiziert. Die theoretischen Leitfiguren sind, in unterschiedlichem Ausmaß und abweichender Interpretation, Marx, Engels und Lenin. „Revolutionäre Gewalt“ der „Unterdrückten gegen die Herrschenden“ gilt grundsätzlich als legitim. Häufig steht die Beachtung von Linksextremismus hinter Phänomenen wie Rechtsextremismus zurück. Die tendenziell steigende Zahl gewaltbereiter Linksextremisten und die hohe Zahl linksextremistisch motivierter Gewalttaten mahnen allerdings dazu, die von diesem Bereich ausgehenden Gefahren nicht zu unterschätzen – insbesondere die für Polizisten und Soldaten, die nach wie vor erklärte Feinde der Extremisten sind.

1. Deutscher Linksextremismus

Linksextremismus in Deutschland ist ein Phänomen, das in seinem Bedrohungspotential völlig uneinheitlich bewertet wird. Während einige Politiker Linksextremisten lediglich als gefährlich für Rechtsextremisten einschätzen, weisen Polizei und Verfassungsschutz schon seit vielen Jahren auf die Gewaltbereitschaft linksextremistischer Gruppen hin. Linksextremistische Bestrebungen in Deutschland beinhalten im wesentlichen Sys-

319 Hüllen, in: Hirscher (Hrsg.) 2014, S. 56.

temkritik gegen Staat und Verfassung sowie die Verherrlichung kommunistischer Staatsformen. Innerhalb des linksextremen Spektrums finden sich über 120 Gruppierungen, Parteien oder Zusammenschlüsse, deren politische Inhalte teilweise sehr unterschiedliche Positionen haben (z. B. pro Palästina/pro Israel). Als besonders extreme und gewaltbereite Strömung gelten Autonome, welche sich oftmals in Splittergruppen betätigen. Inhaltliche Vorstellungen werden aus Fragmenten anarchistischer und kommunistischer Strömungen gemischt und in Form von imperativen Parolen kommuniziert. Mitunter präsentieren sich die „Antifaschisten" als radikal „antideutsch" und fordern die Auflösung Deutschlands in eine multikulturelle Gesellschaft.[320] Auch innerhalb der „Antideutschen" gibt es unterschiedliche Gesinnungen, die es unmöglich machen, von einem in sich geschlossenen Block zu sprechen. So existiert z. B. ein Streit über die Einstellung pro Israel und notgedrungen auch pro Amerika gegen die propalästinensische Gesinnung.[321]

1.1 Historie und Phänomenologie

Um den heutigen Linksextremismus zu verstehen, ist es wichtig, die Geschichte des deutschen Terrorismus in den 1970er Jahren kennen. Der Beginn des Linksextremismus wird in der Bundesrepublik mit den Studentenrevolten ab 1966 gesehen. Aus den Erfahrungen dieser Zeit bildeten sich linksterroristische Gruppen, wie die *Tupamaros West-Berlin* (1969–1970),[322] die *Rote Armee Fraktion* (1970–1998), die *Bewegung 2. Juni* (1971–1980)[323] und die *Revolutionären Zellen* (1970er–1990er Jahre).[324] Die „Konzepte" ähnelten untereinander sehr. Die Positionen formulierten we-

320 Vgl. *göttinger drucksache* Nr. 552 vom 29. September 2006, S. 1.

321 Vgl. Bundesministerium des Innern, für Bau und Heimat 2018 (Hrsg.), S. 152 f.

322 Die Tupamaros West-Berlin bestanden aus ca. 15 Personen. Sie verübten mehrere Anschläge, u. a. auf die Jüdische Gemeinde in Berlin. Durch Fehler in den Bombenkonstruktionen und viel Glück wurde niemand durch sie verletzt.

323 Die terroristische Vereinigung „Bewegung 2. Juni" gründete sich Anfang der 1970er-Jahre. Sie gab sich ihren Namen in Anlehnung an den Tod des Studenten Benno Ohnesorg, der bei einer Demonstration am 2. Juni 1967 in Berlin anlässlich des Staatsbesuches des Schahs von Persien vom Polizeibeamten Karl-Heinz Kurras erschossen worden war. 2009 wurde bekannt, dass Kurras auch Inoffizieller Mitarbeiter (IM) des Ministeriums für Staatssicherheit (MfS) der DDR war.

324 Die RZ beging Anschläge, u. a. auf den BGH in Karlsruhe. Aus ihr spaltete sich die „Rote Zora" als eigenständige und weibliche Terrororganisation ab. Die Revolutionären Zellen/Rote Zora bekannten sich insgesamt zu 186 Anschlägen im ganzen Bundesgebiet, nach Zählung des Innenministerium NRW begingen sie zwischen 1973 und 1995 insgesamt 296 Sprengstoff-, Brand- und sonstige Anschläge. Nach eigenen Angaben kämpften sie damit

niger „für“-Ziele, sondern vor allem Anti-Haltungen. So war man beispielsweise gegen den „imperialistischen Staat“, gegen das „Schweine-System“, auch gegen den „Zionismus“, also gegen den jüdischen Nationalstaat in Palästina.[325] Insofern wurden Anti-Ziele formuliert, die es zu zerstören galt. Darüber wurden neben den grammatisch verstümmelten Satzelementen im Imperativ, deren sich linke Gruppierungen noch heute gerne bedienen, durchaus ganze Abhandlungen und Erklärungen in umständlichen Formulierungen verfasst. Über das Ersetzen all dieser als schädlich identifizierten Anti-Ziele mit konkreten Inhalten für die Zeit danach oder schlüssige Antworten auf gesellschaftlich relevante Fragestellungen der Bildungs-, Sozial- und Wirtschaftspolitik, sucht man noch heute unter Linksextremisten vergebens. Der Mythos der RAF beruht vor allem auf den schillernden Mitgliedern *Ulrike Meinhof*, *Andreas Baader* und *Gudrun Ensslin*. Die Gründung der RAF war kein durchstrukturiertes Vorgehen, sondern passierte im Lauf der Ereignisse. Die Gründung wird auf die Flucht Baaders aus der Haft und damit verbunden der Bruch Ulrike Meinhofs mit ihrem bisherigen Leben als Journalistin durch ihren Weg in den Untergrund gemeinsam mit Baader, Ensslin, dem Anwalt *Horst Mahler* und *Astrid Proll* auf den 14. Mai 1970 datiert. Für diesen Tag hatte Baaders Anwalt Horst Mahler die Ausführung in das Deutsche Zentralinstitut für Soziale Fragen beantragt, da Baader mit Meinhof angeblich ein Buchprojekt begonnen hätte und sie recherchieren müssten. Mit ihrer und der Hilfe von *Irene Goergens*, *Ingrid Schubert* und einem nie identifizierten Mittäter konnte Baader fliehen, wobei der Institutsangestellte Georg Linke durch einen Schuss schwer verletzt wurde.[326] Bereits dieser Akt zeigte den spontanen Charakter der ersten Generation der RAF. Sie planten nicht lange im Voraus, sondern verabschiedeten sich erst in die Illegalität und organisierten sich dann.[327] Dies brachte sehr schnell das Problem der finanziellen Versorgung zur Gewährleistung der Logistik mit sich. Nach seiner Befreiung reisten Baader, Meinhof, Ensslin und Mahler mit anderen Untergetauchten nach Jordanien, in ein Ausbildungslager der palästinensischen Befreiungsorganisation *Al-Fatah*[328]. Dort wurden sie im Umgang mit Waffen und Sprengstoff geschult. Noch im selben Jahr kehrte die Gruppe nach Deutschland zurück und verübte ver-

---

gegen „staatlichen Rassismus, Sexismus und Patriarchat“ sowie gegen die Ausländer- und Asylpolitik der Bundesrepublik.

325 Zur Israel-Feindlichkeit der RAF, die zur Spaltung innerhalb der Linken Szene führte, vgl. Dienstbühl, in: Die Kriminalpolizei 4/2014, S. 14 ff.

326 Vgl. Peters 2004, S. 180.

327 Vgl. Dienstbühl, in: Homeland Security 2013, S. 49.

328 Der Name fatah bedeutet Sieg. Als palästinensische Organisation und Partei kämpfen sie für eine Autonomieregion Palästina.

schiedene Straftaten in der Notwendigkeit terroristischer Beschaffungskriminalität, um eine Finanzierung für das Leben in der Illegalität und die Sicherstellung ihrer Mobilität zu gewährleisten. Dabei orientierten sie sich an der Logistikformel M-G-W-M-S (Motorisierung, Geld, Waffen, Munition, Sprengstoff), die sie dem „Leitfaden für den Aufbau und der Ausstattung der Organisationen" *Carlos Marighella*[329] entnahmen.[330] Meinhof verfasst im April 1971 das Manifest „Das Konzept Stadtguerilla", in dem zum ersten Mal der Name Rote Armee Fraktion mit Emblem (Stern mit der Heckler & Koch MP 5) auftauchen.

Die Straftaten zur Beschaffung von Geld und Material konnten in der Regel der RAF direkt zugeordnet werden. Meist handelte es sich bei dieser Art von Beschaffungskriminalität um Banküberfälle, Kfz-Diebstahl oder Einbruchsdelikte, bevorzugt in Rathäuser, zum Entwenden von Ausweispapieren und Amtsstempeln.[331] Obwohl sich die Kriminalität der Baader-Meinhof-Bande zunächst fast nur darauf beschränkt hatte, erkannten die Sicherheitsbehörden die Entschlossenheit der Mitglieder und darin eine Gefahr für die Innere Sicherheit. Nach fünf Bombenanschlägen mit vier Toten und über 50 Verletzten sowie mehreren Banküberfällen wurden Baader, *Jan-Carl Raspe*, *Holger Meins* und nur wenig später Meinhof und Ensslin im Jahr 1972 verhaftet. Der Terror geht indes weiter: Durch zwei Bombenattentate auf US-Army-Basen in Frankfurt und Heidelberg werden

329 Mitgliedes der brasilianischen Untergrundorganisation *Aliança Libertadora Nacional* (ALN).

330 MMWAE = Mechanization, Money, Weapons, Ammunition, Explosives, vgl. Marighella 2002, S. 12; Peters 2004, S. 206 f.

331 Zwischen den Jahren 1970 und 1972 erbeutete die Baader-Meinhof-Bande ausschließlich durch Banküberfälle 952.000 D-Mark. Die Beute des legendären „Dreierschlages" (drei von vier geplanten Überfällen zur gleichen Zeit) in Berlin vom 29. September 1970 beträgt 217.000 D-Mark; drei Wochen später erbeuteten die Terroristen in Kassel 115.000 D-Mark und am 9. August 1971 134.000 D-Mark in Hannover; der Überfall der RAF auf die Bayrische Hypotheken und Wechselbank in Kaiserslautern vom 22. Dezember 1971 ergab eine Beute von 134.000 D-Mark. Daneben gingen etwa 280 Autodiebstähle auf das Konto der RAF, in Rathäusern brach die Gruppe, wie in Langgöns bei Gießen, ein, um Blankopapiere und Dienstsiegel zu stehlen. Diese konnten den Terroristen eindeutig nachgewiesen werden. Lediglich einen Überfall auf eine Sparkassenfiliale in Kiel am 1. November 1971, mit 237.000 D-Mark Beute, konnte die Polizei nicht zweifelsfrei der RAF zuordnen, obwohl entsprechende Indizien auf die Terroristen deuteten und sie von deren Täterschaft überzeugt war, vgl. Bericht Soko B/M des BKA vom 15. November 1972, AZ 1 BJs 6/71 n. ö., Seite 2 ff., S. 7. Meinhof rechtfertigte die Überfälle so: „Er ist logistisch richtig, weil anders das Finanzierungsproblem gar nicht zu lösen ist. Er ist politisch richtig, weil er eine Enteignungsaktion darstellt. Er ist taktisch richtig, weil er eine proletarische Aktion ist. Er ist strategisch richtig, weil er der Finanzierung der Guerilla dient", vgl. Meinhof, in: Rote Armee Fraktion 1997, S. 141 f.

vier Personen getötet, vor der Polizeidirektion Augsburg und vor dem LKA München detonieren Bomben und verletzen 17 Menschen.[332] In Hamburg zünden Terroristen zwei Sprengsätze im Springer-Verlagshaus, 38 Menschen werden verletzt. 1974 wird der Kammergerichtspräsident *Günter von Drenckmann* bei einem Entführungsversuch von Mitgliedern der „Bewegung 2. Juni" ermordet. Sie waren es auch, denen mit der Entführung *Peter Lorenz* am 27. Februar 1975 eine erfolgreiche Erpressung des Staates gelang.[333] Sechs Tage verbringt Peter Lorenz im selbsternannten „Volksgefängnis" der Bewegung 2. Juni. Im Austausch gegen den CDU-Politiker werden zwei inhaftierte Gefangene verschiedener westdeutscher „Guerilla"-Gruppen in den Jemen ausgeflogen. Diesen Fehler will die Bundesregierung nicht noch einmal begehen, denn der geglückte Austausch ermutigte zu weiteren Entführungen.[334] Am 24. April 1975 dringt das siebenköpfige „Kommando Holger Meins"[335] in das Gebäude der Deutschen Botschaft in Stockholm ein. Sie nehmen elf Personen als Geiseln, um die Freilassung von 26 Inhaftierten der Baader-Meinhof-Gruppe zu erzwingen.[336] Nach etwa einer Stunde wird der Verteidigungsattaché *Andreas Baron von Mirbach* erschossen und die Treppe hinuntergestoßen. Nachdem der schwedische Justizminister *Lennart Geijer* erfolglos versucht hat, mit den Geiselnehmern in Verhandlung zu treten, erschießen Terroristen den Botschaftsrat für Wirtschaft, *Dr. Heinz Hillegaart*, am Fenster vor den Augen der Polizisten und Vertretern der Medien. Die Bundesregierung geht indes nicht auf die Forderungen ein. Schließlich detonieren von den Terroristen zuvor angebrachte Sprengsätze und zerstören das halbe Gebäude. Dabei sterben zwei der Attentäter, die restlichen Geiseln können, wenn auch zum Teil verletzt, befreit werden. Am 28. April 1977 werden Baader, Ensslin und Raspe nach fast zweijähriger Verhandlung und 192 Verhandlungstagen im sogenannten Stammheim-Prozess zu lebenslanger Haft verurteilt. Ulrike

---

332 Vgl. Dienstbühl, in: Homeland Security 2013, S. 53 f.

333 Für die Entlassung der Geisel Peter Lorenz 1975 erhielt die Bewegung 2. Juni 100.000 Mark und erreichte die Freilassung von Horst Mahler, Verena Becker, Gabriele Kröcher-Tiedemann, Ingrid Siepmann, Rolf Heißler und Rolf Pohle in ein Land ihrer Wahl. Horst Mahler lehnte den Austausch allerdings ab und blieb inhaftiert, vgl. Pflieger 2007, S. 53.

334 1977 entführten Mitglieder der Gruppe den österreichischen Textilindustriellen Walter Michael Palmers. Nach vier Tagen Gefangenschaft zahlte seine Familie, ohne Wissen der Polizei, ein Lösegeld von 31 Millionen Schilling. Der Seniorchef des Wäschekonzerns kam daraufhin unversehrt frei. Von dem Lösegeld sollen die Bewegung 2. Juni und auch Mitglieder der RAF der Dritten Generation bis in die 80er Jahre hinein gelebt haben; ferner Peters 2004, S. 417.

335 Benannt nach dem am 9. November 1974 durch Hungerstreik verstorbenen Terroristen Meins.

336 Peters 2004, S. 365 ff.

Meinhof erlebt dieses Urteil nicht mehr mit. Sie erhängt sich in der Nacht vom 8. auf den 9. Mai 1976 in ihrer Zelle. Die RAF bezeichnete die Reihe der Attentate von 1977 als „Offensive 77“, auf die sich Mitglieder im Herbst 1976 im Jemen in einem Ausbildungslager vorbereitet haben. Es beginnt mit dem Attentat auf den Generalbundesanwalt *Siegfried Buback* am 7. April 1977 in Karlsruhe durch das „Kommando Ulrike Meinhof“, für deren Selbstmord ein Jahr zuvor Rache genommen werden sollte. Freilich habe sich Ulrike, so die Genossen und Sympathisanten, nicht in ihrer Zelle erhängt, sondern wurde von den „Systemschweinen“ ermordet. Buback, der seit dem 1. Mai 1974 das Amt des Generalbundesanwaltes bekleidet, leitete den Prozess gegen die RAF-Terroristen. Er repräsentierte somit das verhasste System in den Augen der Fanatiker. Der Anschlag erfolgte während des vierten Hungerstreiks der inhaftierten RAF-Mitglieder durch zwei Personen, den 1980 für diese Tat verurteilten *Knut Folkerts* und vermutlich *Christian Klar*, auf dem Weg zum Bundesgerichtshof. Dabei wurden neben Buback auch sein Fahrer *Göbel* und der sie begleitende Polizeibeamte *Wurster* getötet. Der Mercedes war nicht gepanzert, auch bewegte sich Buback ohne Personenschutz. Zwar wurde er vor allem durch den Präsidenten des BKA, *Horst Herold*, gewarnt, doch wollte er sein gewohntes Leben führen. Gemäß dem mittlerweile bekannten Stil der Terroristen wird in einem Bekennerschreiben die, so wörtlich, „Hinrichtung“ des Generalbundesanwaltes als „Akteur des Systems“ als gerechte Konsequenz begründet.[337] Am 30. Juli 1977 endet die misslungene Entführung des Vorstandssprechers der Dresdner Bank, *Jürgen Ponto*, mit dessen Tod. Ursprünglich sollte mit der Entführung Pontos die Freilassung der Inhaftierten Baader, Ensslin, Raspe und Möller erpresst werden. Von den geplanten „Befreiungsaktionen“ wussten die Häftlinge, hatten sie die Grundzüge dieser Operation noch zuvor mit *Brigitte Mohnhaupt* in Stammheim direkt absprechen können. Mohnhaupt bezieht zum Ende ihrer vier Jahre und acht Monate langen Haftzeit auf ausdrücklichen Wunsch Baaders die Zelle der verstorbenen Ulrike Meinhof. Sie gilt als die Chefin der zweiten Generation, eine der wenigen, die das Vertrauen der einsitzenden Führungsriege besitzt. Sie organisiert nach ihrer Freilassung die Gruppe von einem Anwaltsbüro aus

---

337 Solche Bekennerschreiben schockierten die Öffentlichkeit aufgrund ihres konfusen Weltbildes, mit denen sie die Morde der extremistischen Minderheiten rechtfertigten. Ein sich selbst als „Mescalero“ bezeichnender Autor verfasst einen eigenen Nachruf auf Bubacks Tod, der in den Göttinger Nachrichten, der Zeitung des Göttinger AStA, am 25. April 1977 erscheint. Darin verkündet der Verfasser seine „klammheimliche Freunde“ über den Tod Bubacks als Repräsentanten des Rechtsstaates, welcher Linke foltere und nun aufgrund seines „Abschusses“ kein Platz mehr im „kleinen rotschwarzen Verbrecheralbum“ finde.

neu. Die Planungen dafür wurden offen im gemeinsamen Flur der Haftanstalt getroffen. Während des Prozesses gegen die RAF-Häftlinge genossen diese, entgegen Behauptungen aus dem linken Umfeld, Privilegien, die andere Gefangene nicht hatten.[338] Die in Stammheim einsitzenden Terroristen traten direkt Anfang August 1977 in einen erneuten Hungerstreik, um andere Haftbedingungen zu erzwingen, beenden ihn jedoch Anfang September wieder, weil vor allem Baader davon ausging, durch die Entführung einer politisch oder wirtschaftlich hochrangingen Person ausgetauscht werden zu können. Die Entführung Pontos zuvor war gescheitert, die Täter *Brigitte Mohnhaupt*, *Christian Klar*, *Peter Jürgen Boock* und *Susanne Albrecht*, das Patenkind der Pontos, auf der Flucht. Dennoch drängten Ensslin und Baader, „die da draußen" sollten endlich tätig werden. So erfolgt dann am 5. September 1977 die Entführung des Präsidenten des Arbeitgeberverbandes *Hanns-Martin Schleyer* in Köln. Um 17.29 Uhr stoppte das vierköpfige RAF-Kommando „Siegfried Hausner" in Köln-Braunsfeld Schleyers Fahrzeugkonvoi und eröffnet sofort das Feuer. Der Fahrer *Heinz Marcisz* und drei Polizisten sterben im Kugelhagel, der Arbeitgeberpräsident wird aus dem Wagen gezerrt und per VW-Bus zunächst in eine Hochhauswohnung in Erftstadt verschleppt. Was nun beginnt, sind die 44 Tage, die später als „Deutscher Herbst" in die Nachkriegsgeschichte eingehen sollen.[339] Einen Tag später, am 6. September, trifft eine Erklärung der RAF zur Entführung Schleyers ein, in welcher sie den Austausch gegen elf inhaftierte Terroristen fordern, darunter auch die Führungsriege Baader, Ensslin und Raspe. Der nun eigens gebildete Krisenstab beschloss direkt in der konstituierenden Sitzung, den Forderungen von Schleyers Entführern nicht

338 Sie besaßen mehr Bücher und Zeitschriften, durften sich auf dem Flur frei bewegen, hatten eigene Plattenspieler. Andreas Baader setzte sogar durch, dass er seine Plattensammlung in Haft behalten durfte. Dass es zu derart falschen Eindrücken kam, wie von dem französischen Philosophen Jean-Paul Sartre empfunden, liegt an dem schlichten Verwechseln eines Besucherraumes (z. B. für Anwaltsbesuche) mit dem Schlafraum. Dieser Irrtum wurde von Baader nicht richtiggestellt, sondern bewusst geschürt, um den Mythos der Folter in Stammheim in die Medien zu bringen. Folglich kursieren vor allem in Kreisen sozialrevolutionärer Sympathisanten Gerüchte von „Staats-" und „Isolationsfolter", wobei die Kontaktsperre unter den Inhaftierten erst noch kommen sollte.

339 Der Deutsche Herbst bezeichnet zeitlich den Abschnitt der Entführung des Arbeitgeberpräsidenten Hanns-Martin Schleyer bis zur Stürmung des Lufthansa-Flugzeuges „Landshut" im somalischen Mogadischu durch die neugegründete GSG 9 und des anschließenden Kollektivselbstmordes der RAF-Führung in Stammheim. Der Terminus selbst ist im Nachhinein durch den Film „Deutschland im Herbst" von 1978 entstanden. Dieser Zeitraum war geprägt von der Unsicherheit im Umgang mit Terroristen, neuen Methoden zur Kriminalitätsbekämpfung und der öffentlichen Kommunikation. Das Ende des Deutschen Herbstes kennzeichnet gleichzeitig einen wesentlich längeren Abschnitt der westdeutschen Nachkriegsgeschichte: nämlich das Ende der „Ersten Generation" der RAF.

nachzugeben, sondern diese zu ergreifen und den Entführten aus deren Gewalt zu befreien. Das Spiel auf Zeit wurde dazu ganz bewusst in Kauf genommen.[340]

Am 13. Oktober 1977 wird die Lufthansamaschine „Landshut" auf dem Flug von Mallorca nach Frankfurt von einer bis dahin im Westen bislang weitestgehend unbekannten Organisation, der PFLP,[341] entführt und nach Aden umgeleitet. Das Kommando „Martyr Halimeh" will den Druck auf die Bundesregierung erhöhen, um so die Freilassung der RAF-Häftlinge zu beschleunigen. Nachdem der Pilot *Jürgen Schumann* in Aden von hinten erschossen wurde, geht der Flug weiter und führt schließlich nach Ostafrika auf den Flughafen der somalischen Hauptstadt Mogadishu. Was nun innerhalb weniger Tage geschieht, erscheint noch heute schier unfassbar. Während die Angst um das Schicksal der entführten Passagiere die Deutschen beschäftigt, verhandelt *Hans-Jürgen Wischnewski* mit dem somalischen Machthaber *Siad Barré*, welcher der Stürmung der „Landshut" durch eine deutsche Einheit zustimmt. Dies wird dann auch der erste Einsatz der Antiterrorgruppe GSG 9, dem Sondereinsatzkommando des Bundesgrenzschutzes. Um 0:05 Uhr MEZ des 18. Oktober 1977 stürmen sie die Maschine in nur sieben Minuten und töten dabei drei von vier Terroristen. Diese Nacht wird alsbald auch als „Todesnacht von Stammheim" im Gedächtnis bleiben: in den frühen Morgenstunden gegen 7:45 Uhr werden nacheinander Jan-Carl Raspe und Andreas Baader in einer Blutlache mit Kopfschüssen aufgefunden; Baader ist bereits tot, Raspe stirbt bald darauf an seiner Verletzung. Gudrun Ensslin wird mit einem Stromkabel erhängt und Irmgard Möller mit vier Messerstichen in der Herzgegend gefunden. Möller überlebt als einzige. Sie wird später behaupten, sich an nichts mehr erinnern zu können.

---

340 Bereits zwei Tage nach der Entführung, am 7. September, spielten die Terroristen der Behörde ein Video zu, auf welchem Hans-Martin Schleyer eine Erklärung verlesen und um seine Freilassung bitten muss. Die Bundesregierung verhängt daraufhin eine Nachrichtensperre und spricht diese Strategie auch mit den führenden Medienvertretern ab. Am 29. September 1977 beschließt der Bundestag im Eilverfahren das *Kontaktsperregesetz*, das direkt einen Tag später in Kraft tritt und nach welchem in Gefahrensituationen Häftlinge aus der Terrorszene keinen Kontakt zu ihren Anwälten haben dürfen. Diese Maßnahme hat den Hintergrund, dass immer wieder kleine Nachrichtenzettel (sog. *Kassiber*) von der RAF durch ihre Anwälte nach draußen geschmuggelt wurden. Um diesen Weg zu versperren, wird das Gesetz verabschiedet, was erwartungsgemäß auf heftige Kritik stößt.

341 Die PFLP (Popular Front for the Liberation of Palestine) = Volksfront zur Befreiung Palästinas ist eine panarabische Palästinenserorganisation und wird von den meisten westlichen Ländern als Terrororganisation eingestuft.

Die **Grenzschutzgruppe 9** (GSG9) wurde am 26. September 1972 nach der terroristischen Geiselnahme während der Olympischen Spiele in München unter dem ersten Kommandanten *Ulrich Wegener* gegründet.[342] Mit der „Operation Feuerzauber", Erstürmung der Landshut in der Nacht zum 18. Oktober 1977, hatte sie ihren ersten Einsatz erfolgreich beendet.[343] Die Einheit wurde über Nacht berühmt und zu Helden erklärt. 1993 wurde sie gegen die RAF-Terroristen *Wolfgang Grams* und *Birgit Hogefeld* im mecklenburgischen Bad Kleinen eingesetzt. Der Einsatz „Weinlese" geriet u. a. aufgrund technischer Probleme und/oder Missverständnissen bei der Funkübertragung zum Desaster. In der Folge erschoss Grams den 26-Jahre alten Polizeibeamten der GSG 9 *Michael Newrzella* und beging anschließend Suizid.[344]

Nicht nur aufgrund der rasanten Dramatik, ebenfalls in Bezug auf die Verfassung steht der Deutsche Herbst für eine bis dato nicht gekannte Diskussion. Auch während der Geiselnahme der „Landshut" läuft die Fahndung nach Hanns-Martin Schleyer in der BRD unter Hochdruck weiter. Zweimal spielen die Terroristen der ARD Videos zu, auf denen Schleyer mit einer aktuellen Tageszeitung zu sehen ist, um zu beweisen, dass er noch lebt und um ihre Forderungen aufrecht zu erhalten. Die Bundesregierung hat indessen neben dem großen Krisenstab einen „kleinen", inoffiziellen gebildet, der daran festhält, nicht nachzugeben. Um Zeit zu gewinnen, geben sie vor, die Auslieferung der Häftlinge in ein Land ihrer Wahl vorzubereiten und bitten sie zu diesem Zweck um Unterredungen.[345] Nach der erfolgreichen

342 Während der Olympischen Spiele nahm das palästinensische Terrorkommando *Schwarzer September* elf israelische Sportler als Geiseln. Der Einsatz eines israelischen Spezialkommandos wurde abgelehnt. Polizei und Medien machten eklatante Fehler, zudem gab es zu diesem Zeitpunkt noch kein SEK oder MEK. Der Zugriff am Flugplatz Fürstenfeldbruck wurde deswegen durch reguläre Polizeikräfte ausgeführt, die Geiselbefreiung scheiterte. Alle Geiseln, fünf der acht Terroristen und ein Polizeibeamter werden getötet. Ulrich Wegener, Oberstleutnant im Bundesgrenzschutz und Verbindungsoffizier des BGS, erhielt daraufhin von Innenminister Hans-Dietrich Genscher den Auftrag, eine Antiterroreinheit aufzustellen und dazu einen Etat von 6,3 Mio. DM. Im April 1973 meldete Wegener die Einsatzbereitschaft von zwei Einsatzeinheiten der GSG 9, vgl. Wegener, in: Zander/Biermann (Hrsg.) 2017, S. 47 ff.

343 Ausführlich, vgl. Wegener, in: Zander/Biermann (Hrsg.) 2017, S. 75 ff.

344 Peters 2004, S. 694 ff.

345 Diese Absicht ist auch der Familie Schleyers bekannt. Dagegen versucht der Sohn Hanns-Martin Schleyers rechtliche Schritte einzuleiten, um die Bundesregierung zur Erfüllung der Forderungen der Entführer zu verpflichten und so den Mord an seinem Vater zu verhindern. Dadurch erreichte die Diskussion um das Leben als höchstes Rechtsgut der Verfassung eine neue Dimension, denn fortan hat sich das Bundesverfassungsgericht mit einem Antrag auf Erlass einer einstweiligen Anordnung gegen die Bundesregierung zu befassen.

Stürmung der Landshut und dem Selbstmord der RAF-Häftlinge geht am 19. Oktober im dpa-Büro in Stuttgart die Meldung der RAF ein, dass das „Kommando Siegfried Hausner" „Schleyers klägliche und korrupte Existenz" beendet habe und wo sich seine Leiche befindet, die nun von Kanzler Schmidt abgeholt werden könne.

Die Geschichte der RAF dauert bis 1998.[346] Zwischen 1971 und 1993 töteten ihre Mitglieder 34 Menschen, davon zehn Polizeibeamte.[347] In den Reihen der Polizei gab es zudem zahlreiche (Schwer-)Verletzte, die nicht erfasst sind. Wenn Opfer Jahre später an den Spätfolgen verstorben sind, wurden sie ebenfalls nicht als Opfer der RAF zugeordnet. Noch immer sind drei Mitglieder der dritten Generation der RAF, *Burkhard Garweg*, *Daniela Klette* und *Ernst-Volker Staub*, auf der Flucht und fallen seit 1999 durch Überfälle in der ganzen Bundesrepublik auf, mittlerweile konnten ihnen zwölf zugerechnet werden.[348] Da sie in der Illegalität leben, bedürfen auch sie weiter der Kriminalität zur Finanzierung. Für Akteure in sonstigen linksextremen Zirkeln ist dies nicht notwendig.

Erkenntnisse zum Linksterrorismus in Deutschland der 1970er Jahre:

- Der Terrorismus entstand aus den gesellschaftlichen Unruhen und den Studentenprotesten der 1960er Jahre heraus.[349]
- Die Terroristen sahen sich als Kämpfer, die versuchen, eine Revolution und damit einen besseren gesellschaftlichen Zustand zu erreichen.[350]
- Kriminalität und Gewalt werden als Aktion dargestellt,[351] die RAF als Projekt zu bezeichnet: kriminelle Agitation, die mehrere Todesopfer forderte, lapidar erscheinen. Sich selbst als „ehemalige Militante" zu be-

346 „Vor fast 28 Jahren am 14. Mai 1970 entstand in einer Befreiungsaktion die RAF. Heute beenden wird dieses Projekt. Die Stadtguerilla in Form der RAF ist nun Geschichte. Wir, das sind alle, die bis zuletzt in der RAF organisiert gewesen sind. […] Ab jetzt sind wir – wie alle anderen aus diesem Zusammenhang – ehemalige Militante der RAF", zitiert in: Pflieger 2007, S. 179.

347 Eine Aufzählung mit Namen, Beruf und Hintergrund des Todes findet sich in: Peters 2004, S. 842 ff.

348 Sie sollen u. a. an der Ermordung des Sprechers der Deutschen Bank Alfred Herrhausen (1989) und den Treuhand-Chef Detlev Karsten Rohwedder (1991) beteiligt gewesen sein, vgl. OAA, in: Berliner Kurier vom 4. Juli 2018.

349 Vgl. Schwindt 2016, S. 679.

350 Vgl. Hakemi/Hecken 2010, S. 113.

351 So erklärte die RAF beispielsweise die „Baader-Befreiungs-Aktion" als kein „Deckchensticken" und „nur den Anfang", der notwendig sei, denn „ohne gleichzeitig die Rote Armee aufzubauen, verkommt jeder Konflikt, jede Politische Arbeit (…)", vgl. Rote Armee Fraktion 1997, S. 24, 26.

nennen, lässt keine Reue erkennen. In der Kriminologie bezeichnet man dies als Neutralisierung.[352]

- Die Terroristen verfügten schon damals über transnationale Kontakte und unterhielten unterschiedliche Kooperationen (z. B. zur PFLP, Action Directe, Brigate Rosso, etc.).
- Noch heute zielt linksextreme Gewalt vor allem auf Polizisten, die als „Systemschweine" diffamiert und denen die Lebensberechtigung abgesprochen wird.
- Linksextremen geht es um ein Maß an Selbstbestimmung, das die Überschreitung von Gesetzen und Verordnungen mit der „eigenen Lebweise" rechtfertigt (z. B. Besetzen von Häusern); der Besitz eines Anderen wird nicht anerkannt.

1.2 Aktuelle Entwicklungen

2017 ist das vom BfV registrierte linksextremistische Personenpotential im Berichtszeitraum im Vergleich zum Vorjahr erneut angestiegen, nach Abzug von Mehrfachmitgliedschaften um knapp 4 % auf insgesamt 29.500 Personen (2016 waren es 28.500 Personen).[353] Der Zuwachs an gewaltorientierten Linksextremisten betrug dabei mit 9.000 Personen knapp 6 % mehr (+ 500 gegenüber 2016), davon 7.000 Autonome (2016: 6.800). Damit sind knapp 31 % der Linksextremisten als gewaltorientiert einzuschätzen.[354] Im Bereich der marxistisch-leninistischen und anderen linksextremistischen Zusammenschlüsse hat sich die Zahl der Mitglieder um knapp 4 % auf 22.600 Personen erhöht (2016: 21.800).[355]

Gewaltorientierter Linksextremismus ist primär ein urbanes Phänomen. Die Szenen agieren insbesondere in städtischen Ballungsräumen, aber auch in studentisch geprägten Städten, wie beispielsweise Göttingen. Die Schwerpunkte des gewaltorientierten Linksextremismus liegen vor allem in den Stadtstaaten Berlin und Hamburg sowie in Leipzig. In diesen Städten lebt ein Großteil des linksextremistischen Personenpotentials. Hier wird auch ein hoher Anteil der durch gewaltorientierte Linksextremisten verübten Straftaten begangen, darunter schwere Gewaltdelikte. Im Jahr 2017 wurde mehr Kriminalität durch Linksextremisten festgestellt. Dies hing mit

352 Vgl. Bock 2013, S. 62; der Gedanke der Neutralisierung als extremistische Rechtfertigungsstrategie wird in Kapitel IX, 6.1.3. des vorliegenden Bandes genauer dargestellt.

353 Vgl. Bundesministerium des Innern, für Bau und Heimat 2018 (Hrsg.), S. 102.

354 Ebd.

355 Ebd.

den Protesten während des G20-Gipfels in Hamburg zusammen, der vor allem durch die Gewalteskalationen und die Bilder brennender Autos und geplünderter Läden im Gedächtnis blieb. Im Berichtsjahr 2017 wurden insgesamt 6.393 Straftaten (2016: 5.230) aus diesem Personenspektrum registriert, davon 1.648 Gewalttaten (2016: 1.201).[356] Der Anstieg linksextremistisch motivierter Gewalttaten beträgt im Vergleich zum Vorjahr 27,1 % (+447 Gewalttaten). Insgesamt 62,1 % der registrierten Gewalttaten wiesen einen G20-Bezug auf.[357]

2. Gruppen, Szenen und Örtlichkeiten

Linksextreme fallen vor allem durch anlassbezogene Gewalt auf. Sie sind traditionell in den unterschiedlichsten gesellschaftlichen und politischen Themenfeldern aktiv, versuchen sich in bestehende Protestbewegungen zur eigenen Bühne umzufunktionieren und das öffentliche Bild über die Proteste zu bestimmen. Sie lassen sich weit weniger in festen Personenzusammenschlüssen als mehr in Szenen verorten, die nach Anlass in Erscheinung treten und hinsichtlich ihrer Anhängerstruktur variabel sind. Linksextremistisch motivierte Gewalt findet sich in allen Aktionsfeldern. Die Aktivisten fallen dabei gleichermaßen durch Gewaltbereitschaft, als auch durch Einfallsreichtum auf. Weitere Phänomene, die aus der Linksradikalen bis linksextremen Protestkultur stammen, sind Streik-Formationen in Kostümen, implementierte Elemente des „Impro-Theater“, Aktionskunst, Guerilla-Gardening[358] oder die Clowns Army. Dabei sollen solche Elemente nicht nur aufheitern oder die Protestsituation karikieren. Vielmehr werden sie zur gezielten Provokation und Verunglimpfung von Polizisten genutzt.

Die **Army of Clowns** ist ein Phänomen, das Polizisten vor allem während Demonstrationen und Protestaktionen begegnet. Für die meisten Menschen die Verkörperung von Komik und Spaß, sind sie der Polizei bereits in wenig humorvoller Art und Weise aufgefallen. Während Demonstrationen provozieren Anhänger der sog. „Clowns-Army“ aus der linken Szene Polizeibeamte oder stellen sich ihnen mit Spritzgewehren aus der Spielwarenabteilung gegenüber. Solche können anstatt

356 Vgl. Bundesministerium des Innern, für Bau und Heimat 2018 (Hrsg.), S. 109.

357 Ebd.

358 Guerilla Gardening bezeichnet die Umgestaltung meist öffentlicher Garten- und Parkanlagen, um auf ein Ereignis oder einen Umstand aufmerksam zu machen. Der Protest soll mit etwas Nützlichem (z. B. Ernte von gepflanztem Gemüse) verbunden sein oder auch mit Verschönerung einhergehen (z. B. gezielte Bemoosung von Betonpfeilern).

Wasser stinkende Substanzen, Urin oder Säure enthalten. Der Umgang der Polizei mit dieser Art von Provokateuren ist dann schwierig: Gehen sie rabiat gegen einen solchen Clown vor, der tatsächlich nur Wasser mit sich führt oder sie zuvor lediglich „mit Küsschen traktiert" hat, wirkt der Eingriff unverhältnismäßig. Lassen sich Polizisten zu viele Unverschämtheiten gefallen oder schrecken gar vor möglichen Substanzen in einer Spritzpistole zurück, wirken sie handlungsschwach und im schlimmsten Fall lächerlich. Sicher ist, dass Aktionen der Clowns von Anhängern der linksradikalen bis linksextremen Szene gefilmt oder wenigstens fotografiert werden. Ziel ist es bei diesen Aktionen, die Polizei schlecht aussehen zu lassen und ihr Ansehen und das ihr entgegengebrachte Vertrauen durch die Bürger zu erschüttern. Auch sind sie schwer einzuschätzen und genießen den Schutz der Anonymität, allerdings mit Rückhalt aus der Szene und nicht als Einzelgänger. Sie müssen vom Phänomen der Horror-Clowns unterschieden werden.[359]

Im Berichtszeitraum 2017 standen aufgrund des G20-Gipfels in Hamburg vor allem die Aktionsfelder „Anti-Globalisierung", „Anti-Kapitalismus" und „Anti-Repression" im Vordergrund linksextremistischer und vor allem gewalttätiger Agitationen.[360] Im Aktionsfeld „Antifaschismus" lag der Schwerpunkt, neben dem andauernden „Kampf gegen Rechtextremisten" gerade vor dem Hintergrund der Bundestagswahl auf Agitation gegen Mitglieder und Wähler der Alternative für Deutschland (AfD). Daneben steht auch weiterhin das Thema „Anti-Gentrifizierung" im Fokus, wie von der in Berlin aktiven Hausbesetzerszene. Besonders fallen autonome Bündnisse auf.

2.1 Parteien

Parteien und Organisationen werden den sogenannten *orthodoxen* Linksextremisten zugeordnet. Deren Vorstellungen basieren im Wesentlichen auf den Theorien kommunistischer Vordenker wie *Karl Marx*, *Friedrich Engels* oder *Wladimir Iljitsch Lenin* und forcieren eine sozialistische Gesellschaftsordnung. In dieser soll es keinerlei Klassenunterschiede mehr geben. Die Einordnung zugelassener Parteien als extremistisch ist generell schwierig, denn Parteien funktionieren nach rechtsstaatlichen Prinzipien und treten

359 Diese machten vor allem im Jahr 2016 Schlagzeilen, weil sie Menschen auf der Straße derart erschreckten, dass sie verletzt wurden. Andere griffen Menschen sogar gezielt an, vgl. Dienstbühl, in: Sicherheitsmelder vom 2. November 2016.

360 Vgl. Baron, in: Die Kriminalpolizei 4/2017, S. 15.

auch zu Wahlen an. Die Zuordnung in „extremistisch“ erfolgt aufgrund der Haltung zu Gewalt, die sie in einer „revolutionären Situation“ für legitim und unverzichtbar halten.

2.1.1 Deutsche Kommunistische Partei (DKP)

Die orthodox-kommunistische „Deutsche Kommunistische Partei“ (DKP) mit ihren cirka 3.000 Mitgliedern hält unverändert an ihrem Ziel des Sozialismus und Kommunismus fest und bekennt sich zu Theorien von Marx, Engels und Lenin als Anleitung für ihr Handeln. Sie befindet sich seit Jahren in einem innerparteilichen Richtungsstreit über die ideologische Ausrichtung und Strategie der Partei. Dabei dominiert seit 2013 die „Parteilinke“, die für die unbedingte Rückkehr zur unverfälschten Lehre des Marxismus-Leninismus votiert. Die innerparteiliche Opposition um den Verein „marxistische linke e.V.“ hält demgegenüber weiterhin an den „Politischen Thesen“ aus dem Jahr 2010 fest, welche die Bedeutung der Arbeiterklasse als revolutionäres Subjekt sowie die Avantgarderolle der Partei relativieren und dafür plädieren, dass die DKP in allen „fortschrittlichen Bewegungen“ mitarbeitet. In diesem Zusammenhang beschloss der Parteivorstand am 17. und 18. Juni 2017 die Auflösung der Bezirksorganisation Südbayern, die der innerparteilichen Opposition nahesteht. Die Reaktionen der Parteigliederungen waren gegensätzlich: So äußerten unter anderem die Bezirksorganisationen Saarland und Rheinland-Pfalz ihre Ablehnung, während andere – beispielsweise die Bezirksorganisation Hamburg – dem Beschluss der Parteiführung zustimmten. Der innerparteiliche Richtungsstreit über die künftige ideologische Ausrichtung der Partei spitzte sich im November 2017 auf einer außerordentlichen Bezirksdelegiertenkonferenz weiter zu und führte in der Folge zu Austritten aus der DKP – größtenteils in den Regionen Südbayern und in München – sowie aus der Jugendorganisation „Sozialistische Deutsche Arbeiterjugend“ (SDAJ). Zu den Ausgetretenen gehören auch ehemalige Führungsfunktionäre der Partei, so eine frühere Parteivorsitzende und ein früherer stellvertretender Parteivorsitzender.

2.1.2 Marxistisch-Leninistische Partei Deutschlands (MLPD)

Der maoistisch-stalinistisch geprägten „Marxistisch-Leninistischen Partei Deutschlands“ (MLPD) gehören rund 1.800 Mitglieder an. Die MLPD sieht ihre Zielsetzung nach wie vor im „Sturz der Diktatur des Monopolkapitals“ und in der „Errichtung der Diktatur des Proletariats, um den Sozialismus als Übergangsstadium zur klassenlosen kommunistischen Gesellschaft“

aufzubauen. Die MLPD ist in der linksextremistischen Szene nach wie vor weitgehend isoliert und betrachtet unter anderem Parteien wie die DKP sowie DIE LINKE als „Hauptträger des modernen Revisionismus in Deutschland".[361]

2.2 Bündnisse

Das Verhältnis zwischen den angesprochenen Parteien und Bündnissen wie den Autonomen, dem Schwarzen Block, etc. ist voller Differenzen und Streitigkeiten. Insbesondere das Gewaltverständnis wird anders betrachtet.

2.2.1 Antifaschistische Bündnisse

Antifaschismus bezeichnet generell alle sozialen Bewegungen und Einstellungen, die jede Erscheinungsform von Faschismus ablehnen. Demnach sollte man davon ausgehen, dass eine antifaschistische Grundhaltung breiter Konsens demokratischer Gesellschaften ist. Als politischer Kampfbegriff wird er jedoch zur Legitimation von Gewaltausübung – besonders gegen die Polizei. Die Kurzform „Antifa" bezieht sich auf die Antifaschistische Aktion der KPD von 1932 und die parteiunabhängigen Antifaschistischen Aktionsausschüsse nach Ende des Zweiten Weltkriegs, die um 1945/46 den Prozess zur Entnazifizierung überwachten. Seit etwa 1980 bezeichnen sich diverse organisierte Gruppen der Autonomen in vielen Staaten so, die sich in diese Tradition stellen und ihm zuweilen eine militante Komponente geben. Gerade diese Militanten stoßen bislang in der deutschen Wissenschaft und insbesondere auch der Kriminologie kaum auf Interesse. Eine Auswertung aus dem Jahr 2013, in der die Bestände der 20 größten deutschen Universitätsbibliotheken untersucht wurden, ergab, dass ungefähr zwölfmal so viele Bücher über rechte wie über linke antidemokratische Gruppierungen existieren.[362] Von den wenigen Texten über linke Strömungen befassten sich wiederum nur etwa 14 % mit der militanten Linken, der Rest beschäftigte sich eher mit Aufarbeitung der RAF oder kommunistischen Parteien und Ideen.[363]

361 Vgl. Bundesministerium des Innern, für Bau und Heimat 2018 (Hrsg.), S. 130.

362 Vgl. Hoffmann, in: Hirscher (Hrsg.), S. 2014.

363 Ebd.

2.2.2 Autonome

Autonome bilden die mit Abstand größte Gruppe im Bereich des gewaltorientierten Linksextremismus. Mit militantem Auftreten, entsprechenden Parolen und exzessivem Gewaltverhalten während Demonstrationen versuchen sie eine Eskalation mit der Polizei und, sofern vorhanden, Gegendemonstranten zu provozieren. Der Staat soll nach diesem Konzept dazu gezwungen werden, sein „faschistisches Wesen“ zu offenbaren.[364] Dabei steht die Aktion im Vordergrund. Autonome agieren nicht in festen organisatorischen Strukturen oder hierarchischen Strukturen. Lokal gibt es akzeptierte Wortführer, gerade in antifaschistischen Bündnissen, bei Vorbereitungstreffen für „Protestaktionen“ und allen Zusammenkünften außerhalb von solchen. Während der aktiven Teilnahme an Demonstrationen funktionieren sie entsprechend „autonom“. Innerhalb der politischen Linken und auch den Linksradikalen sind sie nicht unumstritten. Zwar solidarisieren sich gerade bei Demonstrationen „gegen rechts“ immer wieder Vertreter, beispielsweise aus Gewerkschaften und Kirchen mit den Autonomen, wenn die Polizei gegen sie vorgeht,[365] ansonsten sind sie jedoch eher isoliert, da sie keine programmatischen Beiträge leisten. Die Bündnisse „…ums Ganze!“ (uG) und die „Interventionistische Linke“ (IL) sind aktuell besonders aktive Zusammenschlüsse.

Aus den Reihen der Autonomen bildet sich bei Demonstrationen der sog. **Schwarze Block**. Dabei handelt es sich nicht um eine feste Organisationsform, sondern eher eine gewalttätige Protestformation. Die einheitlich anmutende schwarze Bekleidung ist dabei Aussage und auch Taktik, da vermummt und gleich aussehend die polizeiliche Ermittlung nach Einzeltätern erschwert wird.

> **Merke:**
> Das Recht auf **Versammlungsfreiheit** ist durch Artikel 8 GG jedem Bürger garantiert. Die speziellen Regelungen zur Durchführung sind im Versammlungsgesetz (VersammlG) geregelt. Generell müssen Demonstrationen unter freiem Himmel rechtzeitig (mindestens zwei Tage vorher) bei der Versammlungsbehörde angemeldet werden. Die Anmeldepflicht ist in § 14 Versammlungsgesetz geregelt und umfasst die Frist, als auch die Nennung des Demonstrationszweckes sowie die Benennung eines Verslammungsleiters. Nach § 17a Versammlungsgesetz (kurz.

364 Vgl. Bundesministerium des Innern, für Bau und Heimat 2018 (Hrsg.), S. 110.

365 Solche Situationen wurden bei Protesten beobachtet, in denen die Polizei den Schwarzen Block dazu aufforderte, Vermummungen und Schutzwaffen abzulegen und zu diesem Zweck den Protestzug anhielt. Obwohl das Vermummungsverbot absolut ist, stellten sich andere Demonstranten auf deren Seite, weil sie das Vorgehen der Polizei als Willkür empfanden.

VersG) gilt bei öffentlichen Versammlungen unter freien Himmel, Aufzügen oder sonstigen öffentlichen Veranstaltungen unter freiem Himmel sowie auf dem Weg dorthin ein sog. **Vermummungsverbot.**[366] Es ist verboten, in einer Aufmachung teilzunehmen oder Gegenstände mit sich zu führen, die geeignet sind, eine Identitätsfeststellung zu verhindern.

2.3 Sonstige Organisationen

2.3.1 Die „Rote Hilfe"

Die „Rote Hilfe" hat in ganz Deutschland ca. 8.000 Mitglieder, ein Jahr zuvor waren es erst 7.000. Das ist umso erstaunlicher, als die „Rote Hilfe" Strukturen hat, die eher an einen Kleingartenverein erinnern als eine Gruppe aus der alternativen Szene. Die „Rote Hilfe" druckt Mitgliederformulare und nimmt von ihren Unterstützern Mitgliedsbeiträge. Einmal im Jahr gibt es eine Bundesdelegiertenversammlung. Aber die „Rote Hilfe" bekommt zuweilen auch öffentliche Gelder. Als Anfang 2015 das „Kulturzentrum Spartacus" von der Stadt Potsdam den Ehrenamtspreis verliehen bekam, widmete dieses ihn der örtlichen „Roten Hilfe"; wegen ihres Einsatzes gegen die „Bespitzelung und Kriminalisierung von Besuchern von Kulturprojekten, Fußballfans und Bands" durch den Verfassungsschutz, wie es hieß.[367]

> *von: anonym am: 30.08.2018 – 00:46*
>
> *bewaffent euch!*
>
> *wir leben in lebensgefährlichen zeiten.*
>
> *seit langem leben wir in gefährlichen zeiten. im land regieren die typ*innen aus aktiengesellschaften wie aufsichtsräte und vorstände. da sind politiker*innen aller parteien im bundestag als erfüllungsgehilf*innen tätig. wollen gleichwohl von uns ausverkauften menschen an der wahlurne gewählt werden. beeinflusst durch lobbyismus und ignoranz bleiben wir als menschen mit unseren anliegen zurück und uns selbst überlassen. in anderen fällen wirst du noch vom staat, betriebe der willkür preisgegeben.*
>
> *dadurch werden den faschisten, rassisten, neonazis auf den strassen und in den parlamenten immer mehr einen fruchtbaren boden bereitet. ins-*

366 Ausnahmen gelten für Gottesdienste unter freiem Himmel, Prozessionen, Leichenbegräbnisse, Züge von Hochzeitsgesellschaften und traditionelle Volksfeste.

367 Jaeger, in: FAZ vom 29. Oktober 2017.

besondere den staatlichen organen ist zu misstrauen. die stehen den menschenhassern näher als den friedlichen menschen welche sich beispielsweise für flüchtlinge einsetzen.

*der brd staat ist nicht fähig, gewillt menschen zu schützen, welche hier leben. selbst nicht bei vertreter*innen von kirche, gewerkschaften und selbt bürgermeister mit cdu parteibuch.*

da haben wir noch weniger schutz. deshalb müssen wir uns selber beschützen. im fall von unmittelbarer gefahr, besteht die zeit um die polizei anzurufen und über 15 minuten auf den streifenwagen zu warten? nein, schneller liegst du tot auf dem boden. was uns hilft ist uns selbst zu bewaffenen.

pfefferpray hilft einen oder eine geringe anzahl von menschen auf abstand zu halten um nicht körperlich geschädigt zu werden. die preise für pfefferspray ist bezahlbar.

besser sind gaspistolen. sie haben magazine mit über 15 patronen. in der kammer findet eine patrone ebenfalls platz. bei einer konfrontation mit faschos hat dies mehr wirkung auf den feind. wenn man einmal dabei ist zu schiessen, macht es sinn das magazin leer zu schiessen und so schnell als möglich zu flüchten. beim laden des magazin sollten lieber keine fingerabdrücke auf den patronen sein. also fasst die pfefferpatronen nur mit haushaltshandschuhe an.

ein aufgesetzer schuss aus einer gaspistole auf einen nazi am kopf oder am herz ist sofort tödlich. da braucht es keine umstände um legal oder nicht an eine scharfe pistole ranzukommen.

*solch eine gute gaspistole kostet etwas unter 300 euro. wenn die gaspistole bei notwehr, nothilfe benutzt wird kann man den menschen welche*r die pistole anwendet nicht ausmachen als bei einer kugel aus einer scharfen waffe.*

diese waffen verdeckt am köper tragen. hilfreich ist eine umhängetasche, jacke mit reissverschlüssen oder eine cargohose. auf keinen fall einen holster am körper tragen! das zieht nur blicke auf sich. leute werden das bemerken, die polizei anrufen um dich zu untersuchen.

wer eine gaspistole benutzt hat ist gut beraten die waffe zu zerlegen, die teile mittels tuch und bürste von carbonrückständen zu reinigen. danach die teile mit waffenöl pflegen. im anschluss die gaspistole wieder zusammensetzen. das waffenöl können alle unauffällig im waffengeschäft kaufen. dafür braucht nichts und niemand seine dokumente zu vorzuzeigen.

um eine gaspistole zu kaufen brauchst du ab 18 jahre keine erlaubnis der polizei. bei dem kauf einer (gebrauchten) gaspistole von privat vermei-

den alle das vorzeigen des perso. wer im geschäft eine gastpistole für sich oder auch andere kauft, muss sich mit seinen amtlichen personalausweis legitimieren.

was alle für sich ausmachen müssen ist, wer darf und kann bei der polizei einen kleinen waffenschein beantragen? will man mit einen kleinem waffenschein unterwegs sein. juristische vorteile hat dies in jedem fall.[368]

3. Internationaler und ausländischer Linksextremismus

Linksextremismus richtet sich in erster Linie gegen das eigene Land, jedoch haben gerade unter linksextremen Akteuren Verbindungen über Landesgrenzen hinweg Tradition. Schon zur Zeit des deutschen Linksextremismus in den 1970er Jahren gab es solidarische Bündnisse, gegenseitigen Schutz vor der Strafverfolgung und auch gemeinsame Operationen. Auch heute zeigen Beispiele wie die gewalttätigen Demonstrationen während des G20-Gipfels in Hamburg, dass Linksextremismus ein länderübergreifendes Phänomen mit einer ideologischen Basis darstellt. Ausländerextremismus ohne Islamismus fasst ganz unterschiedliche extremistische Vereinigungen und Strömungen zusammen. Linksextremistische Ausländerorganisationen fordern die „revolutionäre" Zerschlagung der Gesellschaftsordnung und die Errichtung von kommunistischen oder sozialistischen Systemen – also ähnlich wie die deutschen Linksextremisten. Türkische Linksextremisten in Deutschland protestieren entsprechend gegen die Türkei, Deutschland und die EU, außerdem fordern sie die Freilassung „politischer Gefangener".

3.1 Das Phänomen (Bl)Occupy-Bewegung

Occupy Germany ist der Oberbegriff sämtlicher Occupy-Initiativen in Deutschland. Vorbild ist die US-amerikanische Occupy-Wall-Street-Bewegung, die zwei Monate im Herbst 2011 den New Yorker Zuccotti Park in der Nähe der Wall Street besetzt hielt. Gefordert wird die Bekämpfung von sozialen Ungleichheiten, Spekulationsgeschäften von Banken zulasten der Kunden und der Einfluss der Wirtschaft auf die Politik. Die Konzentration auf konkrete Forderungen oder ein Programm fehlen in der heterogenen Bewegung. Mittlerweile hat die deutsche Occupy-Bewegung kaum noch

368 Eintrag im Original und ohne Änderungen übernommen, Quelle: https://de.indymedia.org/node/23860 (Stand: 22. Oktober 2018).

Bezug zur internationalen Initiative und deren Vertreter und konzentriert sich als Bloccupy oder Blockupy neben Protesten gegen Banken und Unternehmen vor allem gegen staatliche Strukturen in Deutschland. Demonstrationen und Kundgebungen als legitimes demokratisches Mittel implizieren Regeln, an die sich die Teilnehmer halten müssen. So gilt beispielsweise das Vermummungsverbot, welches den Teilnehmern untersagt, ihr Gesicht zu verdecken und damit die Feststellung der Identität zu verhindern (vgl. § 17a Abs. 2 VersammlG). Während der Blockupy-Proteste in Frankfurt am 1. Juni 2013 kam es zu zahlreichen Verstößen von Protestanten. So hatten sich vermummte Demonstranten des sogenannten „Schwarzen Blocks" Schutzwaffen und -schilde gebaut und sich geweigert, diese abzulegen. Zudem kam es immer wieder zu Sachbeschädigungen gegen Geschäfte in der Innenstadt und Bankgebäude, sowie gewalttätigen Angriffen gegen Polizisten. Die Einsatzkräfte wurden mit Farbbeuteln, Glasflaschen (zum Teil mit Farben und anderen Substanzen gefüllt) beworfen und gezündeter Pyrotechnik beschossen. Indessen sahen sich die Demonstranten von der Polizei an ihrem freien Protest und der eigenen Entscheidung über den Weg des Protestzuges und gerechtfertigter Protestmittel gehindert.

Zudem ist deren Aktions- und Aggressionsniveau beträchtlich angestiegen; insbesondere bei Angriffen auf die Polizei sowie den gewalttätigen Auseinandersetzungen zwischen Links- und Rechtsextremisten beziehungsweise angeblichen Rechtsextremisten. Die linksextremen Gewalttäter nehmen längst nicht nur Körperverletzungen billigend in Kauf, sondern auch den Tod von Menschen. Angriffe werden meist im Umfeld von Demonstrationen verübt. In der gewaltorientierten Szene werden Angriffe auf Polizisten wie auch auf tatsächliche (oder vermeintliche) Rechtsextremisten weitestgehend akzeptiert. Linksextreme Gewalttaten finden zudem zunehmend im Rahmen internationaler Konferenzen und Gipfeltreffen statt.[369]

3.2 Linksextremismus in Europa

Bezogen auf den gewaltorientierten Linksextremismus spielte die „Action Directe" (AD) („Aktion Direkt") als terroristische Gruppe eine bedeutende Rolle, führte sie doch wie ähnliche Gruppen in Deutschland und Italien einige Anschläge und Attentate durch: Die AD entstand 1979 und machte zunächst durch Angriffe auf öffentliche Gebäude vom Entwicklungshilfeministerium bis zu Polizeiwachen auf sich aufmerksam. Ab 1983 ging man zu Attentaten auf Personen über, wofür die Ermordung des Generals *René*

369 Vgl. Bock 2013, S. 369.

Audran 1985 und des Renault-Chefs *Georges Besse* 1986 stehen. Für eine kurze Zeit kam es auch zu einer Kooperation mit der deutschen RAF. 1987 gelang der Polizei die Verhaftung von führenden Aktivisten, womit deren Wirken beendet war. Später spielten linksterroristische Gruppen in Frankreich keine Rolle mehr. Mitunter verübten gewaltgeneigte Klein-Gruppen, die den deutschen Autonomen ähneln, Sabotageaktionen gegen die französische Bahn. Diese Einzeltaten stehen aber nicht für eine Fortsetzung des Terrorismus.

3.3 Die PKK und die DHKP-C

Die 1978 in der Türkei gegründete „Arbeiterpartei Kurdistans" (Partiya Karkerên Kurdistanê = PKK) und die „Revolutionäre Volksbefreiungspartei/-front" (Devrimci Halk Kurtuluş Partisi-Cephesi = DHKP-C)[370] gelten als ethno-separatistische Terrororganisationen.[371] Die Kurden sind ein Volk ohne eigenen Staat, mit Siedlungsgebieten in der Türkei, in Syrien und im Irak. Ende der 1970er Jahre als kurdisch-marxistische Organisation von *Abdullah Öcalan* gegründet, formulierte die Organisation zunächst das Ziel der Freiheit für Kurden in der Türkei und forderte später einen unabhängigen Staat. Die PKK ist mit ca. 14.500 Anhängern die mit Abstand mitgliederstärkste nichtislamistische extremistische Ausländerorganisation.[372] Ihre zentrale Forderung bleibt die Anerkennung der kurdischen Identität sowie mehr Rechte und ein autonomer Staat Kurdistan. Die Aktivitäten in Deutschland hängen dabei untrennbar mit Krisen zwischen Kurden und Türken in der Türkei (insbesondere nach dem fehlgeschlagenen Putschversuch in der Nacht vom 15. auf den 16. Juli 2016[373]), aber auch mit der Kriegslage in Syrien und im Nord-Irak zusammen. Die PKK-Splittergruppe TAK (Teyrêbazên Azadîya Kurdistan = Freiheitsfalken Kurdistans)[374] verübte vor allem 2016 mehrere Anschläge in der Türkei. Im Frühjahr 2018 wurden die Aktivitäten der PKK-Anhänger in Deutschland wesentlich von dem militärischen Vorgehen der türkischen Armee im Rahmen der im Januar gestarteten „Operation Olivenzweig" bestimmt, bei der unter anderem

370 Die DHKP-C wurde 1971 unter *Mahir Çayan* in der Türkei zunächst als „Volksbefreiungspartei-Front der Türkei" (THKP-C) mit dem Ziel gegründet, den türkischen Staat mittels des „bewaffneten Kampfes" zu beseitigen.

371 Vgl. Griesbau, in: Fünfsinn/Pfahl-Traughber 2011, S. 76.

372 Vgl. Bundesamt für Verfassungsschutz, Verfassungsschutzbericht 2018, S. 222.

373 Vgl. Landesamt für politische Bildung des Landes Baden-Württemberg, ohne Datumsangabe.

374 Die TAK steht seit 2006 auf der EU-Liste der terroristischen Organisationen.

die überwiegend von Kurden besiedelte syrische Stadt Afrin vollständig von der türkischen Armee eingenommen wurde.

In Deutschland wurde die PKK 1993 verboten.[375] Die ambivalente Einstellung zur Gewalt behielt die Organisation auch nach den seit 2002 erfolgten Umbenennungen bei. In Europa bemüht sich die PKK um ein weitgehend gewaltfreies Erscheinungsbild. Sie intensiviert insbesondere ihre Anstrengungen auf politischer Ebene, als einzig legitime Vertreterin und Ansprechpartnerin in der Kurdenfrage anerkannt zu werden: Durch Kontakte zu parlamentarischen Entscheidungsträgern oder sonstigen Personen des gesellschaftlichen Lebens sucht sie Unterstützung und hofft damit auch, den alleinigen Führungsanspruch innerhalb der kurdischen Volksgruppe zu untermauern. Die Ende 2012 zwischen dem türkischen Staat und der PKK-Führung begonnenen Friedensverhandlungen wurden 2013 fortgesetzt. Seit 2015 nehmen die Spannungen zwischen den Anhängern der PKK und vor allem denen des türkischen Präsidenten Recep Tayyip Erdoğan drastisch zu.

Seit den erbitterten Kämpfen vor allem in Syrien und dem Nord-Irak hat sich die Haltung zur PKK bei vielen Kurden, aber auch bei deutschen Politikern verändert. Sie wird seit jeher in Deutschland kontrovers diskutiert.[376] Die Auseinandersetzung mit dem Phänomen PKK wird die deutsche Sicherheitspolitik sicher noch die nächsten Jahre beschäftigen. In Syrien kämpfen in Deutschland rekrutierte Islamisten gegen ebenfalls aus Deutschland stammende Kurden, zum Teil mittlerweile ebenfalls PKK-Anhänger. Durch die Waffenlieferung Deutschlands an kurdische Kämpfer wirkt dieser Aspekt noch brisanter und ist unweigerlich ein Problem deutscher Sicherheitsbehörden. In Deutschland leben ca. 1 Millionen Kurden. Von ih-

---

375 Dieses Verbot erstreckt sich auch auf Aktivitäten unter den späteren Organisationsbezeichnungen „Freiheits- und Demokratiekongress Kurdistans" (KADEK) und seit dem Jahr 2003 auch „Volkskongress Kurdistans" (KONGRA GEL). Trotz des Betätigungsverbots unterhalten sie in Deutschland weiterhin einen illegalen und konspirativ handelnden Funktionärskörper. Der Kurdenkonflikt wurde in den 1990er Jahren auch nach Europa getragen. Besonders Deutschland, wo ein Großteil der nach Europa emigrierten Kurden lebt, wurde zum Schauplatz von Gewalt. Im Juli 1993 überfielen PKK-Kämpfer das türkische Konsulat in München und nahmen mehrere Geiseln. Zeitgleich wurden in ganz Deutschland Anschläge auf türkische Reisebüros, Banken und diplomatische Vertretungen verübt. 1994 verbrannten sich zwei junge Frauen während einer Demonstration in Mannheim, um gegen die Unterdrückung der Kurden zu protestieren. Kurdische Demonstranten blockierten Autobahnen und lieferten sich Straßenschlachten mit der Polizei. Das deutsche Innenministerium erließ ein Betätigungsverbot für die PKK und ließ sie durch den Verfassungsschutz beobachten. Während der vergangenen Jahre kam es in deutschen Städten immer wieder zu Demonstrationen von PKK-Anhängern, die die Forderung der Freilassung Öcalans zum Inhalt hatten.

376 Vgl. Bundesamt für Verfassungsschutz, Verfassungsschutzbericht 2018, S. 222 ff.

nen geht ein beachtlicher Teil seit Jahren auf die Straße, um für mehr Rechte, einen eigenen Staat oder auch die Freilassung Öcalans zu demonstrieren. Während die Politik in der Frage des PKK-Verbotes gespalten ist, üben Anhänger der PKK in Deutschland und Europa Druck aus. Auch riefen einige Anhänger während der Demonstrationen gegen den IS, Salafisten oder für mehr Rechte zur Gewalt auf. Wenn kurdische Demonstranten bewaffnet zu Demonstrationen erscheinen, kann kaum davon gesprochen werden, dass nur Islamisten eine Eskalation verursacht haben. Die Propaganda der PKK wirkt aufstachelnd und muss in Hinblick auf Volksverhetzung genau mit den Forderungen einer Verbotsaufhebung abgewogen werden.

4. Zusammenfassung

Für Polizei und Verfassungsschutz stellen sich die Herausforderungen durch linksextreme Strukturen und Interessen wie folgt dar:

- Proteste sind die öffentliche Bühne von Linksextremisten
- Gewalt ist ein wesentliches und gruppenbindendes Element im Linksextremismus
- Gezielte Anschläge werden durch einzelne militante (Klein-)Gruppen begangen
- Die Polizei ist erklärter Feind im Sinne der RAF-Doktrin aus den 1970er Jahren
- Ausländischer Linksextremismus kann zur Verlagerung ausländischer Konflikte ins Inland führen

VI. Islamismus

„Die Begründung für den Terror basiert auf denselben religiösen Quellen, an die alle frommen Muslime glauben, vor allem auf dem Koran und den Sammlungen der Aussprüche und Taten des Propheten. Mit dem bedeutsamen Unterschied freilich, dass militante Islamisten diese Quellen selektiv auswerten und oft vollkommen konträr zur Mehrheitsmeinung interpretieren – allerdings nicht willkürlich."
Yassin Musharbash 2006[377]

1. Phänomenologie und Historie

1.1 Islamismus als religiöser Extremismus

Religiöser Extremismus ist keineswegs eine Erfindung des 21. Jahrhunderts. Aus heutiger Sicht könnten auch die Kreuzzüge, die zwangsweise Christianisierung indigener Völker und die Auseinandersetzungen im Zuge der Reformation als Erscheinungsformen religiösen Extremismus betrachtet werden. Dabei handelt es sich um eine religiöse Bewegung, die einer Anschauung oder Auslegung folgt, die keine andere neben sich toleriert und/oder deren Anhänger bereit sind, diese auch mit gewalttätigen Mitteln durchzusetzen. Religiöser Extremismus wird häufig mit dem Begriff des Fundamentalismus gleichgesetzt. Häufig geht es dabei zudem um politische Zielsetzungen, da Anhänger religiös-extremistischer Ideologien eine bestimmte Staatsform, Regierungsart oder Gerichtsbarkeit einführen wollen, die ihren Auffassungen durch den Religionsvater gewollt ist. Diese Form von Extremismus kann nicht ohne den Bezug zu der entlehnten Religion betrachtet werden. Gleichzeitig sollten Extremisten, die versuchen, ihre Vorstellung von Religiosität und deren Umsetzung durch Gewalt durchzusetzen, nicht als typische Vertreter ihres Glaubens betrachtet werden. Jedoch ist zu prüfen und kritisch zu hinterfragen, inwiefern Gewalttätigkeiten im Namen der Religion durch deren Schrifttum begründet werden, ob solches bereits in anderen Ländern in geltendes Recht umgesetzt ist und wie sich dies wiederum auswirkt, bzw. inwiefern dort Gewalt auch als Sanktion legitimiert wird. Extremismusvarianten werden dann als religiö-

377 Musharbash 2006, S. 24.

ser Extremismus bezeichnet, wenn sie eine religiöse Symbolik nicht nur als Beiwerk benutzen, sondern wenn sich die Grundannahmen auf Religion beziehen.[378] Religiös anmutende Muster sind bei einigen Extremismusformen als Ausdruckform, Überhöhung und manchmal narratives Zitat zur Identifikationsstiftung vorzufinden: Nichthinterfragbarkeit von Annahmen, Personenkult besonders charismatischer Anführer, Ritualcharakter von Handlungen, Initiationsriten.[379] So benutzt z.B. der *Ku-Klux-Klan*, eine amerikanische sektenartige Verbindung und Geheimbund, eine religiöse Symbolik christlicher Herkunft.[380] Die zugrundeliegende Erzählung und Gründungsgeschichte der Gruppierung ist jedoch rassistisch (Abgrenzung einer als überlegen gedachten „weißen Rasse“ und Unterdrückung einer „schwarzen Rasse“). Dieser Geheimbund ist somit nicht dem religiösen Extremismus zuzuordnen. Extremistische Ansichten finden sich als Ausprägung bei fundamentalistischeren Vertretern aller Weltreligionen,[381] bei kleineren Abspaltungen von diesen Weltreligionen (Sekten) oder anders ausgerichteten Weltanschauungen vornehmlich religiösen Charakters. Sofern die eigene religiöse Ausrichtung als Vorgabe und vorrangiges gesellschaftlich wirksames Element, also nicht nur spirituell, betrachtet wird, mündet dieses in politische Handlungen. In vielen Gesellschaften, in denen Religion das soziale System maßgeblich beeinflusst, kann daher nicht von Religionsfreiheit gesprochen werden, auch wenn sie in mancher Verfassung formal niedergelegt ist. Droht dem Individuum bei Nicht- und Andersglauben soziale Ausgrenzung, besteht wenig Möglichkeit zum freien Bekenntnis.[382] Umso mehr gilt dies für Gesellschaften, in denen Religion maßgeblich oder vorrangig gestaltend auf das politische System einwirkt. Aus dem Nicht- und Andersgläubigen wird so ein zu bekämpfender Feind. In vorrangig religiös beeinflussten Gesellschaften wird daher als religiös motivierter Extremismus oft schon das Konzept oder die Ausrichtung angesehen, die

---

378 Vgl. Bötticher/Mareš 2012, S. 277.

379 Kolnberger/Six (Hrsg.) 2008, S. 13.

380 Der Geheimbund wurde 1865 durch Anhänger der Konföderation des amerikanischen Sezessionskrieges gegründet. Die rassistische Ideologie basiert auf der Vorstellung einer Hierarchie der Rassen, an deren Spitze Weiße angelsächsischer Abstammung stehen, die die minderwertigen Rassen kontrollieren und führen, vgl. Etter/McElreath/Quarles, in: Journal of Gang Research 3/2015, S. 2 ff.

381 Zu den einzelnen Strömen religiös-extremistischer Ideologien, vgl. Bötticher/Mareš 2012, S. 287 ff.

382 Ungeachtet dessen wirkt Religion auch in kleineren Gruppen segregativ: Ein Glaubenswechsel von dem in der angestammten sozialen Gruppe herrschenden weg wird von dieser oft nicht toleriert. Ist Religion das gemeinsame Merkmal der Gruppe, wird dies als Ablehnung eines bestimmenden Identitätsfaktors gewertet. Mit dem Glaubenswechsel ist oftmals der Verlust oder die Einschränkung sozialer Kontakte verbunden.

eine Mindermeinung darstellt und sich gegen die überwiegende Auslegung richtet bzw. von ihr abgrenzt. Im Extrem bestehen Gesetze, die einen anderen Glauben unter Strafe stellen (vgl. beispielsweise sog. Blasphemie-Gesetze, z. B. in Pakistan).[383] Gewaltbereitschaft gegen Anhänger anderer Religionen oder Ideologien ist ein Merkmal des religiösen Extremismus. Gewaltbereitschaft ist gemeinsames Merkmal des politisch motivierten Extremismus. Die vorherrschende Auslegung wird aus Sicht einer religiös bestimmten Gesellschaft nicht als Extremismus definiert. Auch extreme Haltungen und Handlungen erfahren in religiösen Gesellschaften nicht geringe Akzeptanz.[384] Religiöser Extremismus ist daher eine Einordnung, die nur in Relation zu anderen religiösen oder politischen Konzepten definiert werden kann, wie in Deutschland in Abgrenzung zur FDGO.

1.2 Abgrenzung Islam und Islamismus

Seit Jahren wird unter der Kategorie des religiösen Extremismus vor allem der Islamismus[385] betrachtet, der als globales Phänomen die größte terroristische Bedrohung darstellt. Zuweilen geraten die Vorstellungen von Islam und Islamismus im öffentlichen Diskurs durcheinander, bzw. werden stark vereinheitlicht und synonym betrachtet. Tatsächlich muss der Zusammenhang zwischen Islam als besonderer Religionsform und Islamismus als politischer Bestrebung differenziert betrachtet werden. Gerade Vertreter islamischer Organisationen und Dachverbände verneinen stets in Stellungnahmen jeden Zusammenhang von Religion und Terror und verweisen darauf, dass sich der Koran eindeutig gegen die Tötung unschuldiger Menschen ausspreche. Allerdings lassen sich die Zusammenhänge nicht ignorieren. So

---

383 Im Pakistanischen Strafgesetzbuch werden Strafvorschriften für den Abfall vom islamischen Glauben aufgeführt, vgl. www.pakistani.org/pakistan/legislation/1860/actXLVof1860.html (Stand: 18. August 2018).

384 „Muslims in some countries surveyed in South Asia and the Middle East-North Africa region are more likely than Muslims elsewhere to consider suicide bombing justified. Four-in-ten Palestinian Muslims see suicide bombing as often or sometimes justified, while roughly half (49 %) take the opposite view. In Egypt, about three-in-ten (29 %) consider suicide bombing justified at least sometimes. Elsewhere in the region, fewer Muslims believe such violence is often or sometimes justified, including fewer than one-in-five in Jordan (15 %) and about one-in-ten in Tunisia (12 %), Morocco (9 %) and Iraq (7 %). In Afghanistan, a substantial minority of Muslims (39 %) say that this form of violence against civilian targets is often or sometimes justifiable in defense of Islam. In Bangladesh, more than a quarter of Muslims (26 %) take this view. Support for suicide bombing is lower in Pakistan (13 %)“, vgl. OAA, in: Pew Research Center vom 10. September 2013.

385 Weitere Begriffe sind islamischer Extremismus, radikaler Islam, Islam-Faschismus oder Dschihadismus, die mit Islamismus synonym verwendet werden.

beschreibt der Islamwissenschaftler *Abdel-Hakim Ourghi*: „Der Islam hat auch eine unheimliche Seite, die in seiner Umgebung Unbehagen auslöst. Diese dunkle Seite ist immer dort erkennbar, wo die Religion von der Politik nicht zu trennen ist, wie etwa im gewalttätigen Fanatismus der Islamisten. Sie wird beispielsweise dort deutlich, wo die Kompetenzen des Throns nicht von der Kanzel in der Moschee zu unterscheiden sind oder wo Frauen im Namen einer religiösen männlichen Dominanz unterdrückt werden. Genau wie jede andere Religion kann der Islam auch gefährlich werden, wenn nicht klar zwischen dem Weltlichen und dem Geistlichen unterschieden wird und politische mit religiösen Interessen vermischt werden. […] Die Sprache des Koran ist die Sprache des Friedens und die Sprache der Gewalt. Er ist mal tolerant, mal herzlos und erbarmungslos. Der in ihm beschriebene Gott ist mal zornig und hart strafend, dann wieder barmherzig und ein Freund seiner Verehrer. Die Auslegung bestimmter Suren kann über Frieden und Krieg, Leben und Tod entscheiden. […] Fest steht, dass nicht alle Muslime Terroristen sind. Fest steht jedoch auch, dass die Terroristen Muslime sind – solche die sich sogar für die besseren Muslime halten und für sich beanspruchen, nach dem Koran und der Tradition des Propheten zu leben.“[386]

Der Begriff des Islamismus muss dabei als Oberbegriff verstanden werden. Die verschiedenen islamistischen Grundvarianten müssen in ihrer Ideologie und in ihrem Glaubensbezug im Bezug zur konfessionellen Teilung nach dem Tod des *Propheten Mohammed*[387] betrachtet werden.[388] *Armin Pfahl-Traughber* definiert ihn als „eine Sammelbezeichnung für alle politischen Auffassungen und Handlungen, die im Namen des Islam die Errichtung einer allein religiös legitimierten Gesellschafts- und Staatsordnung anstreben.“[389] Er sieht eine „Islamismuskompatibilität“ im Islam, was bedeutet, dass die Islamisten zwar nicht die einzige, aber eine mögliche Deutung des Islam vertreten.[390] Demokratische Werte wie Individualität, Menschenrechte, Pluralismus, Säkularität und Volkssouveränität werden

---

386 Ourghi 2017. S, 13 f.

387 Als der Prophet Mohammed, der Gründer des Islam, im Jahr 632 überraschend starb, war seine Nachfolge nicht geregelt. Es kam zum Streit zwischen der Fraktion, die den fähigsten Heerführer des Stammes von Mohammed zum Kalifen küren wollten (die Sunniten, von: *ahl as-sunna* = Volk der Tradition) gegen die, die fanden, der Nachfolger müsse aus dessen Familie stammen. Dies war Ali, der Neffe Mohammeds (die Schiiten, von *Schiat Ali*, = Partei Alis). Die Schiiten wollten die geistige Führung (Imamat), die Sunniten die Heeresführung im Kampf um Boden (Kalifat). Weitere Strömungen und Sekten, die sich daraus ableiteten, sind die Alawiten, Drusen, Bahais, Ahmadis und viele weitere.

388 Vgl. Böttcher/Mareš 2012, S. 247.

389 Pfahl-Traughber, 2011, S. 22.

390 Vgl. Pfahl-Traughber 2011, 23.

kategorisch abgelehnt.[391] Das bedeutet, dass alles Recht an die Vorstellungen der Religion gebunden ist; dem Ungläubigen, Andersgläubigen oder dem, der sich Allahs Willen nicht vollständig fügt, stehen verbürgte Menschenrechte nicht zu, bzw. sind nachrangig zu denen des Islam.[392] Hierin ist die unmittelbare Verbindung zwischen Islam und Islamismus zu sehen. Zu den formalen Merkmalen der islamistischen Ideologie gehören Absolutheitsansprüche, Gewaltlegitimation und Ausgrenzungstendenzen, die im Koran an den verschiedensten Stellen zu finden sind.[393]

Allerdings sprechen andere Verse von Barmherzigkeit und Vergebung und kennen durchaus die Akzeptanz anderer Religionen.[394] Diese sind jedoch deutlich seltener und stammen fast ausschließlich aus dem „mekkanischen Teil" des Koran, also den Versen, die zu der Zeit offenbart wurden, als Mohammed isoliert Mitstreiter suchte und noch nicht als Krieger in Medina seinen Eroberungsfeldzug führte.[395] Der sunnitische Extremismus, der heute weltweit deutlich mehr verbreitet ist als der schiitische, hat seine Wurzeln in der Muslimbruderschaft (MB).[396] Im Verfassungsschutzbericht des Landes Hessen für das Berichtsjahr 2016 heißt es: „Die Erscheinungsfor-

---

391 Ebd.

392 Vgl. Matusitz 215, S. 167 f.

393 Exemplarische Suren sind: „Und wem Allah nicht Licht gibt, der hat kein Licht." (Sure 24, Vers 40), „Prophet! Führe Krieg gegen die Ungläubigen und die Heuchler und sei hart gegen sie! Die Hölle wird sie aufnehmen – ein schlimmes Ende!" (Sure 66 Vers 9); „Ziehet aus, leicht und schwer, und eifert mit Gut und Blut in Allahs Weg. Solches ist besser für Euch, so ihr es begreifet." (Sure 9, Vers 41); „Die Gläubigen sind nur die, die an Allah und seinen Gesandten glauben und hierauf nicht Zweifel hegen, und die mit Gut und Blut in Allahs Weg eifern. Das sind die Wahrhaftigen." (Sure 49, Vers15);
„Und wenn die heiligen Monate abgelaufen sind, dann erschlaget die Götzendiener, wo immer ihr sie findet, und packet sie und belagert sie und lauert ihnen aus jedem Hinterhalt auf. [....]" (Sure 9, Vers 5); „Und wer Gott gehorcht und seinem Gesandten, den führt er in Gärten, darunterhin Ströme fließen; und wer sich abwendet, den straft er mit qualvoller Strafe." (Sure 48, Vers 17); „Und wenn ihr die Ungläubigen trefft, dann herunter mit dem Haupt, bis ihr ein Gemetzel unter ihnen angerichtet habt; dann schnüret die Bande." (Sure 47, Vers 4); „Siehe, wer da Unsere Zeichen verleugnet, den werden Wir im Fegefeuer braten lassen; sooft ihre Haut gar wird, umwechseln Wir sie auf eine andere Haut, auf dass sie die Strafe schmecken." (Sure 4, Vers 56 (59)); u.v.w.

394 So z. B.: „Keine Nötigung in der Religion, ist doch das Rechtgehen vom Irregehen so deutlich (zu unterscheiden)." (Sure 2, Vers 257); „Euch eure Religion und mir meine Religion" (Sure 109, Vers 6).

395 Die „zu Medina offenbarten Suren" behandeln entsprechend häufig den Glaubenskrieg, die Eroberung und Bekämpfung von Ungläubigen.

396 Aus dem arabischen: *al-ichwān al-muslimūn*, im Jahr 1923 durch *Hassan al-Banna* gegründet und vor allem ab den 1950er Jahren durch den Ideologen *Sayyid Outb* vertreten, der zahlreiche Schriften zur Rückbesinnung der Muslime auf die Wurzeln des Glaubens verfasst und seine Abneigung zur westlichen Welt ausführlich niedergelegt hat.

men des Islamismus unterscheiden sich in ihrer ideologischen Ausrichtung und bei der Wahl der Mittel, mit denen Gesellschaft und Staat verändert werden sollen. Einige islamistische Organisationen – wie zum Beispiel die Muslimbruderschaft (MB) – versuchen, mit ihren Vorstellungen entsprechend den demokratischen Willensbildungsprozess zu beeinflussen. Sie nehmen gezielt Einfluss auf die hiesige Politik, die öffentliche Meinungsbildung und die Gesellschaft, um ihr langfristiges Ziel der Errichtung eines islamistischen Gottesstaates zu verwirklichen.“[397]

1.3 Islamistische Regimes

In einigen Staaten ist die islamische Religion die Staatsreligion. Von einem islamistischen Regime spricht man, wenn islamische Rechtsprinzipien der Scharia[398] über international anerkannten Menschenrechten stehen (z.B. Recht zur Folter, Todesstrafe, Ungleichstellung zwischen Mann und Frau, Bestimmungen zur Eheschließung, u.v.m.) und sämtliche demokratisch gewählte Instanzen diesem unterworfen sind. Man bezeichnet diese Regierungsformen auch in ihrer Form als totalitär, unabhängig von der zugrunde liegenden Ideologie.[399] Beispiele stellen das iranische Staatssystem, die Herrscherdynastien in Saudi-Arabien und Kontrolle durch islamistische Bewegungen, wie den Taliban in Afghanistan, dar.[400]

1.4 Islamische Gemeinschaft Milli Görüs (IGMG)

Die Islamische Gemeinschaft Millî Görüş e.V. (= „Nationale Sicht“; türkisch İslam Toplumu Millî Görüş) ist ein seit 1995 eingetragener Verein und hat ihren Sitz in Köln. Die Schätzungen über die Anhänger gehen auseinander. Während einige von insgesamt über 30.000 Anhängern ausgehen, geht der Verfassungsschutz von einem starken Anhänger-Rückgang aus und zählt ca.

397 Hessisches Ministerium des Innern und für Sport (Hrsg.) 2017, S. 134.

398 Das Wort Scharia (übersetzt „Weg zur Tränke“ bezeichnet das komplexe Regelwerk islamischen Rechts, das jedoch erst im 10. Jahrhundert zum Synonym für das Gottesrecht wird, vgl. ausführlich Schirrmacher 2009, S. 17f. Dabei handelt es sich jedoch nicht um einen kodifizierten Gesetzestext. Quellen sind vor allem der Koran und die Hadithe (Überlieferungen zu Taten und Aussprüchen Mohammeds).

399 Totalitarismus beschreibt als politikwissenschaftlichen Terminus eine diktatorische Form von Herrschaft, die in alle sozialen Verhältnisse hinein zu wirken versucht. Dies ist oft mit der Vorstellung verbunden, die Menschen gemäß einer bestimmten Ideologie zu formen.

400 Vgl. Bötticher/Mareš 2011, S. 264f.

10.000 Personen, die in den der Milli Görüs zugehörigen Vereinen Mitglieder sind.[401] Die ideologischen Wurzeln der IGMG liegen in der von dem türkischen Politiker *Necmettin Erbakan* (1926–2011) Ende der 1960er Jahre gegründeten Milli Görüs-Bewegung.[402] Dieser strebte die Schaffung einer neuen Großtürkei in Anlehnung an das Osmanische Reich bei gleichzeitiger Abschaffung des Laizismus an. Erbakans Ideologie basiert auf islamistischen Vorstellungen der Muslimbruderschaft mit türkisch-nationalistischen Elementen.[403] Gemäß der Ideologie Erbakans stehen sich in jeder Epoche gegensätzliche Zivilisationen unversöhnlich gegenüber, die entweder auf „gerechten" („Adil Düzen") oder auf „nichtigen Ordnungen" („Batil Düzen") beruhen.[404] Gerecht seien nur diejenigen Ordnungen, die auf göttlicher Offenbarung basierten. Nichtig seien dagegen alle Ordnungen, die von Menschen erdacht worden seien. Erbakan zufolge dominiere mit der westlichen Zivilisation eine „nichtige", auf von Menschen geschaffenen und damit willkürlichen Regeln beruhende Ordnung, welche durch ein islamisches System ersetzt werden müsse. Die Grundlage dieser islamischen Ordnung müsse die Scharia sein, wobei Erbakan die Scharia nicht nur als Leitfaden für die individuelle Religionsausübung, sondern auch als verbindliches politisches Programm verstand. Weitere Bewegungen, die der Milli Görüs zuzuordnen sind, sind „İsmail Ağa Cemaati" (IAC), „Deutschlandvertretung der ‚Saadet Partisi' (SP)" und „Europavertretung der Erbakan-Stiftung".[405]

1.5 Hizmet- oder Gülen-Bewegung

Spätestens seit der offiziellen Verfolgung sogenannter Gülenisten in der Türkei durch Ministerpräsident *Erdoğan* ist die Bewegung allgemein bekannt. Tatsächlich besitzt sie keine feste Bezeichnung, sondern wird im türkischen Sprachraum als *Hizmet* (der Dienst) und *Cemaat* (die Gemeinde) bezeichnet. Auch sie wird als Sekte betrachtet. Die Anhänger des Anführers, *Fethullah Gülen*, sehen sich als eine mehr soziale denn religiöse Reformbewegung mit elitärem Bildungsziel, bei dem der „Wahrheitsanspruch" im Zentrum steht.[406] Das Gülen-Schrifttum besitzt eine eindeutige program-

401 Bundesamt für Verfassungsschutz 2018, S. 173.
402 Vgl. Bundesamt für Verfassungsschutz 2018, S. 214.
403 Vgl. Abou Taam, in: KAS (Hrsg.) ohne Datumsangabe.
404 Vgl. Bundesamt für Verfassungsschutz 2018, S. 214.
405 Vgl. Bundesamt für Verfassungsschutz 2018, S. 215.
406 Vgl. Eißler, in: EZW (Hrsg.) 2017.

matische Orientierung an einem konservativ-islamischen Gesellschaftsbild, das auch die Trennung von Staat und Religion nicht vorsieht. Mittlerweile soll sie über etwa vier Mio. Anhänger, vor allem in der Türkei, verfügen.

1.6 Salafismus

Gerade in Deutschland entwickeln sich die salafistischen Szenen besonders rasant. Salafisten sind sunnitische Muslime, die es sich zum Ziel setzen, den Ur-Islam wiederherzustellen. Den Kern des Salafismus bildet die Grundüberzeugung, dass die islamische Religion zu den Lebzeiten der „rechtschaffenen Altvorderen" (*as-salaf as-salih*, kurz: *salaf*)[407] „authentisch" und „rein" gewesen sei und deswegen optimal praktiziert werden konnte. In den nachfolgenden Generationen sei der „wahre" Islam jedoch gewissen Entstellungsprozessen ausgesetzt, die bis in die Gegenwart fortwirken würden. Dies habe zum tendenziellen Niedergang des Islam und der politischen Ohnmacht der Muslime weltweit geführt. Um die Reinheit und Wahrhaftigkeit des Islam wiederherstellen bzw. gewährleisten zu können, sei es unumgänglich, die religiöse Praxis, die Lebensführung sowie Staats- und Rechtsordnung an Koran und Sunna (Prophetentradition) – so wie sie vorgeblich von den rechtschaffenen Altvorderen verstanden wurden – auszurichten.[408]

Salafisten als Glaubens- und Weltanschauungsgemeinschaft lassen sich allgemein beschreiben als sunnitische Muslime, die in den Bereichen der rituellen Pflichthandlungen und der religiös bestimmten Umgangsvorschriften der Menschen untereinander der Glaubenslehre der rechtschaffenen Altvorderen folgen und ihre Methode anwenden, um religiöse Rechtsurteile aus Koran und Sunna abzuleiten. In Abgrenzung zu der Mehrheit der Muslime lehnen Salafisten jede Anpassung der Interpretation religiös-autoritativer Quellen (Koran und Sunna) an veränderte gesellschaftliche und politische Gegebenheiten kategorisch ab. Sie betrachten dies als „un-

---

407 Die *salaf*-Generationen umfassen den Propheten Muhammad (gest. 632) und seine Gefährten (*sahaba*) sowie die Schüler der Prophetengefährten (*tabi'un*) und diejenigen, die von diesen Schülern unterwiesen wurden (*tabi'i at-tabi'n*). Nach salafistischer Auffassung markiert das Jahr 855, das Sterbejahr des sunnitischen Rechtsgelehrten Ahmad Ibn Hanbal, das Ende der gesegneten *salaf*-Epoche.

408 Zur Entstehung und zusammenhängenden Entwicklung des zeitgenössischen Salafismus trugen einflussreiche muslimische Religionsgelehrte wie u. a. Ahmad Ibn Hanbal (gest. 855), Taqi ad-Din Ahmad ibn Taimiyya (gest. 1328) und Muhammad ibn Abd al-Wahhab (gest. 1792) erheblich bei.

statthafte Neuerung" (*bid'a*, Pl.: *bida'*).[409] Neuerungen führen gemäß der salafistischen Weltsicht zum „Unglauben" (*kufr*). Zudem wird die *salaf*-Epoche in den salafistischen Diskursen als die „goldene Ära" (*al-'asr az-zahabi*) der muslimischen Gemeinschaft dargestellt, in der ein islamisches Weltreich begründet wurde. Diese Glorifizierung steht der Abwertung des Zeitgenössischen als dekadent empfundenen Gesellschaften und einer Spaltung der Muslime weltweit gegenüber, die auf Fehlentwicklungen in der Religionspraxis zurückzuführen seien. Grundlegend für den Salafismus ist ein spezifisches Gottesbild. So misst er dem Bekenntnis zum „Eins-Sein" Gottes eine zentrale Bedeutung zu. Das hier zugrundliegende Konzept ist das des *tauhid*. *Tauhid*, abgeleitet von dem arabischen Verb „*wahhada*", bedeutet „Vereinigen/Vereinheitlichen bzw. etwas zu *wahid* (eins) machen" und umschreibt den *„Glauben an die Einheit und Einzigkeit Gottes"*.[410] Für die Mehrheit der Muslime ist das Bekenntnis zur Einheit Gottes und zum Prophetentum Mohammeds ausreichend, um als Muslim anerkannt zu werden. Für salafistische Muslime ist *tauhid* jedoch nicht nur das mündliche Bekenntnis zur Einheit und Einzigkeit Gottes, sondern die konsequente Verinnerlichung, Verwirklichung dieses Bekenntnisses in allen rituellen und profanen Handlungen, die direkt oder indirekt mit Gott zu tun haben. Charakteristisch für den Salafismus ist darüber hinaus die Strenge in der Forderung, Einhaltung und Umsetzung des *tauhid* in der Glaubensgemeinschaft und im Leben des Individuums.

Die Mehrheit der Muslime werten jegliche Anbetung von weiteren Gottheiten neben dem einen Gott als Polytheismus und Vielgötterei (*shirk*).[411]

---

409 Die islamischen Überlieferungen schreiben den rechtschaffenen Altvorderen einen frommen Lebenswandel sowie eine hohe Einsatzbereitschaft für die Sachen des Glaubens und der muslimischen Gemeinschaft der Muslime (*umma*) zu. Deshalb kommen diesen Generationen von Gläubigen eine Vorbildfunktion für die Mehrheit der Muslime auf der Ebene der Ethik und Moral zu. Salafisten gehen genau an diesem Punkt weiter. Sie ikonisieren die *salaf*-Generationen und sind der Ansicht, dass das geistige Erbe der rechtschaffenen Altvorderen das beinhalte, was einzig als der „richtige" Islam (*al-islam as-sahih*) gelten könne. Sie fordern vehement die akribische Nachahmung der rechtschaffenen Altvorderen in allen Lebensbereichen. Es gelte daher, vermeintlich unstatthafte Neuerungen, die nicht in Koran, Propheten- und Gefährtentradition zu belegen sind, zurückzuweisen und konsequent aus der religiösen Praxis und Lebensführung zu verbannen. Selektiv blenden Salafisten jedoch jene Überlieferungen aus, die von Konflikten, Spaltungen und Uneinigkeiten unter den Muslimen während der Lebzeit der *salaf* berichten – vor und nach dem Tod des Propheten. Deswegen lässt sich das Idealbild der *salaf*, an dem sich Anhänger der salafistischen Weltanschauung kompromisslos orientieren wollen, in vielerlei Hinsicht als „Utopie" beschreiben.

410 Nagel 1994, S. 12.

411 Auch Širk, bedeutet übersetzt „jemandem göttliche Eigenschaften zuschreiben", vgl. beRATen e.V. Niedersachsen (Hrsg.) 2015.

Salafisten gehen an diesem Punkt noch weiter und argumentieren, es gäbe Formen des Beigesellens von Partnern zu Gott, die sich nur dann als solche enttarnen lassen, wenn man sie an Kriterien des *tauhid* misst. Der Begriff *shirk* erfährt daher im Salafismus eine konzeptionelle Erweiterung als Gegenstück vom *tauhid*. *Shirk* käme zustande, wenn die Verrichtung einer Handlung nicht ausschließlich die Absicht zugrunde liege, dem einen Gott zu dienen. Den Hintergrund dieser strikten Auffassung findet man in der salafistischen Weltanschauung, die jede menschliche Handlung für eine Form der Anbetung erklärt. Belegt wird diese Auffassung mit der literalistischen Auslegung von Koranversen.[412] Demzufolge machen sich viele Muslime *shirk*-schuldig – auch wenn sie sich durch das Aussprechen des Glaubensbekenntnisses zur Existenz einer einzigen Gottheit bekennen. Denn sie verletzen entweder direkt oder indirekt bzw. offen oder verdeckt den Universal- und Absolutheitsanspruch Gottes auf Herrschaft und Verehrung. Da der *shirk* zum Abfall vom Islam führe und einen Akt der Rebellion gegenüber dem einen Gott, dem einzigen Schöpfer und Herrscher des Universums, gleichkäme, würde er nach salafistischer Auffassung durch Gott mit der Auslöschung aller guten Taten, die zuvor eine Person machte und der ewigen Verdammung in der Hölle geahndet.

Das salafistische Projekt sieht vor, den „authentischen" Islam wiederherstellen und einen auf dessen Grundlage verfassten Staat zu errichten. Somit sollten Muslime zu ihrer alten Stärke zurückfinden. Dies sei nur anhand der bedingungslosen Orientierung an den grundlegenden Quellen des Islam und der akribischen Nachahmung der *salaf* in allen Lebensbereichen möglich. Da der Salafismus im Namen des „wahren" Islam die Errichtung einer allein religiös legitimierten Gesellschafts- und Staatsordnung anstrebt, muss er als eine Unterkategorie des Islamismus verstanden werden. Salafisten verwerfen die von Menschen geschaffenen Organe der Legislative, Judikative und Exekutive als institutionalisierte Formen des *shirk*. Vom weltlichen Herrscher wird verlangt, dass er nur nach dem salafistischen Verständnis von Koran und Sunna regiert. Anderenfalls wird er als Götze (*taghut*, wortl.: etwas/jemand, das/der Grenzen überschreitet) bezeichnet und die Unterwerfung unter seine Herrschaft bzw. Rechtsordnung als Götzendienst (*'ibadat at-taghut*) abqualifiziert. Für Salafisten gebühren Herrschaft (*hakimiyya*) und Unterwürfigkeit (*'ubudiyya*) nur dem einem Gott, dem absolut Souveränen. Sowohl die Gewaltenteilung und die menschli-

412 Beispiel: „Sprich: Mein Gebet und meine Opferung, mein Leben und mein Tod gehören Gott, dem Herrn der Menschen in aller Welt. Er hat keinen Teilhaber an der Herrschaft. Dies zu bekennen, wurde mir befohlen. Und ich bin der erste von denen, die sich ergeben haben." (Sure 6, Vers 162–163).

che Gesetzgebung als auch die Rechtsprechung und Vollstreckung der von Menschen gemachten Gesetze und Urteile werden von salafistischen Gelehrten als Aggression gegen *hakimiyyat Allah* auf Erden verurteilt.[413] Denn sie bestätigen demnach die Herrschaft der Menschen statt Gottesherrschaft. Dabei werden konkurrierende Gesetze, die neben den göttlichen wirken und von Koran und Sunna abweichen, als Erlassen von Gesetzen neben (denen von) Gott (*tashriʿ min dun-i-llah*) aufgefasst. Auch das Unterlassen des Richtens bzw. Regierens mit den Gesetzen Gottes (*tark l-hukm bi-ma anzala Allah*), indem der weltliche Herrscher sie durch andere Rechtsgrundlagen (*al-hukm bi-ghair ma anzala Allah*) ersetzt, werden als Häresie aufgefasst. Diese Häresie entspringt der Suspendierung von Gottes absoluter Souveränität. So werden die Geschöpfe an der Herrschaft des Schöpfers beteiligt. Dies ist aus der salafistischen Weltanschauung nicht tragbar. Es besteht unter allen Salafisten Einigkeit darüber, dass das Rechtssystem, das von den Regeln abweicht, die in Koran und Sunna festgelegt worden sind, eine Übertretung gegen das System Gottes ist. Die Anfertigung, Anwendung oder Anerkennung von Gesetzen, die Gottes Urteilen widersprechen, seien demzufolge *shirk*. Dies gilt für jene Gesetze, die beispielsweise Polygamie verbieten oder das Steinigen von Ehebrechern und das Abtrennen der Hand für barbarische Taten halten und unter Strafe stellen.

Der „wahre Muslim" wird als ein gehorsamer Knecht Gottes (*ʿabd*) propagiert, der sich in allen Lebensbereichen dem Willen seines einzigen Schöpfers vollständig unterwirft. Dieser Schöpfer ist gleichwohl der absolute Herrscher, dessen göttlicher Wille Koran und Sunna – ausschließlich nach der Leseart der *salaf* – entnommen werden kann. Dies ist die Konsequenz dessen, dass die Altvorderen das Wort Gottes genauso wie der Prophet verstanden und in allen Lebensbereichen in die Tat umsetzten und dass jegliche Abweichung davon als *bidʿa* zurückzuweisen ist. Das Bekenntnis zum *tauhid* und die Denunziation des *shirk* stehen somit im Zentrum der salafistischen Glaubenslehre (*al-ʿaqida as-salafiyya*). Jede Glaubenslehre, die sich zwar auf den Islam berufe, aber dem *tauhid* keinen zentralen Stellenwert beimesse, sei falsch, würde von Gott nicht angenommen und könne ihre Anhänger daher vor der zeitlich begrenzten oder der ewigen Bestrafung mit dem Höllenfeuer im Jenseits nicht bewahren. Judentum, Christentum, Buddhismus und alle anderen Religionen werden hingegen als „Irrwege" denunziert. Diese Irrwege würden zur Dekadenz im Dies-

413 Dabei unterscheiden Salafisten zwischen jenen von Menschen gemachten Gesetzen, deren Anwendung Ungehorsam gegenüber Koran und Sunna nach sich zieht (z. B. Lebenspartnerschaftsgesetz), und jenen, die der Regelung der Angelegenheiten der Menschen untereinander dienen (z. B. Verkehrsgesetz), ohne dabei Gottes Geboten zu widersprechen.

seits und der göttlichen Bestrafung mit dem ewigen Verbleib im Höllenfeuer im Jenseits führen. Dies gilt ebenfalls für die nichtsalafistisch orientierten Denkschulen und Konfessionen im Islam: Säkular orientierte Menschen muslimischen Glaubens werden als „Heuchler" (*munafiqun*) oder gar „Ungläubige" (*kuffar*) diffamiert. Das Schiitentum wird entsprechend abgewertet. Alle Erscheinungsformen der islamischen Mystik und des Volksislam werden als Ketzerei (zandaqa) verworfen, die islamische Philosophie wird als Häresie (*hartaqa*) ablehnt. Darüber hinaus werden die Lebensorientierungen, Menschen- und Freiheitsrechte sowie Staats- und Gesellschaftsordnungen, die nach der salafistischen Weltanschauung mit dem „wahren" Islam unvereinbar sind, als islamrechtlich verboten (*haram)* deklariert.

2. Gruppen, Szenen und Örtlichkeiten

Islamistische Strukturen funktionieren sowohl auf sehr lokalen, überregionalen bis hin zur internationalen Ebene. Sie zeigen sich in Deutschland als gut vernetzt und in unterschiedlichen gesellschaftlichen Schichten verwurzelt. Dass es sich bei Islamisten lediglich um ein Unterschichten-Phänomen handelt, ist ein Irrglaube. Islamisten und vor allem Salafisten versuchen sowohl Muslime als auch Nicht-Muslime anzusprechen. In beiden Fällen verlangen sie nicht nur die Hinwendung zum Islam, sondern die Einhaltung einer Lebensweise nach strengen religiösen Grundsätzen, die sie für richtig halten. Ein Muslim, der diesen nicht folgt, ist kein Muslim und muss ebenfalls bekehrt werden. Eine Verortung kann kaum noch stattfinden. Regelmäßig zeigen sich islamistische Bestrebungen schon an Schulen, vor allem aber an Hochschulen und Universitäten.[414] In diesen organisieren sich Anhänger und versuchen, als Studienvertretung Einfluss zu nehmen. Akteure der Bewegung werben sehr offensiv für ihre Ziele. Um neue Anhänger zu gewinnen, nutzen Salafisten Kundgebungen und vor allem das Internet. Mit eigenen Internetpräsenzen, in sozialen Netzwerken wie Facebook und auf Onlineplattformen wie Youtube sind sie leicht zu finden. Auch vertei-

414 2016 sorgte der damals 35-jährige, syrisch-stämmige Doktorand Malik F. von der TU Darmstadt für Aufsehen, als dieser Werbung für den Islamischen Staat machte und dessen Gräueltaten als kriegerisch notwendige Strategie in selbstgedrehten Videos rechtfertigte, vgl. Dienstbühl/Herrmann-Marschall, in: Rüdiger/Bayerl 2018, S. 100 f., Siefert, in: Zeit Online vom 14. Februar 2016. Doch auch in anderen Hochschulen wurde bekannt, dass Islamisten dort aktiv rekrutieren, wie beispielsweise an der Ruhr-Universität Bochum, an der der frühere Bodyguard Osama Bin Ladens, Sami A., für das Terrornetzwerk Al Qaida warb, vgl. Brandt, in: Westfalenpost vom 5. August 2012.

len sie Gratis-Infomaterial sowie jüngst den Koran in deutscher Übersetzung in vielen deutschen Städten. Alle Anhänger, auch frisch angeworbene, sind verpflichtet, in ihren Familien und in ihrem Freundes- und Bekanntenkreis weitere Anhänger zu rekrutieren.

2.1 Gewaltverhalten

Islamismus wird grundsätzlich zwischen einem gewaltgeneigten und einem reformierten Islamismus unterschieden. Der reformierte Islamismus ist dabei keineswegs harmlos, denn auch in diesem wird die formale Legitimation für Gewalt vertreten und verbreitet. Insbesondere die Missionsarbeit der islamischen *dawa* ist als absolute Pflicht zu verstehen und beinhaltet den Aufruf zum Dschihad, der wiederum Interpretationsspielraum besitzt. Der Gründer der Muslimbruderschaft *Hassan al-Banna* erklärte „in den Dschihad zu ziehen“ als „wahre Pflicht des Muslims“.[415] Dieser galt seinerzeit und bis zu seiner Ermordung in Ägypten als Fanatiker und Radikaler; heute werden Muslimbrüder als „moderater Mainstream“ bezeichnet.[416] So sind gerade die Muslimbrüder heute noch immer in diversen islamischen Organisationen personenstark vertreten, die in Deutschland als offizielle und politische Dialogpartner gelten, dabei stehen die ideologischen Lehren der Anhänger demokratischen Werten diametral entgegen und rechtfertigen Gewalt gegen jeden, der sich diesen verweigert. Die Übergänge zwischen „moderaten“ und „politischen“ bis hin zu „gewaltbereiten“ Islamisten sind fließend. Gerade das Potential gewaltbereiter Anhänger wird seit Jahren durch das Bundesamt für Verfassungsschutz als weiter ansteigend beobachtet.[417]

Das arabische Wort **Dschihad** (jihâd) bedeutet zunächst nur so viel wie „Bemühung, ein bestimmtes Ziel zu erreichen“. Das Wort kommt 41 Mal im Koran vor. Von Islamwissenschaftlern werden regelmäßig vier Arten von Dschihad aufgeführt[418]:

1. „Dschihad des Herzens“: Abwehr teuflischer Einflüsterungen und Angriffe, die den Menschen zum Bösen verführen sollen.
2. „Dschihad der Zunge“: Nicht das Falsche und Böse, sondern das Wahre und Richtige soll gesagt werden.

---

415 Vgl. Manea 2018 S. 97, mit Verweis auf al-Banna, ohne Jahresangabe, S. 21; Dschihad als Zweig des Islam nach bezeichnet man als *takfiri*, vgl. Pisiouin/Kolnberger/Six (Hrsg.) 2008, S. 174.

416 Vgl. Manea a. a. O.

417 Bundesamt für Verfassungsschutz 2018, S. 172.

418 Vgl. Schirrmacher ohne Datumsangabe, S. 13.

3. „Dschihad der Hände“: Das Eintreten für das Richtige und das Vermeiden des Falschen.
4. „Dschihad des Schwertes“: Kampf und Krieg gegen die Ungläubigen und Feinde des Glaubens. Er wird von Mystikern, aber auch von Schiiten als der „kleinere Dschihad“ betrachtet, während der geistige der „große Dschihad“ sei. Dieser „Heilige Krieg“ ist dennoch als integraler Bestandteil der Religion zu sehen, was wiederum der Religionsauffassung und -geschichte entspricht.[419]

Der gewaltgeneigte oder auch dschihadistisch geprägte Islamismus kann weiter in zwei Untergruppen gegliedert werden. Auf der einen Seite stehen diejenigen, die Gewalt lediglich lokal bzw. regional ausüben, und auf der anderen Seite diejenigen, die den Einsatz von Gewalt global beabsichtigen und umsetzen.[420] Diese global angewandte und religiös legitimierte Gewalt ist überwiegend in der sunnitischen Rechtsschule des Islam zu erkennen.[421]

2.2 Entwicklungen und Gefahrenpotentiale

Die Gefährdungen des Islamismus schlagen sich seit Jahren in anwachsenden extremistischen und terroristischen Bestrebungen sowie Anschlägen nieder. Während im Links- und Rechtsextremismus maximal vereinzelt Bestrebungen ausgemacht werden können, für „die Sache“ zu sterben, ist dies eine recht häufige Beobachtung unter islamistischen Anhängern, wie diverse Selbstmordattentate bereits gezeigt haben. Warum Anhänger der islamistischen Ideologie bereit sind, ihr Leben zu opfern, lässt sich im Koran und in den Hadithen nachlesen.[422] Zudem stellen auch der Ruhm über den eigenen Tod hinaus und ideelle und monetäre Belohnungen für die Familie von Selbstmordattentätern einen Anreiz dar.[423] Insbesondere wenn bereits Erfahrungen des Scheiterns gemacht wurden, kann diese Form des Attentats, nämlich das Bedürfnis nach Ruhm, als Kompensationsstrategie angewandt werden.[424]

---

419 Pfahl-Traughber, in: Aufklärung und Kritik Sonderheft 13/2007, S. 68.

420 Pfahl-Traughber, 2011, S. 23.

421 Seesemann vom 18. August 2015, in: bpb.

422 Vgl. beispielsweise Sure 47 Vers 6; Sure 9 Vers 111. Das Verbot des Selbstmordes wird umgangen, indem der Märtyrertod zur höchsten Form des Glaubensbeweises für Allah verklärt wird, vgl. Pisioiu, in: Kolnberger/Six (Hrsg.) 2008, S. 177.

423 Vgl. Pedahzur/Martin, in: LaFree/Freilich (Hrsg.) 2017, S. 345 f.

424 Vgl. Lankford 2013, S. 109 f.

Gerade im Islamismus zeigen sich die Grenzen zwischen Extremismus und Terrorismus als fließend. Die Gewaltlatenz des Extremismus wird in terroristischen Anschlägen fortgesetzt. Entsprechend genau müssen die unterschiedlichen islamistischen Szenen beobachtet werden. Gerade Anhänger und Mitglieder von Al Qaida und Islamischer Staat können gegenwärtig von den Sicherheitsbehörden nicht beziffert werden.[425]

Das Terrornetzwerk **Al Qaida**, dessen Name erstmals 1988 verwendet wurde, hatte den islamistischen Terrorismus verändert und den Aktionsradius fast auf die ganze Welt ausgedehnt. Als Ziel erklärten sie, die islamische Welt befreien zu wollen und erklärten den Westen zum Feind. Um Terrorismus global zu ermöglichen, wurden neue Kommunikations- und Finanzierungswege erschlossen. Das Terrornetzwerk veränderte sich von einer Organisation immer mehr in eine Art ideologische Terrorstrategie, aus der diverse Organisationen und lokale Netzwerke hervorgingen. So bildete sich auch der „**Islamische Staat**" (IS)[426] im Zuge des *irakischen Widerstandes*[427] ab 2003 als eine Art Ableger der Al Qaida. Wie auch die Anhänger der Al Qaida bekennen sich die Mitglieder zu einer radikalen Auslegung des sunnitischen Islam. In Syrien und im Irak rief sie am 29. Juni 2014 ein Kalifat[428] aus. Wie groß der IS weltweit tatsächlich ist, kann nur geschätzt werden. Aufgrund der militärischen Erfolge gegen den Islamischen Staat in den Kriegsgebieten sollen inzwischen viele ausländische Kämpfer in ihre Heimatländer zurückgekehrt sein.

Der IS hat den islamistischen Terror weltweit strukturell verändert: Trat man zuvor in eine terroristische Zelle oder Gruppe ein, um in deren Namen Anschläge zu begehen, hat der IS das Muster umgekehrt. Geneigte Attentäter können ihre Tat der Sache des IS widmen und die Terrororganisation schreibt sie sich dadurch zu und erklärt die Täter zu ihren Kriegern. Befürchtete Gewalttaten von Islamisten sind in erster Linie Terroranschläge. Die Anschläge des IS können in drei Kategorien eingeteilt werden:

425 Bundesamt für Verfassungsschutz 2018, S. 173.

426 Die Organisation bildete sich im Zuge des irakischen Widerstandes. 2004 war die Gruppierung unter al-Qaida im Irak (AQI) und von 2011 bis Juni 2014 unter Islamischer Staat im Irak und in Syrien (ISIS) bekannt, entsprechend häufig wird noch ISIS gesprochen. Eine andere Bezeichnung für den Islamischen Staat lautet Daesh, diese leitet sich aus dem transkribierten arabischen Akronym ab.

427 Der Widerstand richtete sich gegen die Besetzung des Iraks zwischen 2003 und 2011, die von den Vereinigten Staaten geführt wurde. Im Zuge des Irakkrieges, der im Nachhinein als völkerrechtswidrig erklärt wurde, wurde der amtierende Machthaber *Saddam Hussein* gestürzt. Entsprechend wird den USA von Journalisten, Juristen, Aktivisten und Politikern eine Mitschuld an der Entstehung des Islamischen Staates gegeben.

428 Kalifate sind Herrschaftsgebiete von Kalifen (von arab. khalīfat rasūl allāh = Vertreter des Gesandten Gottes), die nach sunnitischer Vorstellung die Tradition Mohammeds fortführen.

- **Organisierte Anschläge:** Ein Beispiel für einen zentral organisierten Anschlag mit Order direkt aus Mossul/Rakka stellt der Anschlag in Paris vom 13. November 2015 dar. Dieser Terrorakt war lange geplant, die Attentäter kamen aus Syrien. Diese Anschlagsform ist deswegen besonders gefährlich, weil sie besonders viele Opfer fordert. Zugleich ist sie sehr kosten- und personalaufwendig. Einen solchen Anschlag gab es in Deutschland bislang nicht. Nachdem der Islamische Staat in Syrien in weiten Teilen zurückgedrängt und teilweise auch besiegt wurde, ist die Frage, ob der Islamische Staat noch die Kraft hat, derartige Anschläge zu organisieren und zu koordinieren.
- **Inspirierte Anschläge:** Solche Anschläge werden nicht durch IS-Personal geplant und ausgeführt, es gibt regelmäßig keinen oder nur wenig Kontakt, beispielsweise via Internet. Sie werden aufgrund der IS-Propaganda, dem Aufruf zum Dschihad motiviert, Anschläge zu begehen. Möglicherweise sind nicht alle Anschläge bekannt, weil sie beispielsweise als Messerangriff lediglich als versuchte gefährliche Körperverletzung oder gefährliche Körperverletzung mit Todesfolge gewertet und verfolgt werden, der terroristische Bezug dabei allerdings unerkannt bleibt.
- **Einzeltäter mit Kontakt:** Anhänger des IS sind nicht nur für Anschläge, zur Rekrutierung und für Propaganda zuständig. Es gibt des Weiteren Coaches, die potentielle Attentäter für ihre Sache erkennen und anleiten. Ein Beispiel für einen solchen Typ Attentäter stellt jener vom Anschlag Würzburg 2016 dar.

Sowohl in der Form der inspirierten Anschläge als auch der Einzeltäter mit Kontakt spricht man vom sog. „individuellen Dschihad“.[429] Wie viele Anhänger der Al Qaida oder des IS in Deutschland leben, kann nicht genau beziffert werden.[430] Nach Angaben der Bundesregierung[431] werden 767 Personen als Gefährder (734 männlich, 33 weiblich) und 470 als Relevante Personen (RP) eingestuft, davon gelten 58 als Führungspersonen, 165 Unterstützer/Logistiker, 118 als Akteure und 188 als Kontakt-/Begleitpersonen. Insgesamt 840 Gefährder und Relevante Personen sollen sich in Deutschland aufhalten, davon sind 186 Personen in Haft. Das Terrorismusrisiko wird nach Angaben der Bundesregierung mit Bezugnahme auf die Analyse von 386 Personen bei ca. 40 % als hoch, bei etwa 10 % als auffällig und bei 50 % als moderat eingeschätzt.[432] Vor allem junge Menschen sollen

429 Vgl. Bundesamt für Verfassungsschutz 2018, S. 166.

430 Bundesamt für Verfassungsschutz (Hrsg.) 2018, S. 173.

431 Vgl. Deutscher Bundestag 2018, Drucksache 19/5648.

432 Vgl. auch Goertz, in: Sicherheitsmelder vom 23.01.2019.

angesprochen werden. In Deutschland wird das salafistische Personenpotential auf ca. 11.000 Personen eingeschätzt.[433] Nach den Entwicklungen der letzten Jahre muss davon ausgegangen werden, dass diese Zahl auch die nächsten Jahre weiter ansteigen wird.[434] Es muss zudem davon ausgegangen werden, dass Entwicklungen und Konflikte in der islamischen Welt Einfluss auf die Gewaltbereitschaft der Islamisten in Deutschland und ganz Europa haben.

3. Zusammenfassung

Islamistischer Extremismus und Terrorismus bleibt für deutsche und europäische Sicherheitsbehörden sowohl qualitativ als auch quantitativ eine der größten Herausforderungen. Das hohe Gefährdungspotential liegt vor allem in der Vernetzung, dem immensen Aktionsradius, der Diversität terroristischer Mittel und der daraus resultierenden Unberechenbarkeit.

- Islamismus funktioniert auf unterschiedlichsten Ebenen und in den unterschiedlichsten gesellschaftlichen Schichten.
- Islamistische Gefüge sind komplex und werden daher in der gesellschaftlichen Debatte schnell verallgemeinert betrachtet (Verharmlosung vs. Kollektivverdacht gegen gläubige Muslime).
- Gerade junge Menschen fühlen sich von islamistischen Inhalten angesprochen.
- Eine dominierende Organisation kann nicht ausgemacht werden, insbesondere sehr kleine Gruppen (Zellen) oder zum Teil lediglich virtuelle Personenverbindungen beeinflussen einzelne Personen bis hin zum terroristischen Anschlag.
- Islamistische Akteure werben mit Anschlägen, die mit leicht beschaffbaren Waffen und zu jeder Zeit realisierbar sind.
- Der IS ruft auch zur verdecken Tötung einzelner „Ungläubiger“ und nach Gelegenheit auf, was in der Folge bedeutet, dass bei einigen Tötungsdelikten terroristische Motive übersehen werden könnten; entsprechend würden sie nicht als Terroranschlag erkannt.

433 Vgl. Bundesamt für Verfassungsschutz (Hrsg.) 2018, S. 173.

434 Vgl. Goertz/Goertz-Neumann 2018, S. 79.

VII. Weitere extremistische Gruppen

Extremismus ist nicht nur links-, rechts- oder islamistisch ausgerichtet. Das politische System abschaffen zu wollen, kann auch anders geartete Motivationen besitzen, die Zuspruch und Anhänger finden.

1. Scientology

Ob Scientology als Sekte oder religiösen Extremismus einzustufen ist, wird kontrovers diskutiert. Unter Scientology wird eine religiös-spirituelle Bewegung verstanden, die auf den Schriften des US-Amerikaners und Scince-Fiction-Autor *L. Ron Hubbard* zurückgeht.[435] Die Anhänger bezeichnen sich als überkonfessionell, vertreten jedoch wie andere religiös-extremistische Strömungen einen Alleingültigkeitsanspruch. Sie gestehen nur ihren Anhängern Menschenrechte zu und sind für die Abschaffung der Gewaltenteilung, was ein Merkmal extremistischer Ideologien ist.[436] Kern der scientologischen Lehre ist die Vorstellung, dass das unsterbliche Wesen jedes Menschen (*Thetan*) durch traumatische Erlebnisse und insbesondere durch zwei Ereignisse vor Millionen Jahren massiv in seiner Funktionsweise beeinträchtigt wurde. Spezielle Techniken, wie das Auditing, sollen die Funktionen des Thetan wiederherstellen und so das Leben des Einzelnen verbessern und um mehr Geld zu verdienen. Auf gesellschaftlicher Ebene ist die Hinwendung aller Menschen zu den Gedanken Scientologys das Hauptziel, daneben wird insbesondere die Abschaffung der Psychiatrie gefordert. Das scientologische Weltbild geht davon aus, dass der Mensch grundsätzlich gut ist. Die Abkehr von Scientology wird durch den Entzug von Freundschaft und mit Kontaktabbruch bestraft. Angehörige, die sich weigern, den Kontakt abzubrechen, werden als potentielle Störer behandelt und entsprechend beobachtet. Bestanden zuvor Abhängigkeits- und/oder Schuldnerverhältnisse, werden Außenstände direkt von dem Abtrünnigen eingefordert. Der Druck, der somit ausgeübt wird, ist enorm. Ex-Scientologen und Gegner der Bewegung werden zu „unterdrückerischen Personen“ (*suppressive persons*) erklärt. Diesen wird ein schädlicher Einfluss zugeschrieben, der der spirituellen Entwicklung des Einzelnen Schaden zufüge. Die Ge-

---

435 Bundesamt für Verfassungsschutz (Hrsg.) 2018, S. 316.

436 Vgl. Bötticher/Mâres 2012, S. 294.

fährlichkeit der Scientology-Bewegung liegt in dem immensen Eingriff in die psychische Stabilität von Menschen und das Schaffen von Abhängigkeitsverhältnissen. Die Anhänger sind nicht in der Lage, autonome Entscheidungen zu treffen. Sie ordnen ihr Leben dem Willen der Sekte unter. In Deutschland geht man von ca. 3.500 Anhängern aus.[437]

2. Öko-Extremismus

Bei Bewegungen, die dem Öko-Extremismus bzw. dem Öko-Anarchismus zugeordnet werden, handelt es sich um militante Gruppen, die häufig nicht nur lokal, sondern länderübergreifend agieren. Aktuelle Phänomene wie Klimawandel und Umweltverschmutzung werden dabei weniger als zu lösendes Problem begriffen, sondern als Begleiterscheinung von Herrschaftsverhältnissen. Politisch und technokratisch gedachte Lösungen werden stets als unzureichend und verlogen kritisiert, da im Endeffekt das gesamte wirtschaftliche System dem Kapitalismus diene und das Ziel der Gewinnmaximierung der Nachhaltigkeit im Weg stehe.[438] Wie groß die Anhängerschaft konkret ist und vor allem, wie viele Personen aus diesem Spektrum tatsächlich als gewaltbereit und extremistisch eingeschätzt werden müssen, ist unklar, denn das Phänomen „Öko-Extremismus" ist im Verfassungsschutzbericht nicht ausgewiesen. Beobachtungen zeigen, dass es sich bei den Akteuren um Menschen aus allen Milieus handelt. Bei Teilen der gewalttätigen Protestler, wie eben auch im Hambacher Forst,[439] kann es sich mitunter um linksextreme Aktivisten handeln, die darin lediglich eine Plattform für ihre Protestkultur gefunden haben. Gewalttätige Aktivisten rufen länderübergreifend im Internet zu „Aktionen" auf und organisieren über diesen Weg Protestaktionen.

> *Ein Polizist berichtet: Mein Einsatz im Hambi und wie ich ihn sehe*
>
> *„ […] Seit einigen Tagen bin ich nun im Hambi eingesetzt und ich muss sagen, dass man hier eigentlich alles erlebt... Von Verständnis für uns, aber eben auch tiefste Ablehnung und Hass. Es gibt hier die, die protestieren und friedlich dabei sind. Die hören, wenn wir Ansagen machen und diesen auch Folge leisten. Doch dann gibt es auch diejenigen, die*

437 Vgl. Bundesamt für Verfassungsschutz (Hrsg.) 2018, S. 319.

438 Vgl. Bötticher/Mâres 2012, S. 383 f.

439 Zu den gewalttätigen Protesten gegen die Waldrodung im Hambacher Forst im Spätsommer 2018 durch den Energiekonzern RWE, vgl. Dienstbühl, in: Publicus 11/2018.

mit Fäkalien auf uns werfen, die uns Mord an dem Verunfallten jungen Mann vorwerfen, die uns beschimpfen, beleidigen. Steine und Flaschen fliegen. Stahlkugeln werden mit Zwillen auf uns geschossen. Wir kennen dies ja schon, naja bis auf die Fäkalien, und können damit umgehen.

Kot und Urin werden in Eimern gesammelt und auf uns gekippt. Dies ist schon seit Tagen immer wieder so. Mal mehr, mal weniger. Man muss auch dazu sagen, dass diese sogenannten Aktivisten genau wissen was sie zu sich nehmen müssen, dass der Kot eher flüssig ist und ehrlich gesagt auch erbärmlich stinkt. Erbrochenes wird auf uns gekippt. Pfefferminzöl und Desinfektionsmittel sind derzeit meine ständigen Begleiter. Vielleicht sind dies gerade Informationen die ihr nicht lesen wollt, aber ihr solltet es wissen. Des Weiteren habe ich gesehen wie der Wald teilweise zugemüllt wurde. Sorry, aber auf der einen Seite sich für die Umwelt einsetzen wollen und dann den Müll liegen lassen, passt nicht zusammen.

An dem Tag, als der junge Mann abgestürzt ist, war ich zwar nicht in der Nähe, aber auch nicht so weit entfernt um die Parolen, die gerufen wurden, zu überhören. Es war blanker Hass der gegenüber uns aus dem Gerufenen heraus zu hören war. Es war ein bedauerlicher und sehr tragischer Unfall, der auch uns zutiefst geschockt hat. Auch an uns geht dies nicht spurlos vorbei.

[…] Polizeigewalt wird gerufen, wenn wir unmittelbaren Zwang anwenden müssen, weil Personen sich unseren Anweisungen widersetzen. Die Besetzung ist illegal und das ist Fakt. Gerichte haben für die Räumung entschieden und es ist Aufgabe von uns, der Exekutive, dies auch um- und durchzusetzen. Es wurden immer wieder Ansagen gemacht, dass, wenn unseren Anweisungen nicht Folge geleistet wird, Aktionen von uns gestartet werden. Wer sich dann sperrt, meint eine Polizeikette durchbrechen zu müssen oder uns angreift, muss mit den Folgen leben.

[…] Dieser Einsatz wird uns noch Wochen beschäftigen, sei es hier vor Ort oder wenn wir wieder zuhause sind. Neue Kollegen werden nachrücken für die, die nach Hause zu ihren Familien dürfen.

Wir hoffen hier alle, dass die Lage nicht weiter eskaliert. Es ist genug passiert […].“[440]

440 Veröffentlicht auf der Facebook-Seite der Gruppe Polizei=Mensch am 23. September 2018; übernommen im Original-Wortlaut, gekürzt; Quelle: www.facebook.com/polizISTmensch/posts/2224124394295637?__tn__=K-R (Stand: 23. September 2018); dem Beitrag waren Bilder aus dem Hambacher Forst angehängt, die Aktionen der Demonstranten zeigen.

3. Zusammenfassung

Extremistische Bestrebungen können jenseits politischer Zuordnungen existieren, bzw. weniger eindeutig sein.

- Der Blick auf nicht primär politischen Extremismus offenbart Bedürfnislagen von Menschen, die sich von den zugrundeliegenden Ideologien angesprochen fühlen; für jeden empfundenen Mangel scheint es ein Extrem zu geben.
- Generelle Merkmale von Extremisten (Abschottung einerseits, offensives Werben andererseits, eigene Kommunikationsstrukturen, etc.) findet sich auch in anderen Extremismusformen.

VIII. Vergleichende Analysen

Im weiteren Verlauf werden nun die Phänomenkomplexe Rechtsextremismus, Linksextremismus und Islamismus behandelt. Bereits die Beschäftigung mit den unterschiedlichen Begriffen und den verschiedenen Extremismusbereichen lässt vermuten, dass Ähnlichkeiten einerseits und Abgrenzungen andererseits zueinander existieren. Diese werden nachfolgend genauer analysiert.

1. Antisemitismus

Unter Antisemitismus wird allgemeine Judenfeindlichkeit begriffen. Dabei geht es nicht lediglich um die Kritik an der israelischen (Siedlungs-)Politik. Eine einheitliche, allgemeinverbindliche Definition von Antisemitismus existiert nicht.[441] Das *European Monitoring Center against Racism and Xenophobia* (EUMC) in Wien hat 2005 eine Arbeitsdefinition vorgeschlagen, nach welcher Antisemitismus als gegen Juden bzw. jüdische Einrichtungen gerichtete verbale oder physische Handlungen definiert ist, wobei sich diese auch gegen Nicht-Juden richtet, wenn diese „jüdische Interessen" unterstützen, oder gegen den Staat Israel als jüdisches Kollektiv.[442] Als Form der Xenophobie, der Angst vor Fremden, bezeichnet sie heute sämtliche Erscheinungsformen der Judenfeindschaft. Die Wortbildung Antisemitismus basiert auf sprachwissenschaftlichen und völkerkundlichen Unterscheidungen des ausgehenden 18. Jahrhunderts, in denen mit dem Begriff des Semitismus versucht wurde, den ‚Geist' der semitischen Völker im Unterschied zu dem der Indogermanen zu erfassen und abzuwerten. Dem Antisemiten gelten Juden ihrer gesamten Natur nach als schlecht, mit negativen Eigenschaften behaftet und als unverbesserlich. Deswegen werden Juden immer als destruktives Kollektiv betrachtet.[443] Antisemitismus kann in den nachfolgenden fünf Facetten unterschieden werden:[444]

a) klassischer Antisemitismus als offene Abwertung von Juden auf der Grundlage stereotyper Beschreibungen

441 Zur Problematik des Semiten- und Antisemiten-Verständnisses, vgl. Stein 2011, S. 16 ff.

442 Bergmann, in: bpb vom 27. November 2006.

443 Vgl. Ranan 2018, S. 35.

444 Nach Frindte, in: Egg (Hrsg.) 2006, S. 131.

b) sekundärer Antisemitismus als jede Art von Holocaust-Leugnung und -Relativierung
c) Antisemitische Separation als gewerteter Zweifel an der Loyalität von Juden zum Land
d) Israelbezogener Antisemitismus als Übertragung der Kritik israelischer Politik auf alle Juden
e) NS-vergleichende Israelkritik, als Gleichsetzung der israelischen Palästinenserpolitik mit der Vernichtung der Juden im NS-Regime.

Das EUMC folgt in seiner Arbeitsdefinition dieser Vorgabe, indem es Antisemitismus als Vorwurf definiert, wonach Juden konspirieren würden, um die Menschheit zu schädigen. Für einen Antisemiten können Juden in den Gesellschaften, in denen sie leben, ihre Destruktivität in mehrfacher Hinsicht ausüben:
a) in religiös-kultureller Hinsicht (Weltliche Werte ersetzen den Glauben, Herauslösen aus identitätsstiftender Religiosität)
b) in ökonomischer Hinsicht (durch finanzielle Ausbeutung)
c) in politischer Hinsicht (durch Verrat an äußere Feinde)
d) in moralischer Hinsicht (durch Ausspielen der Opferrolle).[445]

In der Geschichte führte Argwohn gegen Juden zu erzwungenen Berufen im Finanzsektor und Ausschluss des Staatsdienstes. Dadurch galten Juden als Wucherer, Betrüger, später als ausbeuterische Kapitalisten und Spekulanten. Damit eng verbunden ist die Vorstellung, die Juden bildeten eine mächtige Verschwörung, die mit ihrem Geld weltweit das Geschehen bestimme.[446] Solche Verschwörungstheorien führen zu negativen Stereotypen bezüglich Juden, die nicht mehr hinterfragt werden.[447] Antisemitismus als Begriff für Judenhass basiert auf dem im Christentum entstandenen Antijudaismus, in dem Juden als „fremdartig“ diskriminiert wurden, sofern sie nicht als Christen konvertierten. Dies verschärfte sich weiter mit der französischen Revolution, in deren Entwicklung Juden als „andersartig“ sämtliche negativen Eigenschaften zugeschrieben wurde, die volksschädlich seien. Als „parasitär“ wurden sie zu Zeiten des deutschen Nationalsozialismus verunglimpft und in bislang beispielloser Weise verfolgt und ermordet. Noch heute gehört Judenhass zur Attitüde der Neonazis. Im Zuge der Nah-

445 Nach Frindte, in: Egg (Hrsg.) 2006, S. 132 f.
446 Vgl. Ranan 2018, S. 122 ff.
447 Eine noch immer weit verbreitete antisemitische Verschwörungstheorie bezieht sich auf die sog. *Protokolle der Weisen von Zion*, ein im Inhalt erfundenes Pamphlet, dass ursprünglich im russischen Kaiserreich um 1903 herum entstand. In diesem wird das fiktive Treffen jüdischer Machthaber „dokumentiert“ (daher „Protokoll“, um die Glaubwürdigkeit des Schriftstückes zu steigern), die die Weltherrschaft an sich reißen wollen, vgl. Benz 2007, S. 43.

ost-Konflikte entwickelte sich ein tiefverwurzelter Antisemitismus unter Muslimen, der auf eine Islamisierung der Auseinandersetzungen in den letzten 20 Jahren zurückzuführen ist. Eine Unterscheidung zwischen israelischer Politik und dem einzelnen gläubigen Juden wird nicht getroffen.[448] Antisemitische Straftaten äußern sich in sämtlichen Formen von Gewaltdelinquenz (also beispielsweise Tötungs- und Körperverletzungsdelikte, Brand- und Sprengstoffdelikte, Freiheitsberaubung, Raub, Erpressung, Widerstands- und Sexualdelikte) und Straftaten ohne Gewaltbezug (so z. B. Propaganda- und Volksverhetzungsdelikte, Beleidigungen, etc.).[449]

1.1 Rechtsextremismus und Antisemitismus

Antisemitismus dient in der rechtsextremen Ideologie als Theorie zur Erklärung fast aller das nationale Kollektiv schädigenden Phänomene; sowohl in der Vergangenheit als auch in der Gegenwart. Im Rechtsextremismus dominiert stets der Bezug zum Holocaust, der sowohl in seiner Existenz geleugnet wird, aber auch in der Frage, ob der Massenmord von Juden durch Deutsche tatsächlich schuldhaft oder nicht vielmehr eine konsequente „Handlung gegen Schädlinge“ gewesen sei. Den Juden wird die Schuld für nahezu jedes Übel gegeben, zudem werden sie als eine Art Elite begriffen, die die Welt beherrscht und u. a. Deutschland und die Deutschen kleinhält. In der eingestandenen Schuld Nachkriegsdeutschlands sehen Rechtsextreme die bewusst erneut durch Juden herbeigeführte Kränkung durch die Niederlage im Zweiten Weltkrieg durch Projektion auf „die Juden“ abgewehrt werden müssen. Insofern bilden antisemitische Erklärungsmuster einen integralen Bestandteil rechtsextremer Geschichtsdeutung. Auch Jugendliche übernehmen solche Deutungsmuster und übernehmen mit ihnen generelle Ansichten der Ausländerfeindlichkeit.[450]

1.2 Linksextremismus und Antisemitismus

Zuweilen erscheint es als nicht schlüssig, dass ausgerechnet politisch links orientierte Aktivisten einen Groll gegen das Judentum hegen. Personen, die sich als „Antifaschisten“ bezeichnen, werden in der öffentlichen Wahrneh-

448 Vgl. Dienstbühl, in: Die Kriminalpolizei 4/2014, S. 14.

449 Verbale Gewalt wird entsprechend nicht als Gewalt betrachtet, diese bezieht sich rein auf physische Gewaltakte; vgl. Pfahl-Traughber, in: Fünfsinn/Pfahl-Traughber (Hrsg.) 2011, S. 173.

450 Vgl. Langenbach, in: Virchow/Langenbach/Häusler 2016, S. 383.

mung nicht mit Antisemitismus in Verbindung gebracht. Die Wurzeln des linken Antisemitismus sind jedoch älter. Schon *Marx* äußerte sich im Jahr 1843 „zur Judenfrage“ und erklärt in seinem Papier das Judentum als Eigennutz, den Juden zum Schacher und als jüdischen Gott das Geld.[451] Diese Schrift ist noch heute unter Historikern und Soziologen heftig umstritten. Während die einen das Werk als eindeutig antisemitisch betrachten, teilen andere die Auffassung nicht, da diese den Entstehungskontext vernachlässigen würde. Der Sechstagekrieg 1967 setzte eine neue Zäsur der in Europa wachsenden linksrevolutionären Bewegung. Vor allem die sich radikalisierenden Linken in Deutschland sahen Israel als imperialistische Unterdrücker. Am 9. November 1969, ausgerechnet während einer Gedenkveranstaltung zur Reichsprogromnacht 1938, „reagierten“ die *Tupamaros Westberlin*,[452] nämlich mit einem Sprengstoffanschlag auf ein jüdisches Gemeindehaus. Aufgrund technischer Fehler detonierte der Sprengsatz jedoch nicht. Ein Bekennerschreiben mit dem Titel „Schalom + Napalm“ gab es trotzdem, in der die Attentäter Juden zu Faschisten erklärten und Zionisten zu Besetzern erklärten.[453]

Das populärste Beispiel für eine antisemitische Einstellung von Linksterroristen stammt aus der Feder von *Ulrike Meinhof*. In ihrer im Stammheimer Gefängnis verfassten Erklärung: „Die Aktion des ‚Schwarzen September‘ in München. Zur Strategie des antiimperialistischen Kampfes“ vom November 1972 verteidigt sie die Ermordung elf israelischer Sportler während der Olympischen Sommerspiele. Sie bewundert darin die Tat als „gleichzeitig antiimperialistisch, antifaschistisch und internationalistisch.“[454] Der Terroranschlag wurde, wie von der RAF üblich, als Aktion bezeichnet. Diese haben die „Genossen“ dahin „zurückgetragen“, wo das Massaker 1970 gegen Palästinenser „ursprünglich ausgeheckt“ worden sei: „früher Nazi-Deutschland, jetzt imperialistisches Zentrum“. Israel habe zudem seine Sportler „verheizt wie früher die Nazis die Juden.“[455] Während es hinter den Gefängnismauern von Stammheim zum Streit zwischen Meinhof und Gudrun Ensslin wegen der nichtautorisierten Schrift kam, setzten zweierlei Entwicklungen ein. Einerseits spaltete die Stellungnahme

---

451 „Das Geld ist der eifrige Gott Israels, vor welchem kein andrer Gott bestehen darf. Das Geld erniedrigt alle Götter des Menschen – und verwandelt sie in eine Ware“, vgl. Marx 1848, S. 374 f.

452 Linksterroristische Gruppe, die von 1969–70 in Berlin agierte und aus etwa 15 Personen bestand.

453 Der Originaltext vom 13. November 1969 ist online verfügbar, unter: www.trend.infopartisan.net/litlisten/aufruhr/aufruhr14.html (Stand: 18. September 2018).

454 Vgl. Meinhof, in: ID-Verlag 1997, S. 151.

455 Vgl. Meinhof, in: ID-Verlag 1997, S. 151 ff.

Meinhofs die Sympathisantenszene der RAF in der Bundesrepublik. Andererseits offenbarte sie die Haltung des sozialrevolutionären Terrorismus der 1970er Jahre, wie sie durch die Bündnisse mit der PFLP, Flugzeugentführungen und „Freipress"-Taktik etc. bereits deutlich spürbar war. Der unverhohlene Antizionismus vermischte sich auch in den 1980er Jahren weiter mit Antisemitismus, der sehr eng mit der amerikafeindlichen Haltung verknüpft ist.[456]

Die Haltung und das Streben linksextremer Gruppen definieren sich damals wie heute über Feindbilder, die vernichtet werden müssen. Ein solches Feindbild stellt für einen großen Teil in der linksradikalen bis linksextremen Szene der *Zionismus* dar. Der Sammelbegriff Zionismus bezeichnet sämtliche Bewegungen und Einstellungen, die einen jüdischen Nationalstaat in Palästina als „Eretz Israel" (Land Israel) fordern. Nun ist dieses Feindbild noch recht abstrakt. Soll es gewalttätige „Aktionen", sprich Straftaten gegen Personen oder Sachen rechtfertigen, muss ein dazugehöriger Personenkreis zum Feindbild erklärt werden können. Dies trifft in dem Fall die jüdischen Glaubensvertreter. Dies beschreibt der Begriff „antizionistischer Antisemitismus".[457]

1.3 Islamischer Antisemitismus

Auch der sunnitische Islamismus kennt das Bild von Volksgemeinschaft und Antijudaismus zur Markierung und Grenzziehung der eigenen zu fremden Gruppen. Feindbilder werden benutzt, um eigene Missstände zu erklären und somit auch aus der Opferrolle heraus zu entschuldigen.[458] Seinen Ursprung hat er allerdings bereits zur Zeit Mohammeds. Während der „mekkanischen Zeit", in der der Prophet den islamischen Glauben noch nicht durchsetzen konnte, galten Juden und Christen im Koran als „Schriftbesitzer"[459] und genießen daher grundsätzlich Mohammeds Toleranz. Doch dann bekommen die Juden im Koran die Rolle von Unterworfenen, Feiglingen und Besiegten, mit denen keine Freundschaft gepflegt werden darf.[460] Denn nach der Auswanderung des Propheten Mohammed nach

456 Vgl. Dienstbühl, in: Die Kriminalpolizei 4/2014, S. 15.

457 Pfahl-Traughber, in: bpb vom 28.11.2006.

458 Faessler, in: Totalitarismus und Demokratie, 11/2014, S. 76 und 78.

459 Vgl. Koran Sure 5, Vers 44.

460 In Sure 5, Vers 51 wird im selben Zug auch die Freundschaft zu Christen verboten: „Ihr Gläubigen! Nehmt euch nicht die Juden und die Christen zu Freunden! Sie sind untereinander Freunde (ergänze sinngemäß: aber nicht mit euch). Wenn einer von euch sich ihnen anschließt, gehört er zu ihnen (ergänze sinngemäß: und nicht mehr zu der Gemeinschaft der

Medina im Jahr 622 n. Chr. wendet er sich von ihnen ab, weil sie sich weigern, seiner Botschaft zu glauben und sich dem Islam anzuschließen. So werden sie fortan in den zu Medina offenbarten Suren als Feinde betrachtet. Im 19. Jahrhundert befassen sich islamische Gelehrte mit der Bedeutung der Juden für den Islam. Insbesondere die Schriften des Ägypters *Said Qutb* (1906 bis 1966) transportierten das Verständnis, Juden und Christen wollten die islamische Welt zerstören.[461] Qutb berief sich dabei auf den Koran: „Diejenigen, die Gott verflucht hat und denen er zürnt und aus deren Reihen er einige zu Affen und Schweinen gemacht hat."[462] (Sure 5:60/Sure 7:166). „Sie [die Juden, Anm.] führen ähnliche Reden wie die Ungläubigen. Allah schlag sie tot! Wie sind sie verstandeslos!"[463] Genau solche Koranstellen werden insbesondere von radikalen Islamisten, aber beispielsweise auch Anhängern der Grauen Wölfe zitiert und instrumentalisiert. Sie bilden zugleich die Brücke zum (deutschen) Rechtsextremismus, da Juden als „Tätervolk" und Hitler als „Befreier" von beiden Seiten gleichermaßen betrachtet werden, zudem verweisen Islamisten gerne auf aus dem Westen stammende antisemitische Bücher. Durch die Entstehung des Staates Israel verschlechterte sich das Verhältnis zwischen Muslimen und Juden. Man bemühte sich zwar, zwischen Juden und Zionisten zu unterscheiden. Mit der Schwächung des Osmanischen Reiches richtete sich der Hass vor allem türkischer Muslime gegen ethnische und religiöse Minderheiten, wie gegen die Armenier und die Juden. Im 20. und 21. Jahrhundert wird die Palästinenserfrage[464] und das Erstarken nationalistischer Kräfte in muslimisch geprägten Kulturen zum Katalysator für exzessive Judenfeindlichkeit. In der Zeit des Nationalsozialismus wurden Hitlers Thesen seines Buches „Mein Kampf" ins Arabische übersetzt und ab 1938 durch Muslimbrüder verteilt.[465] Durch den Palästinakonflikt ist in der islamischen Welt erneut eine antizionistische Stimmung entbrannt, in der nicht selten der Wunsch geäußert wird, ein „Adolf 2.0" würde die Palästinenser von den Juden befreien.[466] Antisemitismus bis hin zu exzessivem Judenhass findet gegenwärtig vor allem unter jungen Muslimen Anklang. Immer häufiger wird

---

Gläubigen). Gott leitet das Volk der Frevler nicht recht", mit Einfügungen durch Christiane Schirrmacher, vgl. Schirrmacher ohne Datumsangabe, S. 4.

461 Pfahl-Traughber, in Fünfsinn/Pfahl-Traughber 2011, S. 122 f.

462 Koran Sure 5, Vers 60.

463 Koran Sure 9, Vers 30.

464 Ausführlich zur Entwicklung im ausgehenden 19. Jhd., vgl. Ranan 2018, S. 161 ff.

465 Vgl. Pfahl-Traughber, in: Fünfsinn/Pfahl-Traughber 2011, S. 122.

466 Vgl. Shalicar 2018, S. 44.

solcher in Schulen beobachtet. Studien[467] haben gezeigt, dass negative Vorurteile gegen Juden und den Staat Israel vorherrschen und auch mit Geschichtsrelativierung einhergehen.[468]

2. Viktimologie

Extremistische, mehr noch aber terroristische Gewalt ist deutlich opferorientiert, denn die Angriffe auf bestimmte Opfergruppen sollen eine Rückwirkung auf die Gesamtgesellschaft bewirken.[469] Entsprechend relevant ist der Blick auf die Opfer aus der kriminologischen Perspektive. Die Viktimologie als Lehre vom Opfer soll Opferwerdungsprozesse beschreiben und Möglichkeiten zur Prävention eröffnen. Gegenstand sind wissenschaftliche Untersuchungen hinsichtlich Persönlichkeit und Verhalten von Verbrechens-Opfern; wobei die Frage beantwortet werden soll, ob bestimmte Personen und/oder Bevölkerungsgruppen von bestimmten Straftaten überproportional häufig betroffen sind und worin die Gründe dafür liegen könnten. Die Viktimologie befasst sich auch mit Fragen der langfristigen psychischen Folgen von Verbrechen für die Opfer sowie mit dem sogenannten *Täter-Opfer-Ausgleich*.[470] Kriminologen und sämtliche Wissenschaftler, die sich mit dem Phänomen Extremismus befassen, betrachten in erster Linie die Täter, nicht die Opfer. Entsprechend Potential hat entsprechende Forschung an dieser Stelle.[471] Nun ist die Viktimologie, die Lehre vom Opfer, jedoch ein zentraler Bestandteil der Kriminologie. Eine systematische Erforschung von Opferwerdungsprozessen ist jedoch wichtig. Denn während Prävention vor allem für extremismusgefährdete Personen reichlich betrieben wird, fehlt es an Maßnahmen zum Schutz und zum Umgang für Personen, die Opfer von extremistischer bzw. terroristischer Gewalt geworden sind.

---

467 Bislang existieren hierzu nur vereinzelte Erhebungen zu Einstellungsmustern von Schülern, die nicht pauschalisiert werden dürften; eine Tendenz ist damit aber durchaus erkennbar, vgl. Langenbach, in: Virchow/Langenbach/Häusler 2016, S. 383 f.; ferner Kruppa ohne Datumsangabe, S. 1 ff.

468 Ebd.

469 Vgl. Coester, in: Gewaltprävention-Info, ohne Datumsangabe, S. 6.

470 Täter-Opfer-Ausgleichprogramme basieren auf §§ 155 a, 155 b StPO und §§ 45 Abs. 2 Satz 2, 47 Abs. 1 JGG. In solchen soll das Opfer den Täter mit Hilfe eines Mediators außerhalb der Tat kennenlernen, um mit der Tat besser abschließen zu können; der Täter soll den Schaden wiedergutmachen, vgl. Clages/Zeitner 2016, S. 189.

471 Skizzierter Forschungsbedarf bez. Opfer rechter Gewalttaten, vgl. Böttger/Lobermeier/Platcha 2014, S. 47 f.

2.1 Folgen für unmittelbare und mittelbare Opfer

Zunächst unterscheidet man, ob ein Mensch direkt von extremistischer Gewalt oder einer Straftat betroffen ist, diese bezeichnet man als *unmittelbare Opfer*. Personen, deren Angehörige, aber auch Freunde oder Mitarbeiter Opfer von Gewalt und Kriminalität geworden sind, bezeichnet man als *mittelbare Opfer*.

In einer Untersuchung des Bundeskriminalamtes zu Beginn der 1990er Jahre, befragte die eingesetzte Untersuchungsgruppe Opfer ganz unterschiedlicher Formen von (Gewalt-)Kriminalität nach ihren Erwartungen und Wünschen nach der Tat.[472] Folgende Aussagen[473] wurden am meisten getroffen:

1. „Diese oder irgendeine andere Straftat soll mir nie wieder passieren!"
2. „Mir soll es so schnell wie möglich wieder gutgehen, d.h. mir soll es so gehen, als wäre die Straftat nicht passiert."
3. „Dem Täter soll gezeigt werden, dass es so nicht geht und er so nicht mit mir umspringen kann!"
4. „Die Strafe soll den Täter erziehen und ihm zeigen, dass er Unrecht getan hat!"
5. „Ich will jetzt wissen, was die Polizei, die Justiz für mich unternimmt!"

Dabei zeigte sich, dass die Opfer, die von Gewalt betroffen waren, weniger den Wunsch nach Wiedergutmachung hatten (im Gegensatz zu solchen, die beispielsweise Opfer eines Wohnungseinbruchdiebstahls [WED] wurden); ihnen war vielmehr die Verurteilung und damit sowohl Bestrafung als auch Unschädlichmachung des Täters wichtiger. Die Folgen einer Tat und die damit verbundenen Bedürfnisse des Opfers, sind stets individuell. Gerade Opfer von Extremismus und Terrorismus werden zu Opfern, weil sie

- sich „zur falschen Zeit am falschen Ort" befanden (terroristische Angriffe im öffentlichen Raum);
- bestimmte äußerliche Merkmale aufweisen (fremdländisches Aussehen als Ursache rechtsextremer Übergriffe);
- bestimmte Kleidungs- oder Schmuckstücke tragen (z.B. Kippa als religiöses Bekleidungsstück, Aufnäher mit politischen Slogan oder die „Coleur" einer Verbindung);
- Polizeibeamte sind.

In allen diesen Fällen, auch wenn sich ein Mensch nur zufällig am Anschlagsort befunden hat und deswegen zum Opfer wurde, wurde man von

472 Vgl. Baurmann/Schädler, in: BKA (Hrsg.) 1996, S 67ff.

473 Gekürzt zitiert nach Baurmann/Schädler, in: BKA (Hrsg.) 1996, S. 76.

den Angreifern als Feind definiert (da Vertreter der feindlichen Gesellschaft am Weihnachtsmarkt oder im Nachtleben, etc.). Das bedeutet auch, dass in der Kriminologie verwendete Erklärungsansätze wie *Routine Activity*[474] kritisch betrachtet werden müssen. Der Umstand des Grundes für den Täter bei der Opferauswahl macht auch etwas mit dem Opfer: Denn es wurde aufgrund dessen angegriffen, was er ist und lebt; ganz gleich, ob die Gewalthandlung an sich nur zufällig auf ihn gerichtet war. Entsprechend nachhaltig können die Folgen der Viktimisierung sein und zu einer massiven Traumatisierung führen, die auch mittel- bis langfristige soziale Folgen bedeuten.[475] Solche können sich in Posttraumatischen Belastungsstörungen (PTBS) niederschlagen, in deren Zuge die Betroffenen Alpträume und intrusives Wiedererleben in Form von Flashbacks durchstehen müssen, vermeidendes Verhalten an den Tag legen, hypersensitiv reagieren oder unter Erinnerungslücken leiden.[476] Reaktionen, wie beschrieben, können unmittelbar durch das Hören eines Schreies oder einen bestimmten Geruch bereits ausgelöst werden.[477] Zentral für die Betroffenen ist das Empfinden der Machtlosigkeit und des Ausgeliefertseins, das man selbst nicht kontrollieren kann. Diese Opfererfahrung kann dazu führen, dass die Betroffenen das Opfersein als Rolle verfestigen und im schlimmsten Fall immer wieder zu Kriminalitätsopfern werden.[478]

2.2 Polizeiarbeit mit Opfern extremistischer und terroristischer Gewalt

Im Zuge des NSU-Skandals in Deutschland offenbarte sich, dass Ermittler einige der Morde völlig falsch einstuften („Döner-Morde"), weil sie Killer aus dem türkischen Drogenmilieu hinter den Anschlägen des NSU vermuteten.[479] Somit wurden den Opfern und deren Angehörigen selbst unter-

---

474 Dieses Modell fragt nach riskanten Alltagsroutinen. Bezogen auf extremistische oder terroristische Gewalt bedeutet dies aber beispielsweise, dass Menschen sich nicht mehr sicher im öffentlichen Raum bewegen könnten oder auch mit dem Tragen einer Kippa zur Tat beigetragen hätten.

475 Vgl. Böttger/Lobermeier/Platcha 2014, S. 52, S. 56 f.

476 Vgl. Neubacher 2017, S. 131.

477 Ebd.

478 Dies wird mit der Stufe der „tertiären Viktimisierung" beschrieben, in der die Opfer das „Opfersein" für sich anerkennen und sich damit identifizieren. Im Sinne des „Opferkarriere-Modells" wird diese Stufe auch mit dem Modell der „erlernten Hilflosigkeit" erklärt, vgl. Schneider/Schneider 1995, S. 196.

479 Vgl. Fuchs, in: Spiegel vom 4. Juli 2012.

stellt, in kriminelle Aktivitäten involviert zu sein.[480] Die Polizei ermittelt Tatverdächtige, die Justiz klagt sie an und verurteilt sie. Gerade die Befragung, da Opfer häufig auch Zeugen sind, ist für sie nicht selten ein traumatisches Erlebnis. Wurde einem Menschen Gewalt angetan oder musste er zusehen, wie andere Menschen verletzt wurden oder starben, erlebt er diese Situation in der Befragung möglicherweise erneut. Entsprechend sensibel und vorurteilsfrei sollten Vernehmungen/Befragungen ausgestaltet sein. Auch die zeitnahe Vermittlung an externe, aber lokale (Betreuungs-)Angebote kann dabei Sinn machen, wenn sich dort psychologisch geschulte Berater befinden, die sich eingehender um das Opfer kümmern können. Auch zeigen unterschiedliche Untersuchungen, dass die Opfer extremistischer Gewalt sehr gut erkennen, welches Motiv ein entsprechender Angriff hatte. Die eingehende Prüfung eines Falles sollte daher auch die Einschätzung des Opfers prinzipiell einschließen.[481] Kenntnisse zur Viktimologie allgemein können für die Ermittlungen wichtig sein, um auch das Opfer hinsichtlich Tatgestaltung und Verhaltensweisen einschätzen zu können.[482] Verläuft der Umgang zwischen Sicherheitsbehörde und Justiz wenig sensibel, kommt es eher zum Phänomen der *sekundären Viktimisierung*, also das Opfer bekommt den Eindruck, ihm würde nicht geglaubt, es sei selbst schuld an der Lage, etc.[483] Generell sind nachfolgende Fragen sowohl in der Information als auch in der Anwendung relevant für die Polizeiarbeit im Umgang mit Opfern:[484]

Tabelle 6: Opferinteressen und Polizeiarbeit; eigene Darstellung

Sachinformation	Anwendung
Was sind Opfersorgen und Opferinteressen?	Wie hilft diese Kenntnis der Polizeiarbeit?
Welche Opferhilfeeinrichtungen gibt es und wie arbeiten sie?	Welchen Nutzen hat die Polizei von diesen Einrichtungen?
Welche Opferinteressen werden im Department berücksichtigt?	Wie können Polizisten die Einrichtung entsprechender Opferhilfen anregen?

480 Vgl. Möllers, in: Möllers/Ooyen 2015, S. 226 f.

481 Vgl. Coester, in: Gewaltprävention-Info, ohne Datumsangabe, S. 6.

482 Vgl. Köhn 2007, S. 144.

483 Vgl. Neubacher 2017, S. 130.

484 Übernommen nach Kirchhoff, in: BKA (Hrsg.) 1996, S. 57.

2.3 Schäden durch Extremismus und Terrorismus

Die Schäden, die Opfer von terroristischer oder extremistischer Gewalt erleiden, sind weitreichend. Sofern es sich nicht um gegenseitige Konfrontationen handelt, die Extremisten (z.B. links und rechts) bewusst gesucht haben, so haben es sich die Opfer nicht aussuchen können, dass sie zu Opfern gemacht wurden.

Opfern von Kriminalität können Leistungen des Staates zustehen. Bei den Terroranschlägen vom Berliner Breitscheidplatz erwies sich dies allerdings als besonders schwierig. Erst drei Monate nach dem Terroranschlag an der Berliner Gedächtniskirche hat die Bundesregierung damals mit der Ernennung des ehemaligen Ministerpräsidenten von Rheinland-Pfalz, *Kurt Beck* (SPD), zum Opferbeauftragten reagiert. Allerdings ist dieser nur für die Opfer des Berliner Anschlags zuständig. Für alle anderen Terroropfer gibt es weiterhin niemanden. Opfer von extremistisch motivierten Straftaten können generell einen Härtefallantrag stellen.[485]

In der Kriminologie versucht man, durch die Bildung von Opfertypen gezielte Präventionskonzepte und Schutzmechanismen zu erarbeiten. Da jedoch jeder Bürger durch Extremismus und Terrorismus zum Opfer werden kann, auch wenn man selbst nicht erstrangiges Anschlagsziel, sondern Kollateralschaden oder mittelbar betroffen ist, fällt dies enorm schwer. Die Betonpoller an Weihnachtsmärkten und die verstärkte Polizeipräsenz sind lediglich eine (sichtbare) Maßnahme. Daher versuchen wir zunächst, mehr Informationen über Täter und potentielle Täter zu bekommen, um basierend auf diesen Informationen weitere und mitunter auch gezieltere Interventionen zum Schutz potentiell betroffener Menschen zu ermöglichen.

3. Strategie und Taktik im Extremismus/Terrorismus

Extremisten, gleich welcher Ansicht oder Couleur arbeiten mit langfristigen Zielen, da sie die FDGO abschaffen und das politische System der Demokratie durch ihr eigenes ersetzen wollen. Die Betrachtungsweise ist insbesondere bei Terroristen, wie bereits festgestellt, häufig eine kriegerische: Der Staat als Feind soll vernichtet werden, auch wenn sich zeigt, dass die alternativen Vorstellungen, also das, wofür man eigentlich kämpft, wenig konkret sind. Diese kriegerische Perspektive kann entsprechend mit der militärischen erklärt werden. Um also ihr jeweiliges End-Ziel zu erreichen,

485 Vgl. Bundesjustizamt (Hrsg.), ohne Datumsangabe.

bedienen sie sich unterschiedlicher Strategien (langfristig), Operationen (Umsetzung der Strategie mit Mitteln) und Taktiken (einzelnen Aktionen).[486] Diese Strategien können einerseits als Stufensystem der Eskalation betrachtet werden, andererseits werden sie regelmäßig parallel angewandt oder es gibt regelrechte Zuständigkeiten in den jeweiligen Szenen.

Tabelle 7: Strategie und Taktik im Terrorismus / Extremismus; eigene Darstellung

	Rechts	**Links**	**Islamistisch**
Ziel	Arisches Volk; Herrschaft der Deutschen (ggf. noch über weitere Länder)	Abschaffung des staatl. Systems mit seinen Grenzen und Gesetzen; Anarchie	Weltherrschaft unter einem vereinten Islam
Strategie (langfristig)	Den Staat schwächen, alternative Autoritäten präsentieren	Staatl. Strukturen zerstören, Konzept Stadtguerilla: bürgerkriegsähnliche Zustände schaffen, der bewaffnete Kampf	Dschihad als umfassendes Kriegskonzept (von geistig, über physisch bis hin zu wirtschaftlich);
Operation (Umsetzung)	Angst erzeugen, Stärke gegenüber schwachem Staat demonstrieren, ausgewähltes Volk repräsentieren, Vermarktung des 3. Reiches als Ideal	Angst und Chaos erzeugen	Asymmetrische Kriegsführung aus der Überraschung heraus
Taktik (Aktionen)	Hetzjagden auf Ausländer, Geschichtsrevisionismus (Holocaustleugnung)	Gewalteskalationen bei Demonstrationen, gezielte Gewalt gegen PVB, Anschläge gegen Politiker und Infrastruktur, massive Sachbeschädigungen, tw. paramilitärische Taktiken	Angreifen weicher Ziele
Taktische Mittel	Nicht grundsätzlich Propaganda der Tat	Körperverletzung, Mordaufrufe, Hetzjagd, massive Sachbeschädigung, Brandstiftung, Propaganda der Tat	Propaganda der Tat

486 Im Management wird diese Reihenfolge abgewandelt: Strategie (langfristig), Taktik (mittelfristig), operativ (kurzfristig); die Operation wäre dann die einzelne Umsetzung einer mittelfristigen Taktik. Häufig werden hierfür auch feste Zeitintervalle definiert.

3.1 Individuelle und gruppendynamische Rekrutierungsstrategien

Eine Person wurde als Interessent rekrutiert, Zweifel an die bisherige Existenz und das Umfeld wurden geschürt und nun soll dieser Rekrut in eine Gruppe eingegliedert werden, damit sich das gesäte Gedankengut weiter verfestigt. Die Person bezeichnen wir daher fortan als Anwärter. Ein wichtiger Aspekt zur Manifestierung fanatischen Gedankengutes ist die Eingliederung des Anwärters in ein festes Gruppengefüge mit immerwährender Bestätigung der neuen Lebens- und Sichtweisen. Mit dem Status des Anwärters ändert sich seine Position: wurde er zuvor umworben, muss er sich nun bewähren. Das Umwerben wird jedoch nicht gänzlich ausgesetzt; der Anwärter muss das Gefühl bekommen, in der Gruppe richtig zu sein. Sobald diese Empfindung eintritt, kann die Gruppe von ihm Einsatz und Loyalität verlangen. Dadurch wird eine Erwartungshaltung an den Anwärter vermittelt, welcher er entsprechen möchte, was wiederum zu einer engeren Bindung an die Gruppe und zu einer intensiveren Übernahme der Gruppenmeinung als eigene Attitüde führt. Allerdings muss man sich an dieser Stelle von dem prototypischen Profil eines Rekruten verabschieden. Zwar sind die Eingliederungsmechanismen ähnlich, dennoch ist der Verlauf von den jeweiligen Anhängern abhängig und deswegen individuell. Zellen und Kleingruppen entstehen nicht nach einem strikten Bauplan, sondern in Eigenregie.

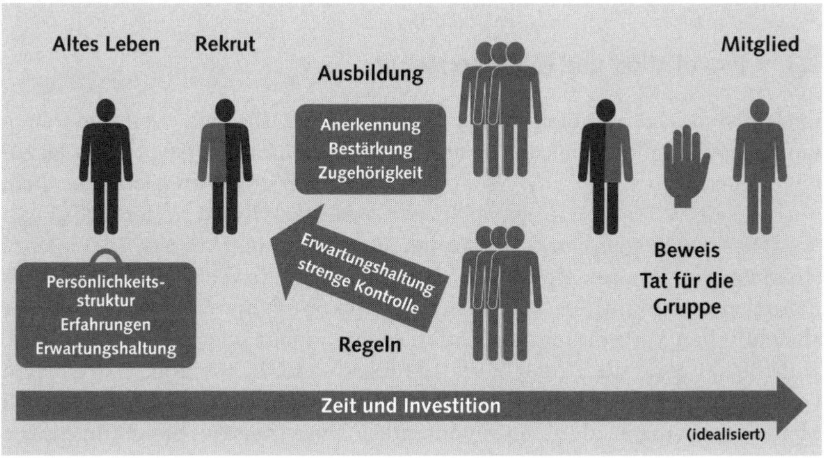

Abbildung 5: Darstellung Rekrutierung; Dienstbühl/Herrmann-Marschall 2018

3.2 Narrative

Extremismus vermittelt immer bestimmte Erzählinhalte, auch Narrative genannt. Gerade im Fall Islamischer Radikalisierung werden gegenwärtig Theorien formuliert, die den Ursprung von Radikalisierungsentwicklungen in zuvor gemachten Opfererfahrungen sehen. So sieht die islamische Religionslehrerin *Lamya Kaddor* den Ursprung extremistischer Ideologien vor allem in erlebter Chancenlosigkeit und in Diskriminierungserfahrungen. So seien Muslime in der westlichen Welt im Alltag Rassismus ausgesetzt, der den radikalen Narrativen Recht gibt.[487] Das funktioniert nicht nur bei Islamisten, sondern auch bei Rechtsextremisten. Der Psychologe *Ahmad Mansour* sieht die Opferrolle vor allem als Rechtfertigung.[488] Sie bietet die Legitimation und vervollständigt eine Anspruchshaltung, die auf den ersten Blick widersprüchlich wirkt: Während sie einerseits stets eine Opferrolle für sich beanspruchen („Wir Muslime werden verfolgt"/„Wir als Deutsche sind nur noch die Minderheit", etc.), sehen sie sich andererseits als Angehörige einer Elite. Warum werden sie verfolgt? Weil sie Recht haben. Durch Opferrollen verfestigen sich eigene Ressentiments als Bestätigung. Die Ansprache der Rekrutierer wird dadurch erleichtert. Diese Narrative zu verstehen, ist die Grundlage, um die Anziehung extremistischer Ideologien und deren Anwerbungsstrategien nachvollziehen zu können. Der Narrativ muss weiterhin auch beinhalten, wozu extremistische Gruppen in der Lage sind.

3.3 Provokation und Kriegserklärung

Extremisten haben immer ein Feindbild und das ist neben weiteren Personengruppen auch immer der Staat. Um diese definierten Gegner herauszufordern, wählen sie als eine Strategie stets die Provokation. Denn der Staat und all seine Akteure müssen sich an das geltende Recht in der FDGO halten. Diesen Umstand nutzen Gegner. Provokationen können in vielerlei Hinsicht erfolgen, beispielsweise Sitzblockaden, Störaktionen, Sachbeschädigungen durch mit Sprayfarbe angebrachte Symboliken, aber auch in der absichtlichen Verbreitung falscher Tatsachen, mehr oder weniger explizite Aufrufe zu Straftaten oder Kundgebungen und Infostände. Extremisten wollen stets Präsenz zeigen und die Öffentlichkeit mit unterschiedlichen Methoden zwingen, sie zu beachten und sich mit ihnen zu beschäftigen. Die

487 Kaddor 2015, S. 71 ff.

488 Mansour 2016, S. 111.

Aufmerksamkeit und Wahrnehmung in der Öffentlichkeit erfüllt zweierlei Effekte: Zum einen sorgen sie für Argwohn, ggf. auch Angst, zum anderen können sie auf die Art und Weise für sich werben.

3.4 Androhen von Handlungen

Macht zeigt sich vor allem in den Möglichkeiten. Je größer die Reaktionen ausfallen, desto stärker zeigt es die Macht der Extremisten. Beispiele dafür zeigen sich beispielsweise in Ankündigungen von Aufmärschen und Gegendemonstrationen, die bereits im Vorfeld ein entsprechendes Aufgebot an Polizei nötig werden lassen. Der Realitätsgrad der Drohungen und der Aufwand, der betrieben wird, um präventiv dagegen anzugehen, zeigen den Einflussgrad der jeweils drohenden Extremisten oder Terroristen auf. Solche Drohungen führen beispielsweise zu sichtbarer Polizeipräsenz an Bahnhöfen oder Weihnachtsmärkten, oder Großeinsätzen von Hundertschaften aus mehreren Bundesländern wegen eines Aufmarsches und den entsprechenden Gegendemonstrationen.

3.5 Gewalttaten

Gewalt ist eines der wichtigsten Elemente extremistischer und terroristischer Taten. Diese findet sich sowohl in gezielten Sachbeschädigungen, sowohl mit als auch ohne angebrachten Symboliken (beispielsweise: ge-

Tabelle 8: Geplante und ungeplante Gewalttaten; eigene Darstellung

	geplant	**ungeplant**
Vorsatz	dolus directus	dolus eventualis
Charakter	Planung nach rationalen Gesichtspunkten bez. des größtmöglichen Schadens	spontan, situativ
Auslöser	liegt in der Vergangenheit/ z. T. sehr langer Prozess	zeitlich kurz vor der Tat
Radius	erfolgt nach Wahl der Mittel/ Kalkül/Absprache	gering
Wahl der Mittel	nach Effizienz	nach Verfügbarkeit
Verbleib Attentäter	vorab geklärt (Flucht oder Selbstmord)	wird spontan entschieden
Mediale Verwertung	vorbereitet	erfolgt mit zeitlicher Verzögerung durch Organisation

sprayte politische Symbole oder Brandanschläge auf den politischen Gegner), militanten Demonstrationen oder auch gezielten Sabotageakten (z. B. auf die Infrastruktur von Behörden, die Bahn oder Energieversorgern). Gewalt kann somit in unterschiedlichster Form auf Menschen, Tiere und Sachen angewandt werden. Sie kann zielgerichtet sein, wie beispielsweise zu Zeiten des Linksterrorismus der RAF, die gezielte Anschläge beginnen, nach denen sie weitere Opfer als „Kollateralschaden" benannt haben.

3.6 Angst und Chaos

Je häufiger Ausnahmesituationen, wie beispielsweise nach einem terroristischen Anschlag oder nach extremistischen Ausschreitungen, Straßenschlachten oder Plünderungszügen, wie beispielsweise während des G20-Gipfels, in einer Gesellschaft zu beobachten sind, desto schwächer könnte die Position der Machthaber werden. Sowohl Angst als auch Sympathien für ein vermeintlich konsequentes Handeln der Extremisten steigern deren Einflussgrad nachhaltig. Wer in der Lage ist, derartige Zustände zu verursachen, der besitzt Macht und demonstriert sie. Dabei geht es nicht nur um möglichst großen Schaden in der gegenwärtigen Situation, sondern um das Einfangen symbolträchtiger Bilder, die einen Kontrollverlust des Staates offenbaren sollen. Ziel ist es, in dem Bürger den Eindruck zu erwecken, dass der Staat ihn nicht schützen kann, wenn Terroristen oder Extremisten angreifen.

4. Propaganda

Der Begriff *Propaganda der Tat* (französisch *la propagande par le fait*) wurde mit anarchistischen Bewegungen zum Ende des 19. Jahrhunderts bekannt. Durch (Gewalt-)Taten wollten die Anarchisten Aufmerksamkeit, um dann deren Beweggründe zu erklären. Bei allen Formen von Propaganda handelt es sich um den Versuch, durch manipulative Methoden die Öffentlichkeit zu beeinflussen. Extremistische Bestrebungen setzen Propaganda zur Verstärkung ein, um Hass gegen Menschen mit anderen Einstellungen, aber auch beispielsweise einer anderen Herkunft oder Religion zu erzeugen, dies wird zuweilen auch als Hass-Propaganda bezeichnet.[489]

489 Vgl. die vom Bund geförderte Kampagne „Stoppt Hass-Propaganda", Informationen sind online verfügbar unter: www.stoppt-hasspropaganda.de/was-ist-hass-propaganda/ (letzter Zugriff am 2. Januar 2018).

Propaganda wird eingesetzt, um Aufmerksamkeit zu erlangen, Interesse beim sog. „interessierten Dritten“ zu gewinnen und auch zum Handeln aufzurufen.

4.1 Propaganda der Tat

Eine Renaissance erlebte der Begriff schließlich wieder mit der RAF und ihrem propagierten Konzept Stadtguerilla. Heute ist die Erläuterung der Absicht nach einem extremistischen oder terroristischen Gewaltakt die Regel. Gewalt soll als Medium eine Botschaft übermitteln. Dies stellt jedoch auch ein Problem dar, insbesondere wenn die eingesetzte Gewalt Personen betrifft, die nicht als Ziel gedacht waren.

> ***Beispiel:***
> *„Aus gegebenem Anlass: Ja, manchmal gibt es militante Aktionen, die nicht zwangsläufig jedermanns Geschmack sind. Militanz ist kein Selbstzweck. Nur mit möglichst viel Wumms auf irrelevante Personen loszugehen wird kein Fascho-Problem lösen. Diese Aktionen aber grundsätzlich zu verurteilen hilft nicht weiter. Pazifismus als einzige Option zu verkaufen ist schlicht unwahr. Dafür müssen historische Personen herhalten, um den angeblichen Erfolg zu verkaufen. Aber Ghandi hätte keinen Erfolg gehabt nur mit Gewaltlosigkeit. Er hatte eine Armee im Rücken. Indien wäre heute noch eine britische Kolonie, wenn die Briten nicht mit Gewalt zurückgeschlagen worden wären. Besonders auffällig ist die Doppelmoral, insbesondere von Rechten. Trifft es den vermeintlichen Gegner, ist es okay. Ertrinken Flüchtlinge lachen sie in den sozialen Medien. Aber wenn ihr Auto brennt, heulen sie rum. Und genau das ist der Grund warum Militanz immer noch relevant ist. Ein direktes Zeichen gegen ihre Menschenfeindlichkeit. Menschen sterben und ihr schweigt. Scheiben splittern und ihr schreit. Eure Wohlfühlgesellschaft lässt sich ausblenden was außerhalb der eigenen vier Wände vor sich geht. Und solange Nazikarren brennen, erinnert es an das, was noch immer da draußen vor sich geht.“*[490]

Um die eigenen Ideen und Ansichten zu verbreiten, werden vor allem Gewalttaten mit Bekennerschreiben versehen. Die Gewalt und Brutalität sollen als Mittel zur Erreichung eigener Ziele verstanden werden, entspre-

490 Dieser Eintrag wurde am 12. Februar 2018 auf der Facebook Seite „Antifa Kampfausbildung“ gepostet, vgl. www.facebook.com/antifakampfausbildung/?hc_location=ufi (aufgerufen am 3. März 2018).

chend sollen sie nicht anonym bleiben. Die Kommunikation über die eigene Macht und das konsequente Handeln werden ebenfalls zu Werbezwecken weiterer Anhänger ausgenutzt. Die Tat als gerechte Strafe muss erläutert werden. Fehlen Begründung und vor allem das Bekenntnis zur Tat, würden die Extremisten es versäumen, ihren Erfolg zu deklarieren. Allerdings gibt es auch Ausnahmen. Genau dieser Umstand, dass die Selbstbezichtigung fehlte, war ein relevanter Aspekt der Morde des NSU. Sie verzichteten bewusst darauf, am Tatort oder in den Medien ihre Tat zu erklären.

4.2 Stilmittel von Propaganda

Um seine Empfänger zu erreichen und gezielt zu manipulieren, bedienen sich Macher von Propaganda bestimmter Stilmittel, um die gewünschte Wirkung der Beeinflussung zu erreichen.[491]

- Übertreibung, Dramatisierung, Pathos: Betrachter sollen sich erhaben und einer Elite zugehörig fühlen. Dargestellte Handlungen sollen als alternativlos und bedeutungsvoll betrachtet werden. Videos werden mit pathetischer Musik oder einer tragenden Stimme untermalt, die Betrachter sollen emotional aufgewühlt werden, sowohl in Hinblick auf empfundenen Zorn, als auch in der Euphorie der Gemeinschaft.
- Emotionen provozieren: Propaganda versucht gezielt die Grundemotionen Furcht, Wut/Hass, Ekel und Sympathie hervorzurufen und beispielsweise auch Mitleid (z. B. für die Situation von Terroristen, verzweifelten Müttern und Kindern, etc.) zu erzeugen.
- Ironie und Sarkasmus: Um den Gegner bzw. definierten Feind als unterlegen und lächerlich darzustellen, setzt Propaganda auf ironische/sarkastische und auch verunglimpfende Inhalte.
- Schein-Sachlichkeit: Um die eigene Weltsicht in der Propaganda zu „bestätigen", werden beispielsweise (pseudo-)wissenschaftliche Inhalte oder Statements von „Gewährspersonen" herangezogen, die mögliche Gegenargumente rational ausräumen sollen. Entsprechend wird Sprache gezielt eingesetzt.
- Erlebnishafte Ästhetik: Um einen großen Verbreitungsgrad zu erhalten, setzt Propaganda häufig auf eine aufwendige Bearbeitung von Materialien, damit sie unterschiedliche Personengruppen erreichen kann. Beispielsweise werden Animationen oder Grafikelemente eingebaut, die das Propagandamaterial ästhetischer und damit attraktiver machen.

491 Für eine ausführliche Aufstellung siehe: Zywietz (ohne Datumsangabe).

- Blut- und Gewalttaten: Insbesondere bei Darstellungen von Todesszenen (z. B. Enthauptungsvideos) geht es nicht um das Zeigen des Ablaufes, sondern um eine zielgerichtete Inszenierung der Gewalt. Die Mörder präsentieren sich entsprechend bewusst in solchen Videos.
- Symbole und Zeichen: Organisationen wollen nicht nur ihre Ideologie verbreiten, sie wollen auch als Gruppe wahrgenommen werden. Um dies zu gewährleisten und ein Wiedererkennungsmerkmal zu schaffen, sind Symbole immens wichtig (z. B. Hakenkreuze, Flaggen und Symbole einschlägig bekannter, teils verbotener Gruppierungen in positiver Konnotation). Mit Symboliken können entsprechend auch Codes und Botschaften vermittelt werden.[492]
- Stereotype und Uniformierung: Bedienen von rassistischen, religiösen und/oder nationalistischen Vorurteilen. Beteiligte Personen werden auf ihre Zugehörigkeit zu einer Gruppe reduziert. Bildmaterial oder Inszenierungsweisen werden gewählt, die stereotype äußere Merkmale oder Verhaltensweisen herausstellen oder übertreiben.
- Entmenschlichung: Als Feinde definierte Menschen und auch ganzen Gruppen wird das Menschsein abgesprochen; z. B. werden sie mit Tieren assoziiert oder gleichgesetzt.
- Uniformierung: Bei einer positiv-bewerteten Ent-Individualisierung werden Mitglieder der Eigengruppe als geschlossene Einheit präsentiert, die sich in ihrer völligen Hingabe definiert. Das gemeinschaftliche Auftreten zeigt sich beispielsweise in der Kleidung („Uniform“, Vermummung), in Frisuren oder Tattoos.
- Personalisierung: Unzufriedenheit und der damit übertragene Ursprung allen Übels aus extremistischer Perspektive werden in Propagandainhalten gerne auf einzelne Personen übertragen. Andererseits werden Personen aus „der eigenen Reihe“ zu Führern oder Märtyrern stilisiert. Verachtung und Verehrung bekommen damit eine Identität und ein Gesicht.
- Vorbilder: Schaffen von nahen und fernen Vorbildern, mit denen sich (potentielle) Anhänger identifizieren können. Computerspiel- und Spielfilmhelden, Comic- und Cartoon-Figuren werden unter Ausnutzung ihrer Bekanntheit und der entgegengebrachten Sympathien ggf. mittels Umdeutung und Umwertung instrumentalisiert.

---

492 Für rechtsextreme Symboliken und auch Zahlencodes gibt es Informationsmaterial, um diese nachzuschlagen, z. B. von der Mobilen Beratung Niedersachen gegen Rechtsextremismus für Demokratie (ohne Datumsangabe) oder ausführlich mit Erläuterungen des BfV 2015.

4.3 Wirkung von Gewaltpropaganda

Vor allem in den Jahren 2014 und 2015 wurden soziale Netzwerke und Onlineplattformen wie Youtube mit Propagandavideos des Islamischen Staates voller Gewalt regelrecht überschwemmt. Die Betreiber kamen mit der Löschung derartiger Clips kaum hinterher. Die Macharten waren dabei völlig unterschiedlich, sie reichten vom schwammigen Handy-Video bis hin zu geschnittenen und teilweise aufwendig überarbeiteten Filmen, die mit Musik untermalt wurden. Aber regelmäßig musste der Betrachter der Videos davon ausgehen, dass diese Gewalt stattgefunden hat. Dass Menschen der Kopf abgeschnitten, die Kehle durchgeschnitten oder sie erschossen wurden, muss als Realität und kann nicht als Fiktion betrachtet werden. Wie solche Bilder im Einzelnen wirken, ist auch unter Wissenschaftlern umstritten. Wovon man jedoch und insbesondere bei jungen Menschen ausgehen muss, ist, dass erzeugte Emotionen so intensiv sein können, wodurch Symptome hervorgerufen werden, die denen eines Krankheitsbildes der Posttraumatischen Belastungsstörung (PTSD)[493]

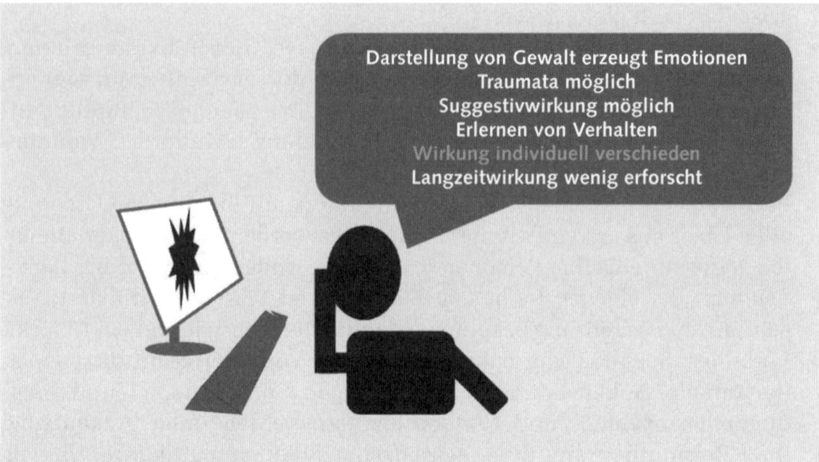

Abbildung 6: Darstellung Wirkung Gewaltpropaganda im Internet; Dienstbühl/Herrmann-Marschall 2018

493 PTSD (*posttraumatic stress disorder*) ist eine psychische Erkrankung infolge eines oder mehrerer traumatischer Ereignisse (z. B. Gewalt, Krieg, Vergewaltigung, Unfälle). Nicht jeder Mensch entwickelt eine solche Störung. Mögliche Symptome sind sog. Flashbacks, also das ungewollte Wiedererleben des traumatischen Ereignisses, das durch Reize (Geräusche, Gerüche, etc.) ausgelöst wird.

ähneln.[494] Diese müssen aufgearbeitet werden, denn bei Nichtbehandlung können sie die Persönlichkeit dauerhaft verändern. Die Langzeitfolgen sind noch nicht einhellig erforscht. Wenn nun junge Menschen mit dem, was sie durch das Sehen erlebt haben, Ansprechpartner benötigen, dann finden sie gerade diese häufig in den Reihen der Extremisten, die ihnen die Gewalt plausibel erklären, sie legitimieren und an ihre Stärke appellieren, sich lieber an die Gewalt zu gewöhnen, anstatt Schwäche zu zeigen. Genau diese Beeinflussung kann schwerwiegende Folgen haben.

5. Rekrutierungsmedien

Kein Raum ist anonymer als das Internet und in keinem verbreiten sich Informationen rascher. Dieser Umstand macht den virtuellen Raum für Extremisten zum optimalen Medium, um insbesondere junge Menschen anzusprechen und sie zu beeinflussen. Während die ansteigenden Aktivitäten von Extremisten jeglicher Couleur bekannt sind und mit Sorge registriert werden, zeigen sich in Nutzen und Gebrauch Unterschiede. Nachfolgend werden die Strategien zur Rekrutierung und Verbreitung von Ideologien zwischen linksextremen, rechtsextremen und islamistischen Bestrebungen miteinander verglichen und in Hinblick auf ihre medialen Strategien analysiert. Abschließend erfolgen Impulse für gezielte Gegenmaßnahmen der Deradikalisierung und zur Stärkung des Jugendschutzes im Internet.

Die Verbreitung von Nachrichten und Ansichten wurde durch das Internet revolutioniert, die Medienlandschaft völlig verändert. Auch wurden die Gestaltungsmöglichkeiten für aktive, teilaktive und sogar passive Politik deutlich erweitert. Der Begriff der E-Partizipation beschreibt eine zeitlich und räumlich unabhängige Form der Beteiligung. Zudem wird die politische Partizipation mittels des Internet erleichtert und erweitert. Die Möglichkeiten, sich als Privatperson an öffentlichen Meinungsbildungsprozessen zu beteiligen oder diese sogar zu initiieren, sind nahezu unbegrenzt. Vor allem im sozialen Netz Facebook ist dies zu beobachten. Wer als Facebook-Nutzer Beiträge mit „gefällt mir" markiert, teilt oder kommentiert, beteiligt sich an der politischen Debatte. Damit fühlen sich die Nutzer durch dieses Minimum an Aktivität als an gesellschaftlichen Fragestellun-

494 In diesem Zusammenhang sorgte im Jahr 2018 die Klage einer Mitarbeiterin von Facebook in den USA für Aufsehen, da sie im Zuge ihrer Tätigkeit (Prüfen von Inhalten und Löschen bei Verstoß gegen die Nutzerrichtlinien) krank wurde und Symptome einer PTSD zeigte, vgl. OAA, in: Merkur vom 25. September 2018.

gen und Disputen beteiligt bis hin zu sozial engagiert. Dies trifft vor allem auf junge Nutzer zu. Der User sozialer Netzwerke wird damit zum „interessierten Dritten“, der als potentieller Sympathisant der Adressat extremistisch motivierter Aktionen ist. Gleichzeitig ist es dafür nicht nötig, sich mit seinem realen Namen und als bestimmte Person zu äußern. Mittels des Internet erhält die Anonymität Stimmrecht, ohne verrufen zu sein. Online-Portale wie Youtube machen es für das Einstellen eines politischen Videos nicht zur Auflage, mit realem Namen erscheinen zu müssen. Nicknames sind folglich die Regel. Durch diesen Schutz der Anonymität setzt das Internet Hemmschwellen herab und macht nicht zuletzt dadurch die Beteiligung, vor allem aber die Kommentierung am politischen Geschehen einfach, wie sog. „Flame Wars“ zeigen.[495] Die Gestaltung von Politik ist ohne das mobile Medium Internet mittlerweile undenkbar. Dies gilt nicht nur für demokratische Parteien. Das Internet macht die ideelle Vernetzung zwischen Personen mit einer extremistischen Haltung einfach. Das virtuelle Zusammengehörigkeitsgefühl wirkt stabilisierend und ist ein wichtiger Pfeiler in der Verbreitung und dem Leben extremistischer Positionen.

Inhalte, Schwerpunkte und konkrete Strategien der jeweiligen extremistischen Bestrebungen sind unterschiedlich ausgerichtet. Doch wie zuvor ausgeführt, muss ein Individuum bereits über eine bestimmte Persönlichkeitsstruktur verfügen, damit extremistische Angebote überhaupt erst auf das Interesse treffen können. Als idealisiertes und isoliertes Stufenmodell können drei Phasen abgeleitet werden, in welchen die Online- und Selbstradikalisierung funktioniert.

Phase 1: Angebote erreichen Interessenten

Aktive Extremisten wollen neue Mitstreiter finden und stellen deswegen unterschiedliche Angebote ein, die bewirken sollen, dass Menschen ihren Ansichten Folge leisten; das Internet als sogenanntes Push-Medium, in welchem Anbieter ihre Informationen und Angebote gezielt für potentielle Empfänger zur Verfügung stellen können. Dies gilt genauso für Extremisten, die ihre Inhalte an Interessierte bringen wollen. Sobald eine Person diese Inhalte erreicht und sie sich mit diesen auseinandersetzt, befindet sie sich in Phase 1. Der Internetnutzer wird damit zum Interessenten der extremistischen Inhalte.

495 Damit werden häufig sehr spontan ausbrechende hasserfüllte Auseinandersetzungen gerade in sozialen Medien bezeichnet, vgl. Reid-Seere, in: Thiedeke (Hrsg.) 2003, S. 276.

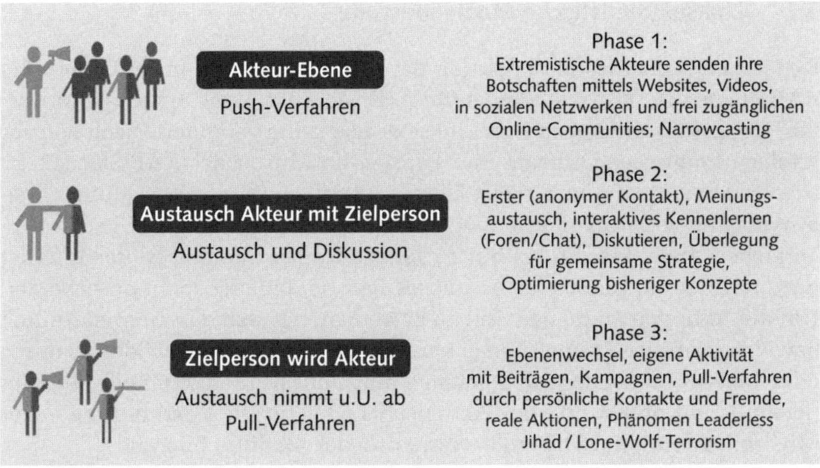

Abbildung 7: Phasenmodell der Push- und Pullfaktoren zur Online-Rekrutierung; Dienstbühl/ Weber 2014

Phase 2: Interessent tritt in Kontakt mit Aktiven

Nun beginnt der Gedanken- und Meinungsaustausch, der Interessent äußert sich. In dieser Phase klären sich die Erwartungshaltungen seitens der Akteure und des Interessenten. Wie lange dies dauert und welche Funktion der Interessent letzten Endes einnimmt, kann nicht einheitlich niedergelegt werden. Gehen wir jedoch vom Phänomen des Online-Self-Recruitment aus, wird der Interessent in dieser Phase so sehr überzeugt und bestärkt, dass er in die nächste Phase gelangt.

Phase 3: Beginn eigener Aktivität

Der Interessent wird nun selbst aktiv. Dies übersteigt die Kommunikation mit Gleichgesinnten und die Meinungsäußerung innerhalb des Zirkels um Aktive und Interessenten. Er wird jetzt selbst versuchen, die extreme Gesinnung zu verbreiten und ihre Durchsetzung zu unterstützen. Dabei kann er die Mittel wählen, die sich aus seiner Position am besten eignen. Dies führt zu zweierlei. Zum einen übernimmt der ehemalige Interessent nun die eigene Vermarktung der Inhalte. Ausgehend davon, dass er die Medien, die auf ihn beeinflussend gewirkt haben, kennt, versucht er diese nun gezielt einzusetzen. Dies kann als Pull-Verfahren bezeichnet werden. Zum anderen ist der ehemalige Interessent als ein im Internet rekrutierter Akteur regelmäßig autark.

5.1 Linksextremistische Mediennutzung

Extremistische Attitüden bedürfen der Kommunikation. Insbesondere die RAF prägte die „Propaganda der Tat". Hinsichtlich ihres Sprach- und Aufforderungsschemas haben sich Linksextreme kaum verändert. Nach wie vor erfolgen Planungen, Aufrufe und Parolen im Muster des RAF-Staccato in abgehackten Imperativen, meist kleingeschrieben. Da sie als Medium ohnehin alles nutzen, was Fläche bietet, von Flugblättern (Flugis), über Papieraufklebern (Spuckies)[496] bis hin zu ganzen Häuserwänden, ist das Internet nur ein Medium unter vielen. Und es hat die anderen nicht ausgebootet. Um die Aktionen zu planen und zu bewerben, hat sich das Internet freilich bewährt. Darüber können auch kurzfristige Änderungen in der Planung oder Taktik spontan an viele Personen mitgeteilt werden. Dennoch sind der persönliche Kontakt und der Aktionscharakter für die Rekrutierung neuer Mitstreiter deutlich höher zu bewerten als das Medium Internet.

Linksextremisten haben das Internet sehr frühzeitig für sich entdeckt. Schon 1991 begannen hessische Akteure mit dem „SpinnenNetz" ein größeres und verschlüsseltes Mailboxsystem aufzubauen, worauf das linksextreme Internetportal nadir.org gegründet wurde. Aus den Protesten gegen die Welthandelskonferenz in Seattle im Dezember 1999 wurden die Independent Media Centers gegründet und ausgeweitet.[497] Der deutsche Ableger *www.indymedia.org* ermöglicht jedem interaktiv in Form von open postings mitzuwirken, die von einer Gruppe Moderatoren kontrolliert wird. Indymedia ist nicht ausschließlich mit extremistischen, sondern auch demokratisch-linken Inhalten versehen. Eine Abgrenzung existiert zuweilen nicht und beispielsweise im Reiter der Nachrichten Antifa finden sich deutliche Aufrufe zur Gewalt gegen Rechtsextremisten, vereinzelt gegen Politiker aus dem demokratischen Spektrum und gegen Polizisten.

Ebenso wichtig ist Musik für die Vermittlung linksextremer Inhalte. Insbesondere das Feindbild zur Polizei wird hier vorzugsweise thematisiert.

Beispiel: *Band „K.I.Z.", eine Gruppe , welche die Bühne nutzte, um mit gewaltverherrlichenden und ekelerregenden Texten den „Kampf gegen rechts" statt gegen Rechtsextremismus zu intonieren. So lauten einige Textpassagen aus deren Lied „Ein Affe und ein Pferd":*

---

496 Zur eigenen Herstellung gibt es auch entsprechende Anleitungen im Internet, beispielsweise unter: www.anarchismus.at/tipps-und-tricks/diy-do-it-yourself/222-workshop-spuckies (ohne Autoren- oder Datumangabe).

497 Landesamt für Verfassungsschutz des Landes Nordrhein-Westfalen, ohne Datumangabe, online verfügbar, unter: http://web.archive.org/web/20100419033450/http://www.im.nrw.de/sch/416.htm.

„Ich mach Mousse aus deiner Fresse, Boom, verrecke, wenn ich den Polenböller in deine Kapuze stecke. .... Meine Hausaufgaben mussten irgendwelche deutschen Spasten machen. ... Ich ramm die Messerklinge in die Journalistenfresse. Bullen hör'n mein Handy ab (spricht er jetzt von Koks). .... Trete deiner Frau in den Bauch, fresse die Fehlgeburt. ... Eva Herman sieht mich, denkt sich, was'n Deutscher. Und ich gebe ihr von hinten, wie ein Staffelläufer. Ich f... sie grün und blau, wie mein kunterbuntes Haus. ... Tret so lange auf dein Kopf bis vier und drei acht machen."

5.2 Rechtsextremistische Mediennutzung

Auch Rechtsextremisten nutzen das Internet und vor allem soziale Netzwerke für ihre Zwecke und die Verbreitung von Propaganda. So kursieren beispielsweise diverse Internetseiten, die den Genozid der Nazis an Juden und behinderten Menschen als semitische Lüge darstellen und ihre Verschwörungstheorien in pseudowissenschaftlichen Abhandlungen darlegen. Auch homophobe Propaganda und Initiativen, die in erster Linie nicht rechtsextremen Positionen zuzuordnen sind, wie beispielsweise Anti-Pädophilen-Netzwerke, sind Mittel, um nationalsozialistische Inhalte zu transportieren.[498] Um sich dem strafrechtlichen Zugriff zu entziehen, werden Seiten mit explizit rechtsextremistischen und ausländerfeindlichen Inhalten über ausländische Provider eingestellt. Gleichzeitig suchen Rechtsextremisten im Netz nach potentiellen Anhängern, die sie für ihre menschenverachtende Haltung begeistern können. So durchforsten sie beispielsweise Facebook-Profile, um Personen zu identifizieren, die gegenüber rechtsextremen Inhalten aufgeschlossen sind. Weiterhin nutzen Rechtsextremisten das Internet als Finanzierungsquelle. Beispielsweise werden Rechtsrock-Konzerte via Internet organisiert. Diese erfreuen sich eines enormen Zulaufs, da auch Jugendliche aus Gründen der Provokation oder dem Wunsch einer „extremen Erfahrung" zu solchen Konzerten gehen. Auch verbotene Symbole und nationalsozialistische Devotionalien werden über das Internet verkauft und dienen somit der Finanzierung einzelner Akteure oder auch örtlicher Strukturen. Laut Schätzungen belaufen sich die Einnahmen durch Rechtsrockkonzerte und Merchandising-Artikel auf mehrere Mio. Euro pro Jahr, die zumindest zum Teil der rechtsextremen Szene zugutekommen.[499]

---

498 Vgl. Dienstbühl/Weber, in: JEX 2/2014, S. 37 f.

499 Dienstbühl/Weber, in JEX 2/2014 S. 37.

Rechte Texte am Beispiel der verbotenen Band Landser:

„Kanake, verrecke, Kanake verrecke, du bist nichts weiter als ein mieses Stück Kacke, du bist das Letzte, du bist nur Dreck, du bist nur Abschaum, du musst hier weg."

„Wetzt die langen Messer auf dem Bürgersteig, lasst die Messer flutschen in den Judenleib!"

„Irgendwer wollte den Niggern erzählen, sie hätten hier das freie Recht zu wählen. Das haben sie auch, Strick um den Hals oder Kugel im Bauch".

„Afrika für Affen, Europa für Weiße … Steckt die Affen in ein Klo und spült sie weg wie Scheiße."

„Gibts überhaupt noch eine Medizin für Kreuzberg? 100.000 Liter Strychnin für Kreuzberg. Haut das Zeug ins Leitungswasser rein, dann geht die ganze Bande ein, dann wär unsre schöne Stadt befreit von Kreuzberg."

„Für Bier und Bier und noch mal Bier werde ich zum wilden Tier, Gewalt, Gewalt, Gewalt, die nackte Gewalt, was anders ist, wird umgeknallt, Emanzenscheiße, alles Mist, Türken raus, ich bin Sexist."

5.3 Islamistische Mediennutzung

Aufgrund des transnationalen Aktionsradius ist das Internet das Hauptmedium für islamistische Extremisten. Dabei steht der Transfer von Wissen und Diskurs der Religion des Islam absolut nicht im Vordergrund. Es geht um die gezielte Indoktrination junger Menschen mit unterschiedlichen Vorlieben. Die Art und Weise, Mitstreiter zu rekrutieren und die Ideologie zu verbreiten, hat sich im Bereich des islamistischen Extremismus im Laufe der Jahre verändert. Schon Mitte der 1990er Jahre begannen Mitglieder der Al Qaida, im Internet ihren Kampf in Tschetschenien zu dokumentieren.[500] Weitere Seiten wurden zu Beginn der Jahrtausendwende erstellt, nach den Anschlägen vom 11. September 2001 jedoch wieder durch Behörden geschlossen. Just zu dieser Zeit begann die Anzahl der Internet-Nutzer immer stärker anzuwachsen. Islamistische Terroristen der Al Qaida, aber auch anderer Gruppen und extremistische Akteure bauten ihre Internetpräsenzen aus, um möglichst viele Menschen für ihre Ideologie zu gewinnen. In

500 Die dabei bekannteste Seite war azzam.com, die 1996 online ging. Diese war nach dem aus Palästina stammenden, islamistischen Theologen Abdallah Yussuf Azzam benannt, der als Mentor Osama Bin Ladens gilt. Einzelne Statements und Inhalte der Seite sind auf anderen Internetseiten nachzulesen, vgl. www.freerepublic.com/focus/fr/756623/posts.

dieser Phase entstehen diverse Propagandavideos, die je nach Professionalität Film- oder auch Videospielcharakter besitzen und vor allem junge Männer ansprechen sollen.[501]

Als „Mitmach-Magazin" veröffentlichte die AL Qaida der Arabischen Halbinsel (AQAH) im Jahr 2010 „Inspire", das auf potentielle Rekruten und Unterstützer des islamistischen Terrorismus abzielt.[502] In diesem aufwendig gestalteten Online-Magazin werden neben der aggressiven Propaganda Tipps gegeben, wie jedermann mit unkomplizierten Mitteln in seiner persönlichen Umgebung den Jihad nach extremistischem Verständnis führen kann.[503] Frei zugängliche Netzwerke wie Facebook und andere werden für islamistische Propaganda genauso genutzt wie das Videoportal Youtube, auf welchem Islamisten ihre Propaganda einstellen. Das bekannteste Beispiel für die Selbstradikalisierung im Internet, die maßgeblich durch Propaganda u. a. über Youtube beeinflusst wurde, stellt *Arid Uka* dar. Der junge Kosovare erschoss am 2. März 2011 zwei US-Soldaten am Frankfurter Flughafen und verletzte zwei weitere schwer. In den Videos habe er unter anderem die fingierte Vergewaltigung eines jungen afghanischen Mädchens durch GI's gesehen. Dabei handelte es sich allerdings um Filmausschnitte aus „Redacted".[504] Durch das Web 2.0 wurde der „Cool-Jihad" initiiert, der durch ganz unterschiedliche Aufbereitung wie sog. Nasheeds[505], Rap u. Ä. möglichst viele junge Menschen ansprechen soll.[506]

---

501 Videospiele wie „Quest for Bush" erfreuten sich in der islamistischen Community eines hohen Beliebtheitsgrades. Vor allem junge Muslime, die keiner extremistischen Gesinnung zuzuordnen sind, und junge Systemkritiker sollten damit angesprochen und neugierig gemacht werden.

502 Der Name des Magazins geht demnach auf die Koransure 8:65 zurück, die sich auf den Jihad beziehen soll: „Und sporne die Gläubigen zum Kampf an!", zitiert in: Peil, F.: Inspire: Das Jihad-Magazin für die Diaspora, in: Steinberg, G. (Hrsg.) (2012): Jihadismus und Internet: Eine deutsche Perspektive, Berlin, S. 32 ff.

503 Beispielsweise wird angeraten, Nagelbretter zu bauen und diese auf Autobahnen und Straßen in den „feindlichen Staaten" zu legen, vgl. Sydow, in: Spiegel Online vom 1. März 2013; Der Anschlag während des Boston Marathon am 15. April 2013 durch die aus Tschetschenien stammenden Brüder Tamerlan (der dabei tödlich verletzt wurde) und Dschochar Zarnajew wurde mit Schnellkochtöpfen, die mit Schwarzpulver und Metallsplittern gefüllt waren, begangen und durch den Mechanismus einer Eieruhr als Zeitzünder aktiviert. Durch die Explosionen wurden drei Menschen getötet und 264 weitere verletzt. Die Anleitungen dafür hatten die Täter aus dem Internet, wahrscheinlich aus dem Internetmagazin *Inspire*, das in einer Ausgabe exakt Form und Herstellung dieses atypischen Spreninstrumentes darstellt.

504 Vgl. Dienstbühl, Weber, in: Kriminalistik 3/2015, S. 169.

505 Nasheed oder Naschid (Plural: Anasheed) ist ein islamischer Sprechgesang, für Islamisten werden sie vor allem als Propagandamedium für den gewaltsamen Dschihad gegen Ungläubige genutzt. Einer der bekanntesten deutschen Nasheed-Sänger ist der Terrorist Denis Cuspert.

506 Vgl. El Difraoui, 2012.

Beispiel eines Nasheeds von Denis Cuspert:

Bomben fall'n, Bomben fall'n, auf Irak und Filistin[507]/sie zerstören unsren Din[508], Allahu akbar, Allahu akbar/Mütter schrei'n, Kinder wei'n, fi sabillillah Jihad/warum bleib'n unsere Herzen hart, Allahu akbar, Allahu akbar/Macht Du'a[509], macht Du'a, für die Brüder in Tschetschen'/ wie könnt ihr ruhig schlafen geh'n, Allahu akbar, Allahu akbar/Keine Angst, keine Angst, kehrt zurück, subhan-Allah/keine Angst vor den Kuffar, Allahu akbar, Allahu akbar [...] Inshallah, inshallah, wir kämpfen, fallen Shuhada[510]/den Feind im Auge bismillah, Allahu akbar, Allahu akbar."[511]

6. Radikalisierung

Die Debatte um sogenannte „Turbo-Radikalisierung", die nach den terroristischen Anschlägen in der Regionalbahn bei Würzburg und auf dem Musikfestival in Ansbach diskutiert wurden, war irreführend. Wenn – meist junge – Menschen sich radikalisieren, liegen ganz unterschiedliche Lebenswege, Erfahrungen und Bedürfnisse vor. Radikalisierung ist immer ein individueller Prozess, hängt aber nicht zuletzt auch von zufälligen Faktoren für das Individuum ab, gerad wenn nicht die Ideologie im Vordergrund steht.[512] Dass sich aktuell dennoch so viele Jugendliche und junge Erwachsene von den islamistischen Bestrebungen angesprochen fühlen, wirkt beinahe wie eine Mode-Erscheinung. Tatsächlich hat es auch etwas mit einem gefährlichen „Trend" zu tun. Doch etwas Anderes steht im Vordergrund: Rekrutierende Extremisten erreichen junge Menschen ganz offensichtlich dort, wo ihr bisheriges Umfeld sie nicht mehr erreicht. Familie, Freunde oder die Schule – sie können diesen Menschen offensichtlich nicht das geben, was ihnen Extremisten geben können. Allerdings geht es in den meisten Fällen nicht per se um Religiosität.

Gerade Teenager und junge Erwachsene sind in einer Zeit der Orientierungssuche diversen Einflüssen ausgesetzt, die Entscheidungen verlangen. In Deutschland waren bislang mehrere Minderjährige an versuchten und

507 Filistin = Palästina.

508 Din = Glauben.

509 Dua = Freies Gebet.

510 Shuhada = Märtyrer.

511 Auszug aus: Senatsverwaltung für Inneres und Sport Berlin (Hrsg.) 2011, S. 7 ff.

512 Vgl. Backes/Jesse 1989, S. 79.

gar erfolgreich umgesetzten Anschlägen beteiligt.[513] Es ist in der Adoleszenz und im jungen Erwachsenenalter durchaus normal, sich in radikaler Art und Weise mit der Umwelt und der Gesellschaft auseinanderzusetzen, dies gehört zum Reifeprozess dazu.[514] Entscheidend ist, wie der Charakter veranlagt ist, wie sich die Persönlichkeit weiter entwickelt und welche Erfahrungen sie mit ihren Ansichten bei ihrem Umfeld macht, also wie das Gegenüber reagiert. So hat sich in den letzten Jahrzehnten der Kontext verändert, in dem Kinder und Jugendliche aufwachsen. Gerade diese Personengruppen betreffen Modernisierungsprozesse und gesellschaftliche Umbrüche zwangsläufig besonders. Gravierende Einflüsse gehen sowohl vom Internet als auch von einer globalen Migration aus, die sich lokal stärker niederschlägt als noch vor 20 Jahren. Zudem erleben Jugendliche Neuausrichtungen der Bildung auf völlig veränderte Berufswelten, unbekannte Karriereentwicklungen und eine unglaubliche Vielfalt an Wahlmöglichkeiten. Nahezu wöchentlich tauchen neue Ausbildungsangebote und Studiengänge auf, immer mehr Spezialisierungen werden angeboten. Neben der schier unendlichen Wahlfreiheit ist das Angebot kaum noch zu durchschauen, zudem steigt der Druck, für sich die richtige Entscheidung zu treffen. Daher können die Lebensentwürfe der Elterngeneration keine fixe Orientierungshilfe mehr bieten.

Minderjährige rücken zudem mehr und mehr in den Focus extremistischer Organisationen. Der Islamwissenschaftler und Politologe *Marwan Abou Taam* sieht hierin ein Lernverhalten extremistischer und terroristischer Organisationen von solchen der Organisierten Kriminalität.[515] Das Phänomen der Kindersoldaten kennen wir aus Kriegsregionen sehr gut. Kinder werden in den Sog der Konfliktparteien hineingezogen und brutalisiert. Über die Sozialen Medien schwappt dieses Phänomen nach Europa. Gerne werden Extremisten generell und vor allem aber Islamisten als „die besseren Streetworker“ bezeichnet. Denn sie verstehen es, auf Jugendliche mit ganz unterschiedlichen Hintergründen und Erfahrungen zuzugehen – egal, ob männlich oder weiblich. Sie packen sie bei dem Mangel, den sie empfinden und bieten ihnen schnelle und einfache Lösungen an, die empfundenen Lücken zu füllen. Fühlt sich ein Jugendlicher nicht akzeptiert, weil er beispielsweise in der Schule nicht mitkommt, entsprechend schlechte Zensuren oder keinen Ausbildungsplatz erhält, suggerieren ihm beispielsweise Salafisten: „Du bist an dieser Miesere nicht schuld. Schuld

513 Vgl. Abou Taam vom 26. April 2018.
514 Vgl. Kruse, in: Traxl (Hrsg.) 2017, S. 77.
515 Vgl. Abou Taam vom 26. April 2018.

ist die demokratische Gesellschaft, sie macht Dich zu einem Verlierer. Als echter Muslim hast Du Allah auf Deiner Seite. Damit bist Du was Besseres als die alle zusammen.“ Der Jugendliche wird umworben und ihm wird vollmundig eine Zukunft versprochen, in der er über den Menschen steht, die ihm seine ihm zustehende Position in der Gesellschaft verweigern. Der Verlierer wird damit zum Gewinner. Jungen Frauen werden echte Männer, Familien und eine Gemeinschaft versprochen, in der sie ehrbar sind – ganz egal, wie sie vorher gelebt haben. Diese Aufwertung der eigenen Person ist in Strategien sämtlicher extremistischer Ideologien ein wesentliches Element. Gleichzeitig geht sie mit der Abwertung der Mehrheitsgesellschaft einher. Vor allem junge Menschen werden in ihren Bedürfnissen und vor allem ihren Mangelempfindungen angesprochen. Jedem Menschen fehlt etwas in seinem Leben. Ist dieser Mangel zu groß und gibt es keine Möglichkeiten zu Kompensation oder Ausgleich, befindet sich der Mensch in einem Ungleichgewicht. Je intensiver ein Mensch dies erlebt und je länger es andauert, desto geschwächter ist er. Nun kann er sich selbst als ursächlich für sein Dilemma betrachten, was unter Umständen als Hilflosigkeit wahrgenommen wird oder die betroffene Person findet einen Schuldigen für seine Misere. Genau zu diesem Punkt möchten Extremisten potentielle Anhänger bringen: Dass sie unzufrieden und wütend sind und für all das einen Schuldigen benötigen. Die Begründung, warum die Gesellschaft und einzelne Vertreter schuld daran sind, liefern sie und fördern dazu den Gedanken an Rache für die als solche empfundene, zugefügte Kränkung.[516]

Die Versprechungen, sich einer extremistischen Ideologie anzuschließen, werden auf jeden angepasst, der etwas sucht und beeinflussbar ist. Außerdem kämpfen Extremisten um jeden neuen Anhänger. Um jeden Einzelnen bemühen sie sich, bis er oder sie die Ziele der Extremisten adaptiert und als seine eigenen begreift. Sie bekommen zu Beginn Verständnis entgegengebracht und besitzen plötzlich eine ganz neue Macht, auch zur Provokation gegenüber Eltern und all jenen, von denen sie sich nicht verstanden oder falsch behandelt fühlen. Was ihnen am Anfang schmeichelt und sie seelisch sogar stabilisiert, ist der Beginn einer gefährlichen Entwicklung. Im Endeffekt lehnen sie dann die gesellschaftlichen Werte, das geltende Recht und demokratische Prinzipien ab und werden zum gefürchteten Staatsfeind.

516 Vgl. Abou-Taam, in: LPS und LKA RP, Volkswagenstiftung-Forschungsprojekt „Hybride Europäisch-Muslimische Identitäten“ (Hrsg.) 2012, S. 39.

> **Merke:**
> **Co-Terrorismus** oder **Co-Extremismus** bezeichnen alle Verhaltens- oder Handlungsweisen, die Bezug zu extremistischen/terroristischen Phänomenbereichen besitzen und selbigen unabsichtlich sogar fördern. Somit sind unter diesen Begriffen sämtliche Ansätze zur Kontrolle von Extremismus und Terrorismus zu fassen, die sich trotz guter Absicht kontraproduktiv auswirken.[517]

Radikalisierungsprozesse nachvollziehen zu können, ist die Grundlage für alle Maßnahmen der De-/Anti-Radikalisierung und der Radikalisierungsprävention. Entsprechend intensiv befasst sich die internationale Forschung unterschiedlichster Fachbereiche mit dem Thema.

6.1 Forschungsstand und wissenschaftliche Ansätze

Da es vor allem junge Menschen sind, die sich radikalisieren, ist Radikalisierungsforschung vor allem Jugendforschung. Insbesondere die sozialen Wissenschaften haben eine Vielzahl von Ansätzen herausgebracht, die Radikalisierung und Extremismus erklären und dadurch Perspektiven zur Intervention bieten sollen. Nachfolgend wird eine kleine Auswahl an Ansätzen aufgeführt.

Radikalisierung ist seit einigen Jahren Forschungsgegenstand sowohl von Psychologen als auch Soziologen. *Peter Neumann* beschreibt Radikalisierung als Prozess, dessen Endstadium der Extremismus darstellt.[518] Neumann trennt dabei zwischen „kognitivem“ und „gewaltbereitem“ Extremismus. Kognitiver Extremismus teile radikale Ziele und Ideen, gewaltbereiter Extremismus solche Methoden und Maßnahmen.[519] Er sei bereit und fähig zur Gewaltanwendung: von Sachbeschädigung und Widerstands-/Straßengewalt bis hin zu konkreten Konfrontationen und Terrorakten, die als Teil einer Kampagne angesehen werden müssen.[520] *Roland Eckert* stellt die Radikalisierungsgefährdung eines Menschen in Kontext zum *homo socialis*, also dem Bedürfnis, sich in Gruppen zusammenschließen, die gemeinsame Ziele teilen,[521] wobei dies auch selbstschädigende Ziele sein können.[522] Radikalisierung kann identitätsstiftend sein, für den Einzelnen[523] und in

517 Vgl. Kemmesies, in: Egg (Hrsg.) 2006, S. 231 f.
518 Vgl. Neumann, in: APuZ – Aus Politik und Zeitgeschichte, 63. Jg., 29-31/2013, S. 3 ff.
519 Neumann, in: APuZ – Aus Politik und Zeitgeschichte, 63. Jg., 29-31/2013, S. 4.
520 Neumann, in: APuZ – Aus Politik und Zeitgeschichte, 63. Jg., 29-31/2013, S. 5.
521 Vgl. Eckert, in: APuZ – Aus Politik und Zeitgeschichte, 63. Jg., 29-31/2013, S. 11.
522 Vgl. Eckert 2012 (b), S. 91.
523 Vgl. u. a. Mansour 2017, S. 19.

einer Gruppe, da sie bindungsfördernd seien.[524] Jugendidentität speist sich heute nicht mehr vornehmlich aus Herkunft und Sozialisation, sondern auch aus Konsum.[525] Wenn dieser nicht möglich ist, müssen andere identitäre Hilfskonstruktionen herhalten, damit das Individuum sich in einer unbestimmten Welt selbst definieren und verorten kann. Politischer und religiöser Extremismus weisen eine Reihe von Parallelen auf, die sich im Zuge der Radikalisierung von Individuen ergeben haben.[526]

Daneben zeigen sich empfundene Opfererfahrungen[527] als maßgebliches Element, indem die Gesellschaft einseitig als „Täter" betrachtet werde.[528] Neumann stellt solche Benachteiligungserfahrungen oder Fremdheitserfahrungen als Einstieg in eine individuelle Radikalisierung heraus. Als solche listet er auf 1) Erfahrung von Fremdheit 2) Bewusstsein der eigenen Zugehörigkeit 3) fehlende Bewältigung von Fremdheit führt zu Feindschaft 4) Fremdheitsgefühl wird kompensiert mit eigener Aufwertung (Geschlecht, Kultur, Religion) 5) Zugehörigkeit zu einer geglaubten Gruppe verdrängt Loyalität zu anderen Gruppen 6) Ablehnung von Pluralismus fordert Taten statt Worte.[529] Dabei können Erfahrungen rein kolportiert durch die weltweite mediale Vernetzung sein, die ein Individuum schließlich auf sich bezieht.[530] Gefördert wird dies durch kollektive Sehnsuchtsphantasien, wie einer fiktiven und elitären Gesellschaft ohne Probleme. Prozesse religiöser und politischer Radikalisierung verlaufen nach Ansicht diverse Wissenschaftler ähnlich. *Judith Faessler* identifiziert als Strukturmerkmale des Islamismus u.a. eine homogene Gesellschaft, vollkommenen Absolutheitsanspruch, gefestigte Feindbilder, Antipluralismus etc.[531] Auch *Armin Pfahl-Traughber* sieht einen „rigorosen Dualismus" als prägend: Nur die eigene Meinung sei richtig, der sich alle zu unterwerfen hätten.[532] Während Rechtsextreme sich an einer tatsächlichen oder imaginären „Volksgemein-

---

524 Z.B. der Zusammenschluss zu rechtsextremen „Kameradschaften" oder auch gemeinsame popkulturelle Motive wie in salafistischen Gruppen, vgl. Hafeneger, in: Sozial Extra, 2-2015, S. 11.

525 Für modere Identitätskonstruktionen ist auch der Konsumwille maßgeblich. Konsum kann hier insbesondere für Angehörige sozial schwächerer Schichten Bestandteil eines Kampfes um grundlegende Anerkennung und Respekt werden, vgl. Kühn/Koschel, 2010, S. 1ff.

526 Vgl. Möller/Schuhmacher 2007, 336ff.

527 Solche Erfahrungen müssen nicht zwangsläufig auf tatsächlicher Diskriminierung oder Gewalterleben beruhen, sondern auch empfundene Zurückweisung oder Scheitern wie durch Schulbewertungen oder Ansagen für Lehrstellen, etc.

528 Vgl. vgl. Hafeneger, in: Sozial Extra, 2-2015, S. 11.

529 Vgl. Neumann, in: APuZ – Aus Politik und Zeitgeschichte, 63. Jg., 29-31/2013, S. 13ff.

530 Vgl. Neumann a.a.O., S. 14.

531 Vgl. Faessler, in: Totalitarismus und Demokratie, 11/2014, S. 73.

532 Vgl. Pfahl-Traughber, in: Totalitarismus und Demokratie, 11/2014, S. 64.

schaft" orientieren, die in einer Vergangenheit einmal bestanden haben soll, beklagt der extremistische Islam den „Ballast" verschiedener Irrlehren und strebt an, zurückzukehren zur Wahren Lehre der Gemeinschaft zur Zeit des Propheten Mohammed. Für *Michail Logvivov* ist ebenfalls der Versuch salafistischer und anderer extremer Koranschulen, eine Konfliktlinie zwischen dem Islam und demokratischen Verfassungsstaaten westlicher Prägung herzustellen, von entscheidender Bedeutung.[533] Auch er sieht in den Kriegen in islamischen Ländern Hintergrundnarrative, die erfolgreich zur Radikalisierung genutzt werden. Den Bindungsfaktor „Kameradschaft" sieht *Benno Hafeneger* als besonders relevant für alle Formen von Radikalisierung.[534] Auch den kriegerischen Bezug, insbesondere im islamischen Extremismus, unterstreicht Hafeneger dabei und betrachtet den „heiligen Krieg" als sakralisiertes Gegenangebot für Lebensentwürfe, die aus Langeweile und egal, ob realer oder kolportierter, aber dennoch als für die Betroffenen empfundenen Ablehnung bestehen.[535]

Monique Castillo sieht Rolle und Funktion der Wissenschaft dabei nicht unkritisch: Zwar verhelfe eine wissenschaftliche Perspektive, objektiver zu beobachten, ohne in Emotionen zu verfallen, dadurch jedoch gerieten die zugrundeliegenden menschlichen und sozialen Lagen eher zu einem technischen Problem.[536]

Kriminologie, die als interdisziplinäres Fach die Ursachen jeglicher Kriminalitätsformen herausfinden oder möglichst annähern möchte, beschäftigt sich natürlich auch mit der Frage, warum sich Menschen extremistischen Ideologien verschreiben und möglichweise sogar ihr Leben oder ihre Freiheit dafür opfern. Hierzu versucht sie Theorien[537] zu bilden, die Erklärungsansätze für solch komplexe Phänomene bieten. Kriminologische Theorien bieten Erklärungsansätze an, um Kriminalitätskomplexe besser nachvollziehen zu können. Sie besitzen allesamt Schwachstellen und können nicht als absolut begriffen werden. Ihr Nutzen besteht jedoch darin, Fragestellungen und Hypothesen zu bilden, die helfen, das eigene Verständnis zu erweitern.

In älteren Theorien zur Erklärung extremistischer Einstellungen wurden vor allem psychopathologische Anomalien oder frühkindliche Sozialisationsschäden als Ursache für das Einschlagen extremistischer beziehungsweise terroristischer Laufbahnen behandelt. Dabei wurden vor allem die

533 Logvinov, in: Totalitarismus und Demokratie, 11/2014, S. 134.

534 Vgl. Hafeneger, in: Sozial Extra, 2-2015, 10 ff.

535 Hafeneger, in: Sozial Extra, 2-2015, S. 3.

536 Vgl. Castillo, in: europäische erziehung, Heft 1-2013, S. 5 ff.

537 Zur Intention der Kriminalitätstheorien, vgl. Bock 2013, S. 41 ff.

Persönlichkeit, der Charakter, psychische Prädispositionen und deren Einfluss auf die Verhaltensentwicklung in den Fokus sämtlicher Hypothesen gerückt.[538] Diversen Studien gelang es nicht, beispielsweise Faschismus alleine aufgrund von Charakter und Persönlichkeitsstruktur zu erklären, sie leisteten jedoch einen wichtigen Beitrag zur Frage, warum die einen Menschen sich radikalisieren und die anderen nicht.[539] Sie bereiteten den Weg in eine Forschung, der den Charakter eines Menschen als beeinflussbar und nicht statisch betrachtete.

So entstanden, vor allem auch in Deutschland, prozessorientierte Ansätze, die bei einem Radikalisierungsprozess von einem dynamischen Wechselspiel zwischen Person und Umwelt ausgehen.[540] Ausschlaggebend hierfür war die Erkenntnis, die *Gerhard Schmidtchen* zu Beginn der 1980er Jahre formulierte: „Auch wenn wir Besonderheiten bei den Terroristen entdecken, können wir immer auch geltend machen, dass es viel mehr andere Menschen gibt, die in der gleichen Lage nicht die gleichen Konsequenzen ziehen wie Terroristen".[541] Die Frage, welche Faktoren aus Menschen Extremisten oder gar Terroristen machten, führte zur Untersuchung biografischer Entwicklungsverläufe.[542] Drei psychologische Theorieansätze dominieren bis zu Beginn der 2000er Jahre die kriminologische Ursachenforschung:

- Die **Frustrations-Aggressions-Hypothese:** Gemäß dieser Theorie nach *Dollard und Miller* wird – vereinfacht betrachtet – davon ausgegangen, dass einer Frustration Aggression in Form eines verbalen oder tätlichen Angriffs folgt.[543] Da diese Reaktion als mehr oder weniger absolut begriffen wurde, kritisierten und ergänzten Wissenschaftler, wie beispielsweise *Berkowitz*, die These und schränkten sie insofern ein, als dass auch andere Möglichkeiten (Flucht, Rückzug, Ignorieren, etc.) bestünden.[544] Dieser Ansatz modifiziert und angepasst auf Extremisten würde bedeuten, dass Frustrationserfahrungen (beispielsweise Scheiternserfahrungen, persönliche Niederlagen, etc.) in einer extremistisch motivierten Tat münden können. Begreift man die Radikalisierung als Prozess, bedeutet dies, dass es zu stetigen Frustrationserfahrungen kommen müsste, die zunächst die Entwicklung einer aggressiven Grundstimmung auslösen müssten.

538 Vgl. Backes/Jesse 1989, S. 194.

539 Wie beispielsweise die groß angelegte Studie der Berkeley-Gruppe, vgl. Backes/Jesse 1989, S. 195 ff.

540 Daase 2001, 68 f.

541 Schmidtchen, in: Bundesministerium des Innern (Hrsg.) 1981, S. 15.

542 Vgl. z. B. Blankenburg, in: Soziologische Revue, Band 8, Heft 4, 1985, S. 360 ff.

543 Vgl. Wahl 2012, S. 74.

544 Ebd.

- Die **Hypothese der negativen Identität:** Diese Theorie bezieht sich auf die individuelle Entwicklung einer Identität[545], die im Widerspruch zu den Erwartungshaltungen der Gesellschaft und/oder des sozialen Nahraumes steht, die an die betreffende Person herangetragen werden.[546] Diese Entwicklung setzt voraus, dass das Individuum sich zuvor bemühte, diesen Erwartungen gerecht zu werden, es jedoch nicht geschafft hat bzw. schaffen konnte. Das Erleben mangelnder Anerkennung, insbesondere im persönlichen Umfeld stellt ein Scheitern dar, dass zu der Einstellung führen könne, anstatt weiterhin erfolglos versuchen zu gefallen genau das Gegenteil zu provozieren.
- **Hypothese der narzisstischen Wut:** Mit dem Begriff der narzisstischen Wut wird eine „extreme Reaktion auf Verletzung des Selbstwertgefühls" beschrieben, welche sich in Form von Aggressionen niederschlägt und von anderen Formen der Aggression vor allem dadurch unterscheidet, dass sie mit einer zwanghaften Rachsucht gegenüber dem vermeintlichen Verursacher der subjektiv erlebten Verletzung einhergeht.[547] Diese kann bis hin zu Vernichtungswünschen reichen.[548] Die eigene Existenz zu etwas Erhabenem und Besonderem zu machen, über dem Durchschnitt der Gesellschaft zu stehen, hat eine mitunter verbindende Komponente. Insbesondere bei Personen, die sich aus der Gesellschaft ausgegrenzt fühlen, kann eine Art Gruppennarzissmus die Art und Weise eines Personenzusammenschlusses, sowie die Ziele dessen definieren.

Narzissmus als psychologische Eigenschaft ist keine ungewöhnliche und sie ist auch nicht zwangsläufig nur als krankhafte zu verstehen. Vielmehr ist sie in Maßen beim „normalen westlichen Durchschnittsbürger" in Form eines alltäglichen Narzissmus vorhanden.[549] In einer regulären Ausprägung zeigt sich der Narzissmus in einem normalen Maß an Selbstliebe, Eigenschutz, dem Wunsch nach Attraktivität, Erfolg und der Besonderheit der eigenen Existenz. Sind diese Wünsche ausgepräg-

545 Die Identität wird in einem kurz- bis mittelfristigen Zeitraum als stabil betrachtet; das Individuum erkennt sich in seinem Handeln und seinen Einstellungen täglich wieder. Langfristig ist sie allerdings einer lebenslangen Entwicklung, angeregt durch intrapersonale und umweltbedingte Faktoren, unterworfen. Das Modell zur Entwicklung der Person und des Selbst nach *Fend* beschreibt die Annahmen über die Art und Weise der Entwicklung von Identität im Kindes- und Jugendalter, vgl. Fend 2003, 402 f.

546 Vgl. Lützinger 2010, S. 4.

547 Triller 2003, S. 9.

548 Vgl. Wirth 2006, S. 47 f.

549 Vielmehr soll die narzisstische Persönlichkeitsstruktur als Antrieb betrachtet werden, durch Handlungen zu Ansehen und/oder Popularität zu gelangen. Zur Ambivalenz von Charisma und Narzissmus bei Führungsfiguren, vgl. Wirth, 2006, S. 74 ff.; ferner Schmidt-Lellek, in: OSC 11 (1), 2004, S. 27 ff.

ter und lebensbestimmender, können sie als ehrgeiziger Narzissmus bezeichnet werden, der vor allem beim Umgang mit Scheiternserfahrungen auch für die Umwelt sichtbar wird. Wenn der narzisstische Persönlichkeitszug chronisch wird, kann man von einem pathologischen Zustand ausgehen. Dieses Phänomen ist dann gegeben, wenn sich das Zentrum der eigenen Existenz in einem überzogenen Selbstbild manifestiert und aus diesem heraus Forderungen an Personen im Umfeld und darüber hinaus hergeleitet werden. Die narzisstische Person vermag allgemein geltende Regeln und Gesetze nicht mehr auf sich zu beziehen. Vielmehr erkennt sie das Handeln anderer Personen als für oder gegen sich gerichtet. Nicht selten entsteht daraus eine Opferrolle, in die die narzisstische Person verfällt, und diese wird auch den Personen im Umfeld, die mit Vorwürfen konfrontiert werden, offensichtlich. Häufig geht dies mit wahnhaften Vorstellungen, so wie der Ansicht einher, man selbst sei zu „etwas Höherem" berufen, was von anderen Personen jedoch bewusst unterbunden wird. Gehen diese persönlichen Empfindungen mit einem Gewaltdrang einher, kann dies als „aggressiver Narzissmus" betrachtet werden. Ausgangspunkt sind Schuldzuweisungen gegenüber Anderen und die Opferrolle, in welcher die Person sich verhaftet fühlt. Weiterhin kennzeichnend ist die völlige Empathie-Unfähigkeit der krankhaft narzisstischen Person, sowie ein Höchstmaß an Uneinsichtigkeit und Unfairness gegenüber Mitmenschen, die auch Gewalttaten rechtfertigt.[550]

6.1.1 Faktoren der Radikalisierung

Radikalisierung kann über unterschiedliche Wege erfolgen und bedarf sowohl dem Willen zur Überzeugung auf Seiten der Rekrutierer einerseits, als auch der Bereitschaft, deren Botschaften anzunehmen auf Seiten der Rekruten. Die Faktoren, die zusammenwirken, damit eine Person sich radikalisiert, müssen zum einen bei jeder Person individuell, als auch mehrdimensional betrachtet werden. Radikalisierungsmechanismen erfolgen somit stets individuell und sind kaum zu verallgemeinern. Dass und wie sich eine Person radikalisiert, hängt von mehreren Faktoren ab. Zeit und äußere Beeinflussung spielen dabei eine tragende Rolle. Vor allem junge Menschen befinden sich im Visier extremistischer Rekrutierungsarbeit, die sich unter Umständen gegenüber anderen in ihrem Alter (materiell) benachteiligt und nicht zugehörig fühlen. Dieses Schema findet sich vor allem im Rechtsextremismus und im Islamismus. Und genau dies offenbart entsprechenden Rekrutierern Möglichkeiten zur Kontaktaufnahme: Sie gehen in verständnisvoller Art auf die Bedürfnisse der jungen Menschen ein und erklären

550 Zu narzisstischen Persönlichkeitsstrukturen als krimineller Antrieb, vgl. Dienstbühl, in: Homeland Security 3/2011, S. 52 ff.

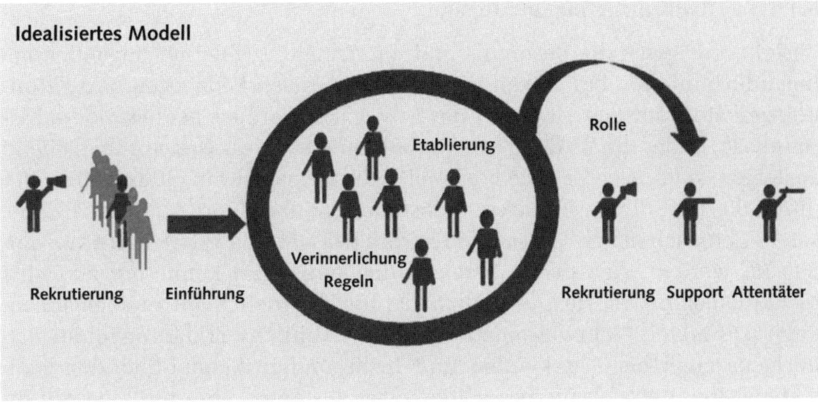

Abbildung 8: Idealisiertes Modell Rekrutierung; Dienstbühl/Herrmann-Marschall 2018

solche zur Gemeinsamkeit. Sie schwören ihre Jugendlichen als Zugehörige einer Gemeinschaft ein, die in ihrem Wahrheitsanspruch über der Gesellschaft steht, von der sie sich ausgeschlossen fühlen. So wird den Jugendlichen Schritt für Schritt verinnerlicht, dass sie Zugehörige einer Elite sind, die von der Gesellschaft zu Unrecht nicht akzeptiert wird. Diese aus Berechnung erzeugte Arroganz führt nicht selten zur latent erhöhten Aggression gegen die gesellschaftliche Umgebung.[551] Die sehr einfach konzipierten Ideologien extremistischer Vereinigungen sind dabei der entscheidende Rückhalt; die präsentierten Antworten, die höheren Ziele und das Gefühl einer „besseren“ Gemeinschaft sollen die gesellschaftliche Verbundenheit nach und nach auflösen. Um dies zu verinnerlichen, ist ständige Indoktrination die Basis der Rekrutierung. Die Nachwuchsarbeit extremistischer und terroristischer Organisationen stellt eine ihrer wichtigsten Aufgaben dar.

Modelle, die Faktoren von Radikalisierungsentwicklungen oft nach biographischen Untersuchungen darstellen, gibt es mittlerweile zahlreich.[552] Häufig sind diese auf die Makro-, Meso- oder Mikroebene bezogen, was dazu führt, dass jedes Modell anfällig für Kritik ist (z. B. vernachlässige die Mikroebene zu sehr situative Einflüsse und die Makroeben wieder zu sehr das Individuum).[553]

551 Vgl. Dienstbühl, in: Die Kriminalpolizei 3/2010, S. 26 ff.

552 Eine Übersicht hierzu bietet Logvinov, in: Kriminalistik 6/2017, S. 377 ff.

553 Vgl. Logvinov, in: Kriminalistik 6/2017, S. 380.

6.1.1.1 Radikalisierung und Jugend

Besteht eine generelle Besorgnis und die Annahme einer ansteigendenden Jugendkriminalität bei sinkendem Alter, verweisen Pädagogen und Kriminologen stets auf den Umstand des Erwachsenwerdens als besondere Krisenphase, in der die Anfälligkeit für delinquentes Verhalten vorübergehend ansteigen kann. So sei zum Beispiel Schulversagen ein Stressfaktor, der durch das Gefühl von Versagen, Selbstblamage und dem „Ausgesetzt sein“, seiner Schwächen vor Klasse und Lehrern das Gefühl fördert, nicht verstanden zu werden. Aus dieser Verzweiflung wiederum könne ein zunächst recht unspezifischer Hass entstehen, der die Zugänglichkeit zu dogmatisch-eingeschränkten Sichtweisen erleichtert.[554] Ähnliche Erklärung findet sich übrigens auch bei Amokläufen und insbesondere School-Shootings: ein Außenseiter, der sich immer weiter selbst ausgrenzt und durch gewaltfördernde Medien oder Spiele einen immer stärkeren Hass gegen sein Umfeld entwickelt. Dass nun speziell Jugendliche und junge Erwachsene in extremistischen Vereinigungen aktiv werden, ist kein neues Phänomen, aber auch statistisch kein überdimensionales. Die bekanntgewordenen Fälle geraten nur zeitweise verstärkt in die öffentliche Aufmerksamkeit. Radikalisierungsprozesse treten vor allem im Jugendalter auf. Dies hängt neben der Beeinflussbarkeit im jungen Alter und der damit verbundenen mangelnden Lebenserfahrung auch mit dem Wunsch nach Orientierung zusammen. Gerade die Jugendzeit ist geprägt von Veränderungen und sog. Entwicklungsaufgaben,[555] die sie bewältigen müssen:

- Den eigenen Körper bewohnen lernen
- Umgang mit Sexualität
- Umbau sozialer Beziehungen
- Umgang mit der Schule
- Berufswahl
- Bildung
- Politische Orientierung
- Identitätsarbeit. [556]

Die Formulierung von Aufgaben orientiert sich an der Vorstellung, dass der Jugendliche im Vergleich zum Erwachsenen in diversen Bereichen noch nicht vollständig entwickelt ist. Oder sogar Defizite aufweist.[557] Die Jugend-

554 Nach dem Psychoanalytiker Erich Fromm wächst Hass aus empfundener Isolation und Entfremdung, vgl. Friedman/Schustack 2004, S. 621.

555 Zum Begriff und den unterschiedlichen Modifikationen, vgl. Schöninger 2005, S. 15.

556 Vgl. Schöninger 2005, S. 15f.

557 Vgl. Schöninger 2005, S. 16.

zeit und die Lebens- und Denkweise von Jugendlichen geraten nach dieser Vorstellung zu einer Lebensphase der Vorbereitung für das eigentliche Leben. Gleichzeitig formulieren diese Aufgaben auch Bedürfnisse an junge Menschen, um diese Entwicklungen im gewünschten Sinne meistern und zu eigenständigen Erwachsenen heranreifen zu können.

Ein besonderer Fokus gilt der Familie. Immer wird von sog. *broken-home*-Situationen junger Menschen gesprochen, die sich radikalisiert haben. Der familiäre Aspekt allein kann allerdings nur wenig Aufschluss über das Phänomen Radikalisierung bieten. In Deutschland werden pro Jahr zwischen 190.000 und 200.000 Ehen geschieden. Dass Scheidungen eine verifizierbare Auswirkung auf radikalisierende Entwicklungen haben, ist statistisch nicht belegt. Hilfreicher könnte hier der Blick auf Straftaten der Konvertiten vor ihrer Konversion sein. Die Aufbereitungen können beispielsweise anhand *Lorenz Böllingers* sechsstufigem Karrieremodell adaptiert werden, das er in Anlehnung an die Lebensverläufe von RAF-Mitgliedern entwickelt hat.[558] Nach diesem finden sich idealtypischerweise folgende Merkmale im Entwicklungsverlauf eines Extremisten bzw. Terroristen wieder[559]:

- Frühe Belastungen in der Familie (z. B. durch Trennung der Eltern, Todesfälle, Wegzug aus dem Umfeld oder von Bezugspersonen, [psychische] Krankheiten)
- Bruch mit dem bisherigen Umfeld; oppositionelle Positionierung (Entwicklung zu extremen Positionen in Diskussionen, Kompromisse sind nicht mehr möglich, Schwarz-Weiß-Sicht macht Zusammenleben/Freundschaft unmöglich, Zunahme empfundenen Missverstandenwerdens)
- Rückzug in den Kreis Gleichgesinnter (Umgebung der gleichen extremen Ansichten, sich aufgehoben und verstanden fühlen, gegenseitige Bestärkung, Abnahme von Gegenperspektiven und anderen Sichtweisen)
- Entwicklung Konformismus und Kontra-Kultur (Definition gemeinsamer Ziele, Welt- und Feindbilder, Abweichungen immer weniger zulässig, wenn, dann nur noch in Taktiken, nicht in grundsätzlichen Positionen)
- Metaphorik des Krieges (Rhetorik und Agitation wird angepasst; Gesinnungsgenossen werden zu Kriegern, alle Gegner zum Feind und somit zum Ziel von Angriffen, Verüben von Gewalt und Anschlägen als kriegerischer Akt)

558 Vgl. Böllinger, in: Kemmesies (Hrsg.) 2006, S. 59–70; Bötticher/Mareš 2012, S. 191.

559 Ergänzung um eigene Beispiele durch die Autorin.

- Bei Inhaftierung: Weiterradikalisierung (auch in ein anderes Lager denkbar, vgl. *Horst Mahler*[560] oder *Bernhard Falk*[561]), Resignation (Wunschweltbild mit gewählten Mitteln nicht mehr erreichbar, dennoch bleibt Sichtweise bestehen) oder der Ausstieg (Einsicht der falschen Methodik, ggf. Empfinden von Schuld, Wunsch nach Wiedergutmachung denkbar).

6.1.1.2 Radikalisierung und Geschlecht

Terroristische Anschläge und extremistische Gewalt wird häufiger von jungen Männern begangen. Damit liegen sie im Trend zu Feststellungen aus der Hell- und Dunkelfeldforschung, wonach Kriminalität und insbesondere Gewaltkriminalität zum größten Teil von jungen Männern unter 30 Jahren begangen wird. Generell wird jungen Männern ein erhöhtes Aggressionspotential attestiert.[562]

Es zeigt sich immer wieder, dass Jungs und Männer anders von radikalem Gedankengut angesprochen werden als Frauen. Hier gibt es allerdings einen gravierenden Unterschied zwischen den Interessen, die für die Radikalisierung grundlegend sind bei Mädchen und jungen Frauen, die sich von rechtsextremen und islamistischen Inhalten auf der einen Seite und linksextremistischen Inhalten auf der anderen Seite angesprochen fühlen.

> *„Der Traumpartner ... Viele Frauen wünschen sich einen Mann, der ihnen ihre Freiheit lässt, nicht fragt wo sie steckt, der gut aussieht, Geld und Auto hat, mit ihn eine lange Beziehung führen zu können etc. Doch wenn man mich fragt, würde ich sagen Äußeres ist veränderlich oder auch vergänglich, materielles ist nichts wert denn alles was wir am Ende mit nehmen werden sind unsere guten und schlechten Taten. Für mich ist ein Traummann der, der mich nicht drum bittet ihn ‚kennenzulernen', sondern von Anfang an nach der sunna geht, und meinen Vater danach fragt. mein Traumpartner ist der den ich morgens aufwecken kann um das fajr Gebet mit ihn zusammen zu verrichten. Er ist der jenige der*

560 Horst Mahler war Gründungsmitglied der RAF. Nach Überwürfnissen v. a. mit Andreas Baader und Inhaftierung löste er sich von der Organisation der RAF. Schließlich übernahm er in den 1980er Jahren rechtsextreme Ansichten und trat der NPD bei.

561 Bernhard Falk war in der inksextremistischen Gruppe „Antiimperialistische Zellen" (AIZ) aktiv und an einem Sprengstoffanschlag beteiligt. Nach der Haft konvertierte er Anfang der 2000er Jahre zum Islam, schloss sich 2008 dem Salafismus an und ist seitdem in islamistischen Szenen aktiv, u. a. als selbsternannter Gefängnisseelsorger und bei den Koranverteilaktionen „Lies" bzw. „We love Muhammad". Allerdings hat sich seine Rhetorik kaum verändert, lediglich Glaubensbekundungen und dergleichen dokumentieren seine neue Staatsfeindlichkeit aus sunnitisch-extremistischer Perspektive heraus.

562 Vgl. Friedman/Schustack 2004, S. 628.

Furcht vor Allah swt. hat, denn dieser man könnte mir nicht schaden, denn wenn es wirklich so ist, würde er keine meiner tränen Fließen lassen nur die, der Freude.. Er ist der Mann der Eifersucht zeigt. Ein man mit den ich gemeinsam den Islam praktizieren kann... Mit ihn den wahren weg zu gehen und in Sha Allah mit ihn das paradis betreten zu dürfen.. Ein Mann kann dir das ‚Diesseits' zeigen, aber im Endeffekt ist das jenseits das bedeutende und das ewige... Der richtige Mann ist der, der dich so sehr gern hat das er nicht möchte das du für Sünden bestraft wirst, sondern dir den wahren weg zeigt."

(Eintrag auf der Facebookseite einer 17-jährigen Schülerin)[563]

Gerade im Rechtsextremismus und im Islamismus geht es um die Vermittlung archaischer Geschlechterrollen.[564] Sie werden häufig und gerade auch durch die Polizei eher als Mitläuferinnen wahrgenommen, was deren Anteile an Gewalthandlungen, aber auch mögliche Führungsrollen völlig vernachlässigt.[565] Junge Frauen, die sich linksextremistischen Positionen näher fühlen, empfinden gerade die Gleichberechtigung von Mann und Frau, Feminismus und Autonomie als attraktive Faktoren. Sie wollen weniger in ihrer Weiblichkeit als vielmehr in ihrer Intellektualität und ihren „Beiträgen zur Sache" wahrgenommen werden und besetzen nicht selten Führungspositionen.[566] Allen gemein ist der Wunsch nach einem sozialen Umfeld und Aktionsraum.

6.1.1.3 Orte der Radikalisierung

Ein Ort der Radikalisierung kann auch das eigene (Kinder-/Jugend-) Zimmer und von dort aus ein virtueller Raum sein. *Arid Uka* hat mit seiner Art der Radikalisierung via Internet gezeigt, dass Radikalisierung überall und zu jeder Zeit erfolgen kann. Dennoch lohnt es sich, einige Orte genauer anzuschauen. Der französische Soziologe *Fahrhad Khosrokhavar* konstatierte für die islamistische Radikalisierung in Frankreich und Belgien, dass ganze Stadtteile radikalisierungsfördernd seien.[567] Dies korreliere mit Anzeichen von Verwahrlosung, was aus kriminologischen Ansätzen mit der *Broken-Windows-Theorie* erklärt werden könnte. Diese besagt nach deren

---

563 N.ö. Quelle, gepostet im August 2014 auf dem sozialen Netzwerk Facebook; Wiedergabe im Originalwortlaut. 16 Personen markierten den Beitrag mit „gefällt mir".

564 Vgl. Baer/Weilnböck, i: Böckler/Hoffmann (Hrsg.), S. 81.

565 Vgl. Baer/Weilnböck, i: Böckler/Hoffmann (Hrsg.), S. 79 ff.

566 Dieser Umstand prägte bereits die RAF und die „Bewegung 2. Juni", die maßgeblich von Frauen geführt und beeinflusst wurden.

567 Vgl. Khosrokhavar 2016, S. 107 ff.

Begründern *Wilson* und *Kelling*, dass Verwahrlosung des physischen Raumes als auch der Menschen anzeigt, dass ein Raum nicht mehr kontrolliert wird. Dies führt nicht nur zu einer erhöhten Kriminalitätsfurcht, sondern auch dazu, dass immer mehr Kriminelle angezogen werden.[568] Die Islamwissenschaftlerin *Christine Schirrmacher* sieht in der extremistischen Ideologie ein identitätsstiftendes Element, dass insbesondere im Islamismus zu beobachten sei.[569] Eine Identität anzubieten funktioniert ortsunabhängig, einige Auffälligkeiten zu Örtlichkeiten lassen sich dennoch beobachten und sie sind darüber hinaus wichtig für sämtliche Interventions- und Präventionsmaßnahmen.

Dass Radikalisierung ein komplexer sozialer Prozess ist, der aus unterschiedlichen situativen Zusammenhängen heraus gespeist wird, ist mittlerweile gesellschaftlicher Konsens. Diese können dank verschiedener Erhebungen zumindest grob verortet werden. Beispielsweise stellte eine Untersuchung von nach Syrien ausgereister Islamisten folgende Einflüsse als maßgeblich für die Radikalisierung fest: Freunde (54 %), einschlägige, d. h. vom Salafismus beeinflusste Moscheen (48 %) und das Internet (44 %), aber auch in der Schule (3 %) und Kontakte in Justizvollzugsanstalten (2 %).[570] Wer nun Schule und den Strafvollzug aufgrund dieser Auswertung geringe Bedeutung beimisst, der irrt allerdings. In der Auswertung ging es zum einen lediglich um solche Islamisten, die nach Syrien ausgereist sind. Gerade Justizvollzugsanstalten und Schulen sind gerade für sämtliche Radikalisierungsprozesse überaus geeignet.[571]

Ein Ort der Radikalisierung kann eine Justizvollzugsanstalt sein. Gerade in der Haft sind Personen insofern besonders vulnerabel, weil sie von ihrem sozialen Umfeld abgeschnitten sind und ihrer Freiheit völlig „beraubt" wurden.[572] Der „Durchschnittsinhaftierte" in Deutschland ist männlich, unter 30 Jahre alt, mehrfach vorbestraft und aufgrund einer Serie mittelschwerer Delikte inhaftiert. Und genau auf dieses Personenprofil zielen islamistische Missionierungsbestrebungen auch außerhalb von Gefängnismauern ab. Die reglementierten Strukturen in den Haftanstalten verschaffen

---

568 Vgl. Wilson,/Kelling, in: The Atlantic Monthly. 3/1982, S. 29 ff.

569 Vgl. Schirrmacher, in: Backes/Gallus/Jesse (Hrsg.) 2017, S. 63.

570 Vgl. Jaschke, in bpb vom 4. Mai 2018.

571 Gerade in Schulen fallen immer wieder Schüler auf, die versuchen, auf ihre Mitschüler mit extremistischem Gedankengut einzuwirken. Vor allem das außerschulische Umfeld (Peergroups aus Klassenkameraden) stellt einen begünstigenden Faktor für Radikalisierungen dar. Die hessische Gewerkschaft Erziehung und Wissenschaft forderte bereits im Jahr 2014 eine entsprechende Ausweitung vorhandener Fortbildungsangebote für Lehrer, vgl. Jaschke, a. a. O.

572 Vgl. Dienstbühl/Abou Taam, in: Forum Strafvollzug 1/2012, S. 41 ff.; Kienle 2016, S. 38.

den Extremisten zusätzliche Vorteile. Der Tagesablauf an Werktagen sieht eine strikte Abfolge zwischen 06:00 und 22:00 Uhr vor: Wecken, Frühstücken, Arbeit oder Unterricht, Mittagessen, Arbeit oder Unterricht, Hofgang, Abendessen, Aufschluss/Freizeitgruppen, Nachtruhe. Da der Inhaftierte wenige Angebote für Aktivitäten zur Auswahl hat, versuchen Islamisten dies zu nutzen, um eigene Koranlehren und Gefangenenfürsorge zu installieren.[573] Dies führt zu einer Krise, in der sich der Inhaftierte für extremistische Inhalte öffnen kann. Bisherige Untersuchungen können das Risiko für Radikalisierung nicht einheitlich einschätzen. Auch wenn der Anteil von Inhaftierten, die definitiv in der Haft radikalisiert wurden, als gering im Verhältnis zu anderen Orten eingestuft wird, kann eine Gefährdung durch Rekrutierungsbestrebungen nicht geleugnet werden. Zudem stellen alle Extremisten den Justizvollzug generell bei Entscheidungen zu Risikomanagement, Haftentlassung, Wiedereingliederung und nicht zuletzt im alltäglichen Umgang vor besondere Herausforderungen. Auch wenn davon auszugehen ist, dass vollzogene Freiheitsstrafen nicht notwendig wegen Straftaten aus dem Terrorismusstrafrecht verhängt wurden, steigt die Zahl an Inhaftierten in Zusammenhang mit Terrorismus mit der Aufdeckung von Terrorzellen wie der Sauerlandgruppe und mit der steigenden Zahl von Rückkehrern aus dem Syrisch-Irakischem Konfliktgebiet.[574] Damit einhergehend kann auch das Risiko von Rekrutierungen im Vollzug steigen. Einzelne Personen wurden bereits nach Verbüßung ihrer Haftstrafe entlassen und stellen die Bewährungshilfe etc. vor Herausforderungen.

6.1.2 Argumentation und Rechtfertigung

Im Verlauf der Radikalisierung ändert sich das Verhältnis zur Gewalt. Menschen, die vorher Gewalt kategorisch abgelehnt haben, gehen mitunter sogar soweit, dass sie bereit sind, für ihre Überzeugung zu töten – eventuell auch sich selbst. Andere erheben den Vorwurf gegen die Polizei oder den definierten Feinden, sie seien gewalttätig und verurteilen dies, gleichzeitig greifen sie selbst zur Gewalt. Oder auch bei islamischen Attentätern, die nach den Lehren des Koran an sich keinen Selbstmord und damit auch keine Selbstmordattentate begehen dürften oder auch nicht die Hand gegen einen anderen Muslim richten (und bei einem großen Terroranschlag in der Dimension wie derjenigen auf das WTC 2001 oder des Anschlages von Nizza 2016 ist dies mehr als wahrscheinlich) besteht ein eklatanter Widerspruch, der gelöst werden muss, um terroristisch aktiv werden zu können.

573 Vgl. Dienstbühl/Abou Taam, in: Forum Strafvollzug 1/2012, S. 42 f.

574 Vgl. Hoffmann/Illgner/Leuschner/Rettenberger 2017, S. 11 f.

Entsprechend zentral ist die Rechtfertigung, die man in der Kriminologie als Neutralisierungstechniken genauer untersucht. Nach *Gresham Sykes* und *David Matza* führen sie im Endeffekt zu fünf rechtfertigenden Argumenten,[575] die das Handeln in Einklang mit ideologischen Normen und Werten bringen, die übrigens regelmäßig sogar völlig in Einklang mit den angestrebten der Mehrheitsgesellschaft stehen:

1. Ablehnung der Verantwortung (man selbst sei hilflos einer Kette von Ereignissen ausgesetzt und habe daher keine andere Wahl)
2. Verneinung des Unrechts (Ansicht, es träfe keinen Unschuldigen)
3. Ablehnung des Opfers (dieses habe die Tat provoziert oder verdient, beispielsweise dadurch, dass es bei der Polizei ist)
4. Verdammung der Verdammten (z.B. Polizei als korrupte Gewalttäter oder der Bürger als Heuchler, etc.)
5. Berufung auf höhere Instanzen (z.B. Ehre, der Glaube, Allah, das Vaterland oder die völlige Beseitigung alles Einschränkenden stehe höher als das Gesetz)

Diese Rechtfertigung bzw. das Neutralisieren der Kriminalität ist besonders wichtig für extremistische Täter und begründet deren Gewalt gegen alle Menschen, die anders denken. Um mit Menschen, die sich radikalisieren, einen Dialog wiederherzustellen, bedarf es genau der Kenntnisse solcher Neutralisierungsstrategien, um diesen argumentativ entgegentreten zu können.

6.2 Typologien und Profile

Unter Tätertypologie ist die Einteilung von Personen und Sachverhalten nach zentralen Merkmalen zu verstehen. Versuche, Typologien des Verbrechers und des Verbrechens zu entwickeln, sind Kernthemen der Kriminologie. Die kriminalpolizeiliche Praxis versucht mit Hilfe der elektronischen Datenverarbeitung in Zusammenarbeit mit der Forschung, personenbezogene und tatbezogene Merkmalshäufungen und Korrelationen zu erkennen, um dadurch Ansätze für die Repression und für die Prävention zu erhalten. So z.B. bei der Suche und der Wiedererkennung von gefährlichen Straftätern mit Hilfe der Rasterfahndung oder des *Modus-Operandi-Systems*, aber auch bei der Reduzierung von Gefahrenmomenten für potentielle Opfer oder Objekte. Weitere Anwendungsgebiete für kriminologische Typologien liegen im Strafvollzug und in der Kriminalpolitik.

---

575 Vgl. Sykes/Matza, in: American Sociological Review, 22/1958, S. 664 ff.

Die Tätertypologie bietet die Ausgangskategorie, von der ausgehend die Individualisierung eines Täters einbezogen und behandelt werden kann. Basis für Typologien sind regelmäßig Studien, aus denen Merkmale gebündelt (geclustert) und so Kategorien gebildet werden. Typologie helfen beim Ordnen von Hintergrundwissen, das auf den individuellen Fall angepasst werden muss, wobei sich hier oft Abweichungen ergeben. Die Typologien passen regelmäßig nicht 100prozentig.

6.2.1 Generelle Kriterien für Tätertypologien:

Das Konzept der Bildung von Typen basiert auf dem Grundgedanken, eine Vergleichbarkeit nach Merkmalen zu ermöglichen.[576]

1. Eine Typologie sollte klar ausgestaltet sein.
2. Sie sollte eine klare Zuordnung ermöglichen, das heißt ein Täter sollte am besten nur einer und nicht zwei Kategorien zugeordnet werden.
3. Sie sollte möglichst übersichtlich und „sparsam" sein, das heißt eine möglichst geringe Anzahl von Typen sollte angestrebt werden.
4. Typologien sollten nach Möglichkeit keine (große) Residualkategorie für die nicht zuordnungsfähigen Fälle vorsehen müssen.

Tätertypologien müssen von **Täterprofilen** unterschieden werden. Täterprofil ist „eine umfangreiche Beschreibung eines noch nicht identifizierten Verbrechers, die aus der Rekonstruktion und Interpretation seines Verhaltens abgeleitet ist. [...] Üblicherweise enthält ein Täterprofil Angaben über Geschlecht, Alter, Familienstand, Wohnort, Ausbildung und Beruf, mögliche Vorstrafen, Persönlichkeitsstruktur, Erscheinungsbild und eventuell über das prä- und postdeliktische Verhalten des Täters"[577] (auch als *Profiling* bezeichnet). Die *Operative Fallanalyse* (OFA) ist ein kriminalistisches Werkzeug, um ein Fallverständnis vor allem bei Tötungs- und sexuellen Gewaltdelikten, sowie anderen geeigneten Fällen von besonderer Bedeutung zu bekommen. Die Grundlage sind die verfügbaren objektiven Daten (Informationen zum Opfer, zum Täter, zur Tatbegehung, etc.), die als ermittlungsunterstützende Hinweise ausgewertet werden. Somit sollen für die Ermittler neue Verdachtsgewinnungsstrategien entwickelt werden.

Täterprofile sind gerade für die Extremismusforschung wichtig, um Extremismusprozesse besser bergreifen zu können. Empirische Untersuchungen zu rechtsextremen Straftätern konnten vier Idealtypen[578] herausstellen:

---

576 Vgl. Friedman/Schustack 2004, S. 363.
577 Vgl. Hoffmann und Musolff 2000, S. 18.
578 Nach Jaschke 2006, S. 44.

1. der ideologisch-motivierte Überzeugungstäter aus rechtsextremen Organisationen.
2. der nicht organisierte ausländerfeindliche Einzeltäter, weniger ideologisch, als durch Gewaltrhetorik motiviert.
3. der bereits kriminell auffällige Täter mit hoher Gewaltbereitschaft.
4. der identitätsschwache Mitläufer mit starkem Bedürfnis nach Zugehörigkeit.

Diese Kriterien lassen sich problemlos auch auf andere Extremismusphänomene übertragen, sofern man Gesinnung und das jeweilige Feindbild entsprechend anpasst.

6.2.2 Radikalisierungstypen

Nachfolgend können Personen, die sich radikalisieren, betrachtet auf Deutschland in fünf Gruppen unterteilt werden, die alle auf das Phänomen Islamismus passen, jedoch nur in Teilen auf links- und rechtsextreme Menschen:

- **Eingereiste Extremisten:** Die typologische Zuordnung von eingereisten Extremisten bezieht sich in erster Linie auf transnationale Phänomene wie Islamismus und islamischen Terrorismus. Der Personenkreis reist bereits radikalisiert in eine westliche Demokratie wie Deutschland ein. Gründe dafür können geplante Aktivitäten, aber auch der Bedarf eines Rückzugsraumes zum Untertauchen sein.
- **Homegrown Terrorists:** Auch dieses Phänomen trifft exklusiv auf islamistischen Extremismus/Terrorismus zu. Unter dem Stichwort Homegrown Terrorists werden Muslime oder junge Menschen mit islamischem Migrationshintergrund bezeichnet, die in Deutschland geboren oder dort bereits seit Kindesalter sozialisiert wurden, die regelmäßig einen deutschen Pass besitzen und sich irgendwann radikalisieren. Die Theorien für Gründe der Radikalisierung gehen in der Wissenschaft auseinander: Einige Vertreter sehen in Diskriminierungserfahrungen durch die Mehrheitsgesellschaft,[579] andere sehen in der Idealisierung des männlichen Geschlechts und der Parentisierung, die zu Größenwahn führen und damit Gewalt und Extremismus fördern könne, Erklärungsansätze für die Radikalisierung der Jugendlichen mit Migrationshintergrund.[580]
- **Konvertiten:** Menschen, die irgendwann eine neue Religion annehmen, bemühen sich als Konvertiten und damit Überzeugte besonders, möglichst korrekt alle Regeln zu befolgen.

579 Beispielsweise Kaddor 2015, S. 86.
580 Vgl. Charlier 2016, S. 380.

- **Frauen und (Ehe-)Partnerinnen:** Extremismus ist nicht ausschließlich eine Männerdomäne. Schon die RAF wurde maßgeblich von Frauen begründet. Frauen übernehmen aktive Rollen in der Propaganda- und Rekrutierungsarbeit sowie auch in der Ausbildung und Erziehung der Kinder.
- **Kinder:** Es liegt in jeglicher Eroberungsstrategie von Extremisten nichts näher, als die eigene Familie und insbesondere die Kinder entsprechend zu indoktrinieren und zu erziehen. Doch auch gelernte Feindbilder können durch Kriegserfahrungen der Eltern weitervermittelt werden.[581] Hier zeigt sich eine interessante Parallele zwischen islamistischen und rechtsextremen Bestrebungen: Beide versuchen sich eigene Lebens- und Wirkkreise zu erschaffen, in denen Familien in eine komplette Infrastruktur angeboten wird (von Ärzte bis hin zu Bildungsangeboten und Kinder- und Jugendcamps). Die Radikalisierung von Kindern ist längst kein Problem der Zukunft mehr, denn einige, die eine solche Erziehung durch ihr Elternhaus vermittelt bekamen, sind bereits volljährig. Zudem fallen bereits in Schulen Kinder durch gewalttätiges Verhalten und Ablehnung sämtlicher auf Demokratie und Menschenrechten beruhenden Regeln auf.

Diese jeweiligen Typen müssen nach ihren Rollentypen innerhalb einer extremistischen oder terroristischen Organisation aufgegliedert werden: Handelt es sich um generell Kriminelle, Mitläufer, Aktivisten oder Ideologen?[582] Gerade hier wird häufig nicht in der Terrorismusforschung unterschieden, dabei ist gerade diese Typisierung für die Ermittlungspraxis immanent wichtig, um Gruppengefüge und Gefährdungspotentiale des Einzelnen zu erfassen.

7. Wechselwirkungen und Kooperationspotentiale

Extremistische Gefüge bestehen regelmäßig nicht nebeneinander, sondern sie reagieren aufeinander. Ein wesentliches Merkmal der PMK liegt offenkundig in Bildung von Gruppen und dem Bestehen fester „Szenen". Innerhalb der politisch homogenen Szene[583] geht man weniger von Gewalt untereinander aus, zumindest wird sie generell nicht durch die Polizei erfasst. Stehen sich links- und rechtsextremistische Gruppen jedoch gegenüber,

581 Vgl. Käsehage 2017, S. 48 f.

582 Vgl. Miliopoulos, in: Jesse/Mannewitz 2018, S. 209.

583 Anmerkung: homogen ist in diesem Fall nur auf die politische Orientierung und als Vereinfachung zu verstehen. Innerhalb dieser gibt es zwar diverse Splittergruppen und auch örtlich gebundene Gruppierungen, die hier aber nicht weiter thematisiert werden sollen.

fordert dies regulär ein Eingreifen seitens der Sicherheitsbehörden. Allgemein ist Gewalt als „individuelle oder kollektive Anwendung von physischem Zwang durch den Körper oder ein Mittel, um ein bestimmtes Ziel durchzusetzen“ definiert.[584] Folglich geht man bei Gewalt nur dann von einer (sozialen) Handlung aus, wenn eine Absicht der Handlung zugrunde liegt. Dies impliziert strenggenommen auch Affekthandlungen.[585]

Ein Anstieg von registrierten Gewaltdelikten in der Polizeilichen Kriminalstatistik zeigt sich entsprechend dann, wenn Mitglieder der jeweiligen Szenen aufeinandertreffen.[586] Dies gilt immanent für das Aufeinandertreffen links- und rechtsextremistischer Gruppierungen. Dabei handelt es sich regulär nicht um willkürliche Zusammenkünfte, sondern um organisierte Anlässe, die gezielt zur Konfrontation und Eskalation beider Seiten genutzt werden. So melden bekennende Rechtsextremisten beispielsweise einen Aufmarsch an und erhalten die Erlaubnis, ihn durchzuführen. Da dies zuvor in der Regel von öffentlicher Besorgnis und üblicherweise auch von rechtlichen Schritten im Vorfeld begleitet wird, erfahren es linksextreme Gruppierungen, welche ihrerseits einen „Gegenschlag“ planen. Bei den Demonstrationen fallen dann vor allem Linksextreme durch Gewalthandlungen auf. Den zentralen Aspekt solch gewalttätigen Aufeinandertreffens stellt die Gruppendynamik dar. So zeigen Untersuchungen, dass etwa 90 % der registrierten Gewaltdelinquenz rechtsextremer Vertreter in Gruppen begangen wird.[587]

Vereinzelt zeichnet sich eine neue Auffälligkeit ab: Während Rechtsextremisten häufig eigene Autoritätspersonen dabeihaben, die ihnen gegenüber weisungsbefugt und akzeptiert sind, verhielten sich diese häufig relativ ruhig und wurden entsprechend eher wegen einzelner Verstöße gegen §§ 86, 86a StGB belangt. Die Proteste gegen den Zuzug von Flüchtlingen und gegen Rechtsextremismus der letzten Jahre haben die Atmosphäre feindseliger gemacht. Vertreter der linken Couleur hingegen versuchen sich gegenseitig an Gewalt und Sachbeschädigung zu überbieten: gegen Rechtsextremisten und gegen die Polizei als Vertreter des Systems, die die Rechten beschützen. Aus diesem Schema ziehen beide Gruppen Nutzen: Rechtsextremisten profilieren sich als „staatstreu“, ordentlich, etc. Dieser Effekt wird vor allem von der NPD genutzt, um mehr Sympathien zu gewinnen. Und die Linken zeigen Aktion und „konsequentes Handeln“, was vor allem auf Jugendliche anziehend wirkt. Mit anderen Worten: Extremisten beider

584 Pfahl-Traughber, in: Kriminalistik 4/03, S. 202.

585 Vgl. Nummer-Winkler, in: Heitmeyer/Soeffner (Hrsg.) 2004, S. 49.

586 Backes, in: Kemmesies 2006 (Hrsg.), S. 41 f.

587 Zwiener/Kodalle, in: Zwiener/Kodalle/Frindte 2003, S. 8 ff.

Seiten nutzen das Gewaltpotential der Begegnung für Werbezwecke aus. Je mehr Schaden bei solchen Veranstaltungen angerichtet wird, desto größer ist das Echo in den Medien und die Beachtung in der Öffentlichkeit.

Die Art der Berichterstattung führt über ein öffentliches Interesse hinaus zu einer öffentlichen Aufregung, vor allem aber zu einer einseitigen Betonung. Dies ist besonders in privat-kommerziellen Fernsehsendern zu beobachten. Dort wird sich auf wenige, einprägende Bilder beschränkt, welche gerne die von Tätern ausgeübte Gewalt und den Konflikt mit Polizeibeamten zeigen. Der zu erwartende Effekt besteht selbstredend in einer selektiven Wahrnehmung extremistischer Facetten einerseits. Andererseits steht dieser auch für einen zu verzeichnenden Erfolg fanatischer Aktivisten. „Es in die Medien zu schaffen" steht für die Demonstration ihrer Wirkung und ihres Einflusses. Würde sie niemand beachten, hätten sie keinerlei Außenwirkung. Diese Rechnung wird auch von Medienwissenschaftlern bestätigt, indem sie den empirischen Zusammenhang zwischen Berichterstattung in Print-, Funk- und Fernsehmedien und einer just darauf folgenden Nachahmungswelle nachwiesen.[588] Gewalt wird somit zum Werbemittel für extremistische Interessen.

Nach gezielten Provokationen im Vorfeld werden immer wieder gewalttätige Ausschreitungen, vor allem zwischen Akteuren der linken und rechten Szene beobachtet. Aus linksextremistischer Sicht sind sie als Vertreter des Systems Faschisten. Ähnlich fassen es gewalttätige Islamisten und Salafisten auf. Bei Ausschreitungen am Rande einer Pro-NRW-Demo am 5. Mai 2012 wurden 29 Polizisten verletzt, zwei davon mit Messerstichen schwer.[589] Der salafistische Angreifer *Murat K.* sah sich noch vor Gericht im Recht, da er Feinde des Islam, zu denen Polizisten als demokratische Vertreter per se zählten, bekämpfen müsse. Polizisten als Staatsvertreter in Uniform bilden somit ein sichtbares Angriffsziel für jedes extremistische Lager. 2014 eskalierte die Gewalt zwischen dem Bündnis „Hooligans gegen Salafisten" (HoGeSa)[590] und Islamisten[591]. Solche Aufeinandertreffen wur-

---

588 Vgl. Ruhrmann, in: Zwiener/Kodalle/Frindte 2003 (S. 76–90) S. 77 ff.

589 Bei diesen gewalttätigen Protesten war auch der Terrorist Denis Cuspert dabei, wie bereits zuvor auch in Solingen. Er veröffentlichte im Nachhinein eine Botschaft, in der er die Tat des „Löwen Murat" als Heldentat huldigte und drohte Entführungen an, um den Inhaftierten „freizupressen", vgl. Senatsverwaltung für Inneres und Sport Berlin (Hrsg.) 2014, S. 16.

590 Das Aktionsbündnis war zunächst eher im Internet aktiv. Bei einer Demonstration am 26. Oktober 2014 in Köln nahmen zwischen 3.000 und 5.000 Personen teil. Dabei kam es zu einer Straßenschlacht mit der Polizei, bei der über 50 Polizisten verletzt wurden.

591 Eine Gruppe von Islamisten prügelte und trat auf einen Demonstranten des Bündnisses HoGeSa ein; während die Angreifer der islamistischen Szene zugeordnet werden konnten, blieb das Opfer des Gewaltaktes unbekannt.

den von den jeweils verfeindeten Seiten initiiert. Die Provokation der unterschiedlichen Lager besitzt einen hohen Emotionalisierungsgrad in den jeweiligen Reihen und überträgt sich auf deren Sympathisanten.[592] Zudem garantiert das Aufrechterhalten eines Feinbildes Stabilität in den jeweiligen extremistischen Gruppierungen. Denn auch innerhalb einer Szene sind sich die Mitglieder häufig über politische Aspekte uneinig. So spaltet beispielsweise die Frage pro oder contra Israel die radikale Linke oder die Frage nach der Vereinbarkeit von Alltagshandlungen mit religiösen Vorgaben die islamistische Szene in Deutschland. In der Haltung gegen Personengruppen manifestiert sich eine einheitliche Linie der Anhänger und sorgt somit für Konsens.

Extremistische islamische Gruppierungen besitzen weder ein direktes Feindbild im Links- oder Rechtsextremismus noch deren gegenseitige Protestkultur. Dennoch ist auch hier eine gewinnbringende Wechselwirkung – insbesondere zwischen Rechtsextremismus und islamistischem Extremismus – erkennbar. In diesem Zusammenhang spielen Medienberichte eine zentrale Rolle. Darstellungen über islamistische Taten stärken nicht nur die islamistischen Gruppierungen selbst, sondern auch Rechtsextreme, da sich diese und ihre Sympathisanten in ihrer Ausländerfeindlichkeit bestätigt sehen. Ein Beispiel dafür bietet der Streit um die Mohammed-Karikaturen in einer dänischen Zeitung 2005.[593] Die Konsequenzen wurden in den Medien vor allem in Hinblick auf Gewalthandlungen veranschaulicht. Islamisten nutzten die Berichterstattung, um dem Westen Verunglimpfung ihres heiligen Glaubens und Rassismus zu bescheinigen. Rechtsextreme sahen in den Berichten wiederum Bestätigung für ihre Vorurteile gegenüber Muslimen und propagierten diese.

Politisch und auch religiös motivierte Lager lehnen demokratische Strukturen allgemein ab und bekämpfen sie zum Teil ganz offen. In ihrer Funktion als staatliche Exekutive und im Fall von Demonstrationen eingesetzte Ordnungshüter bieten Polizisten allen extremen Lagern ein Feind-

---

592 Vgl. Dienstbühl, in: Sicherheitsmelder vom 6. Juni 2013.

593 Die Karikaturen des Propheten Mohammeds des dänischen Zeichners *Kurt Westergaard* wurden am 30. September 2005 in der dänischen Tageszeitung *Jyllands-Posten* unter dem Namen „Das Gesicht Mohammeds“ in einer Serie von zwölf Karikaturen veröffentlicht. Das populärste Bild zeigt den Propheten mit einem Turban in Form einer Bombe mit brennender Lunte, auf welcher sich das islamische Glaubensbekenntnis befindet. Kurze Zeit später wurden sie in der ägyptischen Zeitung Al Fager nachgedruckt und sorgten für beispiellose Proteste und Unruhen im arabischen Raum. In Deutschland zog der Karikaturenstreit eine Diskussion über die Abwägung von Meinungs- und Pressefreiheit gem. Art. 5 GG gegen die Religionsfreiheit gem. Art. 4 GG nach sich. Sowohl rechtsextremistische und islamistische Strömungen nutzten den Fall jeweils für ihre Zwecke, vgl. Dienstbühl 2014, S. 21.

bild. Rechtsextremisten sehen die Polizei als sie verfolgende „Systemknechte" des Staates. Aus dem Schema gegenseitiger Gewalt ziehen stets beide Fronten ihren Nutzen. Rechtsextremisten profilieren sich im Gegensatz zu Linksextremisten als „staatstreu" bzw. als Kritiker des Islam. Linksextreme hingegen zeigen Aktion und „konsequentes Handeln", was vor allem auf Jugendliche und Heranwachsende anziehend wirken soll. Islamisten appellieren an Muslime, ihren Glauben, der in Deutschland angegriffen wird, zu verteidigen und ihre Gottesfürchtigkeit mit Gewalt zu demonstrieren. Extremisten aller Seiten nutzen also das Gewaltpotential der Begegnung für ihre jeweiligen Werbezwecke aus. Je mehr Schaden bei solchen Konfrontationen angerichtet wird, desto größer das Echo in den Medien und die Beachtung in der Öffentlichkeit.

Ob bei in friedlicher Absicht oder mit deutlicher Protesthaltung geführten Demonstrationen sind Polizisten gehalten, für Ruhe und Ordnung zu sorgen. Dadurch geraten sie häufig und nahezu automatisch in einen Zwiespalt. Die Rolle der Polizei als neutraler Ordnungshüter verschiebt sich in der öffentlichen Wahrnehmung. Ein Beispiel für einen solchen Mechanismus ist bei Kundgebungen der NPD zu beobachten. Mitglieder der Partei melden eine Kundgebung an. Aufgrund des demokratischen Rechts auf Meinungsfreiheit erhalten sie die Genehmigung. Dies verursacht eine Gegendemonstration. Da die NPD das Recht hat, ihre Veranstaltung durchzuführen, muss die Polizei dieses Recht schützen. Dies bedeutet auch, dafür zu sorgen, dass die Veranstaltung nicht durch Gewalt von Gegendemonstranten verhindert wird. Aus Sicht der Gegendemonstranten, vor allem aus dem politisch linken bis extrem linken Spektrum, schützt die Polizei damit Rechtsextremisten und macht sich dadurch angreifbar. Da Rechtsextremismus mit aller Macht bekämpft werden muss, wird Gewalt zum legitimen Mittel. Auch Gewalt gegen die Polizisten wird dann legitim.

- Bestimmte Personen werden eher durch terroristische oder extremistische Ideologie angesprochen als andere. Jedoch sind auch Interaktion und Umstände maßgeblich dafür, dass es zu einer Radikalisierung kommt.
- Die Extremisten definieren sich über das gegenseitige Feindbild und die Ablehnung des demokratischen Staates.
- Wechselwirkungen zwischen den extremistischen Strömungen stärken die eigene Gruppe.
- Gewalt als Machtdemonstration wird zu Werbezwecken genutzt.
- Inmitten von gewalttätigen Aufeinandertreffen werden Polizisten nicht nur zum menschlichen Puffer, sondern stellen für beide Seiten eine legitime Angriffsfläche dar.
- Die gesellschaftliche Ächtung muss jede Form von Extremismus in gleicher Weise treffen.

8. Zusammenfassung

Als Lehre der Kriminalität versucht sich die kriminologische Forschung an der großen Frage, welche Ursachen Extremismus und Terrorismus haben. Genau diese Frage wird aber nicht in wenigen Sätzen beantwortet werden können, wie die vergleichende Analyse gezeigt hat.

- **Extremismus als kriminelles Verhalten:** Geht man von Extremismus als kriminelles Verhalten aus, dann kommen als Gründe für Radikalisierungsprozesse allgemeine Gründe für kriminelles Handeln in Betracht.
- **Stabilisatoren und kriminalitätsvermeidente Aspekte:** Soziale und gesellschaftliche Einbindung, Verantwortungsempfinden.
- **Destabilisierende und kriminalitätsfördernde Aspekte** Radikalisierung ist stets ein multifaktorieller Prozess. Individuelle Dispositionen, persönliche Krisen und soziale Umstände sind maßgebliche Aspekte für eine Radikalisierungsentwicklung. Langeweile, mangelnde Bindungsstrukturen und auch Anspruchsdenken und damit verbundene Ziel-Mittel-Konflikte[594] können die Anziehung extremistischer Attitüden befördern. *Cesare Lombroso* beschrieb einen Anziehungsfaktor extremistischer Denkweisen so: „Der Fanatismus schafft auch bei ganz ungebildeten Leuten oft eine bedeutende Beredsamkeit und gibt ihren Äußerungen oft eine bemerkenswerte, formelle rednerische Form.“[595] Mit dieser Aussage trifft er noch heute einen Nerv: Denn in extremistischen Gruppierungen[596] gelangen vor allem junge Menschen, die bislang nicht durch herausragende Leistungen aufgefallen sind, zu Positionen, die sie sich nicht in jahrelanger Ausbildung und Anstrengung erarbeiten müssten.

Mit Kenntnissen über extremistische Phänomene, Radikalisierungsverläufen, -faktoren und den Gefährdungspotentialen von Wechselwirkungen, aber auch denkbaren Kooperationen, lassen sich die Gefahren durch spezifische Gruppen vor Ort besser einschätzen.

---

594 Solche bezeichnen das Dilemma, wenn für die Erreichung eines bestimmten Ziels die entsprechenden Mittel fehlen.

595 Cesare Lombroso (1836–1909) war ein italienischer Arzt, Professor der gerichtlichen Medizin und Psychiatrie. Er gilt mit seiner Schrift „Scuola positiva di diritto penale“ als Begründer der Kriminalanthropologie. Auf ihn geht die Theorie vom „geborenen Verbrecher“ zurück, die heute als antiquiert gilt, vgl. Bock 2013, S. 10f.

596 Diese Beobachtung trifft allerdings auch auf andere Formen von kriminellen Gruppenzusammenschlüssen und organisierter Kriminalität zu.

Tabelle 9: Merkmale von Extremismus nach Art und Personengruppe

Personen-gruppen	Merkmale	Links	Rechts	Islamistisch
Kinder	• Voraussetzung	Ideologie im Elternhaus	Ideologie im Elternhaus	Ideologie im Elternhaus
	• Ideologie-verankerung	gegeben	stark ausgeprägt	stark ausgeprägt
	• Gefährlichkeit/ Gewaltrisiko	gering	gering bis mäßig	gering bis hoch
Jugendliche	• Voraussetzung	Bezugsgruppe	Elternhaus, Bezugsgruppe	Elternhaus, Bezugsgruppe
	• Ideologie-verankerung	gering bis mäßig, oberflächlich	gering	gering bis hoch
	• Gefährlichkeit/ Gewaltrisiko	gering bis hoch	gering bis hoch	gering bis sehr hoch
Frauen	• Position	zentral, führend, gleichberechtigt	zentral, nicht gleichberechtigt	zentral, nicht gleichberechtigt
	• Ideologie-verankerung	mittel bis hoch	gering bis mittel	gering bis hoch
	• Gefährlichkeit/ Gewaltrisiko	gering bis hoch	gering bis mittel	gering bis sehr hoch
Konvertierte	• Zugang	–	–	zentral für Öffentlichkeit
	• Ideologie-verankerung	–	–	mittel bis hoch
	• Gefährlichkeit/ Gewaltrisiko	–	–	gering bis hoch
Eingereiste	• Anlass	Event (Protest)	Event (Fußball/ Konzert)	unterschiedliche Gründe
	• Ideologie-verankerung	gering bis hoch	gering	unterschiedlich
	• Gefährlichkeit/ Gewaltrisiko	hoch	hoch	mäßig bis hoch
Kriminelle	• Zugang/Anlass	Ablehnung Staat	Ablehnung Staat	z.B. in Haft, Rekrutierung in Szene
	• Ideologie-verankerung	gering bis hoch	gering bis mittel	oft nur gering
	• Gefährlichkeit/ Gewaltrisiko	hoch bis sehr hoch	hoch bis sehr hoch	sehr hoch

IX. Intervention und Gegenmaßnahmen

Gefahrenabwehr, Unterbindung und Prävention sind originäre Aufgaben der deutschen Sicherheitsbehörden. Nach einer Bestandsaufnahme der dargestellten Extremismusphänomene werden nachfolgend Ansätze präsentiert, um gegen Extremismus vorzugehen. Mittlerweile existieren ganz unterschiedliche Methoden und Programme zur Prävention als auch zur Deradikalisierung. Allerdings sind sowohl die Prävention als auch die Intervention durch gesetzliche Regelungen und Instrumente häufig schwer auf ihre Wirksamkeit zu evaluieren.[597] Der Kampf gegen Extremismus und Terrorismus ist indes keiner, der einzig von der Polizei geführt und letztendlich auch gewonnen werden kann. Auch Geheim- und Nachrichtendienste können nur einen begrenzten Beitrag leisten, da zu viele soziale Faktoren in ein extremistisches Umfeld hineinspielen. Um Extremismus und Terrorismus wirksam zu bekämpfen, bedarf es

1. Umfassender Kenntnisse über Wesen und Akteure.
2. Möglichkeiten zur Einschätzung der Bedrohungspotentiale.
3. Verständnis über Radikalisierungsverläufe.
4. Verständnis der Logik hinter extremistischer Gewalt und vor allem terroristischen Anschlägen (Wahl der Ziele nach Symbolkraft, Schadenshöhe, Zugang und Gelegenheit).
5. Unterschiedlicher Methoden, um an unterschiedlichen Präventionsebenen einzugreifen.
6. Umfassender Taktiken, nicht nur auf polizeilicher Ebene.

1. Kriminal- und Extremismusprävention

Nicht nur die Strafverfolgung, auch das Verhindern von Kriminalität ist Aufgabe der Sicherheitsbehörden. Prävention („praevenire“ = vorbeugen oder zuvorkommen) ist eine Kernaufgabe der Polizeiarbeit, sowohl auf Bundes- als auch auf Landesebene.[598] Übertragen auf den Bereich der Krimino-

---

597 Vgl. hierzu ausführlicher Hegemann/Kahl, in: Daase/Offermann/Raue 2012, S. 159ff.

598 Definition gemäß PDV 100: „Prävention umfasst die Gesamtheit aller staatlichen und privaten Programme und Maßnahmen, welche die Kriminalität und die Verkehrsunfälle als gesellschaftliche Phänomene oder individuelle Ereignisse durch Verhüten mindern oder die Folgen geringhalten. Zu solchen negativen Folgen zählen physische, psychische und materielle Schäden sowie Kriminalitätsangst, insbesondere die Furcht, Opfer zu werden.“

logie bezeichnet jener Begriff in Form der Kriminalprävention die Gesamtheit der vorbeugenden Maßnahmen, um die Begehung zukünftiger Straftaten zu verhindern. Im Laufe der Zeit hat der Oberbegriff der Kriminalprävention jedoch vielfältige Ausprägungen und Differenzierungen erfahren, zudem ist er nicht ganz unumstritten: Gerade dem polizeilichen Anspruch, Kriminalität vorzubeugen, bevor sie geschieht, haftet ein Image und die Vorstellung eines Überwachungsstaates an, der die Freiheit des Einzelnen schwächt und dadurch einen gläsernen Bürger generiert. Auch sind Präventionsprogramme und -projekte sehr kostspielig und stehen hinsichtlich ihrer Wirksamkeit in der Kritik. Jedoch verursachen Kriminalität, Extremismus und Gewalt Leid – und auch ökonomischen Schaden. Gleichwohl können systematische Kosten-Nutzen-Analysen und Berechnungen nicht auf die Präventionsarbeit angewandt werden.[599] Entsprechend relevant ist die Frage, welche Maßnahmen helfen können, extremistische Entwicklung zu stoppen und Gewalt zu verhindern. Kriminalprävention ist stets als gesamtgesellschaftliche Aufgabe zu verstehen. In einer Publikation des BKA zur deutschen Präventionslandschaft heißt es: „Eigenen Angaben zufolge lassen sich viele Präventionsprojekte – zum Teil mittels wissenschaftlicher Begleitforschung durch externe Institute – evaluieren. Doch sind vorhandene, d.h. abgeschlossene Evaluationen in aller Regel nicht veröffentlicht und auch auf Nachfrage nicht zugänglich."[600]

Kriminalprävention umfasst die Gesamtheit aller Maßnahmen, die Kriminalität verhindern, mindern oder ihre schädlichen Folgen eindämmen soll.[601] Dabei unterscheidet man zum einen solche Präventionsformen, die aus Perspektive der Strafzwecklehre stammen und primär zwei Ebenen (General- und Spezialprävention) unterscheiden. Zum anderen umfasst Prävention aus der kriminologischen Perspektive drei Ebenen. Prävention, sowohl primär (Minderung des Einflusses von Risikofaktoren in der Gesamtpopulation) als auch sekundär (frühzeitige Identifizierung gefährdeter Personen), stellt insbesondere Lehrer und Institutionensysteme vor große Herausforderungen, die sich selbst weltanschaulich neutral verhalten müssen oder wollen und die möglicherweise die kulturellen Hintergründe für Gewalt, Radikalisierung oder Extremismus nicht aus eigener Anschauung kennen.[602] Falls dies jedoch der Fall sein sollte, sind sie selbst möglicherweise von Solidarisierungserfahrungen oder -erwartungen betroffen und

599 Thomsen, in: Marks/Steffen (Hrsg.) 2015, S. 117.
600 Bundeskriminalamt (Hrsg.) 2017, S. 36.
601 Vgl. Steffen, in: Wirth (Hrsg.) 2011, 355.
602 Bondü 2012, S. 134ff., 419ff.

stehen im Konflikt, eine religiös oder politisch begründete Handlung abzulehnen, zu begrüßen oder sich dennoch neutral zu verhalten. Ansätze der (pädagogischen) einzelfallorientierten Spezialprävention beziehen sich auf drei Ebenen: Lebensverhältnisse, begleitend mit Konfliktlösungsmechanismen zur Verhinderung der Entstehung von Risikokonstellationen; Hilfe in konkreten Krisensituationen und die Bearbeitung von konkreten Problemlagen von Personen oder Gruppen mit dem Ziel der Verhinderung eines Rückfalls.[603] Ein weiteres dreiphasiges Modell betont die Wichtigkeit von praktikablen Interventionsstrategien mit Intervention auf das Erstverhalten (Tat abbrechen), der Hauptintervention (Tat aufarbeiten) und Intervention planen, Partner hinzuziehen und der Nachbereitung und Erfolgskontrolle (Maßnahmen überprüfen, Nachhaltigkeit sichern).[604]

Tabelle 10: Präventionsmatrix; nach Pientka 2014[605]

Prävention	**primäre (universelle)**	**sekundäre (selektive)**	**tertiäre (indizierte)**
Zielgruppe Täter	**Allgemeinheit**	**Potentielle Täter**	**Verurteilte Täter**
Inhalte Täter	Stärkung des Rechtsbewusstseins, Aufklärung, Beseitigung sozial-struktureller Mängel	Konzentration auf die Stärkung von Risikogruppen	Sanktion, Maßnahmen zur Sicherung und Besserung, BWH
Zielgruppe Opfer	**Jedermann**	**Potentielle Opfer**	**Geschädigte**
Inhalte Opfer	Allg. Aufklärung/ Information	Schulung gefährdeter Personen, Sicherung von Objekten	Opferschutz, Beratung, Betreuung, Unterbringung, TOA
Anlässe Situationen	**Allg. Situationen**	**Gefährdete Objekte**	**„Hot Spots"**
Inhalte Situation	Städtebauliche Planung, Verbesserung der Übersichtlichkeit	Erhöhung Tataufwand, Reduzierung begünstigender Kriterien, Reduzierung Tatgelegenheitsstrukturen	Einschränkung von sog. Brennpunkten

Kriminalprävention ist ein weites Feld mit ganz unterschiedlichen Akteuren, die beteiligt werden können. Sie reicht von politischen Ansätzen bis hin zu konkreten Maßnahmen mit dazu betrauten Vertretern auf kommuna-

603 Vgl. Möller/Schuhmacher 2007, S. 491 ff.

604 Vgl. Seidel/Schubarth/Dudziak/Gottmann/List 2015, S. 38 ff.

605 Vgl. Pientka 2014, S. 243.

ler Ebene. Nachfolgend werden die kriminologischen Präventionsebenen zunächst allgemein und dann bezogen auf Extremismusprävention mit Beispielen dargestellt.

1.1 Primäre Prävention

Die primäre, universelle oder Generalprävention beinhaltet alle Maßnahmen, die Kriminalität verhindern, noch bevor sie entsteht. Sie wird im Strafrecht als positive Generalprävention bezeichnet, da sie nach klassischen Straftheoretikern versucht, durch die Sanktionierung einer Tat das Rechtsbewusstsein und die Rechtstreue der Bevölkerung zu festigen.[606] In der modernen Kriminologie steht die primäre Kriminalprävention für eine große Vielfalt vorbeugender Strategien, die die Wahrscheinlichkeit für die Entstehung von Kriminalität bereits im Vorfeld minimieren. In Betracht zu ziehen sind zum Beispiel Freizeitangebote für Schüler in Form von Selbstverteidigungskursen für Mädchen oder Sportangebote, aber auch architektonische und städtebauliche Maßnahmen, sowie schulpsychologische Beratung im Unterricht, um schon Kindern gewaltfreie Methoden zur Konfliktlösung zu lehren. Primäre Prävention unterscheidet sich in der allgemeinen Kriminalprävention nicht von Extremismusprävention. Das Ziel ist stets, mit allgemeinen Maßnahmen den individuellen Sozialisationsprozess und sozialstrukturelle Mängellagen sowie Einstellungs- und Wertemuster positiv zu beeinflussen, damit Extremismus überhaupt nicht erst zur Notwendigkeit oder Alternative wird. Beispiele hierfür können frühkindliche Förderung des Miteinanders und Inhalte im Schulunterricht darstellen (z. B. Aufklärung über die NS-Zeit, Information zu Staat und Extremismus, etc.). Auch die integrative Jugendarbeit, in der junge Menschen frühzeitig Unterschiede, Gemeinsamkeiten und für alle verbindliche Regeln des gesellschaftlichen Lebens kennenlernen und leben. Gerade in der sekundären Prävention ist die Präventionsabsicht nicht unbedingt vordergründig. Außerschulische Sportangebote für Jugendliche können zum einen als gesundheitsförderndes Freizeitangebot betrachtet werden, gleichzeitig sind intendierte präventive Motive möglich. Hier kommt neben den

606 Der Begriff der Generalprävention ist in der Kriminologie abweichend vom Strafrecht umstritten, da sie sich ursprünglich und nach ihrem Vertreter Anselm von Feuerbach (1775–1833) vor allem auf den Strafzweck der Abschreckung bezogen hat. Der Gedanke an Abschreckung alleine wird zum einen nicht als ausreichend betrachtet und kann zum anderen unverhältnismäßige Strafen rechtfertigen, um dem Strafzweck der Abschreckung Genüge zu tun. Deswegen findet er in der Kriminologie kaum noch Verwendung.

Eltern sämtlichen Akteuren in den Bereichen Kinder, Bildung und Jugendarbeit ein Aufgabenfeld zu. Viele präventive Aspekte sind seit vielen Jahren Bestandteil, ohne explizit als Präventionsmaßnahme ausgewiesen zu sein. Dennoch zeigen die Entwicklungen der letzten Jahre, dass diese Maßnahmen möglicherweise nicht ausreichend sind und sowohl evaluiert als auch neu justiert werden müssen.[607]

1.2 Sekundäre Prävention

Die sekundäre Prävention richtet sich dagegen einschränkend an bestimmte Risikogruppen. Hier unterscheiden sich die Strafzwecktheorien von kriminologischen Präventionsansätzen. Das Strafrecht greift hier zum Mittel der *negativen Generalprävention* durch Bestrafung von Delinquenten. Potentielle Täter sollen durch die Furcht vor einer Strafe von der Begehung einer Straftat abgehalten werden. In der Kriminologie geht es hingegen um die strategische Verringerung sogenannter Tatgelegenheitsstrukturen.[608] Durch die Erhöhung des Entdeckungsrisikos und damit einer Erschwernis, Straftaten zu begehen, soll der potentielle Täter konkret von einem Vorhaben abgehalten werden. Weitere Maßnahmen versuchen dies sowohl über eine Erschwerung der Tatbegehung, als auch durch eine Minimierung von Tatgelegenheiten, zum Beispiel durch verstärkte Fußbestreifung besonders gefährdeter Gebiete, zu erreichen. In der sekundären Prävention geht es um das gezielte Ansprechen von Risikogruppen und die Intervention in bereits bestehende Entwicklungen, also um Personen, die bereits eine Nähe zum extremistischen Denken und Handeln haben. Entsprechende Jugendliche befinden sich meist in einer Annäherungsphase an extremistische Szenen. Identifizierte Personen sollen Hilfe in schwierigen Lebenssituationen geboten bekommen, um extremistischen Angeboten und Antworten entgegenwirken. In Bezug auf Jugendliche stehen hier delinquente Jugendszenen besonders im Fokus. Entsprechend fallen konkrete Maßnahmen zur Gewaltprävention in diesen Bereich, nicht nur für potentielle Täter, sondern auch für Personen mit einem erhöhten Opferwerdungsrisiko. Doch auch der Schutz bei Veranstaltungen, die ein erhöhtes Gefährdungsrisiko für Terroranschläge bieten, oder Vorkehrungen während Demonstrationen mit extremistischen Akteuren fallen in den Bereich der sekundären Präven-

607 Vgl. hierzu auch Fünfsinn, in: Fünfsinn/Pfahl-Traughber (Hrsg.) 2011, S. 68 ff.

608 Tatgelegenheitsstrukturen bezeichnen alle Umstände, die als Tatanreiz oder tathemmend für den Tatentschluss bewertet werden, vgl. Clages/Zeitner 2016, S. 168.

tion. Beispiele für Projekte der Extremismusprävention sind *Hayat-Deutschland*[609] *Wegweiser*[610] in NRW, die Beratungsstelle beRATen e.V.[611] in Niedersachsen, TRARA[612] in Sachsen oder „*Mothers School*"[613] in Bayern.[614] Doch auch eine Ausreise zu verhindern, fällt in den Bereich der Sekundären Prävention. Mit der Novellierung des § 89a StGB im Jahr 2015[615] wurde der Straftatbestand um die Ausreise und den Versuch der Ausreise vermeintlicher Terrorismusunterstützer erweitert.[616]

1.3 Tertiäre Prävention und Deradikalisierung

Sekundäre und tertiäre Prävention von Extremismus ist von einem individuumszentrierten Zugang geprägt, welcher die Ursachen in individuellen Problemen sieht. Der Fokus liegt daher hauptsächlich auf spezifischen Hilfen, aber auch in der Stärkung von Demokratie und Zivilgesellschaft im Allgemeinen. Adressat der tertiären Prävention schließlich ist der noch weiter eingeschränkte Personenkreis der bereits straffällig Gewordenen.[617] Das Strafrecht versucht auf diesen Kreis mit Mitteln der Spezialprävention einzuwirken, um eine Rückfallwahrscheinlichkeit seitens des Täters zu

609 Hayat wird vom Träger ZDK Gesellschaft Demokratische Kultur gGmbH angeboten und durch das BAMF gefördert. Das Projekt bietet Unterstützung bei salafistischer Radikalisierung und interveniert auch bei Personen, die sich zur Ausreise nach Syrien entschlossen hatten.

610 Im Projekt Wegweiser sollen Personen angesprochen werden, die bereits mit der salafistischen Szene sympathisieren oder in diese abzurutschen drohen. Zudem sollen Angehörige und das soziale Umfeld Beratung und Unterstützung erhalten.

611 beRATen e.V. bietet Beratung, eine Hotline, pädagogische Maßnahmen vor Ort (z.B. Workshops), Intervention und Deradikalisierung.

612 TRARA als mobile Radikalisierungsprävention setzt auf Jugendhilfe vor Ort.

613 Sog. „Mother Schools" existieren bereits in vielen Ländern, wie beispielsweise Frankreich. Der Freistaat Bayern hat als erstes Bundesland das Projekt implementiert. Ziel ist es, Mütter für die Gefahren radikaler Ideologien zu sensibilisieren.

614 Eine Übersicht zu vielen Präventionsangeboten nach Themenfeld findet sich unter: www.demokratie-leben.de/bundesprogramm/ueber-demokratie-leben/radikalisierungspraevention.html.

615 Vgl. Bundesgesetzblatt 2015 Teil I Nr. 23, ausgegeben zu Bonn am 19. Juni 2015.

616 Die Novellierung wird von Juristen kritisch betrachtet. Zum einen, weil es sich um einen Eingriff in die Reisefreiheit des Einzelnen handelt, zum anderen wäre der Entzug des Reisepasses bei terrorverdächtigen Personen gemäß § 8 i.V.m. § 7 Abs. 1 Nr. 1 und 10 PassG möglich, wenn die Gefahr besteht, der Reisepassinhaber könnte die innere oder äußere Sicherheit der BRD gefährden, oder aber auch, wenn dieser eine der in § 89a StGB aufgeführten Handlungen begehen könne. Allerdings stellt der Reisepassentzug oftmals kein Hindernis dar, da diese Vorschrift nicht auf den Personalausweis anwendbar ist.

617 Vgl. Clages/Zeitner 2016, S. 169.

minimieren oder gänzlich auszuschließen und den Täter nach Verbüßung seiner Strafe wieder in die Gesellschaft zu integrieren. Jenes kann zum einen im Rahmen der Besserung (positive Spezialprävention), im Rahmen der Abschreckung des Einzelnen oder der Sicherung des Täters (negative Spezialprävention) versucht werden. Bezüglich der sonstigen Maßnahmen stehen in diesem Fall verschiedenartige formelle und informelle Möglichkeiten zur Rückfallvermeidung zur Auswahl. Diese äußern sich beispielsweise in der Anwendung der Diversion, in gemeinnütziger Arbeit, dem Programm zum Täter-Opfer-Ausgleich (TOA)[618] oder in der Bewährungshilfe. In Bezug auf Extremismus und Terrorismus betrifft die tertiäre Prävention vor allem Personen, die bereits zu Tätern geworden und die verurteilt worden sind. Die Strafe nach einer Tat impliziert in den allermeisten Fällen den Grundgedanken der Resozialisierung. Entsprechend muss die Strafe um eine präventive Maßnahme ergänzt werden, damit der Täter nach Verbüßen seiner Strafe nicht erneut zum extremistischen Täter wird. Solche Maßnahmen werden unter dem Stichwort Anti- oder Deradikalisierung zusammengefasst. Beispiele für solche tertiären Präventionsversuche finden sich bereits bei prominenten Tätern: Das Mitglied der sog. „Sauerlandgruppe"[619], *Fritz Gelowitz*,[620] wurde mit Bewährungsauflagen 2016 aus der Haft entlassen. Bereits während der Inhaftierung hat er die Bereitschaft signalisiert, von seinen terroristischen Ambitionen Abstand zu nehmen. Gemeinsam mit seinen Ansprechpartnern hat er seine Extremisierung aufgearbeitet und erhielt eine günstige Prognose, so dass der Strafrest zur Bewährung ausgesetzt werden konnte.

Auch die tertiäre Prävention im Extremismus bedarf einer gezielten Gewaltprävention, die einerseits individuell ansetzen muss (z.B. auch unter

---

618 Der TOA stellt eine Alternative zur rein repressiven Sanktionierung von Tätern dar und strebt die Schlichtung, als auch die Wiedergutmachung des Opfers im Strafprozess an, vgl. Clages/Zeitner 2016, S. 192.

619 Die Sauerlandgruppe war eine bis 2007 bestehende Terrorzelle, der im Grenzgebiet von Pakistan und Afghanistan ansässigen terroristischen Vereinigung Islamische Jihad-Union (IJU). Die Mitglieder planten Anschläge auf Einrichtungen der US-Army in Deutschland.

620 Gelowicz, dessen Eltern sich scheiden ließen, suchte nach einer festen Lebens- und Familienstruktur. Diese fand er in der traditionell lebenden islamischen Familie eines Freundes. Er konvertierte im Alter von 16 Jahren und heiratete zwei Jahre später eine strenggläubige Muslima. Der Radikalisierungsprozess begann mit den Ereignissen nach den Anschlägen vom 11. September 2001. Gelowicz sah die uneingeschränkte Solidarität mit Amerika kritisch, die Berichterstattung einseitig und eigene Fragen unbeantwortet. Er bekam Kontakt mit dem Islamischen Informationszentrum in Ulm, dem IZZ. Hier wurden ihm ausgewählte Filmmaterialien gezeigt, die immer wieder die Demütigung von Muslimen durch Amerikaner und daraus resultierend Armut und Leid zum Inhalt hatten.

Berücksichtigung von Risikofaktoren, etc.)[621] und andererseits die Gewaltdynamiken in und zwischen Gruppen aufarbeiten muss.[622] Gehen wir von Radikalisierung als Prozess aus, ist es folgerichtig, auch den Weg eines Extremisten zurück in ein politisches oder religiöses Normalmaß ebenso als Prozess zu begreifen. Dieses Ziel beschreibt der Begriff Deradikalisierung. Dieser Bereich ist deswegen so wichtig, weil auch verurteilte extremistische Straftäter eine Möglichkeit erhalten müssen, in die Gesellschaft zurückzukehren. Dies sieht der deutsche Strafvollzug als grundsätzliches Statut, damit sie nicht erneut straffällig werden bzw. eine Bedrohung bleiben. Somit sind Programme zur Deradikalisierung als tertiäre Prävention zu verstehen. So einleuchtend die nachsorgende Prävention ist, umso schwieriger ist sie dann, wenn zur „Deradikalisierung" das Wissen um die Radikalisierungsmotivation notwendig ist, dieses aber nicht vorliegt, vor allem, weil die radikalen Überzeugungen seitens ihrer Träger ja für „wahr" gehalten werden.[623] Die Frage, wo eine Demobilisierung (als Unterlassung extremistischer Handlungen)[624] oder Deradikalisierung ansetzen und wie der Erfolg gemessen werden kann, ist schwer allgemein zu beantworten. Der Islamwissenschaftler *Guido Steinberg* empfiehlt neben handfesten Gegenstrategien (Verfolgung und „Ausschalten" von Propagandisten) vor allem das Säen von Misstrauen durch die Entmystifizierung von Heldennarrationen oder die Klarstellung religiöser Irrlehren durch entsprechende Autoritäten, da die Szene von der Authentizität des „Materials" lebe.[625] Auch der Aufbau von Aussteigern als subkulturelle „Stars" sei eine probate Möglichkeit, für Irritation zu sorgen und Nachdenken zu bewirken.[626] Ohne das eigene Verständnis der angesprochenen Personen, die „deradikalisiert" werden sollen, wird keine Maßnahme funktionieren können. Wurde der Wille von radikalisierten Menschen formuliert, aus dem extremistischen Kreis heraustreten zu wollen, wird häufig Hilfe zum Ausstieg benötigt. Hier greifen beispielsweise Projekte wie *Exit*[627] in.

---

621 Vgl. Wahl/Wahl, in: Enzmann 2013, S. 30 f.

622 Vgl. Wahl/Wahl, in: Enzmann 2013, S. 31 ff.

623 Vgl. Neumann 2013, in: APuZ – Aus Politik und Zeitgeschichte, 63. Jg., 29-31/2013, S. 7.

624 Vgl. Neumann 2013, in: APuZ – Aus Politik und Zeitgeschichte, 63. Jg., 29-31/2013, S. 8.

625 Vgl. Steinberg, in: APuZ – Aus Politik und Zeitgeschichte, 63. Jg., 29-31/2013, S. 24.

626 Vgl. Steinberg, in: APuZ – Aus Politik und Zeitgeschichte, 63. Jg., 29-31/2013, S. 25.

627 Exit ist ein Aussteigerprogramm für Menschen und auch Straftäter aus der rechtsextremen Szene.

1.4 Extremismusprävention auf dem Prüfstand

In Deutschland gibt es eine sehr vielseitige Präventionsarbeit, die in Hinblick auf Nutzen und Wirksamkeit stets kritisch betrachtet und regelmäßig evaluiert werden muss. Gerade die Evaluation fällt für Kriminalprävention und entsprechend auch für Extremismusprävention schwer, da Prävention dann erfolgreich war, wenn sie z. B. die Hinwendung zu einer extremistischen Ideologie o. Ä. verhindert hat. Dies kann aber in nur recht wenigen Fällen nachvollzogen werden. Wenn staatliche Institutionen und insbesondere die Politik Präventions- und Deradikalisierungsangebote machen wollen, müssen sie dafür auch verantwortlich bleiben. Diese Arbeit lediglich als finanzierten Auftrag an externe Träger und/oder beispielsweise Moscheeverbände abzugeben, reicht bei dieser wichtigen Thematik nicht aus. Zudem gab es bereits mehrfach kritische Beobachtungen zu einigen Auftragnehmern entsprechender Projekte, z. B. weil die mit der Aufgabe betrauten Personen nicht gut ausgebildet erschienen. Zudem sind die Projekte meist zeitlich begrenzt, wodurch eine indirekte, langfristige Einflussnahme nur sehr kaum möglich ist. Der Gedanke, Menschen, die sich radikalisiert haben, zu deradikalisieren, klingt in der Theorie verständlich. In der Praxis zeigt sich allerdings, dass der Prozess sehr komplex ist. Die Vorstellung, eine Radikalisierung könne „rückgängig" gemacht werden, ist dabei ein Wunschgedanke, der in der Realität nicht funktioniert. Auch dürfen die Ursachen nicht monokausal betrachtet werden, wie beispielsweise Diskriminierungserfahrungen als Grund für Radikalisierung. Es muss klar sein, dass nicht jeder Mensch mit Deradikalisierungsmaßnahmen angesprochen werden kann, so bemüht diese Konzepte auch sein mögen. Die Vergangenheit hat gezeigt, dass auch das generöseste Angebot an sogenannte „ehemalige Terroristen", wieder in die Gesellschaft zurückzukehren, ausgeschlagen wurde. Populäre Beispiele dafür finden sich unter den Linksterroristen der RAF-Ära. Unbenommen dessen müssen Angebote gemacht werden. Deradikalisierung bleibt im Sinne der künftigen Prävention als tertiäre Maßnahme ein wichtiger Aspekt. Dabei darf es jedoch nicht bei ein paar Projekten im Bundesgebiet bleiben. Der Psychologe und Publizist *Ahmad Mansour* fordert, um jeden Einzelnen zu kämpfen, gerade um die jungen Menschen.[628] Ansätze, die lohnend für die Arbeit mit jungen Menschen sein können, die dabei sind, sich zu radikalisieren oder die sich bereits radikalisiert haben und somit im Bereich der tertiären Prävention anzusiedeln sind, sind solche des *Empowerment.* Im Sinne der „Selbst-Bemächtigung"[629]

628 Vgl. Interview mit Ahmad Mansour, in: Deutsche Polizei 1/2015, S. 21 ff.

629 Herriger 2014, S. 20.

sollen die Betroffenen lernen, Eigenverantwortung für ihr Leben zu übernehmen. Gerade die eigene Verantwortung geben Menschen, die sich radikalisieren, ab. Sie betrachten andere Personen und Personengruppen als ursächlich und schuldhaft für eigene Mängel und auch eigene Fehler. Allerdings wird häufig auf Personen, die mit der Deradikalisierungsarbeit betraut sind, mit Arroganz seitens der bereits Radikalisierten reagiert. Diese Arroganz hängt häufig mit einer mangelnden Steuerung der eigenen Aggressionen zusammen.[630] Es muss somit um eine Stabilisierung des Selbstwertgefühls gehen.[631] Empowerment darf nicht so verstanden werden, dass Mängel in selbigem durch Überhöhung ausgeglichen werden sollen – auf diese Art und Weise nähern sich bereits extremistische Akteure jungen Menschen an und vermitteln ihnen ihre Ideologie. Die Evaluation der Präventionsprogramme bleibt schwierig. Zwar existieren unglaublich viele Projekte, die nach subjektiver Einschätzung der Projektbetreiber präventiv wirken sollen. Bereits die Sammlung, Strukturierung und theoretische Einordnung nach möglichen Zielen und Wirkweisen ist jedoch schwierig. Es gibt nahezu keine nationale Wirkungsforschung in Bezug auf kriminalpräventive Maßnahmen (dazu ausführlich Projektdokumentation).[632]

Erkenntnisse durch Untersuchung und Analyse von Extremisten und insbesondere deren Biografien können Rückschlüsse zu Maßnahmen erlauben, die eine Radikalisierung möglicherweise verhindert oder beispielsweise die Opferwerdung durch Extremismus/Terrorismus vermieden oder gemindert hätten. Die Matrix allgemeiner Maßnahmen zur Kriminalprävention kann freilich auf das jeweilige Deliktsfeld angepasst werden. Damit ist sie weit weniger theoretisch, sondern bietet die Möglichkeit für die Erstellung umfassender Präventionsprogramme, die auf ganz unterschiedlichen Ebenen ansetzen. Zudem kann im Vorfeld direkt eruiert werden, welche Akteure für die jeweilige Präventionsebene aktiv werden und welchen Beitrag sie leisten müssten. Bezogen auf Extremismus/Terrorismus, könnte die erweiterte Präventionsmatrix dann folgendermaßen aussehen:

630 Vgl. Kernberg 2016, S. 22 f.

631 Vgl. Kast 2013, S. 187 f.

632 Vgl. Bannenberg, in: Deutsches Forum Kriminalprävention (ohne Datumsangabe), S. 16.

Tabelle 11: Maßnahmen gegen Extremismus nach Art und Akteuren

Gesellschaftliche Ebene	Allgemein	Links	Rechts	Islamistisch
Kinder- und Jugendhilfe	**K / J als Adressaten der Maßnahmen** Erzieher i. w. S. als Durchführende	• Früherkennung • Netzwerkarbeit	• Früherkennung • Netzwerkarbeit	• Früherkennung • Netzwerkarbeit
Freizeit / Sport	**K / J / HW als Adressaten der Maßnahmen** Betreuer, ehrenamtlich tätige Personen, Polizei als Veranstalter; Kommunen und Städte als Durchführende, Ausrichter / Träger der Freizeit- und Sportangebote	• Inklusion durch Sport / Freizeit • Erlebnispädagogik (K/J) • Positives Erleben von Polizei	• Inklusion durch Sport / Freizeit • Erlebnispädagogik (K/J) • Positives Erleben von Polizei	• Inklusion durch Sport / Freizeit • Erlebnispädagogik (K/J) • Positives Erleben von Polizei
Schule	**K / J als Adressaten der Maßnahmen** Lehrer, Eltern, darüber hinausgehend bei vernetzten Mehr-Ebenen Konzepten aber auch Stadt, Kommune, Einrichtungen der Kinder- und Jugendhilfe als Durchführende	• Früherkennung • Pädagogische Aufarbeitung Narrative • Stärkung Verantwortungsgefühl • Projektarbeit	• Früherkennung • Pädagogische Aufarbeitung Narrative • Stärkung Verantwortungsgefühl • Projektarbeit	• Früherkennung • Pädagogische Aufarbeitung Narrative • Stärkung Verantwortungsgefühl • Projektarbeit
Täterorientierte Maßnahmen	**K / J / HW / E als Adressaten der Maßnahmen** als Täter oder potentielle Täter; Kinder- und Jugendhilfe, Diversion und sonstige ambulante Maßnahmen; Polizei, Strafjustiz, Verfassungsschutz	• Drogenberatung / Entzug • Anti-Aggressivitäts-Training • Begleitende Therapie • Konfrontationspädagogik	• Aussteigerprogramme • Drogenberatung / Entzug • Anti-Aggressivitäts-Training • Begleitende Therapie • Konfrontationspädagogik	• Aussteigerprogramme • Anti-Aggressivitäts-Training • Begleitende Therapie • Konfrontationspädagogik
Opferorientierte Maßnahmen	Opfer – Opferschutz und Unterstützung; potentielle Opfer – Opferschutz; Kommunen, Städte, Vereine, freie Träger als Durchführende	• Beratung • Selbstbehauptungskurse • Aufarbeitung • Begleitende Therapie	• Beratung • Selbstbehauptungskurse • Aufarbeitung • Begleitende Therapie	• Beratung • Selbstbehauptungskurse • Aufarbeitung • Begleitende Therapie
Hilfen für Angehörige	Eltern, Geschwister, Partner, Verwandte von radikalisierten jungen Menschen als Adressat der Maßnahmen; (psychosoziale) Beratungsstellen	• Beratung • Hilfen zur Früherkennung • Betreuung • Begleitende Beratung	• Beratung • Hilfen zur Früherkennung • Betreuung • Begleitende Beratung	• Beratung • Hilfen zur Früherkennung • Betreuung • Begleitende Beratung

Kürzel: **K**inder / **J**ugendliche / **H**eran**W**achsende / **E**rwachsene

2. Kriminalprognose

Polizeilich präventives Einschreiten bedarf der Einschätzung hinsichtlich Gefährdungspotentialen und Risikofaktoren. Um diese zu ermöglichen, hat sich der kriminologische Zweig der Kriminalprognose herausgebildet. Angst vor Mehrfach- oder gar Serientaten und Rückfälligkeit formulieren den Wunsch nach Prognosetechniken zur Verbrechens-/Verbrecherkontrolle. Sinn von Prognosen ist es, auf Basis dessen, was bisher über Täter bekannt ist, eine Einschätzung für die Zukunft abzuleiten. Aber auch Urteil und Haftunterbringung werden von der Individualprognose beeinflusst (z. B. Unterbringung in die forensische Psychiatrie, etc.). Die Prognose ist Basis für weitere Maßnahmen (z. B. Therapie, Deradikalisierung, etc.). Die Kriminalprognose definiert sich als eine Art Wahrscheinlichkeitsaussage über zukünftiges Legalverhalten einer Person oder einer Personengruppe. Prognosen sind aufgrund des Verfassungsgrundsatzes der Verhältnismäßigkeit staatlicher Eingriffe in die Grundrechte (Prinzip der Rechtsstaatlichkeit) der Bürger erforderlich und weil das Vollzugsziel Resozialisierung die wichtigste Vorgabe des Strafvollzuges ist. Zudem fungiert die Kriminalprognose zur Festlegung einer individuellen und spezialpräventiv ausgerichteten Sanktion. Jede Sanktion muss dahingehend individualisierend überprüft werden, ob sie im jeweiligen Fall eine Verhinderung weiterer Straftaten begünstigt (Individualprognose). Dementsprechend ergeben sich im Rechtssystem vielfältige Anwendungsmöglichkeiten für die Kriminalprognose. Im Wesentlichen sind dies Urteilsprognose, Vollzugsprognose und Entlassungsprognose.

2.1 Prognosearten

Einige Prognosearten betreffen sämtliche Angeklagte bzw. Personen, die inhaftiert werden oder wurden. Werden Personen aufgrund extremistisch motivierter Straftaten verurteilt, dann werden diese Prognosemethoden für sie entsprechend angewandt, wie für andere Straftäter auch. Die *Urteilsprognose* dient als Instrument des Gerichts, um bereits im Zeitpunkt des Urteils eine Aussage über das künftige wahrscheinliche Legalverhalten des Täters aufzuzeigen.[633] Die *Vollzugsprognose* ermöglicht eine entsprechende Aussage über das Verhalten im Vollzug in Form von Flucht- und Miss-

633 Verwendung findet dies z. B. im StGB in den §§ 46 I 2 oder 47 I, im JGG beispielsweise in den §§ 5 II, 10, 13 I oder 17 II.

brauchsprognosen.[634] Die *Entlassungsprognose* wird nach der Verbüßung oder Teilverbüßung einer Sanktion angewandt und gibt Auskunft über das wahrscheinliche Legalverhalten in Freiheit.[635]

Die Anzahl der verschiedenen Prognosemöglichkeiten mit all ihren Unterarten ist mittlerweile schwer überschaubar. Methodisch unterscheidet man zwischen intuitiver, klinischer und statistischer Prognose. Die gelegentlich erwähnte Kategorie „ganzheitliche Prognose" kennzeichnet keine eigenständige Methode, sondern nur eine Kombination von statistischer und intuitiver Prognose.[636] Die *intuitive Prognose* ist das am meisten verbreitete Verfahren in der Strafrechtspraxis. Sie wird durch Richter (oder Staatsanwälte) angewandt. Die Einschätzung des Täters und der Sanktionswirkungen bedarf somit keiner psychiatrischen oder psychologischen Ausbildung. Sie beruht auf der mehr oder weniger subjektiv geprägten Menschenkenntnis, Berufserfahrung und Werthierarchie des Beurteilers und genügt daher nicht den wissenschaftlichen Postulaten systematischer Erkenntnisgewinnung und objektivierbarer Beurteilungskriterien. Es handelt sich somit nicht um eine wissenschaftliche Methode, sondern um ein Behelfsverfahren, das in der Praxis unentbehrlich ist, weil die Heranziehung spezieller Sachverständiger in der Mehrzahl der Fälle nicht möglich ist. Allerdings kann durchaus bei Richtern, Staatsanwälten, Vollzugsbeamten und Gerichtshelfern mit längerer Berufserfahrung eine intuitive Aneignung von klinischen und statistischen Prognosekriterien erfolgen. Diese Erfahrungen können somit zu treffsicheren Prognosen führen, jedoch ist das Fehlerrisiko immens. Die *statistische Kriminalprognose* ist ein Verfahren zur Errechnung der Rückfallwahrscheinlichkeit (auf Basis bisheriger Fallraten). Diese statistische Prognose beruht auf der Annahme, dass die Wahrscheinlichkeit künftiger Straftaten umso größer ist, je mehr *kriminogene Faktoren* eine Person auf sich vereint.[637] Das sind solche Merkmale, die bei Vergleichsuntersuchungen von Rückfälligen und Nichtrückfälligen besonders hoch mit Rückfall bzw. Straffälligkeit korrelieren, d.h. bei der Gruppe der Rückfälligen oder Straffälligen überdurchschnittlich häufig vorliegen. Die jeweiligen Merkmale werden mit Punkten bewertet. Insgesamt ist die Prognose die Transformation von kriminalitätserklärenden Theorien, auf

---

634 Angewendet werden diese zum Beispiel bei Entscheidungen über die Gewährung von Lockerungen im Strafvollzug gemäß § 11 II StVollzG.

635 Gesetzlich normiert ist dies zum Beispiel bei der Aussetzung des Strafrestes zur Bewährung in den §§ 57, 57a StGB und 88 I JGG, aber auch bei der Aussetzung der stationären Maßnahme der Besserung und Sicherung zur Bewährung gemäß § 67 d II StGB.

636 Vgl. Göppinger 2008, S. 336 f.

637 Bei den statistischen Prognosen kann noch differenziert werden nach Punkteverfahren, Punktwertverfahren und Strukturprognoseverfahren.

deren Basis Vorhersagen auf das künftige Verhalten getroffen werden. Allerdings können auf Basis einer rein deskriptiven, also beschreibenden Statistik, Kausalzusammenhänge nicht identifiziert werden.[638] *Klinische/empirische Kriminalprognosen* (oder *empirische Individualprognosen*) fassen unterschiedliche Methoden zusammen. Sie werden durch Psychiater, Psychologen oder ausgebildete Kriminologen erstellt (Sachverständigengutachten) und stützen sich auf die Untersuchung der Lebensläufe, der Familien-, Arbeits-, und Freizeitverhältnisse des Probanden sowie psychodiagnostischer Tests. Auch körperliche Untersuchungen werden durchgeführt. Sie beruht auf einer Erforschung der Täterpersönlichkeit durch psychodiagnostische Testverfahren, Exploration (Kombination von Befragung und Beobachtung) und Untersuchung des Lebenslaufes, der Familienverhältnisse, des Arbeits- und Freizeitverhaltens und der bisherigen Delinquenz.[639] Die abschließende prognostische Gewichtung der Einzelbefunde setzt kriminologisches Bezugswissen und Erfahrung mit Straffälligen voraus, weshalb nur wenige Psychiater und Psychologen für die Kriminalprognose in Betracht kommen.

2.2 Kriminalitätsvorhersage (Predictive Policing)

Schon seit vielen Jahren arbeiten Wissenschaftler aus unterschiedlichen fachlichen Disziplinen an Möglichkeiten, Kriminalität vorhersagbar zu machen. Was sich zunächst nach einer Mischung aus eher zwielichtiger Wahrsagerei und Zukunftsfiktion anhört, ist im Prinzip das nüchterne Sammeln von Daten und darauf basierender Bildung von Algorithmen mittels nüchterner Mathematik. Dazu werden Daten aus ganz unterschiedlichen Quellen nicht nur erhoben, sondern sie werden analysiert, z. B. auf die Wahrscheinlichkeit gegenseitiger Bedingungen, Regelmäßigkeiten im Auftreten, etc. Stellt man beispielsweise durch Anzeigen zum Wohnungsdiebstahl fest, dass bestimmte Wohngebiete zu einer bestimmten Zeit immer wieder Ziel von Einbrechern sind, kann daraus eine Zeitspanne abgeleitet werden, in der ein Einbruch sehr wahrscheinlich wird.[640] Die Polizei möchte also mit einer gezielten Nutzung von Daten kriminelles Verhalten antizipieren, um darauf reagieren zu können.[641] Instrumente von Predictive Policing

638 Vgl. Fabricius, in: Kobbé (Hrsg.) 2017, S. 44.

639 Vgl. Göppinger 2008, S. 338.

640 Programme wie Skala in NRW oder PreCops in Bayern werden bereits durch die Polizei verwendet, um auf Basis von vorliegenden Anzeigen und weiteren herangezogenen Daten die Gefährdung durch Wohnungseinbruchsdiebstähle vorherzusagen.

641 Vgl. Berthel/Lapp 2017, S. 72.

könnten beispielsweise Kameras sein, die Attentäter in einer Menschenmenge erkennen, bevor diese ihren Anschlag durchführen. Weit weniger in der Zukunft liegende Methoden können Scanning-Systeme für *social media* auf Basis von Algorithmen sein, die Radikalisierungsprozesse erkennen können.[642] Die verfügbaren polizeilichen Ressourcen sollen optimal eingesetzt werden. Das Ziel ist, möglichst alle terroristischen Handlungen bereits im Vorfeld zu erfassen und zu verhindern.

2.3 Einstufung und Gefährdungsbewertung

Liegen zu einer Vielzahl an Personen Hinweise auf eine Gewaltbereitschaft vor, muss aus dieser Gruppe die Gruppe potentieller Täter erfasst werden. Dieser Gruppe der potentiellen Täter (Gefährder) muss wiederum unterteilt werden nach den Wahrscheinlichkeiten, mit denen sie einen Tatwillen konkretisieren und umzusetzen bereit sind. Im Spannungsfeld dieser Rahmenbedingungen versucht man, Handlungen durch Individuen oder Gruppen vorherzusagen. Die Merkmale zur Einschätzung solcher Gefährder beziehen sich auf bekannte Fälle und somit auf das Hellfeld. Dies erklärt, warum häufig Menschen eben nicht als Gefährder eingestuft wurden, die später einen Anschlag begingen: Das Hellfeld lässt nur wenig Rückschlüsse auf das Dunkelfeld zu. Somit werden tatsächlich gefährliche Personen nur deshalb nicht als Gefährder eingestuft, weil sie den Sicherheitsbehörden bisher nicht bekannt geworden sind.[643]

Statistische Verfahren können zwar allgemein eine Wahrscheinlichkeitserhöhung nach bereits erfolgten Anschlägen aufzeigen, sie bieten jedoch zu wenig handfeste Anhaltspunkte und daher keine echte Entscheidungshilfe bei einzelnen Individuen. Um bereits gewonnene Erkenntnisse in Entscheidungsprozesse einfließen zu lassen, bedarf es einer strukturierten Erhebung solcher Merkmale, um eine prediktive Funktion zu haben. Dabei können diese Modelle hinsichtlich der Qualität ihrer Vorhersagen mit bereits verübten Handlungen verglichen werden. In Deutschland werden aktuell unterschiedliche Modelle verwendet: Zum einen die „Regelbasierte Analyse potenziell destruktiver Täter zur Einschätzung des aktuellen Risikos Islamistischer Terrorismus“ (RADAR-iTE). In diesem vom BKA und der Arbeitsgruppe „Forensische Psychologie“ der Universität Konstanz entwickelten Modell werden persönliche Merkmale in einem Risikobewer-

642 Vgl. Pelzer, in: European Journal for Security Research, 3/2018, S. 163 ff.; ferner Agarwal, in: Semantic Scholar vom 21. November 2015.

643 Vgl. Malick, in: Die Kriminalpolizei 4/2018, S. 15 ff.

tungsbogen erfasst. Die dafür erfassten Merkmale sind Lebensereignisse und Verhaltensmerkmale. RADAR-iTE bezieht sich also auf eine konkrete Person. Individualisiert wird in einem weiteren Modell RISKANT, das zwei Stufen umfasst.[644] Ein weiteres Modell zentriert sich hingegen auf ein konkretes Schadensereignis. Ergebnis des Modells bzw. seine Vorhersage bezieht sich auf die Wahrscheinlichkeit eines Schadenseintritts.[645] Die Gefährdereinstufung unterscheidet zwischen „Gefährder" und „relevanter Person". „Wenn bestimmte Tatsachen die Annahme rechtfertigen, dass sich eine Person in unterschiedlicher Art und Weise an politisch motivierten Straftaten beteiligen wird oder eine bestimmte Rolle in der Szene einnimmt, erfolgt eine Einstufung als Gefährder oder Relevante Person und führt zu polizeilichen und/oder strafrechtlichen Maßnahmen."[646] Als „relevante Person" kann man einen Akteur sehen, der im Umfeld von Gefährdern Unterstützungshandlungen vollzieht. Je nach Lage, Fragestellung und bereits vorliegenden Erkenntnissen können demnach unterschiedliche Modelle angewandt werden. Die Gefährdereinstufung ist somit ideologie- und szenebezogen.

Im Bereich der Gefahrenabwehr kann die jeweilig zuständige Länderpolizei oder das BKA eine Person aufgrund vorhandener Erkenntnisse als *Gefährder* oder *Relevante Person* einstufen.[647] Nach Definition des BKA ist ein *Gefährder* eine Person, „zu der bestimmte Tatsachen die Annahme rechtfertigen, dass sie politisch motivierte Straftaten von erheblicher Bedeutung, insbesondere solche im Sinne des § 100a der Strafprozessordnung, begehen wird."[648]

Eine Person wird nach Arbeitsdefinition des BKA als *relevant* eingestuft, wenn sie

> *„innerhalb des extremistischen/terroristischen Spektrums die Rolle einer*
>
> *(a) Führungsperson,*
>
> *(b) eines Unterstützers/Logistikers,*
>
> *(c) eines Akteurs*

---

644 Vgl. BMI (ohne Datumangabe) unter: http://www.bmi.gv.at/magazinfiles/2017/03_04/files/deutschland.pdf

645 Vgl. BKA vom 17. Februar 2017, https://www.bka.de/DE/Presse/Listenseite_Pressemitteilungen/2017/Presse2017/170202_Radar.html

646 A.a.O.

647 Es handelt sich dabei allerdings nicht um eine Legaldefinition im Sinne einer gesetzlichen Definition.

648 Zitiert nach BKA unter: www.bka.de/DE/UnsereAufgaben/Deliktsbereiche/PMK/pmk_node.html (letzter Zugriff 10. September 2018).

einnimmt und objektive Hinweise vorliegen, die die Prognose zulassen, dass sie politisch motivierte Straftaten von erheblicher Bedeutung, insbesondere solche im Sinne des § 100a der Strafprozessordnung, fördert, unterstützt, begeht oder sich daran beteiligt, oder

(d) es sich um eine Kontakt- oder Begleitperson eines Gefährders, eines Beschuldigten oder eines Verdächtigen einer politisch motivierten Straftat von erheblicher Bedeutung, insbesondere einer solchen im Sinne des § 100a Strafprozessordnung, handelt."[649]

Das Bundeskriminalamt ist auch Zentralstelle für die Gefährdungsbewertung im Bereich der Politisch motivierten Kriminalität. Hier erfolgt die systematische Auswertung und Bewertung von Gefährdungshinweisen und -sachverhalten sowie die Erstellung von Gefährdungslagebildern. Das BKA handelt in enger Abstimmung mit den Polizei- und Sicherheitsbehörden auf Bundes- und Länderebene, unter anderem im Rahmen der Gemeinsamen Zentren zur Terrorismusbekämpfung.[650] In der Antiterrordatei (ATD)[651] werden seit 2007 Erkenntnisse von Polizei und Nachrichtendiensten des Bundes und der Länder aus dem Bereich des internationalen Terrorismus vernetzt. Beteiligte Behörden sind das Bundeskriminalamt, Bundespolizei, Bundesamt für Verfassungsschutz, Bundesnachrichtendienst, Militärischer Abschirmdienst, Zollkriminalamt, 16 Landeskriminalämter, 16 Landesämter für Verfassungsschutz. In der Rechtsextremismusdatei (RED) werden Daten zur Bekämpfung des gewaltbezogenen Rechtsextremismus gespeichert. Sie ist durch das am 31. August 2012 in Kraft getretene Rechtsextremismus-Datei-Gesetz (RED-G)[652] beschlossen und in einem gemeinsamen Projekt aller beteiligten Bundes- und Landesbehörden aufgebaut worden. Beteiligte Behörden sind das Bundeskriminalamt, Bundespolizei, Bundesamt für Verfassungsschutz, Militärischer Abschirmdienst, 16 Landeskriminalämter, 16 Landesämter für Verfassungsschutz. Aufgrund des Urteils des Bundesverfassungsgerichts vom 24. April 2013 und der daraus resultierenden Gesetzesänderung vom 18. Dezember 2014 ist das Bundeskriminalamt gesetzlich dazu verpflichtet, dem Deutschen Bundestag alle drei Jahre,

---

649 Ebd.

650 Ebd.

651 Gesetz zur Errichtung einer standardisierten zentralen Antiterrordatei von Polizeibehörden und Nachrichtendiensten von Bund und Ländern (Antiterrordateigesetz – ATDG) vom 22.12.2006, zuletzt geändert durch Art. 10 G v. 14.08.2017 BGBl. I 3202.

652 Gesetz zur Errichtung einer standardisierten zentralen Datei von Polizeibehörden und Nachrichtendiensten von Bund und Ländern zur Bekämpfung des gewaltbezogenen Rechtsextremismus (Rechtsextremismus-Datei-Gesetz – RED-G) vom 20. August 2012, zuletzt geändert durch Art. 11 G v. 14.08.2017 BGBl. I 3202.

erstmalig zum 1. August 2017, über den Datenbestand und die Nutzung der Antiterrordatei (ATD) und der Rechtsextremismus-Datei (RED) zu berichten. Zeitgleich wird der Bericht auf der Webseite des BKA veröffentlicht. Neben der Datenlage bedarf es der individuellen Einschätzung von Gefährdungsfaktoren bei Anhängern extremistischer Ideologien. Um solche benennen zu können, kann auf untersuchte Risikofaktoren anderer Gewaltdelikte zurückgegriffen werden, wie beispielsweise bei der Einschätzung von Amokläufern, Stalkern oder anderen potentiellen Gewalttätern. Die zentrale Frage ist, welche Bedingungen bei einer Person gegeben sein müssen, damit diese gewalttätig, möglicherweise bis hin zur gezielten Tötung von Menschen wird.

Faktoren, die zu einer Bewertung der Gefährlichkeit eines Menschen herangezogen werden müssen, sind:

- Alter, Geschlecht
- Die Persönlichkeit und die vorangegangenen Entwicklungen (Biografie, Sozialisation)
- Umwelt und persönliches Umfeld der Person
- Die gegenwärtige äußere (z. B. Arbeit, Finanzen, etc.) und innere Situation (Stand Lebensperspektive, Erfüllung Ziele, Beziehungsfähigkeit, Beeinflussbarkeit,[653] etc.)
- Emotionale Fähigkeiten und Fertigkeiten (Lebenserfahrung, Umgang mit Niederlagen, Empathiefähigkeit, etc.)
- Gewaltbezug und Impulskontrolle (gab es auffälliges Gewaltverhalten, ist die Person aufbrausend, etc.)

Eine generelle Reihenfolge zur systematischen Risikoeinschätzung kann prinzipiell nach diesem Muster[654] folgen, in der die oben genannten Faktoren in den Bezug zur Gefährdungseinschätzung gesetzt werden können:

1. Problembestimmung
2. Informationszusammenstellung unter Berücksichtigung der verschiedenen Ebenen
3. Identifizierung von Risikofaktoren am Einzelfall
4. Einschätzung der persönlichen Rolle und Ideologie-Verbundenheit im Extremismus
5. Gewichtung/Relevanz von Risikofaktoren
6. Einschätzung

653 Zur Beeinflussbarkeit gewalttätiger Personen, vgl. Jost 2012, S. 25 ff.

654 Angepasst nach der klinisch-ideografischen Kriminalprognose, vgl. Dahle/Lehmann, in: Rettenberger/Franqué 2013, S. 360 ff.

Nachfolgend soll dieses Modell zur Gefährdungseinschätzung eines jungen Mannes herangezogen werden, der in rechtsextremen Kreisen verkehrt.

Fallbeispiel „Sven“
Sven (24 Jahre) kommt aus Thüringen, aus einem eher ländlichen Gebiet. Er besitzt einen Hauptschulabschluss, hat aber keine abgeschlossene Berufsausbildung. Er ist Alkoholiker und musste nach mehreren Staatsschutz- und KV-Delikten eine fünfzehnmonatige Haftstrafe wg. eines KV-Deliktes verbüßen. Der ansässige Staatsschutz beobachtet die Entwicklung Svens.

1. Problemfeststellung:
Die Alkoholsucht Svens und sein Umfeld zuhause führen immer wieder in eine Rückfälligkeit in die Gewaltspirale. Sven hatte bereits immer wieder Ansätze gezeigt, aus diesem Kreislauf auszubrechen. Zuletzt hatte er einen Arbeitgeber gefunden, der ihm eine Arbeit als Glaser geben wollte, nachdem sich sein Bewährungshelfer sehr für ihn eingesetzt hatte. Mit der nachfolgenden Analyse soll bewertet werden, wie gefährlich Sven für andere Menschen sein kann.

2. Informationszusammenstellung:
Um die Risikofaktoren anschließend bewerten zu können, müssen die Lebensumstände Svens bekannt sein. Dies impliziert seine persönliche Wahrnehmung und mindestens eine Außenperspektive, wie beispielsweise durch seinen BWH.

3. Risikofaktoren:
- *Alkoholsucht*
- *persönliches Umfeld*
- *kein unterstützendes Zuhause*
- *Suizidalität und Verzweiflung*
- *bisheriges Gewaltverhalten*

4. Einschätzung Rolle und Ideologieverbundenheit:
Sven hat sich ein Hakenkreuz an seinen Hals tätowieren lassen, weswegen er bereits strafrechtlich in Erscheinung getreten ist, ebenfalls mit volksverhetzenden Parolen und dem Zeigen des Hitler-Grußes. In diesem Zusammenhang trat er zudem mit einer Gewalthandlung und einem Widerstandsdelikt gegen Polizeibeamte in Erscheinung. Bei all diesen Handlungen stand er unter Alkoholeinfluss und war mit „seiner Gruppe“, fünf weiteren Männern, die ebenfalls mit rechtsextremen Attitüden und

Straftaten aufgefallen sind, unterwegs. In dieser Gruppe spielt Alkohol eine große Rolle, nach Angaben von Sven sei sein bester Kumpel Achim der Anführer, der auch „mehr verträgt als die anderen".

5. Gewichtung Relevanz:

Der größte Risikofaktor für eine intensive Gewalthandlung ist die Suizidalität Svens. Dieser Faktor kann aus Frustration und extremistischer Attitüde zu einer Gewaltentladung führen, die neben Selbst- auch Fremdgefährdung beinhaltet.

6. Einschätzung

Die Einschätzung zur Person Sven kann hier in tabellarischer Form erfolgen:

	Person Sven	**Anmerkungen**
Eckdaten	*männl., 24 J., Hauptschulabschluss, keine Berufsausbildung*	*Ausbildungsförderung durch Jobcenter bis 25 Jahre*
Eigenschaften	*Sucht Stabilität, möchte arbeiten, fühlt sich schwach, wird schnell rückfällig*	*Wille festigen, Probleme aufarbeiten*
destabilisierende Faktoren	*Familie, Freunde, Umfeld, Alkoholsucht*	*Suizidal aufgrund seiner persönlichen Problemlagen*
stabilisierende Faktoren	*Engagierter Bewährungshelfer (BWH), Arbeitgeber, Job*	*Mögliche Fixierung kann problematisch sein*
Rolle in extrem. Gruppe	*Mitläufer, vermutlich wenig ideologische Festigung*	*Hinterfragen und Ausarbeiten fremdenfeindlicher Attitüden*
Risikobewertung	*Rückfälligkeit in Sucht, sowie räumliche Nähe seiner „Freunde" sind die größten Risikofaktoren*	*Umfeld als Verfügungsraum negativer Anreize*
Eingriffsmöglichkeiten	*Engmaschige Beratung und Betreuung; Wegzug aus Wohnung der Eltern*	*Distanz zum Heimatort und seinem Freundeskreis herstellen*

	Person Sven	**Anmerkungen**
Akteure	*BWH, Suchtberatung, ggf. therapeutische Hilfe, Unterstützung des Arbeitgebers durch das Jobcenter*	*BWH als Ansprechpartner und Koordinator*
Einschätzung	*Langfristige Stabilisierung nur mit Aufarbeitung Sucht und psychologischer Unterstützung; Gefährlichkeit durch Suchtverhalten und Suizidalität. Opferwahl vermutlich weniger aufgrund ideologischer Gesichtspunkte, sondern „Sündenböcke".*	*Akteure vor allem im (psycho-) sozialen Bereich; wenig Handlungsfelder für polizeiliche Prävention; aktueller Stand muss stets durch BWH abgefragt werden*

Das Beispiel zeigt, wie viel Aufwand betrieben werden muss, um bei einem Menschen, der extremistisch auffällig ist, zu intervenieren, aber auch um seine aktuelle Verfassung und damit sein akutes Bedrohungspotential einschätzen zu können. Egal, welche Systematik gewählt wird: Je einfacher in der Anwendung, desto besser. Zudem hat jedes Modell, jedes System seinen Schwachpunkt spätestens an der Stelle der Prognose. Eine Prognose basiert auf Wahrscheinlichkeit, aber die getroffenen Aussagen müssen nicht zwingend eintreten. Somit unterliegen sämtliche Prognosen immer dem Risiko, ein Gefährdungspotential nicht zu erkennen, nicht angemessen zu bewerten oder umgekehrt zu überbewerten.[655]

2.4 Früherkennung

Junge Menschen sind beeinflussbar und affin für kurzweilige Trends, ihre Ansichten wechseln zuweilen von einer Position übergangslos in die gegenteilige. Aber manchmal sind diese Veränderungen mehr als eine Laune und manchmal erregen sie Besorgnis. Lehrer, Schulsozialarbeiter, Mitarbeiter von Jugendämtern und Jobcenter sind „an den Jugendlichen dran". Sie

655 Vgl. Davis/Moldenhauer/Davis 2014, S. 370.

können Veränderungen aus einer Distanz heraus wahrnehmen, die den Eltern und Geschwistern häufig nicht möglich ist. Zudem verlaufen Radikalisierungsprozesse regelmäßig nicht völlig ohne äußere Anzeichen und wahrnehmbare Änderungen in Verhalten und Einstellungen. Diese Veränderungen gilt es zunächst zu realisieren und sie mit entsprechenden Fachstellen einzuordnen, damit eine frühzeitige Intervention eingeleitet werden kann.

Um solche Prozesse zu erkennen, eigenen sich übliche Screening-Methoden. Ein solches könnte über nachfolgende Fragen[656] verfügen:

1. Hat sich die Person im Aussehen innerhalb der letzten Monate verändert?
   a. Wenn ja, in welcher Weise?
   b. Seit wann haben Sie den Eindruck, dass die Person sich äußerlich verändert?
   c. Sind Ihnen Symboliken aufgefallen, die die Person trägt (als Schmuckstück, als Tätowierung, als Aufdruck auf Kleidungsstücken)? Können Sie diese beschreiben?

2. Hat sich die Person im Verhalten Ihnen gegenüber innerhalb der letzten Monate verändert?
   a. Wenn ja, in welcher Weise (detaillierte Schilderungen, gerne Wiedergabe der Situation)?
   b. Fühlen Sie sich von der Person (nach wie vor) respektiert? (Bitte genauer darlegen, warum nicht.)
   c. Haben sich die geäußerten Anliegen geändert (Abfall vom Traumberuf, Wunsch nach eigener Wohnung, etc.)?
   d. Wenn ja, wie wird dies begründet (z.B. Anführen religiöser Gründe, Ehrbarkeit, etc.)?
   e. Hat sich die Wahrnehmung von Pflichten geändert (Schulvermeidung, erscheint nicht mehr zu Terminen, hat Ausbildung ohne wichtigen Grund abgebrochen, etc.)?

3. Haben Sie Veränderungen im Umfeld der Person wahrgenommen?
   a. Destabilisierende familiäre Veränderungen (z.B. Scheidung, Todesfall, etc.). Wenn ja, welche?
   b. Änderungen im sonstigen sozialen Umfeld (neuer Partner/neue Partnerin, neue Freunde, Begleitung zu Gesprächen im Jobcenter, etc.)?
   c. Berichten Angehörige/Freunde von einer Veränderung der Person im Verhalten zu Ihnen oder anderen?

---

656 Vgl. Dienstbühl, in: Forum Kriminalprävention 3/2015, Seite 17f.

4. Können Sie bei der Person Abwesenheitszeiten feststellen?
   a. Wenn ja, wann und wie lange dauerten sie an?
   b. Wurden sie begründet? Und wenn ja, wie?
   c. Deckten sich die Begründungen mit Ihren Informationen, bzw. wurde die Abwesenheit entsprechend nachgewiesen (z.B. mit Flugticket, etc.)?

Mit diesen Fragen soll den pädagogischen Fachkräften die Möglichkeit gegeben werden, ihre Vermutung bezüglich einer Radikalisierung eines/einer Jugendlichen näher zu prüfen. Die Antworten erlauben eine systematische Beobachtung, die mit dem/der Vorgesetzten oder einem anderen Ansprechpartner erörtert werden können. Der Fragebogen ersetzt keineswegs eine Risikoeinschätzung von Sicherheitsbehörden, als Analyse-Instrument nutzt es jedoch zur Entscheidung, ob die Sicherheitsbehörden eingeschaltet werden sollten oder nicht. Der persönliche Eindruck kann damit verstärkt und erklärbar untermauert, aber möglicherweise auch abgeschwächt werden, wenn keine der Fragen auf eine radikalisierende Entwicklung hindeutet. Damit dieser Schritt leichter fällt, ist ein kompetentes Netzwerk enorm wichtig, mit dem Fälle unkompliziert und datenschutzkonform zunächst anonymisiert besprochen werden können.

3. Einsatz-, Ermittlungs- und Bekämpfungsstrategien

In einer Ausarbeitung des Gemeinsamen Terrorabwehrzentrums, dem Hessischen Kompetenzzentrum gegen Extremismus und dem BKA aus dem Jahr 2016 wurde als ein Faktor im Radikalisierungsverlauf in 48 % der Fälle eine (radikale) Moscheegemeinde ausgemacht. Immer wieder sind Moscheegemeinden oder Gruppierungen auch Ziel von Durchsuchungen, einige dieser Moscheegemeinden oder Gruppierungen wurden verboten. Bei jenen, bei denen die Verstöße nicht genügen oder sie nicht hinreichend nachgewiesen werden können, um sie zu verbieten, die aber problematisch sind, versuchen einige Länder (und Kommunen), in einen Dialog zu treten.

Bereits der einleitende Blick auf die Sicherheitsarchitektur und der Darstellung der Berührungspunkte, die Polizisten in sämtlichen Einheiten mit Extremisten und Terroristen bekommen können, zeigt, dass die Bekämpfung etwaiger Strukturen keine sicherheitspolitisch klar umrissenen Aufgaben darstellen.[657] Bekämpfungsmaßnahmen sind entsprechend vielfältig

657 Vgl. Hegemann/Kahl 2018, S. 112.

und reichen nicht nur in die unterschiedlichsten Arbeits-, Einsatz-, sondern auch die verschiedenste Lebensbereiche. Bekämpfungsstrategien der Polizei können grob nach Unterscheidungskriterien und Art der Maßnahmen unterschieden werden.

Tabelle 12: Maßnahmen nach Unterscheidungskriterien; nach Hegemann/Kahl 2018, S. 114

Unterscheidungskriterien	Maßnahmen	
Zeithorizont	kurzfristig	langfristig
Eingriffszweck	operativ	strukturell
Inventionszeitpunkt	reaktiv	präventiv
Objekt	verdachtsabhängig	verdachtsunabhängig
Interaktionsmodus	repressiv	kooperativ
Ausrichtung	defensiv	offensiv
Ebene	lokal, national	international

Potentielle Anschlagsziele können nach Art und möglicherweise auch Anlass unterteilt werden. Im militärischen Sprachgebrauch werden Ziele bezogen auf ihren Standort in Land- (sämtliche gefährdeten Standorte und Einrichtungen), Luft- (Flugzeuge) und Seeziele (Personen- und Frachtschiffe, Tanker, Fähren) unterschieden. Geläufiger ist die Unterscheidung potentieller Angriffsziele in *harte* und *weiche* Ziele.

Hartziele bezeichnen solche, die aus Stahl, Beton oder anderen harten Materialien bestehen, im engeren Sinne gepanzerte militärische Ziele (Panzer, Bunker, Kampfhubschrauber, etc.). **Weichziele** sind z. B. Fahrzeuge, aber auch Personen. Man fasst unter dem Begriff „weiche Ziele" generell solche, die prinzipiell vor Angriffen oder Attentaten ungeschützte sind. Dies können sowohl Orte als auch Systeme und die Infrastruktur sein. Ferner kann zwischen **Einzel-** und **Massenzielen** unterschieden werden.

3.1 Erkennen von Attentätern

Terroristische Gefahren erfolgreich abwehren zu können, bedeutet auch und vor allem, Attentäter identifizieren zu können, bevor sie losschlagen oder ihrer schnell habhaft zu werden, wenn sie ihr Attentat durchführen konnten, ohne sich dabei als Selbstmordattentäter zu eliminieren.[658] Nach statistisch ermittelten Angaben von Attentätern können lediglich folgende Aussagen getroffen werden: Attentäter sind größtenteils junge Männer zwischen 16 und 25 Jahren.[659]

Statistische Daten müssen indessen hinterfragt werden. Während diese von eher jungen, männlichen Attentätern ausgehen, zeigen die Entwicklungen der letzten Jahre, dass auch Kinder, Frauen (z. B. *Safia S.*, zur Tatzeit 15 Jahre) und ältere Menschen (z. B. *Youssef Abu Ghazaleh*, der sich in Syrien für den IS in die Luft sprengte[660]) als Täter in Betracht gezogen werden müssen. Solche bezeichnet man auch als *stereotyp-inkongruente* Attentäter,[661] die in der Risikobetrachtung terroristischer Anschläge in Deutschland und Europa unbedingt beachtet werden müssen. So können auch Frauen mit Kindern, scheinbar Schwangere oder Frauen mit Babywagen Attentäterinnen sein. Sogar eine ganze Familie könnte als Attentäter-Gemeinschaft in Erscheinung treten. Dieser Umstand erschwert die Gefährdungseinschätzung massiv. Entsprechend muss in der Situation, z. B. auf Weihnachtsmärkten oder bei Fahrzeugkontrollen, seitens der PVB auf verhaltensbasierte Indikatoren zurückgegriffen werden. Potentielle Gefahrensituationen liegen somit stets im Spannungsfeld zwischen den Fehlerpolen der Über- und der Unterbewertung (Verharmlosen/Nicht-Erkennen von Gefahr vs. Einschätzung harmloser Situationen/Akteure als gefährlich).[662]

Die **Vortatphase** ist regelmäßig gekennzeichnet von sogenanntem *Warnverhalten*.[663] Auch kommunizieren terroristische Akteure im Vorfeld häufig ihre Taten.[664] Dies ist auch nicht weiter verwunderlich, denn es ist aus ihrer Sicht eine Heldentat und regelmäßig das wichtigste Werk ihres Lebens. In diesem Zusammenhang könnte die Selbst-Inszenierung einer Person auffallen, die sich beispielsweise als Held, Krieger oder Märtyrer stilisiert (dies möglicherweise in sozialen Netzwerken). Die Affinität oder Identifizierung

---

658 Geht man davon aus, dass die meisten Attentate jedoch keine Einzeltaten sind, sondern dahinter Mitwisser, Planer und Helfer stecken, implizieren die polizeilichen Ermittlungen freilich auch diese.

659 Vgl. Peil 2016, S. 104.

660 Gazaleh radikalisierte sich im Umfeld von *Milatu Ibrahim*, einer salafistischen Vereinigung (benannt nach Koransuren 2, Vers 130 und 4, Vers 125), die 2012 in Deutschland verboten wurde (zu den Vereinsverboten: vgl. BMI Bund [Hrsg.], ohne Datumsangabe).

661 Heubrock, in: Kriminalistik 5/2017, S. 304.

662 Vgl. Füllgrabe, in: Magazin für die Polizei, 34. Jahrgang, Nr. 325, Mai 2003, S. 9.

663 Zum Warnverhalten (warning behaviors) vgl. Guldimann/Hoffmann/Meloy, in: Hoffmann/Roshdi/Rohr 2013, S. 115 ff.

664 Das Zeigen von Warnverhalten gibt die Möglichkeit zur Erkennung und wird entsprechend auch als *Leakage* (Leck-Effekt) bezeichnet, vgl. Hoffmann, in: Böckler/Hoffmann 2017, S. 290.

Tabelle 13: Ziele und Indikatoren nach Tatphasen; eigene Zusammenstellung

	Ziel Attentäter	Indikatoren
Vortatphase	• Planung • Beste Bedingungen schaffen • Besorgungen notw. Materialien	• Art von Materialienbeschaffung (Chemikalien, Baumaterialien, etc.) • Finanzierung und Geldtransfers (z. B. Hawalâ-Banking)[665], hohe Bargeldbestände • Erkunden der Anschlagsplätze (ggf. analog Ausspähen bei WED) • Warnverhalten
Tatphase	• Richtige Position • Richtiges Timing/richtiger Ablauf • Richtiges Auftreten • Richtige Pose • Attentäter möchte vor Tat unentdeckt bleiben • Definiertes Anschlagsziel	• Auffällige Kleidung (z. B. dicke Jacke, dünne Beine?); gepflegtes Äußeres • Nervosität (Todesangst) • Übersprungshandlungen (Greifen an Haar, Hals, ins Gesicht, etc. • Wirkung, Person sei „gesteuert" • Überkorrektes, angepasstes Verhalten • Mögliche Fixierung auf Zielobjekt
Nachtatphase	• Je nach Bestimmung (Selbstmordattentat oder nicht?) • Kommunikation (ggf. vorbereitet durch Täter/ ggf. durch Kollektiv)	• Flucht (Fluchtmittel/Helfer) • Flucht von Helfern/Bewegung in der Szene

mit anderen Attentätern kann in diesem Zusammenhang auftreten und sichals regelrechte Heldenverehrung von Attentätern und Gewalttätern äußern.[666] In der Vortatphase können zudem konkrete Vorbereitungshandlungen ersichtlich werden, wie z. B. Materialbeschaffung für einen Anschlag, Ausspionieren potentieller Anschlagsorte (wie beispielsweise am Flughafen Stuttgart in der Weihnachtszeit 2018 beobachtet)[667] oder das Horten von Waffen und chemischen Mitteln, die zur Herstellung von Bomben geeignet sind.

Sich in der **Tatphase** alleine auf beispielsweise nervös wirkende Verhaltensweisen zu fokussieren, kann irreführend sein. Es ist wahrscheinlich, dass sich Verhaltensweisen zwischen Attentätern, die nach der Tat flüchten

665 Als sog. Hawalâ- oder Islamic-Banking versteht man eine Art des Geldtransfers, die keine Spuren (Money-Trail) hinterlassen soll, nicht über das reguläre Bankwesen (Underground-Banking) funktioniert und auch keine Zinsen beinhaltet (da diese unter Muslimen verboten sind). Sie funktioniert über Vermittler (Hawalâdar) und eigene, für das Geschäft festgelegte Codierungs-Systeme, vgl. Dienstbühl 2014, S. 233 f.

666 Vgl. Hoffmann, in: Böckler/Hoffmann 2017, S. 291.

667 Vgl. Stuttgarter Zeitung vom 23. Dezember 2018.

wollen, und solchen, die sich während oder unmittelbar nach der Tat selbst töten wollen, unterscheiden. Selbstmordattentäter begreifen ihren Tod möglicherweise als eine altruistische Tat bzw. als Opfersuizid, da sie sie im Dienste einer „höheren Sache" verstehen.[668] Dies kann bedeuten, dass die Attentäter vor der Tat nicht nur beten, sondern auch Gesten im Gebet zeigen, die ihre Opfergabe anzeigen sollen. Wie sich ein Selbstmordattentäter vor der Tat verabschiedet, ist völlig individuell. Um Attentäter vor Tatbegehungen identifizieren zu können, bedarf es der Schulung der eigenen Beobachtungsgabe.[669] Tatsächlich zeigt sich, dass gerade erfahrene Personenschützer häufig intuitiv (re-)agieren und damit auch richtig in ihrer Einschätzung liegen; sie basiert auf Expertise und Erfahrung.[670] Die vorangestellten Systematiken müssen auf die jeweiligen Umstände angepasst werden. Gerieten zu Zeiten der RAF vor allem Pärchen im Alter von Mitte 20 bis Mitte 30 schnell in Verdacht,[671] sind es heute und in Zeiten allgemeiner Gefährdung durch islamistischen Terrorismus vor allem junge Männer im Alter zwischen 17 und 25 Jahren aus sozial unterschichtigen Milieus.[672] Attentäter mit islamistischem Hintergrund stammen vor allem aus dem muslimischen Kulturkreis. Entsprechend intensiv gestaltet sich die Debatte um das gesetzeswidrige *Ethnic-* oder *Racial Profiling*, weil Merkmale der Herkunft und Religiosität keine Rastermerkmale sein dürfen.[673] Dies gilt nicht nur in Deutschland, sondern in vielen weiteren Ländern.[674]

Ethnic- oder **Racial Profiling** bezeichnet ein Täter- bzw. Verdächtigenprofil, das auf Ethnie/Rasse einer Person basiert. Anknüpfungspunkte sind äußerliche Merkmale, wie Hautfarbe und Haarfarbe, oder andere phänotypische Merkmale. Es handelt sich nicht um einen gesetzlichen Begriff, sondern um eine Bezeichnung für eine Vorgehensweise durch die Polizei, deren Vorstellungen vor allem aus Erfahrungen

---

668 Wedler, in: Wolfersdorf/Wedler (Hrsg.)2002, S. 44 ff.

669 Beispielsweise mit Methoden des *Priming* kann diese trainiert werden. Dabei wird die Reizverarbeitung (Kognition) so beeinflusst, dass ein Reiz mit Gedächtnisinhalten verbunden wird. Diese Aktivierung solcher speziellen Assoziationen erfolgt dann auch unbewusst, vgl. Molden, in: Social Cognition, Vol. 32, Special Issue, 2014, S. 1 ff.

670 Böttcher 2015, S. 27, 54.

671 Bei Kontrollen wurde besonderes Augenmerk auf Fälschungsmerkmale in den Ausweisdokumenten, Stempel, die aus Einbrüchen in Bürgerbüros entwendet wurden, aber vor allem auch auf gefälschte Kfz-Kennzeichen gelegt.

672 Vgl. Heubrock/Kindermann/Palkies/Röhrs, in: Polizei & Wissenschaft 2/2009, S. 7.

673 Daraus leitet sich auch ein Verbot ab, entsprechende Merkmale eines Täterprofiles als Grundlage einer präventiven Rasterfahndung heranzuziehen, vgl. Dienstbühl/Dittert, in: Forum Sicherheitspolitik 3/2009, S. 6 ff.

674 Beispielsweise in den USA wurde racial profiling im Jahr 2002 vom Präsidenten George W. Bush offiziell verboten.

aus dem US-amerikanischen Raum angelehnt sind. Der Begriff taucht im deutschen Recht nicht auf, rechtlicher Anknüpfungspunkt im nationalen Recht ist Art. 3 Abs. 3 Satz 1 GG, der u. a. die Benachteiligung aufgrund von Rasse und Herkunft verbietet. Auf internationaler Ebene ist ein Racial Profiling anhand von Art. 14 EMRK i. V. m. Art. 8 Abs. 1, 1. Alt. EMRK 3, Art. 26 Satz 2 IPbpR und Art. 2 Abs. 1 Buchst. a) UN-Anti-Rassismus-Konvention zu überprüfen.[675] Bereits *Horst Herold* plädierte in der Zielfahndung von Terroristen der RAF darauf, weniger auf äußerliche Personenmerkmale abzustellen, sondern sächliche Beweismittel zu fokussieren.[676]

Ein Attentäter versucht, sich aus seiner Sicht möglichst unsichtbar zu machen und verhält sich nicht dynamisch. Hilfreich zur Erkennung kann das *ALERT-Modell*[677] sein:

A: Ist die Person ***allein***, wirkt sie nervös?
L: Trägt sie sehr ***l**ockere* Kleidung?
E: Trägt sie sichtbar ***E**lektronik*?
R: Wirkt der ***R**umpf* steif?
T: Gibt es Auffälligkeiten/*„**T**rigger“* (sind z. B. die Hände fest geschlossen)?

Prävention vor einem Terrorakt ist nahezu unmöglich. Weder die möglichen Täter noch das Ziel und der Zeitpunkt sind in der Regel vor der Tat bekannt. Somit gilt es, andere Risikofaktoren zu identifizieren. Als unbedingter Risikofaktor ist die Suizidalität eines Extremisten oder einer unter Terrorverdacht stehenden Person zu betrachten.[678] Ist dieser Umstand durch Vertrauenspersonen[679] oder Verwandte bekannt, muss die Person besonders sorgfältig beobachtet werden. Denn wenn das eigene Leben als nicht lebenswert empfunden wird, ist der Schritt zu einem erweiterten Su-

---

675 Vgl. Froese, in: DVBl. 2017, S. 293.

676 Herold verwies auf einen Ausspruch Andreas Baaders, der konstatierte, dass eine Guerilla ein ganzes Einwohnermeldeamt benötige und stellte ab auf Erkenntnisse zu festgestellten Logistikelementen von Personen, die „im Untergrund“ lebend auf Konspirativität angewiesen waren: Wohnungen, Stützpunkte, Depots (z. B. in Wäldern), Mobilität, Ausrüstung, Nachrichtenmittel, Urkunden, Dokumente und Ausweise, Gegenstände des persönlichen Lebensbedarfes, Bekleidung, etc. Damit wurde die Zielfahndung zu einer spezialisierten Sachmittel-Fahndung, vgl. Herold, in: BKA (Hrsg.) 1980, S. 143.

677 Nach Sefrin, in: Der Notarzt 2017 Heft Nr. 33, S. 69.

678 Vgl. Wedler, in: Wolfersdorf/Wedler 2002, S. 53 f.

679 Vertrauenspersonen (VP) sind Personen, die keiner Strafverfolgungsbehörde angehören, jedoch bereit sind, diese bei der Aufklärung von Straftaten auf längere Zeit vertraulich zu unterstützen. Ihre Identität wird grundsätzlich geheim gehalten. Im öffentlichen allgemeinen Verständnis werden Verdeckte Ermittler der Polizei (VE) mit Vertrauenspersonen gleichgesetzt. VP sind aber keine Polizeibeamten und sind auch nicht bei einem Bundesland angestellt. Es besteht lediglich eine auf Dauer angelegte Zusammenarbeit, vgl. Keller 2017, S. 10 f.

izid, der in einem Amoklauf ausgetragen, oder einem Attentat, das einer terroristischen Organisation gewidmet wird, wahrscheinlicher. Folgende Phasen des *präsuizidalen Syndroms*[680] sollten dabei Beachtung finden:

Tabelle 14: Stadien der Suizidalität; eigene Darstellung mit Erweiterungen nach Horn 2011[681]

Phasen	Inhalt	Verhalten	Kommunikation	Bezogen auf Anschlagsplanungen
Stadium 1	Abwägen	Suizidgedanken	Hinweise auf Gedanken in Gesprächen	Allgemeine Andeutungen über Gewalt im persönlichen Umfeld
Stadium 2	Erwägen	Suizidabsichten	Ankündigungen, Warnungen	Andeutungen im persönl. Umfeld werden nun konkreter, weiterhin Nutzen von Konjunktiven („Ich könnte mich mit einem selbstgebastelten Sprengsatz in diesem Bahnhof in die Luft jagen", etc.)
Stadium 3	Entscheiden	Suizidvorbereitung und/oder -durchführung	Resignation, Einstellung der Kommunikation	Einstellung der Kommunikation mit Andersdenkenden, ggf. Verabredung zum Suizid, Festlegung und Vorbereitung, schließlich die Tat (z. B. Selbstmordanschlag oder Versuch)

Risikofaktoren bemessen sich regelmäßig an der Instabilität einer Person, damit sind auch psychische Dispositionen gemeint.[682] Weitere Risikofaktoren sind gegenwärtige schwierige Lebensumstände, wie z. B. eine Trennungssituation, Verlust und Trauer oder Scheiternserfahrungen. Also eben solche Faktoren, die eine Radikalisierungsentwicklung begünstigen können, können auch die Hemmschwelle zur Gewalt senken.

3.2 Bewältigung der Einsatzlagen BOS

Ist ein **Anschlag** erfolgt, geht es zunächst darum, die Situation wieder unter Kontrolle zu bekommen, Menschen zu schützen und die Sicherheit wiederherzustellen. Gleichzeitig versucht die Polizei den oder die Attentäter und sein Unterstützer-Umfeld zu ermitteln und der Justiz zuzuführen. Die Be-

680 Ausführlich vgl. Horn, in: Notfall + Rettungsmedizin 6/2011, S. 493 ff.

681 Horn, in: Notfall + Rettungsmedizin 6/2011, S. 494.

682 Beispielsweise weisen Borderline-Persönlichkeiten eine Affinität zu radikalen und extremen Lehren auf, weil sie die primitiven Abwehrmechanismen bedienen und somit psychologischen Nutzen für die Person haben, vgl. Saimeh, in: Böckler/Hoffmann (Hrsg.)2017, S. 219.

wältigung von Terror- und Amoklagen weist Ähnlichkeiten auf, so dass die Einsatztaktik nach „Amok-/Terrorlage“ entsprechend gleich abgehandelt wird.[683] Terror- und Amoklagen sind lebensbedrohliche Einsätze für Polizei, Feuerwehr und Rettungsdienste als *Behörden und Organisationen mit Sicherheitsaufgaben (BOS)*[684] und erfordern ein gemeinsames Vorgehen. Allerdings unterliegt die Einsatzbewältigung der Behörden den jeweiligen Bestimmungen des Bundeslandes oder des Bundes. Je nach Anschlagsort kann sich die Zuständigkeitsfrage schwieriger gestalten. Entsprechend wichtig sind Großübungen, in denen solche Lagen simuliert werden (wie z.B. an Flughäfen, in Innenstädten mit mehreren Schadensorten, wie z.B. am Hauptbahnhof, in der Innenstadt und im Industrieviertel, bei Großveranstaltungen, wie z.B. in Fußballstadien oder Produktions- und Lagerorten von Gefahrstoffen, etc.). Eine Terrorlage kann durch mehrere oder einzelne Täter geschaffen werden. Der Organisationsgrad kann zuvor akribisch geplant worden sein. Dann zeigt sich das Zusammenwirken der Attentäter regelmäßig als arbeitsteilig und organisiert, mitunter verfügt sie über eine Kommando- oder kommandoähnliche Struktur. Die Dauer eines Terroraktes hängt von ganz unterschiedlichen Faktoren ab. Folgende Anschlagsformen können zunächst unterschieden werden:

Tabelle 15: Waffen und Verletzungen nach Anschlagsart; eigene Darstellung

Anschlagsart	**Waffen**	**Verletzungen**
Sprengstoffanschläge	Sprengstoffwesten/-gürtel, USBV[685] (z. B. Eigengemische, mit Nägeln, Gas, etc.), Handgranaten	Primäre bis quintäre[686] Explosionsverletzungen[687]
Anschläge mit Hieb- und Stichwaffen	Messer, Äxte, Schwerter, Scheren	Stich-, Schnittwunden
Anschläge mit Schusswaffen	Gewehre, Pistolen, voll- und halbautomatische Schusswaffen	Penetrierende Verletzungen[688]

683 Beim Amoklauf von München im Juli 2016 war über Stunden während des Einsatzes unklar, ob es sich um einen Amok oder einen terroristischen Akt handelt. Während sich Wissenschaftler noch heute darüber streiten, hat die Polizei Bayern die vormals zwei unterschiedlichen Einsatzkonzepte zu einem zusammengelegt.

684 Als Sammelbegriff fallen darunter weitere Einrichtungen, wie z.B. der Verfassungsschutz, Zoll, das Technische Hilfswerk (THW) oder der Katastrophenschutz.

685 USBV = Unkonventionelle Spreng- und Brandvorrichtungen, vgl. Sefrin, in: Der Notarzt 2017 Heft Nr. 33, S. 68.

686 Quintäre Explosionsverletzungen und Kontaminationen beziehen sich auf die Schädigungen durch sog. „schmutzige Bomben“, vgl. Sefrin, in: Der Notarzt 2017 Heft Nr. 33, S. 72.

687 Vgl. Nomenklatur nach Di Micoli/Bieler, in: Neitzel/Ladehoff 2015, S. 272.

688 Ausführlich zur Wundballistik vgl. Kollig, in: Neitzel/Ladehoff 2015, S. 264 ff.

Anschlagsart	Waffen	Verletzungen
Anschläge mit chemischen oder biologischen Waffen	z. B. Anschläge mit Giftgas in Belüftungsanlagen, Gift in Nahrungsmitteln	Verätzungen, Verbrennungen, Vergiftungen
Anschläge mit Fahrzeugen	Autos, LKWs, etc.	Polytrauma

Weitere Anschlagsformen:
- Kombinierte Anschläge
- Terroristische Geiselnahmen (als eigenständiger Terrorakt oder als Teil des Gewaltszenarios)
- Anschlag mit Nuklearwaffen[689]

Terroranschläge unterscheiden sich jedoch nicht nur in der generellen Art des *Modus Operandi* und der Wahl der eingesetzten Waffen, sondern vor allem auch in ihrem Ausmaß. Danach bemisst sich der Einsatz der Sicherheits- und Rettungskräfte vor Ort. Hierbei geht es nicht nur um die Bewältigung des Szenarios, sondern auch um die Eigensicherung aller Beteiligten sowie die Herausforderungen in der Zusammenarbeit und sich ergebender Schnittstellenproblematiken.

Tabelle 16: Einschätzung BOS nach Einsatzlage; eigene Darstellung

Lage	Beschreibung	Einschätzung BOS
Mobile Lage	Täter ist/sind mobil	Schadensort nicht örtlich eingrenzbar
Stationäre Lage	Identifikation von einem oder mehreren Schadensorten	Begrenzung der Einsatzlage möglich
Multiple/parallele Anschlagslagen	Mehrere zeitgleiche oder zeitversetzte Anschläge innerhalb einer Region oder eines Landes	Unübersichtlichkeit, drohende Überlastung BOS
Combined Hit	Kombinierte Durchführung mehrere Anschlagsarten (z. B. Schusswaffen und Sprengstofffallen)	Durchführung an einem oder mehreren Orten möglich
Second Hit	Zweitanschlag am Schadensort oder in unmittelbarer Nähe, sobald die Einsatzkräfte bereits vor Ort sind	Gezielter Angriff auf BOS nach erstem Anschlag („First Hit"), z. B. mit Explosivmittel

689 Generell wird die Wahrscheinlichkeit eines nuklearen Anschlages als eher gering eingeschätzt, da die Beschaffung radioaktiven Materials schwierig ist und entsprechende Aktivitäten den Behörden schneller auffallen.

Je nach Einsatzlage ist es nicht immer möglich, auf das SEK oder die GSG 9 zu warten. Für alle Einsatzkräfte gilt daher beim Eintreffen am Schadensort die sog. *GAMS-Regel*[690]:

G: **G**efahr erkennen
A: **A**bsperrung errichten
M: **M**enschenrettung durchführen
S: **S**pezialkräfte anfordern

Durch eine äußere und innere Absperrung werden drei Bereiche geschaffen:

Tabelle 17: Bereiche nach Zuständigkeit; eigene Darstellung nach Hossfeld et al. 2017[691]

Bereich	Zuständigkeit	Tätigkeit
unsicherer Bereich	Polizei	Triage nach Lebenszeichen Blutstillung mit Tourniquet [692]
teilsicherer Bereich	Polizei, evtl. Rettungsdienst	Entwaffnung, geschützte Patientenablagen, Vorsichtung, Abwenden von vitaler Bedrohung,
sicherer Bereich	Rettungs- und Sanitätsdienst	Bereitstellungsräume, An- und Abfahrt RTW, Sichtung vor Notfallaufnahme, keine Behandlungsplätze

Grundsätzlich obliegt die Menschenrettung bei polizeilichen Lagen den Sicherheitskräften, die verletzte Personen aus den unsicheren Bereichen an einen Übergabepunkt im sicheren Bereich zu übergeben und sie von dort so schnell wie möglich in Krankenhäuser zu bringen. Erst dort erfolgt die reguläre Behandlung. Damit diese Abläufe funktionieren, bedarf es klarer Abläufe und entsprechender Kommunikation aller Beteiligten.

3.3 Ermittlungen unter Zunahme der Kriminologischen Einzelfallanalyse (KEA)

Nicht immer sind Straftaten als extremistische oder terroristische erkennbar. Es stellt sich die Frage, wie eine nicht offensichtlich extremistische Straftat als solche erkannt werden kann, wenn beispielsweise kein ein-

690 Vgl. Bohnen, in: Neitzel/Ladehoff 2015, S. 377; Hossfeld/Adams/Bohnen/Friedrich/Friemert/Gräsner/Gromer/Josse/Lechleuthner/Poloczek/Walz/Weber/Wurmb/Helm, in: DGA-Info 2017/58, S. 575.

691 Hossfeld/Adams/Bohnen/Friedrich/Friemert/Gräsner/Gromer/Josse/Lechleuthner/Poloczek/Walz/Weber/Wurmb/Helm, in: DGAInfo 2017/58, S. 576.

692 Tourniquet bezeichnet ein mechanisches Abbindesystem zur schnellen Blutstillung.

schlägig zuordenbarer Tatverdächtiger ermittelt werden konnte und sich keine entsprechenden Symboliken auffinden ließen. Nach wie vor sind viele Umstände der Morde des NSU noch nicht restlos aufgeklärt und auch die Fehler durch Polizei und Verfassungsschutz noch immer nicht vollständig aufgearbeitet. Fakt ist, dass zu Beginn der Ermittlungen die Polizei nicht von der Annahme eines extremistischen Hintergrundes ausging. Zum einen vermutete sie einen Kontext der Organisierten Kriminalität, zum anderen gab es keinerlei entsprechende Bekenntnisse, wie sie gerade bei terroristischen Taten üblich sind (Stichwort „Propaganda der Tat"). Um Radikalisierung, aber auch jede einzelne extremistische Straftat begreifen zu können, bedarf es einer individuellen Perspektive. Gerade terroristische Straftaten entstehen aus sorgfältigen Überlegungen und Kalkül. Ein *Schema zur Kriminologischen Einzelfallanalyse (KEA)*[693] kann helfen, einen extremistischen oder terroristischen Sachverhalt besser bestimmen und analysieren zu können. Dies dient sowohl der Ermittlungsarbeit als auch bei der späteren Aufarbeitung.

Tabelle 18: Kriminologische Einzelfallanalyse (KEA); Darstellung mit Abwandlungen nach Clages/Zeitner 2016[694]

1.	**Kriminologisch-strafrechtliche Deliktsbestimmung**	
1.1	Charakteristische Merkmale/Kontext der vorliegenden Tat	
1.2	Kriminologische Bestimmung des Delikts	
1.3	Strafrechtliche Bestimmung des Delikts	
1.4	Kriminologische Bedeutung des Delikts	
2.	**Die Tat**	
2.1	Die Vortatphase	
2.1.1	Tatauslösende Faktoren, Tatmotiv	
2.1.2	Opfer-/Objektauswahl	
2.1.3	Tatortwahl[695]	
2.1.4	Tatzeitwahl	
2.1.5	Sicherungsmaßnahmen des Täters	
2.1.6	Sonstige Planung und Tatvorbereitung	

693 Vgl. Clages/Zeitner 2016, S. 209 f.

694 Clages/Zeitner 2016, S. 209 f., mit Ergänzungen in Punkt 1.1 und 3.4.2 und eigener Einfügung der Punkte 4.6. und 5 ff.

695 Z. B. Weihnachtsmärkte, kritische Infrastruktur, Flugzeuge, etc.

2.2	Haupttatphase	
2.2.1	Tatort/Fundort	
2.2.2	Tatzeit	
2.2.3	Tatablauf	
2.2.3.1	Modus Operandi[696]	
2.2.3.2	Tatmittel/Tatwerkzeuge[697]	
2.2.3.3	Tatbeute/Taterfolg	
2.2.3.4	Abweichung vom Tatplan	
2.3	Nachtatphase	
2.3.1	Tarnung/Täuschung	
2.3.2	Verlassen des Tatortes	
2.3.3	Verbleib des Täters/der Beute	
2.3.4	Folgetaten	
2.3.5	Verhalten bei und nach Ergreifung (sofern erfolgt)	
3.	**Der Täter**	
3.1	Geschlecht, Alter, Familienstand	
3.2	Soziale Lage	
3.3	Persönlichkeit des Täters	
3.3.1	Entwicklung der Persönlichkeit	
3.3.2	Sozialverhalten	
3.3.3	Psychische Auffälligkeiten	
3.3.4	Kriminelle Entwicklung	
3.3.5	Ursachenerklärung	
3.4	Tätertypologische Einordnung	
3.4.1	Tätigkeitsbereich (geographisch)	
3.4.2	Täterschaft und Teilnahme/Rolle und Funktion	
3.4.3	Rückfall und Prognose	
3.4.4	Perseveranzverhalten[698]	
3.4.5	Sonstige tätertypologische Ansätze	

696 Z.B. Sprengfallen, Sprengstoffanschläge, Messerattacken, Geiselnahmen, etc.; ausführlicher zu den Anschlagsformen, vgl. Peil 2016, S. 42 ff.

697 Z.B. Sprengstoffgürtel, Messer, Schusswaffen, etc.; eine ausführliche Auflistung terroristischer Tatmittel vgl. Goertz 2018, S. 91 f.

698 Perseveranz bedeutet Gleichartigkeit im Täterverhalten, z.B. stets die gleiche Wahl von Opfertypen oder desselben Tatortes, vgl. Roll, in: Wirth 2011, S. 422 f.

4.	**Das Opfer**	
4.1	Geschlecht, Alter, Familienstand	
4.2	Soziale Lage	
4.3	Persönlichkeit des Opfers	
4.3.1	Entwicklung der Persönlichkeit	
4.3.2	Sozialverhalten	
4.3.3	Psychische Auffälligkeiten	
4.4	Beteiligung des Opfers an Entstehung und Verlauf der Tat	
4.5	Opfertypologische Einordnung	
4.6	Täter-Opfer-Verhältnis	
5.	**Angegriffenes Objekt**	
5.1	Kontext, Symbolträchtigkeit	
5.2	Zugänglichkeit	
6.	**Zusammenfassung (sofern geboten)**	

Um Terrorismus zu bekämpfen, bedarf es umfassender Kenntnisse der zugrundeliegenden Ideologie, der Akteure und der Netzwerke, die unmittelbar lokal bis transnational angelegt sein können. Ein terroristischer Anschlag ist regelmäßig das Resultat komplexer Prozesse. Entsprechend umfassend und aufwendig gestaltet sich die Aufklärungsarbeit durch die Verfassungsschutzämter und die Ermittlungen der Polizei. In Deutschland konnten bislang mehr als zehn Terroranschläge erfolgreich verhindert oder deren Planung gestoppt werden.

3.4 Ermittlungen in sozialen Netzwerken

Aktives Rekrutieren bedeutet auch Werben im Internet und insbesondere in sozialen Netzwerken, wie bereits in Kapitel VIII Nr. 5 dargestellt. Gerade dort lassen sich relevante Verbindungen zwischen extremistischen Akteuren, aktuellen Themenschwerpunkten und zuweilen mehr oder weniger konkrete Vorhaben erkennen. Ausgehend von bekannten Persönlichkeiten extremistischer Szenen mit einem Profil bei *Facebook* kann man Vorlieben, Aktivitäten und Interessengruppen einsehen. Interessant wird es vor allem dann, wenn die Kontakte dieser Personen, deren Kontakte usw. durchgesehen werden. Die eingesehenen Profile können nach einem Raster sortiert werden (z. B. Geschlecht, Alter, Bezug zur Szene, Aktivitäten, Örtlichkeit, etc.). Auch hier können Elemente der KEA (s. o.) herangezogen werden. Ebenso sind Radikalisierungsprozesse bei einigen Usern via Social Media gut nachvollziehbar. Bei Gruppen gibt es solche, die öffentlich einsehbar sind, solche, in denen man die Aufnahme erfragen muss, und geheime Gruppen, die nur für hinzugefügte Mitglieder sichtbar sind. Der unkomplizierte Zugang zu öffentlichen Gruppen sollte für Ermittlungsarbeiten genutzt werden. Gerade über diese sind nicht selten Übertragungen auf lokale Gegebenheiten möglich, die eine Strukturanalyse erlauben, auf deren Basis weitere Verbindungen ersichtlich gemacht werden können.[699] Der Rechercheaufwand ist dabei zwar zunächst sehr hoch und zeitintensiv, zudem besitzen Aktivitäten in sozialen Netzwerken eine ungeheure Dynamik. Andererseits ermöglicht eine Analyse in sozialen Netzwerken rechtlich unkompliziert einen hohen Informationsgewinn für die Behörden. Die Herausforderung für die sicherheitsbehördlichen Ermittlungen besteht in der Gewichtung, was für gegenständliche Untersuchungen relevant ist. Entsprechend müssen die Erkenntnisse stets mit aktuellen Szenekenntnissen abgeglichen werden.[700] Hier kann ein Recherche-Tool auf Algorithmen-Basis eine sinnvolle Unterstützung sein.[701]

3.5 Bekämpfungsfokus Finanzierung

Terrorismus und Extremismus benötigt Geldquellen und eine stetige Finanzierung. Geld ist Mittel, für Kooperationspartner Ziel und es hinterlässt Spuren, die einen Ansatz für die Ermittlungsarbeit bieten.

> **Terrorismusfinanzierung** bedeutet die Bereitstellung oder Sammlung finanzieller Mittel, egal auf welche Weise, unmittelbar oder mittelbar, mit dem Vorsatz oder in Kenntnis dessen, dass sie ganz oder teilweise dazu verwendet werden, eine Straftat im Sinne der Artikel 3 bis 10 der Richtlinie (EU) 2017/541 vom 15. März 2017 zur Terrorismusbekämpfung zu begehen oder zu deren Begehung beizutragen. Betrifft die Terrorismusfinanzierung eine der in den Artikeln 3, 4 und 9 der Richtlinie (EU)

---

699 Ein konkretes Beispiel für eine solche Strukturanalyse und deren Übertragung auf örtliche Netzwerke findet sich bei Dienstbühl/Herrmann-Marschall, in: Rüdiger/Bayerl 2018, S. 100 ff.

700 Vgl. Dienstbühl/Herrmann-Marschall, in: Rüdiger/Bayerl 2018, S. 105.

701 Ein Aspekt von IT-Forensik bezieht sich auf Analysen und Aufbereitung. Hierzu gibt es unterschiedliche Formen, die entsprechende Tools anbieten. Doch auch Analysen auf Basis gängiger und frei verfügbarer Suchmaschinen können ertragreich sein. So dokumentierte eine Case-Study auf Basis verfügbarer Daten von Google im Fall der Ermordung des Journalisten Jamal Khashoggies die Involvierung Saudi-Arabiens und bietet neue Impulse für Ermittlungen an, vgl. O.A.A., in: Rankanalyst vom 30. Januar 2019.

2017/541 genannten Straftaten, so ist es nicht erforderlich, dass die Gelder tatsächlich ganz oder teilweise dazu verwendet werden, eine dieser Straftaten zu begehen oder zu deren Begehung beizutragen, und es ist auch nicht erforderlich, dass der Täter weiß, für welche spezifische Straftat oder Straftaten die Mittel verwendet werden sollen.[702]

3.5.1 Finanzierungsbedarf

Extremistische und vor allem terroristische Bestrebungen bedürfen der Finanzierung. Auch wenn diverse Anschläge sogar kostenneutral sind (z. B. Angriff mit einem vorhandenen oder gestohlenen Messer oder Fahrzeug, etc.), bedarf Terror stets eigener Netzwerke, die finanziert werden müssen.[703] Auch Anschläge wie der Boston Marathon Bombing 2013, die Attentate Madrid (2004) und London (2005) oder Berlin (2016) zählen zu den sogenannten *low cost attacks*.[704] Gerade Sprengstoffanschläge sind generell günstig, weil die Bombenmischungen einfach selbst hergestellt werden können (wie z. B. die Sprengsätze des Boston Marathons mit Schnellkochtöpfen hergestellt wurden). Terrorismus als ideologisch motivierte Kriminalität, die über sämtliche Landesgrenzen hinweg Gesellschaften verändern will, muss dafür enorme Ressourcen aufbringen. Daher werden terroristische Gruppen, sofern sie dies nicht bereits schon tun, auf Finanzierungsquellen der transnationalen Organisierten Kriminalität zurückgreifen. Dies trifft in besonderer Weise für islamistischen Terrorismus zu, denn der Unterhalt eines komplexen, klandestinen Netzwerks macht erhebliche finanzielle Mittel notwendig.[705] Die Al Qaida[706] und der IS setzten hier neue Maßstäbe.[707] Der Begriff des *symbiotischen Terrorismus* beschreibt das Ko-

702 Vgl. Definition in Art. 1 Abs. 5 der Richtlinie (EU) 2015/849 in der geänderten und ergänzten Fassung, sowie Art. 11 der Richtlinie (EU) 2017/541 zur Terrorismusbekämpfung und zur Ersetzung des Rahmenbeschlusses 2002/475/JI des Rates und zur Änderung des Beschlusses 2005/671/JI des Rates.

703 Ausführlich zur Notwendigkeit terroristischer Finanzierung vgl. Dienstbühl 2014, S. 147 ff.

704 Vgl. Basra/Neumann, in: Perspectives on Terrorism Volume 10, Issue 6, S. 34.

705 Vor allem Mobilität, Konspirativität und gerade dann, wenn Anhänger im Untergrund leben müssen, bedürfen sie erheblicher finanzieller Mittel, vgl. hierzu ausführlich Dienstbühl 2014, S. 111 ff.; Dienstbühl, in: Kriminalistik 6/2008, S. 366.

706 Die führenden Köpfe der Al Qaida begriffen schnell, wie wichtig Geld ist, um beispielsweise ihre Soldaten bezahlen und Trainingscamps unterhalten zu können. Entsprechend verfassten sie strikte Handlungsanweisungen für Mitglieder, wie mit Geld umzugehen ist, vgl. Dienstbühl 2014, S. 159 ff.

707 2015 galt der IS als die reichste Terrororganisation weltweit, vgl. Darstellung des Statistik-Portals Statista, unter: https://de.statista.com/infografik/3113/die-10-reichsten-terror-organisationen-der-welt/ (Stand 2. Februar 2019).

operationspotential zwischen Terroristen und Kriminellen.[708] Extremismus besitzt bereits einen hohen Kostenfaktor in seiner Propaganda und in der Rekrutierungsarbeit. Gerade, wenn Extremisten und Terroristen gewalttätig zur Tat schreiten wollen, bedürfen sie weiterer Quellen für Ausbildung und Training, der geheimen und damit häufig aufwendigen Kommunikation, Maßnahmen zur Tarnung, Mobilität und Logistik, aber auch dem eigenen Lebensunterhalt und mitunter auch Fürsorge für Hinterbliebene/Angehörige. Je größer und komplexer die Struktur, desto höher ist der Finanzierungsbedarf. Kleinere Gruppen oder lose Netzwerke haben entsprechend eher geringere Kosten.

3.5.2 Finanzierungsstrategien

Vor allem Terrorismusfinanzierung ist ein weites Feld, das von legalen Geldern bis hin zu Kooperationen mit und Übernahme von Strukturen der Organisierten Kriminalität reicht. Terrorismus ist keineswegs separiert von herkömmlicher und monetär motivierter Kriminalität zu trennen. Mögliche Finanzierungsformen sind:

- **Staatsfinanzierung:** Terrorismus kann im Interesse eines Staates sein. Entsprechend kommt er für die Kosten auf oder übernimmt eine Teilfinanzierung, wenn es gemeinsame Interessen gibt.
- **Finanzierung durch Spenden:** Anhänger geben Geld für „die gemeinsame Sache“. In allen Formen von Extremismus und Terrorismus stellen Spenden einen wichtigen Anteil an der Finanzierung dar. Im Zeitalter von Facebook und anderen sozialen Netzwerken funktioniert dies vor allem als **Crowdfunding** aus vielen kleinen Beträgen. Hier gibt es auch eine illegale Komponente: Gerade Salafisten sammeln Gelder für eigene Hilfswerke, die zum Beispiel für den Bau von Brunnen in Afrika, für Kinder in Syrien oder für Ärzte im weltweiten Einsatz gedacht sind. Dass diese Gelder wenigstens mitunter für Kämpfer, Propaganda, etc. eingesetzt werden, darf angenommen werden.[709]

---

708 Immer wieder konstatierte Gegensätze, nach welchen gerade ein fanatischer Islamist nicht gleichzeitig als Akteur des organisierten Verbrechens auftreten kann, bedürfen der Korrektur. Islamische Glaubensgrundsätze werden auf die Argumentation der Terroristen angepasst, so dass eine mögliche Kooperation islamistischer Terroristen mit einfachen Kriminellen gegenüber den streng Gläubigen mit dem Ziel einer Islamisierung der Welt erklärt und gerechtfertigt werden kann, vgl. Dienstbühl 2014, S. 122.

709 Eine Darstellung solcher Tätigkeiten mit einer Auflistung entsprechender Vereine hat das nordrhein-westfälische Innenministerium 2016 herausgegeben unter: www.im.nrw/sites/default/files/documents/2017-11/jb2016_nrw_extsalaf.pdf (Stand: 18. Januar 2019).

- **Legale und halblegale Handelstätigkeiten:** Der Handel bietet eine Vielfalt von Möglichkeiten, Terrorismus zu finanzieren. Dabei reicht die Palette von Wertpapieren, Kunst, Autos über Nahrungsmittel. Gerade hier ergeben sich diverse Möglichkeiten, um Gelder am Fiskus vorbei zu schleusen, zu „waschen" und sie der Vereinigung zugutekommen zu lassen.[710]
- **Kontrolle über Territorien:** Wenn Terrororganisationen Gebiete erobert haben, belegen sie die Bevölkerung mit Steuern und Zwangsabgaben und kontrollieren die Produktion oder deren Bodenschätze, wie dies beispielsweise der IS demonstriert hat.[711]
- **Kriminelle Aktivitäten:** Schon die RAF führte Banküberfälle zur Finanzierung von Terrorismus durch, sie und die „Bewegung 2. Juni" verübten zudem Entführungen mit Lösegelderpressung. Typische Aktivitäten zur Finanzierung von Terrorismus sind Drogenhandel, sämtliche Betrugsformen und Hehlerei, Cybercrime und Schmuggel.[712] All diese Deliktsformen funktionieren sowohl international als auch lokal.[713] Weitere Kriminalitätsfelder sind Schleusungskriminalität, Menschenhandel, Piraterie, Schutzgelderpressung sowie Waffenhandel. Die Verknüpfung von Terrorismus mit Allgemein- und Organisierter Kriminalität ist logisch und auch strategisch zwingend für terroristische Organisationen. Zudem verfügen viele Rekruten extremistischer und terroristischer Gruppen über eine kriminelle Vergangenheit. Dies schließt sich – auch und besonders bei Islamisten – keineswegs aus.

Kriminelle Methoden der Geldgewinnung und insbesondere der kriminelle Zweck machen es notwendig, dass die Finanzierungsbewegung keine Spuren hinterlässt, die die Sicherheitsbehörden nachvollziehen können. Somit sind sämtliche Methoden zur Geldwäsche (durch mehr oder weniger intensiv geführte Betriebe und Dienstleistungsunternehmen, Kick-back-Verfah-

710 Vgl. Abou Taam vom 26. April 2018.

711 Vgl. Sieber/Vogel 2015, S. 12 f.

712 Ausführlich zu terroristischer Beschaffungskriminalität, vgl. Dienstbühl 2014, S. 205 ff.

713 Einige Beispiele für unterschiedliche Arten von Beschaffungskriminalität in Deutschland nennt *Marwan Abou Taam*: So schloss eine islamistische Zelle mehrere Lebensversicherungen ab und versuchte durch Vortäuschen eines Unfalltodes über vier Millionen Euro zu erschleichen. Eine andere Gruppe von acht Männern stahl drei Jahre lang kostbare Gegenstände aus Kirchen, um damit Kämpfer in Syrien zu unterstützen. In Kassel fand die Polizei bei der Durchsuchung der Medina-Moschee neben Dschihad-Propaganda auch Drogen. Umgekehrt fand die Polizei bei einer Wohnungsdurchsuchung bei einem 28-Jährigen neben den vermuteten Drogen auch eine Kalaschnikow und islamistische Propaganda, zudem stellte sich heraus, dass der Mann kurz zuvor in Syrien war, vgl. Abou Taam vom 26. April 2018.

ren,[714] u.v.w.) nicht nur Bestandteil des Repertoires organisiert-krimineller Strukturen, sondern längst „Alltag“ und eine der Grundlagen von terroristischen Organisationen. Die verschiedenen Strategien zur verschleierten Transferabwicklung kriminalisierter Gelder können als „Criminal Money Management“ (CMM) zusammengefasst werden.[715]

> Als **Geldwäsche** gelten (a) der Umtausch oder Transfer von Vermögensgegenständen in Kenntnis der Tatsache, dass diese Gegenstände aus einer kriminellen Tätigkeit oder aus der Teilnahme an einer solchen Tätigkeit stammen, zum Zwecke der Verheimlichung oder Verschleierung des illegalen Ursprungs der Vermögensgegenstände oder der Unterstützung von Personen, die an einer solchen Tätigkeit beteiligt sind, damit diese den Rechtsfolgen ihrer Tat entgehen; (b) die Verheimlichung oder Verschleierung der wahren Natur, Herkunft, Lage, Verfügung oder Bewegung von Vermögensgegenständen oder von Rechten oder Eigentum an Vermögensgegenständen in Kenntnis der Tatsache, dass diese Gegenstände aus einer kriminellen Tätigkeit oder aus der Teilnahme an einer solchen Tätigkeit stammen; (c) der Erwerb, der Besitz oder die Verwendung von Vermögensgegenständen, wenn dem Betreffenden bei der Übernahme dieser Vermögensgegenstände bekannt war, dass sie aus einer kriminellen Tätigkeit oder aus der Teilnahme an einer solchen Tätigkeit stammen; (d) die Beteiligung an einer der unter den vorgehenden Buchstaben aufgeführten Handlungen, Zusammenschlüsse zur Ausführung einer solchen Handlung, Versuche einer solchen Handlung, Beihilfe, Anstiftung oder Beratung zur Ausführung einer solchen Handlung oder Erleichterung ihrer Ausführung.[716]

Um Gelder unauffällig zu bewegen, bieten sich beispielsweise Bar-Transfers, aber auch eine entsprechende Nutzung von Prepaid-Karten an.[717] Ebenso wird Schmuggel von Wertgegenständen und Geldbeständen (zum Teil über Kuriere) als Methode genutzt, um Gelder zu bewegen. Eine weitere Möglichkeit, um Gelder zu bewegen, ohne dass sie den westlichen Kontrollstandards unterliegen, stellt eine sehr alte Tradition im islamischen Handel dar.[718] Das islamische Bankwesen verfügt über eine Vielzahl von

---

714 Zur Geldwäschehandlung wird dieses Verfahren entsprechend dann, wenn Gelder für eine Scheinleistung in Rechnung gestellt und diese wieder vom Empfänger, nach Abzug einer Provision, zurücküberwiesen werden; dies funktioniert vor allem im Dienstleistungssektor und ist schwer nachzuweisen, vgl. Dienstbühl 2014, S. 228 f.

715 Vgl. Schulte/Boberg/Vander Beken, in: Kriminalistik 1/2008, S. 19 ff.

716 Vgl. Definition in Artikel 1 Absatz 3 der Richtlinie (EU) 2015/849 in der geänderten und ergänzten Fassung vom 20. Mai 2015.

717 Prepaid-Karten wurden auch von den Attentätern der Anschläge in Paris am 13. November 2015 genutzt, vgl. Goertz, in: VEKO Online 4/2018.

718 Dieses Finanzsystem hat seine Wurzeln im Gebaren orientalischer Handelsgesellschaften des frühen Mittelalters und entstand aus der Notwendigkeit einer Vorgehensweise, die in

Finanzprodukten und Verfahren zur Abwicklung von Bankgeschäften: Das sog. *hawâla*-Banking ist bei der Beweglichkeit terroristischer Gelder von besonderer Bedeutung. Hawâla wird auch als „Underground-Banking" bezeichnet, was im Wesen das Verfahren recht gut trifft.[719] Dieser schon damals grundlegende Umstand der fehlenden formalen Ordnungsmechanismen schlägt sich auch heute noch nieder. In den meisten Staaten, auch in streng islamischen Ländern wie Pakistan oder dem Iran, ist hawâla offiziell verboten.[720] Die Zentralbank der Vereinigten Arabischen Emirate einigte sich im Jahr 2002 zumindest auf eine einheitliche Überwachung und Registrierung von hawâla-Händlern.[721] Da der rechtliche Rahmen fehlt, besitzen Akteure des hawâla auch keinen Rekurs auf ein protektives Gemeinwesen, auf dessen Grundlage die Durchsetzung einer bindenden Vereinbarung bzw. eines Vertrages erzwungen werden könnte. Diese Unsicherheit kann nur durch eine Vertrauensbeziehung (z. B. verwandtschaftliches Verhältnis zwischen den Akteuren) und die enge Bindung an islamisches Recht gelöst werden. Dies funktioniert entsprechend nur dann, wenn hawâla innerhalb von Glaubensinseln praktiziert wird, in denen das islamische Recht Gültigkeit besitzt. Solche Glaubensinseln sind aus terroristischer Sicht besonders in Europa und Amerika bedeutungsvoll, da die Dokumentation über Geldtransfers unbedingt vermieden werden soll, die ständige Liquidität jedoch gegeben sein muss.

Praktisch funktioniert hawâla folgendermaßen: Eine Person wendet sich in Land A an einen sog. hawâla-Händler, der (oft lediglich zur Tarnung) ein Unternehmen führt, gibt ihm eine bestimmte Geldsumme und erhält dafür einen Code (z. B. Zahlen oder ein Koranvers). Diesen Code nennt dann eine andere Person einem „hawâla-Dealer" (hawâladar) in Land B, der als Mittler fungiert und daraufhin die Summe an den Zahlungsempfänger ausbezahlt. Auf diese Weise existiert keine Dokumentation über die Geldtransfers.[722] Schätzungen zufolge belaufen sich solche Transfers auf bis zu 200

einem Umfeld kleinerer Gebiete, welche lediglich unter dem Bekenntnis zum Islam verbunden waren, Bestand besaß.

719 Darüber hinaus wird hawâla mit „Islamic Banking" gleichgesetzt. Dies ist nicht korrekt, da Islamic Banking ein umfassendes System darstellt. Aktuell soll dieses innerhalb bestimmter Dienstleistungen im Westen mit der Absicht installiert werden, den Muslimen islamkonforme Finanzprodukte anzubieten, die gleichzeitig den geltenden Gesetzen in den westlichen Ländern entsprechen sollen; vgl. Gassner, in: Schneider/Hanstein (Hrsg.) 2006, S. 198 ff.

720 Schramm/Taube 2002, S. 14.

721 Auf der International Conference on hawâla im Mai 2002 wurden auch die 40 Empfehlungen, inklusive der acht Sonderempfehlungen der FATF bezüglich Terrorismusfinanzierung angenommen, vgl. United States Department of State 2003, S. 69.

722 Vgl. Dietl/Hirschmann/Tophoven 2006, S. 358 f.; Thamm 2002, S. 328.

Milliarden US-Dollar jährlich, ohne dass sie einer rechtsstaatlichen Kontrolle unterliegen.[723] Neben Geldern können Gold oder Diamanten in solchen Systemen transferiert werden, was vor allem nach den zuvor angesprochenen Maßnahmen Europas zur Einfrierung von Konten relevant wurde. Auch wird hawâla für die Bewegung von legal erwirtschaftetem Geld verwendet, um Transfergebühren zwischen den Ländern zu umgehen, was wiederum für Migranten in Europa von Bedeutung ist.[724]

3.5.3 Finanzierungsbekämpfung

Die Bekämpfung der Finanzierung muss ein wesentlicher Bestandteil sicherheitsbehördlicher Bekämpfungsstrategien gegen Extremismus und Terrorismus sein.[725] Und genau dieser Bereich gestaltet sich in der Umsetzung besonders kompliziert, da insbesondere ein transnationaler Finanzradius rechtlich schwierig zu behandeln ist.

Schritte zur Bekämpfung von Terrorismus wurden seitens der *Vereinten Nationen* bereits in den 1970er Jahren initiiert. Den Fokus auf die Bekämpfung der Finanzierung legten sie erst 1999 mit dem Internationalen Übereinkommen zur Bekämpfung der Finanzierung des Terrorismus und 2001 mit der entsprechenden Sicherheitsrats-Resolution 1373 und auf dieser Basis 2014 mit der Resolution 2178.[726] Zur internationalen Eindämmung der Terrorismusfinanzierung wurden im Zuge des vierten Finanzmarktförderungsgesetzes vom 1. Juli 2002 die von der *Financial Action Task Force on Money Laundering (FATF)* entwickelten Empfehlungen in nationales Recht umgesetzt. Sie sind damit Bestandteil des Geldwäschebekämpfungsgesetzes.[727] Daneben setzen EU, FATF und UN auf Sanktionen gegen Akteure, die als terroristisch eingestuft werden. Zentral ist das „know-your-customer"-Prinzip, dass Wirtschaftsakteure in die Pflicht nimmt.[728] So fordert die FATF, entsprechende Verdachtsmeldungen zentral in der *Financial Intelligence Unit* (FIU) zusammenzuführen, wo die Anzeigen gesammelt, ausgewertet und mit Erkenntnissen anderer nationaler Stellen abge-

723 Vgl. Schneider/Dreer/Riegler 2006, S. 48, 152.

724 Vgl. Dienstbühl 2014, S. 234.

725 Die rechtliche Handhabung bezieht sich derweil auf terroristische Gruppierungen.

726 Vgl. Sieber/Vogel 2015, S 18.

727 Vgl. Dienstbühl 2014, S. 322.

728 Vgl. Dienstbühl 2014, S. 329; das Prinzip wurde in den letzten Jahren weiter verstetigt. So wurde beispielsweise im Zuge der Novellierung des Geldwäschegesetzes (GWG) ein sog. Transparenzregister erschaffen, mit welchem Unternehmen in die Pflicht genommen werden, dafür Sorge zu tragen, dass sie die wirtschaftlich Berechtigten ihrer Kunden und Geschäftspartner ermitteln und identifizieren.

glichen werden.[729] In Deutschland ist die FIU im BKA angesiedelt. Seit Dezember wurde im BKA das Projekt „BeCaNet" (Best practice, capacity building and networking initiative among public and private actors against Terrorism Financing) angesiedelt, in dem alle Akteure zusammengeführt werden sollen, die einen Beitrag zur Bekämpfung von Terrorismusfinanzierung beitragen können.[730]

Die Finanzierung terroristischer Strukturen und Akteure ist in Deutschland in mehreren Gesetzen unter Strafe gestellt, die nachfolgend kurz dargestellt werden:

- Gemäß *§ 129a Abs. 5 StGB* ist die Unterstützung einer terroristischen Vereinigung strafbar. Unterstützung bedeutet die Förderung der Tätigkeit und die Bestrebungen einer entsprechenden Vereinigung, ohne selbst Mitglied zu sein.[731] Erfasst ist damit u. a. die Zurverfügungstellung finanzieller Mittel und materieller Vorteile an ein Mitglied oder einen Unterstützer, der als Empfangsbote für die terroristische Organisation agiert.[732]
- Auch nach *§ 89a StGB* (Vorbereitung einer schweren staatsgefährdenden Gewalttat) ist das Sammeln, Entgegennehmen oder Zurverfügungstellung von Vermögenswerten unter Strafe gestellt.[733] Dabei müssen diese Tätigkeiten auf eine Gewalttat bezogen sein (z. B. Finanzierung zum Erwerb von Sprengstoff, etc.).[734]
- Mit dem neuen § 89c StGB[735] wurde ein eigenständiger Straftatbestand „Terrorismusfinanzierung" geschaffen, der über den engen Anwendungsbereich der bisherigen Regelung deutlich hinausgeht, indem er nun die Finanzierung terroristischer Straftaten allgemein unter Strafe stellt, aber auch Straftaten erfasst, die nicht originär einem terroristischen Bereich zuzuordnen sein müssen.[736] Entsprechend wird die Finanzierung solcher Delikte tatbestandlich erfasst, die die terroristische Qualifikation entsprechend der in § 129a Abs. 2 StGB bereits verwendeten Definition erfüllen.[737]

---

729 Goertz, in: VEKO Online 4/2018; Goertz 2018, S. 99.

730 Vgl. Pressemitteilung des BKA vom 14. Dezember 2018, unter: www.bka.de/DE/Presse/Listenseite_Pressemitteilungen/2018/Presse2018/181214_BeCaNet.html (Stand: 23. Januar 2019).

731 Vgl. Sieber/Vogel 2015, S. 69.

732 Vgl. Sieber/Vogel 2015, a. a. O.

733 Vgl. Sieber/Vogel 2015, S. 77.

734 Vgl. Sieber/Vogel 2015, S. 82.

735 Vgl. Bundestags-Drs.18/4087, 18/4705.

736 Vgl. Goertz 2018, S. 92.

737 Vgl. Deutscher Städte und Gemeindebund (DSGB) (Hrsg.) vom 7. Mai 2015.

- Im April 2018 wurde die Fünfte EU-Geldwäscherichtlinie verabschiedet. Binnen 18 Monaten muss diese auf nationaler Ebene umgesetzt werden. Im Zuge dieser Verabschiedungen wurde auch in Deutschland mit dem „GwG-Neu“ ein neues Geldwäschegesetz erlassen. Mit den Regelungen nach §§ 3, 11 *Geldwäschegesetz (GWG)* sind Finanz- und Bankinstitute verpflichtet, Transaktionen oder Finanzmittel, die möglicherweise im Zusammenhang mit Geldwäsche, Terrorismusfinanzierung oder anderen kriminellen Aktivitäten stehen könnten, an die Behörden zu melden.[738] Mit der Umsetzung des „GwG-Neu“ wurden die Sorgfaltspflichten von Unternehmen und Banken nun weiter konkretisiert und betreffen inzwischen auch neue Geschäftsmodelle.
- Mit dem seit dem 1. Juli 2017 in Kraft getretenen Gesetz zur Reform der strafrechtlichen Vermögensabschöpfung[739] wurden die Möglichkeiten zur Einziehung von Gewinnen aus kriminellen Handlungen deutlich erweitert. Gerade der terroristischen Beschaffungskriminalität, die sich mit Handlungsweisen der Organisierten Kriminalität deckt, kann so entgegengewirkt werden.[740]

Die Gesetzesinitiativen versuchen zum einen, das Einfrieren von Vermögen zu gewährleisten und den unterschiedlichen Handelsformen terroristischer Finanzierungsstrategien gerecht zu werden. Allerdings gestaltet sich die Umsetzung mehr als schwierig. Die Menge an weltweit täglich anfallenden Bankdaten ist kaum zu erfassen und nicht gezielt zu überwachen, um dazwischen terroristische oder inkriminierte Gelder zu finden. Bereits Schreibweisen transkribierter Namen werden so schon zum Problem.[741] Insbesondere Formen von Underground-Banking wie *hawâla* sind damit genau nicht zu erfassen. Auch konkrete Ermittlungen sind hochgradig komplex und entsprechend ressourcenaufwendig. Zudem benötigen sie ein ressort- und behördenübergreifendes Wirken, um erfolgreich sein zu können. Doch gibt es auch immer wieder Erfolge: 2017 gelang der nordrhein-westfälischen Ermittlungsgruppe Organisierte Kriminalität und Steuerhinterziehung (EOKS), in der Mitarbeiter des LKA und der Steuerfahndung zusammenarbeiten, ein schwerer Schlag gegen Finanzierer von Dschihadisten. Diese sollen das Finanzamt mit dem sogenannten „Umsatzsteuer-

738 Vgl. Sieber/Vogel 2015, S. 96 ff.

739 BGBl. I 2017, 872.

740 Ausführlich zu den Möglichkeiten der Einziehung nach § 73 ff. StGB, vgl. Rettke, in: Die Kriminalpolizei 2/2018, S. 13 ff.

741 Vgl. Goertz, in: VEKO Online 4/2018.

karussell"[742] um ca. zwei Millionen Euro betrogen haben. Den Ermittlern war es gelungen, gegen das international agierende Netzwerk mit Hintermännern auf der arabischen Halbinsel vorzugehen. Bei Hausdurchsuchungen seien Geldscheine in Höhe von zwei Millionen Euro hinter Wandverkleidungen gefunden worden.[743]

3.6 Bewertung: Chancen und Grenzen polizeilicher Arbeit

Junge Menschen erleben die Entgrenzung von Lebenswelten und Optionsvielfalt in dem sensiblen Prozess der Identitätsbildung. Extremismus gerade in Form von Islamismus, und Rechtsextremismus bieten scheinbar einfache Lösungen und Antworten, Anerkennung und Zugehörigkeit. Sie bekommen eine Identität, einen Lebenssinn und Gemeinschaft von Gleichgesinnten. Dagegen kommen staatliche Strukturen mit ewigem Ermahnen oder polizeilichen Kontrollen nicht an. Aber man kann ihre neue Weltordnung ins Wanken bringen. Mit Fragen, die Widersprüche durch eigenes Nachdenken entlarven und mit Wissen. Islamisten nutzen die Angst, die sie verbreiten. Kenntnisse über sie können entzaubernd wirken, zudem baut es die Unsicherheit im Umgang mit jungen Menschen ab, die sich radikalisieren. Eine effektive Präventionsarbeit ist eine gesamtgesellschaftliche und langfristige Aufgabe. Für die Jugendsozialarbeit bedeutet das zusätzlich viel Arbeit und Anstrengungen, Spezialisierungen von Sozialpädagogen und z. B. auch in JVAen sind nötig. Für die Behörden ist es eine politische Investition. Eine, die sich angesichts des Grauens, den die Extremisten anrichten, aber unbedingt lohnt. An dieser Stelle zeigt sich, dass Prävention gleichzeitig langfristig und breitflächig einerseits, und dabei flexibel und individuell andererseits gedacht werden muss. Projektgelder, die von politischen Ent-

742 Bei diesem Verfahren werden Waren aus dem EU-Ausland nach Deutschland verkauft, wobei keine Umsatzsteuer anfällt. Anschließend werden die Waren bewegt und drehen sich oft über einen längeren Zeitraum im Kreis, jedes Mal zuzüglich 19 Prozent Umsatzsteuer, bevor sie irgendwann aus dem Kreislauf heraus abverkauft werden. Entscheidend für den Erfolg eines Umsatzsteuerkarussells ist, dass große Warenmengen in möglichst kurzer Zeit im Kreis bewegt werden. Die Rotationsgeschwindigkeit sowie Menge und Preis der bewegten Ware sind die maßgeblichen Kriterien für den Profit der beteiligten Personen. Aus diesem Grund sind v. a. kleine (weil gut in großen Mengen zu transportierende) aber hochwertige Güter (so höherer Gewinn), wie beispielsweise Elektronikprodukte, beliebt. Professionell organisierte Umsatzsteuerkarusselle bestehen aus einem ganzen Geflecht von einer kaum zu überschauenden Anzahl von Gesellschaften, die ständig wechseln bzw. ihre Funktion im Rahmen des großangelegten Betrugs mit der Mehrwertsteuer ändern. Weitere Informationen: www.umsatzsteuerkarussell.de (letzter Zugriff am 30. August 2018).

743 WDR o.A.A. vom 15. September 2017.

scheidungsträgern für kurze Laufzeiten zur Verfügung gestellt werden, tragen zu häufig der Rechtfertigung von Amtsinhabern Rechnung, als tatsächlich auf diese diversen Problemlagen ausgerichtet zu sein.

Vor allem die Früherkennung ist wichtig, um gezielte Maßnahmen einzuleiten und auch Sicherheitsbehörden aufmerksam zu machen. Jedoch gerade die Intervention gestaltet sich häufig als schwierig. Sobald beispielsweise Eltern, Lehrern oder anderen Akteuren bewusst wird, dass eine Radikalisierung oder Extremisierung stattfindet, fangen die eigentlichen Probleme an. Zwar gibt es Beratungsstellen, doch die stoßen mitunter personell, als aber auch in den konkreten Fällen nicht selten an ihre Grenzen. Wenn noch keine Straftat stattgefunden hat, Personen jedoch als Gefährder eingestuft werden, wäre nun der Verfassungsschutz gefragt, sich um weitere Maßnahmen zu kümmern. Diesen Schritt wollen viele, gerade Angehörige nicht gehen. Wird der Schritt doch gegangen, muss eine Gefährdungsanalyse getroffen werden. Da noch keine Straftat vorliegt, stellt sich nun die Frage, ob man die Person mit einer Gefährderansprache konfrontiert, um zu zeigen, dass man durchaus beobachtet wird und jetzt noch umkehren kann. Eine hohe Hürde besteht in den datenschutzrechtlichen Bestimmungen, die einen Austausch der Behörden untereinander schwierig machen, solange keine strafbaren Handlungen, auch durch eine mögliche konkrete Vorbereitung, bereits begangen wurden. Der Fall des Berliner Attentäter *Anis Amri* ist ein besonders extremes Beispiel für diese Problematik. Der 24-jährige Tunesier war bereits als Gefährder eingestuft und bekannt, dennoch konnte er sein Vorhaben in die Tat umsetzen und somit 12 Menschen töten.[744] Tatsächlich müssen die teilweise sehr einengenden Reglementierungen sowohl des deutschen als auch des europäischen Datenschutzgesetzes für

744 Amri war insofern nicht als Geflüchteter zu betrachten, da er weder politisch verfolgt wurde, noch von Bürgerkrieg betroffen war. Aufgrund der wirtschaftlich schwachen Situation seiner Familie reiste er zunächst nach Italien und kam dann 2015 nach Deutschland, wo er sich mit unterschiedlichen Identitäten an unterschiedlichen Orten in NRW und Berlin aufhielt. Sein Asylantrag wurde wegen Unbegründetheit abgelehnt. Weil er jedoch keine gültigen Ausweispapiere vorlegte, konnte er nicht abgeschoben werden. Auch eine Abschiebehaft am 30. Juli 2016 änderte den Umstand nicht, obwohl Amri bei einer Personenkontrolle in Friedrichshafen mit Drogen und gefälschten Ausweispapieren erwischt wurde. Er war seit 2015 bereits als Gefährder bekannt, da beobachtet wurde, dass Amri regelmäßig mit Akteuren der Moschee des „Deutschsprachigen Islamkreises Hildesheim" (DIK) und insbesondere dem Salafisten-Prediger Abu Walaa, einem der wichtigsten IS-Rekrutierer in Deutschland, verkehrte. Mehrfach habe Amri von möglichen Attentaten gesprochen. Abu Walaa wurde im November 2016 in Hildesheim festgenommen. Amri blieb, trotz der Erkenntnisse zu seiner Person, einer begangenen Gewalttat mit einem Messer und Verstößen gegen das BtMG, auf freiem Fuß.

Behörden erweitert werden, um eine Früherkennung und ein mögliches Eingreifen der Sicherheitsbehörden wirksam zu machen.

Das koordinierte Handeln verschiedener Träger deutscher Sicherheitspolitik und der abgestimmte Einsatz von finanziellen und personellen Ressourcen aus unterschiedlichen Politikfeldern auf der Basis integrierter Handlungskonzepte ist ein Idealzustand, der angestrebt werden muss. Konkret für die Polizei sind einige Herausforderungen zu bestreiten. Nicht zuletzt geht es um das Selbstverständnis und der Vernetzung der eigenen Struktur. Dies impliziert auch das Überdenken deliktsbezogener Dezernate oder eine optimierte Vernetzung. Denn ein Dieb oder Drogenhändler kann zudem Mörder, Vergewaltiger oder Terrorist sein. Hier müssen die Erkenntnisse moderner Kriminalwissenschaften in diese Strukturen übertragen werden. Für die Umgestaltung der Polizei müssen Vertreter von Polizei, Politik, Gesellschaft und Wissenschaft einiges beitragen.

Egal ob zur Gefährdungseinschätzung, zur Früherkennung oder auch für die komplexen Finanzermittlungen: Der erste Schritt ist immer eine systematische und unbedingt schriftlich niedergelegte Analyse, auf deren Basis weitere Recherchen oder die Planung zur Intervention erfolgen können.[745] Komplexe Sachverhalte müssen zunächst so aufbereitet werden, dass sie nachvollzogen werden können, um daran sowohl die Ermittlungsarbeit, als auch Maßnahmen ausrichten zu können. Hierzu eignen sich Darstellungs- und Analyseprogramme. Darüber hinaus müssen die Erkenntnisse im Polizeialltag verwertbar und beispielsweise auch für den Streifendienst oder die Bereitschaftspolizei entsprechend zugänglich sein. Nicht selten basieren spektakuläre Entdeckungen auf Zufallsfunden regulärer Kontrollmaßnahmen.

745 Zur Empfehlung schriftlicher Analysen und Bewertungen, vgl. Franqué, in: Rettenberger/Franqué (Hrsg.) 2013, S. 360.

X. Schlusskapitel

Extremistische und vor allem terroristische Strömungen greifen den Rechtsstaat von allen Seiten an. Gemein ist ihnen die empfundene Erhabenheit ihres Strebens. Allein im Endziel der jeweiligen Bestrebungen (ein arisches Vaterland, eine muslimische Weltordnung, Anarchismus, etc.) liegt eine „Reinheit", deren positive Assoziationen zu einem guten Gewissen führen. Der Gegner wird im Geiste zu einem Systemknecht, Ungläubigen oder dergleichen degradiert. Dies führt zur Rechtfertigung jeglicher Gewalt gegen Andersdenkende und besonders auch Polizeibeamte und darüber hinaus zu einer andauernden Motivation, Gewalt einzusetzen. Vor allem in ihren Wechselwirkungen zueinander zeigen sich Gefährdungsgrad und Personenpotential in der Verfestigung der eigenen Identität durch ein gemeinsames Feindbild.

Die Wehrhaftigkeit einer Demokratie beginnt stets zunächst darin, die Bedrohungen zu erkennen und ihre Ausbreitung zu verhindern. Die Polizei als staatliche Exekutive und der Verfassungsschutz als einer der deutschen Nachrichtendienste haben diesbezüglich eine ungeheuer große Aufgabe. Zudem können sie nur einen Teil der Bekämpfung des Extremismus gewährleisten: Sämtlichen extremistischen Bestrebungen die Stirn zu bieten ist eine gesamtgesellschaftliche Aufgabe. Sie fängt auf politischer Ebene an und fordert konsequente Ahndung durch die Sicherheitsbehörden und resolute Behandlung durch die Justiz. Dazu bedarf es möglicherweise auch unpopulärer Entscheidungen, augenscheinlich wohltätige Vereine, die jedoch eindeutig staatsfeindliche Bestrebungen aufweisen, auszumachen und ihnen jeglichen Bonus zu verweigern.

Die wichtigsten Maßnahmen gegen terroristische Rekrutierung basieren auf Wissen und ruhiger Agitation. Jede Hysterie gibt den Gegnern ein Mehrgefühl von Macht und Recht in ihrem Ansinnen. Jede unüberlegte Handlung kann der beabsichtigten Botschaft vom Unrecht der westlichen Gesellschaft zum politischen Erfolg bei potentiellen Unterstützern verhelfen. In dieser Hinsicht ist auch die Gesellschaft angehalten, Meldungen in den Medien über Terrorismus nüchtern aufzunehmen, abzuwägen und nicht in eine extremisierende Panik zu verfallen. Terrorismus als psychologische Kriegsführung versucht genau das zu erreichen. So ist neben der militärischen und polizeilichen/nachrichtendienstlichen Verteidigungslinie ebenfalls eine dritte, gesellschaftliche notwendig, die zur Objektivität im privaten und alltäglichen Gebaren anhält. Gleichzeitig sind es die zuvor angesprochenen behördlichen und sozialen Institutionen, in der besonders zur frühen Erkennung radikalisierender Tendenzen eine vierte Verteidigungsrichtlinie aufgebaut werden kann, um die polizeiliche sinnvoll zu unterstützen.

Je geschlossener eine Gesellschaft auftritt, desto schwieriger ist die Durchsetzung der eigenen Regeln durch die Extremisten. Angst und Chaos führen zu Unruhen und Spaltungen innerhalb der Gesellschaft. Auch dies gehört zum extremistischen Kalkül. Den Menschen innerhalb eines Systems soll deutlich gemacht werden, dass der Staat nicht mehr für sie sorgen kann. Damit werden gerade die Phasen nach einem Gewaltakt relevant, in der die Mitglieder des gesellschaftlichen Systems nach dem erfahrenen Schock versuchen, die Normalität wiederherzustellen. Es bedarf somit längst nicht nur einer „robusten Polizei“[746], sondern auch einer robusten Gesellschaft.

Gewaltakte fordern Opfer. Eine einzelne Tat schockiert, weitere Taten schwächen den politischen Gegner. Einzelne Wissenschaftler beschreiben dies auch als Verschleiß.[747] Dieser Begriff passt tatsächlich auf die Bereiche der Erstversorger und die Sicherheitsbehörden. Die ständigen Einsätze und anhängigen Verfahren fordern Ressourcen und verschleißen damit die Einsatzkräfte. Somit ist auch dieser gezielte Verschleiß nicht nur als Nebenwirkung zu betrachten, sondern es gehört zu einer langangelegten Strategie, Ordnungs- und Sicherheitsmechanismen nachhaltig zu schwächen.

Sicherheitsbehördliche und insbesondere polizeiliche Taktiken können lediglich Aspekte einer Gesamtstrategie sein. Vor allem Präventionsarbeit ist ein schwierig zu greifender Bereich. Gegenwärtig existieren vor allem Programme von diversen Trägern, die mit der Präventionsaufgabe betraut werden. Staatliche Institutionen erteilen somit häufig einen Auftrag an einen externen Auftragnehmer. Der politische Auftrag ist somit durch Finanzierung zunächst erfüllt. Jedoch fehlen zu häufig enge Verknüpfungen zwischen den unterschiedlichen Akteuren (z. B. Träger mit der Stadt/Kommune, sozialen Behörden, Sicherheitsbehörden, etc.) und eine kritische Evaluation der Maßnahme, aber auch eine Überprüfung der Partner. Nicht jeder, der Präventionsarbeit zur Radikalisierung anbietet, ist dafür tatsächlich geeignet. Präventionsangebote an Trägergesellschaften auszulagern kann nur dann funktionieren, wenn es zwischen staatlichen Akteuren und den Trägern eine sehr enge Zusammenarbeit gibt.

---

746 Presseecho auf das Grundsatzpapier zur Polizeiarbeit in NRW von Februar 2018, vgl. u. a. Diehl/Ziegler, in: Spiegel vom 27. Februar 2018.

747 Vgl. Bötticher/Mareš 2012, S. 237.

1. Ausblick

1.1 Kriminologische Forschungsbedarfe

Extremismusforschung ist ein sehr weites Feld. Gerade Sozial- und Politikwissenschaftler legen daher meist einen Schwerpunkt auf eine Form von Extremismus in einer Fachdisziplin. Tatschlich zeigt die Realität den dringenden Bedarf nach vergleichender und vor allem interdisziplinärer Extremismusforschung auf. So einfach die Antworten sind, die Extremisten für gesellschaftliche Probleme finden, so schwierig ist es doch, die Attraktivität auf das Individuum, aber auch Personenmehrheiten zu erklären, die mitunter so weit gehen, dass Anhänger gewalttätig gegen erklärte Feinde, Andersdenkende oder Polizisten werden. Diese Komplexität verbietet die Beanspruchung von wissenschaftlichen und/oder politischen Lösungsansätzen aus einer einzigen Fachdisziplin heraus regelrecht. Notwendig sind fächerübergreifende Ansätze von Kriminologie, Polizeiwissenschaften und Kriminalpolitik, die die Fachrichtungen der Soziologie, Psychologie, Politologie, Pädagogik und auch rechtswissenschaftliche Grundzüge in der Forschung vereinen.

Gerade die Polizei hat Bedarf an praxisnaher und ergebnisorientierter Forschung, um Entwicklungen zu erkennen und die polizeiliche Strategie darauf abstellen zu können. Entsprechend müssen die Fragestellungen und Ergebnisse so aufbereitet werden, dass sie sachdienlich für die praktische Arbeit sind (nicht nur für die Polizei, sondern beispielsweise auch für Sozialarbeiter, Lehrer und Mitarbeiter in (sozialen) Behörden).

Einige Schlaglichter sollen abschließend angesprochen werden:

- **„Klassische Kriminologie“:** Einige klassische Ansätze besitzen nach wie vor Erklärungsansätze, um Radikalisierungsprozesse durch einen Wechsel des Blickwinkels besser zu verstehen. Gerade an diesem Punkt stößt das eigene Verständnis schnell an seine Grenzen, weil es für den außenstehenden Betrachter und aus dessen Lebensperspektive völlig irrational erscheint. Hier bietet der Ansatz der *Rational-Choice-Theorie*[748] eine Perspektive basierend auf rationalen Überlegungen, mit welchen Nutzen und welchen Kosten Menschen aus ihrer Sicht kalkulieren, die sich einer extremistischen Ideologie anschließen. Gerade um wirksame Deradi-

748 Nach der These ist Kriminalität die Folge einer rationalen, subjektiven Entscheidung. Eine Tat wird begangen, wenn der Nutzen größer dadurch ist, als wenn die Zeit mit anderen Tätigkeiten verbracht wird. Dabei liegt es am Entscheider, was aus seiner Sicht Kosten und Nutzen sind, vgl. Becker, in: The Journal of Political Economy, Vol. 76, No. 2./1968, S. 169ff.

kalisierungsstrategien zu konzeptionieren, bedarf es des Verständnisses der Radikalisierungsentwicklung. Ausgewählte Klassiker neu denken und anwenden, ist somit absolut sinnvoll. Gleichwohl sollten die zahlreichen Theorien selektiert werden. Nicht jeder Ansatz ist gleich gut geeignet.[749]

- **Biographieforschung:** Sollen erfolgreiche Präventionskonzepte entwickelt werden, dann brauchen sie biographische Analysen als Grundlage. Aber auch für Konzepte und Gefährdungsanalysen des Staatsschutzes sind solche Aufarbeitungen immens wichtig, nur können sie aufgrund des Rechercheaufwands häufig von der Polizei nicht gewährleistet werden. Treten junge Menschen als Extremisten öffentlich in Erscheinung, dann sind sie häufig durch Anschläge oder Anschlagsversuche populär geworden. Je spektakulärer die Tat, desto populärer der Täter und desto intensiver ist die Befassung mit seiner Vita durch Journalisten. Insofern leisten Medien bereits wichtige Grundlagenarbeiten, die von Wissenschaftlern noch geprüft werden und in Relation zu anderen extremistischen Biographien aufbereitet werden sollten. Kurze, tabellarische Darstellungen können jederzeit erweitert werden und sie erlauben den Vergleich auch zwischen den extremistischen Strömungen. Interessant sind dabei nicht nur die Verläufe und der Prozess zur Übernahme extremistischer Inhalte, sondern auch die Rollen und Funktionen, die die betrachteten Personen innerhalb des extremistischen Gefüges eingenommen haben. Sind/waren sie Leitfiguren, Mitläufer oder Handlanger? Haben/hatten sie wichtige Funktionen oder waren sie austauschbar?
- **Narrative und Anziehungskraft auf Jugendliche:** Aus den gewonnenen Einsichten und Aufbereitungen biographischer Verläufe, die zu einer Hinwendung zu extremistischen Ideologien geführt haben, lassen sich möglicherweise noch weitere Fragestellungen untersuchen, die für das Verständnis von Extremismus immanent wichtig sind: Nämlich welcher extremistische Narrativ wirkt derart anziehend auf junge Menschen und möglicherwiese schon auf Kinder? Im Dezember 2016 schreckte eine Meldung die Öffentlichkeit auf, wonach ein 12-jähriges Kind in Ludwigshafen eine Nagelbombe auf dem Weihnachtsmarkt zünden wollte.[750] Auf welche Weise wurde dieses Kind von der Ideologie angesprochen, dass es diesen Schritt ging?

---

749 Z.B. Lombrosos Theorie des „geborenen Verbrechers“ kann in diesem Kontext vernachlässigt werden, auch wenn sie zu den bekanntesten Kriminalitätstheorien gehört.

750 Jansen, auf: Tagesspiegel.de vom 16. Dezember 2016.

- **Sozialisationsforschung und Pädagogik:** Wie werden Kinder von Extremisten und Terrorismus erzogen und welche Auswirkung hat diese Erziehung auch langfristig? Gerade im Absolutheitsanspruch des Extremismus liegt auch ein Eroberungsgedanke durch Nachkommen. Beispielsweise im Rechtsextremismus existieren Familienbilder, die gelebt werden und Konzepte, nach denen die Kinder erzogen werden. Vor allem im Islamismus fällt eine entsprechende Erziehung und Prägung auf. Wie können Kindergärten, Jugendämter und Schulen frühzeitig einwirken?
- **Politische Psychologie:** Längst kann politischer und/oder religiöser Extremismus nicht nur politikwissenschaftlich erklärt werden. Denn auch aktive Politik bedarf psychologischer Überlegungen. Gerade politische Phänomene unterliegen sozialpsychologischen Prozessen. Entsprechend versuchen solche Ansätze Bedingungen und gültige Gesetze zu formulieren, die das menschliche Verhalten als politischer Akteur/als politische Akteure kalkulierbar und vor allem erklärbar machen. Vor allem Handlungskausalitäten und Entscheidungsprozesse sollen mit Fragestellungen der politischen Psychologie nachvollzogen werden können.
- **Extremismus als soziale Bewegung/als Jugendbewegung:** Die Zunahme extremistischer Ideologien unterliegt verschiedenen gesellschaftlichen Entwicklungen. Ausgehend von der These, dass Extremismus vor allem von jungen Menschen unter 35 Jahren als persönliche Einstellung übernommen wird, die Feindbilder fortan aktiv und unter Anwendung, mindestens jedoch Legitimierung von Gewalt bekämpfen möchten, stellt sich die Frage nach Tendenzen und Trends in der Bevölkerung. Dies zu beobachten und darzustellen kann in unterschiedlicher Art und Weise erfolgen: Beispielsweise kann die Übernahme extremistischer Ansichten nach Altersstrukturen, Bildungsniveau, Örtlichkeit und Milieueinordnung untersucht werden. Wichtig bei dieser Art von Forschungsansatz ist die Kontinuität und Wiederholbarkeit über viele Jahre hinweg, um Aussagen über Bewegungen und Trendanalysen treffen zu können. Solche zwangsläufig langfristig angelegten Analysen dienen ebenfalls dem Phänomen-Verständnis, als auch der Einschätzung und Kalkulation von Mitteleinsatz zur Prävention, Intervention und Repression als Grundlage zweckorientierter kriminalpolitischer Erwägungen.
- **Gruppen- und Netzwerkforschung:** Die Komplexität extremistischer und terroristischer Gefüge zeigt sich heute mehr denn je in den unterschiedlichsten Organisationsformen. Wer beispielsweise das Phänomen der Grauen Wölfe in Deutschland als eine feste Gruppierung betrachtet,

wird es nicht verstehen können. Wer das Prinzip des Islamischen Staates (IS) nicht nachvollziehen kann, Anschläge im Nachhinein für sich durch vorherige Bekundung des Täters zu beanspruchen und damit die Zugehörigkeit *qua action* zu vergeben, verkennt eine maßgebliche Stärke und einen großen Anziehungsfaktor dieses terroristischen Netzwerkes. Wer sogenannte Reichsbürger per se als rechtsextreme Waffennarren betrachtet, übersieht möglicherweise einen Angehörigen dieser heterogenen Bewegung, wenn er mit ihm zu tun hat. Je besser also die Spezifika, Transformationsmöglichkeiten und Vernetzungspotentiale abgebildet werden können, desto gewinnbringender und einheitlicher können Sicherheitsbehörden schon in der Ausbildung/im Studium auf die unterschiedlichen Phänomene vorbereitet werden. Gerade die Netzwerkforschung ist hochgradig aufwendig und kompliziert. In Hinblick auf kriminalpolitische Maßnahmen und Interventionen extremistischer Strukturen muss sie die Grundlage dafür sein. Ein Fokus liegt dabei auf den Beziehungen der Netzwerkpartner untereinander.[751] Zur Untersuchung von Gruppen bzw. Netzwerkstrukturen gehören zwangsläufig auch die Analysen hinsichtlich verfügbarer Geld-, Kommunikations- und Mobilitätsmittel. Für diese Art der Untersuchung eignen sich mitunter wissenschaftliche Parameter, die zur Erfassung von Strukturen und Phänomenen der Organisierten Kriminalität gebildet wurden.[752] Den direktesten Ansatzpunkt für Bekämpfungsmaßnahmen bilden die jeweiligen Akteure als Individuen selbst, als auch ihre Strukturen. Aufgrund der bereits dargestellten Komplexität der Netzwerkstrukturen in beiden Formen der Kriminalität, ist diese Aufgabe schwierig, bietet jedoch ein breites Spektrum möglicher Maßnahmen (z. B. Ermittlung von Sympathisantenszenen und Schwächung dieser und deren Infrastruktur, Deligitimation einzelner Akteure,[753] Vorenthalten strategischer Ressourcen,[754] präventive Maßnahmen zur Vorbeugung radikalisierender Mechanismen).

---

751 Fuhse 2016, S. 51.

752 Z. B. Anwendung des LOOK-Indikatoren-Modells für OK-Strukturen auf terroristische Netzwerke, vgl. Dienstbühl 2014, S. 107 ff.

753 Durch Verbündete innerhalb der religiösen Community, wie z. B. innerhalb eines interkulturellen Dialoges und langfristige Aufarbeitung der Fragen, die bislang Zustimmung extremistischer Bestrebungen hervorrufen, vgl. Urban 2006, S. 122, 134.

754 Daneben, dass das der Aktivisten wie auch das unterstützende Umfeld reduziert werden soll, muss auch der Zugang zu notwendigen Ressourcen erschwert oder unmöglich gemacht werden. Dieses Feld besitzt die meisten Handlungsoptionen und reicht von der Eindämmung der Finanzierungsquellen, z. B. durch Einfrieren der Konten dringend Tatverdächtiger, bis hin zur Verweigerung einer Ruhe- bzw. Rückzugszone zur Regeneration und Mobilisierung alter und neuer Mitstreiter, was strengere Personenkontrollen impliziert. Ebenfalls

- **Prozess- und Entwicklungsanalysen extremistischer Bewegungen im Vergleich:** Wie eingangs dargestellt, sollte diese Forschung möglichst nicht nur für ein Extremismusphänomen (z. B. Rechtsextremismus) bearbeitet werden, sondern gleiche Ansätze im Kontext und Vergleich zueinander ausgewertet werden. Beispielsweise die biographischen Ansätze können Ähnlichkeiten in markanten Punkten in der Vita, als auch intrinsische, psychologischen Komponenten abbilden. So unterschiedlich und komplex die extremistischen Gefüge und auch ihre Agitation zueinander sind, so viele Ähnlichkeiten zeigen sich bei den Prozessen, die meist junge Menschen durchlaufen haben, um letztendlich bei der Ideologie zu landen, bei der sie schließlich in die Staatsfeindlichkeit abdrifteten.

Kriminologie als interdisziplinäre Wissenschaft bietet eine Fülle an Möglichkeiten zur fächerübergreifenden und vor allem praxisbezogenen Forschung. Dabei ist entscheidend, dass sie in ständiger Korrespondenz mit Sicherheits- und Sozialbehörden steht.

1.2 Kriminalpolitische und gesellschaftliche Ansätze

Unter Kriminalpolitik kann man einerseits gesellschaftliche Prozesse verstehen, die rechtliche Auswirkungen haben und diese auch legitimieren. Weiter kann damit der kriminologische Bereich der Prüfung von Zweck und Wirksamkeit von Strafe (*Pönologie*) auch ein Gegenstand der Kriminalpolitik sein und ebenso die Diskussion um alle staatlichen Maßnahmen zur Bekämpfung von Verbrechen, was sowohl präventive, als auch repressive Methoden einschließt. Kriminalpolitik möchte damit Probleme lösen, um Kriminalität zu bekämpfen.[755] Dem wissenschaftlichen Anspruch der Rationalität wird die praktische Kriminalpolitik regelmäßig nicht vollständig gerecht. So vernachlässigt Kriminalpolitik fast immer die Opfer von Kriminalität in ihren individuellen Situationen und richtet sich stattdessen an Nicht-Betroffene, die aber Angst aufgrund der gemachten Erfahrungen des Opfers empfinden.[756]

Insbesondere im islamistischen Extremismus und Terrorismus geraten Muslime zum Politikum. Dabei werden sie verallgemeinert als relativ ho-

---

zentral ist die Hinderung am Zugang zu Waffen unterschiedlicher Art, sowie die stärkere Kontrolle transnationaler Transfers von Personen, Daten oder Geld, was die schwer zu gewährleistende Kontrolle im Internet impliziert.

755 Vgl. Schwindt 2016, S. 17.

756 Vgl. Hassemer/Reemtsma 2002, S. 103.

mogene Religionsgemeinde, die zwischen dem Extrem des Generalverdachts einerseits und dem Opfer per se diskutiert und politisch behandelt werden. Diese Verallgemeinerungen sind ein kriminalpolitisches Problem: Zunächst einmal kann nicht von „dem Islam" gesprochen werden und damit alle die Menschen meinen, die oder deren Vorfahren aus dem islamischen Kulturkreis kommen. Damit werden Atheisten, Agnostiker und in erster Linie säkular eingestellte Personen zu Gläubigen gemacht, die sie nicht sind. Zudem werden vor allem Schiiten und Aleviten zu konservativen Sunniten erklärt, obwohl sich deren religiöse Ansichten sehr stark unterscheiden. Die generelle Betrachtung mit Argwohn gegenüber Personen mit Migrationshintergrund aus dem muslimisch geprägten Kulturkreis fördert ein gegenseitiges Misstrauen und eine Spaltung in der Gesellschaft. Auch die Stilisierung einer mehr oder weniger homogen postulierten Religionsgemeinschaft als ständiges Opfer befeuert Probleme eher, als dass sie geeignet ist, irgendwelche Lösungen herbeizuführen.[757]

Auch der Umgang mit Radikalisierungsbestrebungen in JVAen muss genauer evaluiert und offen thematisiert werden. Während eine Studie in Bayern zu dem Schluss kam, dass keine Rekrutierung durch radikale Imame erfolge, sondern gerade noch mehr islamische Seelsorge implementiert werden müsse,[758] zeigt sich, dass gerade Imame völlig uneinheitliche Qualifikationen besitzen. Dies führt dazu, dass auch Anhänger salafistischer Szenen sich als Gefängnisseelsorger betätigen könnten, was bereits im Falle des konvertierten Salafisten und ehemaligen linken Terroristen *Bernhard Falk* mehrfach beobachtet wurde.[759]

Ein wichtiger Eckpfeiler der Präventionsarbeit ist die Beratung von Angehörigen. Gerade hier zeigt sich Bedarf. Eltern, deren Kinder sich radikalisieren, benötigen Hilfe. Sie sind regelmäßig die Ersten, die von den Kindern ausgeschlossen werden. Grundemotionen, die zur Radikalisierung führen, sind Mangelempfindungen, Angst und Wut. Um diese Emotionalität zu erreichen und aufzuarbeiten, können Ansätze von *Empowerment* gute Erfolge erzielen, wenn sie auf die Eigenverantwortung abstellen. Dabei müssen alle

---

757 Zum in der öffentlichen Diskussion schwierigen Umgang der Polizei mit jugendlichen Kriminellen mit Migrationshintergrund in diesem Kontext vgl. Kambouri 2017, S. 61.

758 Kienle 2016, S. 77.

759 Falk bewirbt auf seiner Internetpräsenz „Falk News" seine Tätigkeit in der Gefangenenhilfe und sammelt dafür Spenden, vgl. http://falk-site.de/islamische-gefangenenhilfe-21-10-2017/ (Stand: 1. Oktober 2018); vgl. ferner Herrmann-Marschall vom 30. September 2016 https://vunv1863.wordpress.com/category/bernhard-falk/ (Stand 1. Oktober 2018). Zum zweifelhaften Gebaren selbsternannter muslimischer Seelsorger, die in JVA in Hessen und Rheinland-Pfalz agieren, vgl. Herrmann-Marschall vom 11. August 2015, unter: https://vunv1863.wordpress.com/tag/gefaengnisseelsorge/ (Stand 1. Oktober 2018).

Ansätze als eben das gesehen werden, was sie sind: Für jede Person muss individuell probiert werden, was funktioniert und was nicht. Das bedeutet auch, dass die Arbeit in diesem Feld häufig weit weniger Erfolge bereithält, als sich das die Beteiligten wünschen. Entsprechend bedarf es einer hohen Frustrationstoleranz.

Die kriminalpolitische Herausforderung in der Bewältigung von Extremismus und Terrorismus besteht in mittel- bis langfristigen Ansätzen, einer gründlichen Fehlerkultur und ressortübergreifender Arbeit in Forschung und Praxis.

2. Fazit

Gefährdungspotentiale von Extremismus und Terrorismus liegen zum einen in ausgeführter Gewalt, von Drohungen gegen Politiker, über gewalttätige Proteste im öffentlichen Raum bis hin zu Terroranschlägen. Zum anderen spaltet eine Verbreitung extremer Ansichten und eine spürbare Radikalisierung in der Gesellschaft eben diese. Diese Bedrohungslage, sowohl durch transnationalen Terrorismus als auch durch politischen Extremismus, wird in ganz Europa in den nächsten Jahren prekär bleiben. Damit stehen sämtliche sicherheitspolitische Akteure weiterhin vor großen Herausforderungen. Die Polizei als staatliche Exekutive ist in erster Linie abhängig von den Entscheidungen des Gesetzgebers und des Bundesinnenministeriums bzw. der Landesministerien als jeweils oberster Dienstherr. Es stehen einige Ansätze zur Diskussion, die sich recht einfach für die Polizeiarbeit installieren lassen würden, um Extremismus und Terrorismus effektiver zu bekämpfen.

Schlaglichterartig seien noch einige genannt:

- Unkompliziertere Zugriffsmöglichkeiten auf Datensysteme der Sicherheitsbehörden untereinander (notwendige Anpassung des Datenschutzes), aber auch auf Daten von kommunalen und sozialen Behörden (Jobcentern, etc.).
- Intensivieren des länderübergreifenden Einsatztrainings und spezialisierte Fortbildungen für die Bereitschaftspolizei.[760]
- Anpassung der Behördenstrukturen zur Schaffung kurzer Dienstwege.
- Angepasste Workshops und Fortbildungen zu den aktuellen Gefährdungssituationen, aber auch Sprachkurse für PVB.

760 Vgl. Lohmann, in: DPolB 1/2017, S. 4.

- Regelmäßige Risikoeinschätzungen und Betrachtungen extremistischer und terroristischer Phänomene anhand von Szenarien; dies bereits als Unterrichtsgegenstand in Ausbildung und Studium implementieren (z.B. Szenarien von unterschiedlichen Anschlagssituationen, Analyse der Charakteristika und Möglichkeiten für BOS, etc.).
- Ständiges und stetig angepasstes Fortbildungsangebot zu Themen des politischen und religiösen Extremismus.
- Primäre und sekundäre Präventionsangebote, die bereits im frühen Kindesalter einsetzen (z.B. positive Vorbilder in der Grundschule, Fördern des Vertrauens in die Polizei, kritische Aufarbeitung vermittelter radikaler Weltbilder und Einstellungen, etc.)

Terrorismus und Extremismus sind gesellschaftliche Phänomene und ihre Ausprägungen sind häufig dem Zeitgeist geschuldet. Ihre Gewalt und damit zusammenhängend ihren Einfluss zu bekämpfen, ist primäre Aufgabe der Sicherheitsbehörden.

Dem Phänomen insgesamt gegenüberzutreten, kann jedoch nicht die alleinige Aufgabe vor allem der Polizei sein. Für eine ganzheitliche Bekämpfung bedarf es eines gemeinschaftlichen Arbeitens und Kooperationen zwischen unterschiedlichen staatlichen und nichtstaatlichen Akteuren.

XI. Personen- und Stichwortverzeichnis

XII. Quellenverzeichnis

Abou Taam, Marwan: Die Islamische Gemeinschaft Millî Görüş (IGMG), in: KAS (Hrsg.) ohne Datumsangabe, online verfügbar unter: www.kas.de/web/islamismus/die-islamische-gemeinschaft-milli-goerues-igmg (Stand: 23. Januar 2019).

Abou-Taam, Marwan: Stellungnahme zur Anhörung am 26. April 2018 „Gewaltbereiter Islamismus und Radikalisierungsprozesse" im Ersten Untersuchungsausschuss des Deutschen Bundestag, online verfügbar unter: www.bundestag.de/blob/554248/e36f46efa6ec52c32c8e32137dcd9e92/19-25-237-data.pdf (Stand: 31. Januar 2019).

Abou Taam, Marwan/Dienstbühl, Dorothee: Vogel – Prediger gegen Demokratie und Integration, in: Deutsche Polizei 08/2011, S. 28–35.

Abou Taam, Marwan/Sarhan, Aladdin: Struktur und Wandel der salafistischen Szene in Deutschland: Eine Übersicht, vom 10. Dezember 2015, online verfügbar unter: www.sicherheitspolitik-blog.de/2015/12/10/struktur-und-wandel-der-salafistischen-szene-in-deutschland-eine-uebersicht/ (Stand: 23. Januar 2019).

Adamek, Sascha: Scharia-Kapitalismus. Den Kampf gegen unsere Freiheit finanzieren wir selbst, Berlin 2017.

Agarwal, Swati: Applying Social Media Intelligence for Predicting and Identifying Online Radicalization and Civil Unrest Oriented Threats, in: Semantic Scholar vom 21. November 2015, online verfügbar unter: https://pdfs.semanticscholar.org/fe12/d70b0d849fb4d80153bc2acd11a6d4125ecc.pdf (Stand: 3. Oktober 2018).

Albrecht, Peter-Alexis: Kriminologie. Eine Grundlegung zum Strafrecht. 4. Auflage, München 2010.

Altenhof Ralf/Bunk, Sarah/Piepenschneider, Melanie (Hrsg.): Politischer Extremismus im Vergleich. Beiträge zur politischen Bildung, Münster 2017.

Arnhold, Lydia: Identifizierungskommissio des Bundeskriminalamtes (IDKO), in: Deutsches Polizeiblatt (DPolBl) 1/2012, S. 25–27.

American Jewish Committee (AJC) Berlin Office (Hrsg.): Salafismus und Antisemitismus an Berliner Schulen. Ein Erfahrungsbericht, Berlin 2017, Quelle: https://ajcberlin.org/sites/default/files/downloads/ajcstimmungsbildsalafismusantisemitismus.pdf (zuletzt aufgerufen am 19. Juli 2018).

Aust, Stefan/Laabs, Dirk: Heimatschutz. Der Staat und die Mordserie des NSU, München 2014.

Averdiek-Gröner, Detlef/Behrendes, Udo/Gatzke, Wolfgang/Pollich, Daniela: Gewalt im öffentlichen Raum, Hilden 2017.

Backes, Uwe/Gallus, Alexander/Jesse, Eckhard (Hrsg.): Jahrbuch Extremismus & Demokratie, 27. Jahrgang, Baden-Baden 2015.

Backes, Uwe/Gallus, Alexander/Jesse, Eckhard (Hrsg.): Jahrbuch Extremismus & Demokratie, 29. Jahrgang, Baden-Baden 2017.

Backes, Uwe/Jesse, Eckhard: Demokratie und Extremismus. Anmerkungen einem antithetischen Begriffspaar, in: Aus Politik und Zeitgeschichte. 44/1983, S. 3–18.

Backes, Uwe/Jesse, Eckhard: Politischer Extremismus in der Bundesrepublik Deutschland, Bonn 1989.

Bannenberg, Britta: Materialsammlung: Hasskriminalität: Ein Überblick aus kriminologischer Sicht, in: Deutsches Forum für Kriminalprävention (DFK), Bonn/Berlin ohne Datumsangabe.

Baron, Udo: Linksextremistische Proteste gegem den G20-Gipfel in Hamburg, in: Die Kriminalpolizei 4/2017, S. 14–16.

Basra, Rajan/Neumann, Peter R.: Criminal Pasts, Terrorist Futures: European Jihadists and the New Crime-Terror Nexus, in: Perspectives on Terrorism Volume 10, Issue 6, S. 25–40.

Baumann, Michael „Bommi“: Wie alles anfing, 3. Auflage, Berlin 1998.

Beccaria, Cesare: Über Verbrechen und Strafen, Frankfurt am Main/Leipzig 1998.

Becker, Gary S.: Crime and Punishment: An Economic Approach, in: The Journal of Political Economy, Vol. 76, No. 2./1968, S. 169–217.

Behrens, Antonia von der (Hrsg.): Kein Schlusswort. Hamburg 2018.

Benz, Wolfgang: Die Protokolle der Weisen von Zion. Die Legende von der jüdischen Weltverschwörung, München 2007.

beRATen e.V. Niedersachsen (Hrsg.): Wortindex von Oktober 2015, online verfügbar unter: www.beraten-niedersachsen.de/uploads/Wortindexaktuell.pdf (Stand: 29. Januar 2019).

Bergmann, Werner: Was heißt Antisemitismus? in: bpb vom 27. November 2006, online verfügbar unter: www.bpb.de/politik/extremismus/antisemitismus/37945/antisemitismus?p=all (Stand: 18. September 2018).

Biene, Janusz/Junk, Julian (Hrsg.): Salafismus und Dschihadismus in Deutschland. Herausforderungen für Politik und Gesellschaft, Frankfurt am Main 2016.

Blankenburg, Erhard: Analyse von Terroristen statt Analysen des Terrorismus, in: Soziologische Revue, Band 8, Heft 4, 1985, Seiten 360–364.

Blasius, Dirk: Geschichte der politischen Kriminalität in Deutschland 1800–1980, Frankfurt am Main 1983.

Bock, Michael: Kriminologie, 4. Auflage, München 2013.

Böckenförde, Stephan/Gareis Sven Bernhard (Hrsg.): Deutsche Sicherheitspolitik, Opladen 2009.

Böckler, Nils & Hoffmann, Jens: Radikalisierung und terroristische Gewalt, Frankfurt am Main 2017.

Böckler, Nils & Hoffmann, Jens: Von Hass erfüllt. Warum Menschen zu Terroristen und Amokläufern werden, München 2018.

Bondü, Rebecca: School Shootings in Deutschland: Internationaler Vergleich, Warnsignale, Berlin 2012.

Böttcher, Max-Hendrik: Erkennen terroristischer Aktivitäten im erweiterten öffentlichen Raum, Bremen 2015.

Böttger, Andreas/Lobermeier, Olaf/Platcha, Katarzyna: Opfer rechtsextremer Gewalt, Wiesbaden 2014.

Bötticher, Astrid, 2017: Radikalismus und Radikalisierung. Eine Replik auf Werner Sohn (Kriminalistik 2/2017, S. 67 ff.). Kriminalistik, 4/2017, S. 237–239.

Bötticher, Astrid/Mareš, Miroslav: Extremismus. Theorien – Konzepte – Formen, München 2012.

Bozay, Kemal: Graue Wölfe – die größte rechtsextreme Organisation in Deutschland, in: bpb vom 24. November 2017, online verfügbar unter: http://www.bpb.de/politik/extremismus/rechtsextremismus/260333/graue-woelfe-die-groesste-rechtsextreme-organisation-in-deutschland (Stand: 18. Oktober 2018).

Bozay, Kemal: „...ich bin stolz, Türke zu sein!" Ethnisierung gesellschaftlicher Konflikte im Zeichen der Globalisierung, Schwalbach 2005.

Brandt, Klaus: Bin Ladens Ex-Bodyguard soll in Bochum Terrorhelfer rekrutieren, in: Wesfalenpost Online vom 5. August 2012, online verfügbar, unter: www.wp.de/staedte/bochum/bin-ladens-ex-bodyguard-soll-in-bochum-terrorhelfer-rekrutieren-id6950160.html (Stand: 24. Januar 2019).

Braun, Anna-Lena: Erwachsene Amoktäter: Eine qualitative Untersuchung der Motive aus kriminologischer Sicht, Berlin 2017.

Bubenitschek, Günther/Greulich, Reiner/Wegel, Melanie: Kriminalprävention in der Praxis, Heidelberg 2014.

Bundesamt für Verfassungsschutz (Hrsg.): Feindbilder im politischen Extremismus. Gegensätze, Gemeinsamkeiten und ihre Auswirkungen auf die Innere Sicherheit, Symposium am 1. Oktober 2003, Köln 2004.

Bundesamt für Verfassungsschutz (Hrsg.): Aktuelle Zahlen der „Reichsbürger und Selbstverwalter" vom 31. März 2018, online verfügbar unter: www.verfassungsschutz.de/de/aktuelles/zur-sache/zs-2018-003-reichsbuerger-selbstverwalter-aktuelle-zahlen (Stand 28. August 2018).

Bundesamt für Verfassungsschutz (Hrsg.): Rechtsextremismus: Symbole, Zeichen und verbotene Organisationen, Köln 2015.

Bundesamt für Verfassungsschutz (Hrsg.): Schlaglicht: Massive Ausschreitungen bei EZB-Eröffnung und Mobilisierung gegen den G7-Gipfel (ohne Datumangabe), online verfügbar unter: www.verfassungsschutz.de/de/aktuelles/schlaglicht/schlaglicht-2015-04-ausschreitungen-bei-ezb-eroeffnung (Stand: 16. August 2017).

Bundesjustizamt (Hrsg.): Härteleistungen für Opfer extremistischer Übergriffe, ohne Datumsangabe, online verfügbar, unter: www.bundesjustizamt.de/DE/Themen/Buergerdienste/Opferhilfe/extremistisch/Haerteleistung_node.html (Stand: 30. September 2018).

Bundeskriminalamt (Hrsg.): Bekämpfung des Rechtsextremismus in Deutschland. Eine gesamtgesellschaftliche Herausforderung, Wiesbaden 2013.

Bundeskriminalamt (Hrsg.): Das Opfer und die Kriminalitätsbekämpfung. Herbsttagung des BKA 1995, Wiesbaden 1996.

Bundeskriminalamt (Hrsg.): Extremismusprävention in Deutschland – Erhebung und Darstellung der Präventionslandschaft, Wiesbaden 2017.

Bundeskriminalamt (Hrsg.) (1): Kriminalität im Kontext Zuwanderung 2015-2017, Wiesbaden 2018.

Bundeskriminalamt (Hrsg.): Möglichkeiten und Grenzen der Fahndung, Wiesbaden 1980.

Bundeskriminalamt (Hrsg.) (2): Polizeiliche Kriminalstatistik 2017, Wiesbaden 2018.

Bundeskriminalamt, Bundesamt für Verfassungsschutz und Hessisches Informations- und Kompetenzzentrum gegen Extremismus (Hrsg.): Analyse der Radikalisierungshintergründe und -verläufe der Personen, die aus islamistischer Motivation aus Deutschland in Richtung Syrien oder Irak ausgereist sind. Zweite Fortschreibung 2016, online verfügbar unter: www.bka.de/SharedDocs/Downloads/DE/Publikationen/Publikationsreihen/Forschungsergebnisse/2016AnalyseRadikalisierungsgruendeSyrienIrakAusreisende.html (Stand: 28. August 2018).

Bundesministerium des Innern (Hrsg.): Lebenslaufanalysen. Analysen zum Terrorismus 2. Opladen, 1981.

Bundesministerium des Innern, für Bau und Heimat 2018, online verfügbar unter: Straf- und Gewalttaten im Bereich Hasskriminalität 2016 und 2017, online verfügbar unter: www.bmi.bund.de/SharedDocs/downloads/DE/veroeffentlichungen/2018/pmk-2017-hasskriminalitaet.pdf; jsessionid=B5CC43D349E318649D02C3D0E43E2A03.2_cid295?__blob=publicationFile&v=3 (Stand 8. September 2018).

Bundesministerium des Innern, für Bau und Heimat (Hrsg.): Verfassungsschutzbericht 2017, Berlin 2018.

Bundesministerium des Innern, für Bau und Heimat (Hrsg.): Vereinsverbote in Deutschland (ohne Datumsangabe, online verfügbar unter: www.bmi.bund.de/DE/themen/sicherheit/extremismus-und-terrorismusbekaempfung/vereinsverbote/vereinsverbote-node.html (Stand: 8. November 2018).

Bundschuh, Stephan/Drücker, Ansgar/Scholle, Tilo (Hrsg.): Wegweiser Jugendarbeit gegen Rechtsextremismus. Motive, Praxisbeispiele und Handlungsperspektiven, Bonn 2012.

Bürgerschaft der Stadt Bremen: Abschlussbericht des Untersuchungsausschusses zur Untersuchung der Gründe und des Ablaufs des Anti-Terror-Einsatzes vom 27. Februar bis 1. März 2015 in Bremen, Drucksache 19/801 Landtag (zu Drs. 19/24) 19. Wahlperiode 26. Oktober 2016.

Bürgerschaft der Stadt Hamburg: Kleine Anfrage an den Senat, 21. Wahlperiode, Drucksache 21/9772 vom 18. Juli 2017.

Buschbeck, Johannes: Dürfen Reichsbürger Auto fahren? In: Sicherheitsmelder vom 22. März 2017, online verfügbar unter: www.sicherheitsmelder.de/xhtml/articleview.jsf?id=1521122896_34 (Stand: 22. August 2018).

Castillo, Monique: Gewalt an Schulen im Krieg der Zeichen, in: Europäische Erziehung, Heft 1-2013, S. 5–13.

Charlier, Mahrokh: Geschlechterspezifische Entwicklung in patriarchalisch-islamischen Gesellschaften und deren Auswirkungen auf den Migrationsprozess, in: AKJP, Heft 171, 47. Jg., 3/2016, S. 371–385.

Clages, Horst/Zeitner, Ines: Kriminologie. 3. Auflage, Hilden 2016.

Coester, Marc: Die aktuelle Diskussion und künftige Bedarfe im Bereich der vorurteilsmotivierten Gewalt in Deutschland, ohne Datumsangabe, online verfügbar unter: www.gewalt-praevention.info/html/download.cms?id=76&datei=Coester-II.pdf (Stand: 30. September 2018).

Conzen, Peter: Fanatismus. Psychoanalyse eines unheimlichen Phänomens, Stuttgart 2005.

Daase, Christopher: Terrorismus. Begriffe, Theorien und Gegenstrategien. Ergebnisse und Probleme sozialwissenschaftlicher Forschung, in: Die Friedens-warte. Journal of International Peace and Organization 1/2001, S. 55–79.

Daase, Christopher/Offermann, Philipp/Rauer, Valentin (Hrsg.): Sicherheitskultur. Soziale politische Praktiken der Gefahrenabwehr, Frankfurt am Main/New York 2012.

Dahrendorf, Ralf: Der Wiederbeginn der Geschichte: vom Fall der Mauer zum Krieg im Irak, Berlin 2003.

Davis, Wayne L./Moldenhauer, Robert/Davis, Heather D.: Terrorism, Homeland Security, and Risk Assessment via Research Proposal, 3. Auflage, o.O.A., 2014.

Decker, Frank (Hrsg.): Populismus. Gefahr für die Demokratie oder nützliches Korrektiv?, Wiesbaden 2006.

Degen, M., Reportage im Deutschlandfunk vom 20.04.2014, zum Nachlesen online verfügbar unter: www.deutschlandfunk.de/amok-teil-1-taeterprofile.740.de.html?dram:article_id=283256 (letzter Zugriff am 13.08.2018).

Deutscher Bundestag: Antwort der Bundesregierung auf die Kleine Anfrage Drucksache 19/5202 – Drucksache 19/5648, 2018.

Deutscher Städte- und Gemeindebund (DSGB) (Hrsg.): Bundestagsbeschlüsse gegen Dschihadistenterror, vom 7. Mai 2015, online verfügbar, unter: www.dstgb.de/dstgb/Homepage/Schwerpunkte/Sicherheit%20und%20Kommunen/Kriminal-%20und%20Alkoholprävention/Bundestagsbeschlüsse%20gegen%20Dschihadisten-Terror/ (Stand: 3. Januar 2019).

Diehl, Jörg/Ziegler, Jean-Pierre: Dein robuster Freund und Helfer, in: Spiegel vom 27. Februar 2018, online verfügbar unter: www.spiegel.de/panorama/justiz/polizei-in-nrw-soll-robuster-werden-a-1195662.html (Stand 2. September 2018).

Diehl, Jörg: Flucht vor Haftstrafe. Salafisten-Anführer setzt sich ins Ausland ab, in: Spiegel vom 1. Oktober 2015, online verfügbar, unter: http://www.spiegel.de/politik/deutschland/top-salafist-hasan-k-flieht-vor-haftstrafe-ins-ausland-a-1055726.html (Stand 1. September 2018).

Die Kriminalpolizei (die Redaktion): „Die Kolleginnen und Kollegen haben Herausragendes geleistet!“ Gespräch mit dem Polizeiführer des G20-Gipfeleinsatzes Hartmut Dudde, in: Die Kriminalpolizei 4/2017, S. 16–19.

Dienstbühl, Dorothee/Abou Taam, Marwan: Hasskriminalität. Eine Herausforderung für die moderne Gesellschaft, in: Die Kriminalpolizei 3/2012, S. 4–8.

Dienstbühl, Dorothee/Abou Taam, Marwan: Rekrutierung in deutschen Gefängnissen durch djihadistische Insassen, in: Forum Strafvollzug 1/2012, S. 41–45.

Dienstbühl, Dorothee/Dittert, Friederike: Rasterfahndung auf dem Prüfstand – Sinn und Grenzen eines Instruments der Terrorismusbekämpfung, in: Forum Kriminalprävention 3/2009, S. 1–8.

Dienstbühl, Dorothee/Weber, Meike: Rekrutierung im Cyberspace – wie Extremisten das Internet nutzen, in: Journal Exit Deutschland, Zeitschrift für Deradikalisierung und demokratische Kultur, 2/2014, S. 35–46.

Dienstbühl, Dorothee: Amok, Selbstmordattentat oder terroristischer Amoklauf?, in: Die Kriminalpolizei 1/2017, S. 4–7.

Dienstbühl, Dorothee: Antisemitischer Linksextremismus in Deutschland. Seine Tradition, sein gewalttätiges Potential und seine Herausforderung für die Sicherheitsbehörden, in: Die Kriminalpolizei 4/2014, S. 14–16.

Dienstbühl, Dorothee: Deutschland im Herbst 1977. Erinnerungen an ein Gespenst der Vergangenheit und seine Lehren für die Zukunft, in: Homeland Security 2013, S. 49–60.

Dienstbühl, Dorothee: Erscheinungsformen und Auswirkungen des transnationalen symbiotischen Terrorismus in Deutschland, Berlin 2014.

Dienstbühl, Dorothee: Extremismus als narzisstisches Kalkül. Die Sucht nach Popularität als Antrieb zum politischen Extrem, in: Homeland Security 2015, S. 41–47.

Dienstbühl, Dorothee: Frauen im Salafismus – Rolle, Funktionen und Mythos, in: Deutsche Polizei 8/2015, S. 21–27.

Dienstbühl, Dorothee: Gefahrenpotentiale in extremistischer Wechselwirkung, in: Sicherheitsmelder.de vom 4. Juni 2013, online verfügbar, unter: www.sicherheitsmelder.de/xhtml/articleview.jsf?id=BBC1D3CDA6E2.htm (Stand 18. August 2018).

Dienstbühl, Dorothee: Gewalttätige Proteste im Hambacher Forst: Eine neue Dimension des Öko-Extremismus? in Publicus 11/2018.

Dienstbühl, Dorothee: (Horror-)Clowns als Sicherheitsproblem, in: Sicherheitsmelder vom 02. November 2016, online verfügbar, unter: http://www.sicherheitsmelder.de/xhtml/articleview.jsf?id=1478088976_34 (Stand: 18. August 2018).

Dienstbühl, Dorothee: Islamistischer Extremismus. Chancen zur Früherkennung in sozialen Behörden, in: Forum Kriminalprävention 3/2015, Seite 17–19.

Dienstbühl, Dorothee: PMK 2014 – Registrierte Zahlen der politisch motivierten Kriminalität, in: Sicherheitsmelder vom 1. Juni 2015, Quelle: www.sicherheitsmelder.de/xhtml/articleview.jsf?id=1433247058_34 (Stand: 12. September 2017).

Dienstbühl, Dorothee: Rechtsextremismus: Reichsbürger in Deutschland, in: Sicherheitsmelder vom 22. November 2017, online verfügbar unter: www.sicherheitsmelder.de/xhtml/articleview.jsf?id=1479893104_34 (Stand: 29. Juli 2018).

Dienstbühl, Dorothee: Ultranationalismus, Rechtsextremismus und Islamismus: Die grauen Wölfe in Deutschland, in: Die Kriminalpolizei 2/2016, S. 17–19.

Dienstbühl, Dorothee: Unruhen in der Türkei und die Auswirkungen auf Deutschland, vom 26. Juli 2016, online verfügbar unter: www.sicherheits

melder.de/xhtml/articleview.jsf; jsessionid=832B5A17628F9C19FF6FBEFF1 D58D53A.BoorbergSolrAppLive?id=1469526796_34 (Stand: 10. Mai 2017).

Dienstbühl, Dorothee: Zwischen Realität und Erfassung. Kriminalität als Politikum, in: Deutsche Polizei 9/2018, S. 4–10.

Dolle, Andre/Unger, Christian: Bombenbauer wollte Polizisten bei Terroranschlag töten, in: Hamburger Abendblatt vom 23. Februar 2017, online verfügbar unter: www.abendblatt.de/politik/article209715625/Bombenbauer-wollte-Polizisten-bei-Terroranschlag-toeten.html (Stand: 10. September 2017).

Döring, Frank: Linksautonome bekennen sich zu Brandanschlag in Silvesternacht – Terrorabwehrzentrum ermittelt vom 2. Januar 2018, online verfügbar unter: www.lvz.de/Leipzig/Polizeiticker/Polizeiticker-Leipzig/Linksauto nome-bekennen-sich-zu-Brandanschlag-auf-Leipziger-Haus-des-Jugend rechts (Stand: 7. Januar 2018).

Dovermann, Ulrich (Hrsg.): Linksextremismus in der Bundesrepublik Deutschland, Bonn 2011.

dpa: In Ostdeutschland Reichsbürger planen Aufbau einer eigenen Armee, in: Berliner Kurier vom 13. Januar 2018, online verfügbar unter: www.berliner-kurier.de/news/politik--wirtschaft/in-ostdeutschland-reichsbuerger-planen-aufbau-einer-eigenen-armee-29477318 (Stand: 14. Januar 2018).

dpa: Nicht als Gefährder bekannt. Terror in Amsterdam: Mutmaßlicher Täter lebte in Deutschland online verfügbar: www.noz.de/deutschland-welt/politik/artikel/1514493/terror-in-amsterdam-mutmasslicher-taeter-lebte-in-deutschland (Stand: 3. September 2018).

Eckert, Roland (a): Die Dynamik der Radikalisierung. Über Konfliktregulierung, Demokratie und die Logik der Gewalt, Weinheim/Basel 2012.

Eckert, Roland (b): Die Dynamik jugendlicher Gruppen. Über Zugehörigkeit, Identitätsbildung und Konflikt, Weinheim/Basel 2012.

Eckert, Roland: Radikalisierung – Eine soziologische Perspektive, in APuZ – Aus Politik und Zeitgeschichte, 63. Jg., 29-31/2013, 11–16.

Edler, Kurt: Islamismus als pädagogische Herausforderung, Stuttgart 2015.

Egg, Rudolf (Hrsg.): Extremistische Kriminalität: Kriminologie und Prävention, Wiesbaden 2006.

Eißler, Friedmann: Die Gülen-Bewegung (Hizmet) Das Bildungsnetzwerk um Fethullah Gülen, in: Evangelische Zentralstelle für Weltanschauungsfragen (Hrsg.) 2017.

El Difraoui, A: jihad.de. Jihadistische Online-Propaganda: Empfehlungen für Gegenmaßnahmen in Deutschland, Berlin 2012.

Elter, Andreas: Die Definition von Terrorismus, in: bpb vom 20. August 2007, online verfügbar unter: www.bpb.de/geschichte/deutsche-geschichte/ge schichte-der-raf/49218/definition-von-terrorismus?p=all (Stand 28. August 2018).

Elter, Andreas: Propaganda der Tat. Die RAF und die Medien, Frankfurt am Main 2008.

Enzmann, Birgit (Hrsg.): Handbuch Politischer Gewalt. Formen – Ursachen – Legitimation – Begrenzung, Wiesbaden 2013.

Etter, Greg W./McElreath, David H./Quarles, Chester L.: The Ku Klux Klan: Evolution towards revolution, in: Journal of Gang Research 3/2015, S. 1–16.

Faessler, Judith: Islamismus und Rechtsextremismus – Wechselseitige Perzeptionen,

Konfrontationen und Kooperationen, in: Totalitarismus und Demokratie, 11 (2014), S. 73–94.

Fagel, Michael J./Hestermann, Jennifer (Hrsg.): Soft Targets and Crisis Management. What Emergency Planners and Security Professionals Need to Know, Boca Raton 2017.

Fend, Helmut: Entwicklungspsychologie des Jugendalters, 3. Auflage, Opladen 2003.

Flade, Florian: Warnung vor Giftgas-Attacken von IS-Terroristen, in: auf Welt-Online vom 20. Oktober 2017, online verfügbar unter: www.welt.de/politik/deutschland/article169835984/Warnung-vor-Giftgas-Attacken-von-IS-Terroristen.html (Stand: 26. Dezember 2017).

Frevel, Bernhard (Hrsg.): Polizei in Staat und Gesellschaft. Politikwissenschaftliche und soziologische Grundzüge, Hilden 2015.

Friedman, Howard S./Schustack, Miriam W.: Persönlichkeitspsychologie und Differentielle Psychologie, 2. Auflage, München 2004.

Friedrich-Ebert-Stiftung (Hrsg.): Rechtsextremismus im Wandel, Berlin 2017.

Froese, Judith: Gefahrenabwehr durch typisierendes Vorgehen vs. Racial Profiling: Die Debatte um den Kölner Polizeieinsatz in der Silvesternacht 2016/17, in: DVBl 5/2017, S. 293–295.

Fuchs, Christian: Wie der Begriff „Döner-Morde“ entstand, in: Spiegel vom 4. Juli 2012, online verfügbar unter: www.spiegel.de/panorama/gesellschaft/doener-mord-wie-das-unwort-des-jahres-entstand-a-841734.html (Stand: 18. September 2018).

Fuchs, Peter: Islamismus. Qualitativ-explorative Untersuchung von Erfahrungswissen und Berufstheorien in deutschen Sicherheitsbehörden zur Genese salafistischer Radikalisierungsprozesse, Frankfurt am Main 2015.

Fuhse, Jan Arendt: Soziale Netzwerke. Konzepte und Forschungsmethoden, Konstanz/München, 2006.

Fünfsinn, Helmut/Pfahl-Traughber (Hrsg.): Extremismus und Terrorismus als Herausforderung für Gesellschaft und Justiz. Antisemitismus im Extremismus, Brühl/Rheinland 2011.

Füllgrabe, Uwe: Der Gefahrenradar, in: Magazin für die Polizei, 34. Jahrgang, Nr. 325, Mai 2003, S. 9–15.

Füllgrabe, Uwe: Suicide by cop, in: Kriminalistik 4/2003, S. 225–233.

Gallus, Alexander/Schubert, Thomas/Thieme, Tom (Hrsg.): Deutsche Kontroversen. Festschrift für Eckhard Jesse, Baden-Baden 2013.

Gartenstein-Ross, Daveed/Barr, Nathaniel: The Myth of Lone-Wolf Terrorism. The Attacks in Europe and Digital Extremism, vom 26. Juli 2016, online verfügbar unter: www.foreignaffairs.com/articles/western-europe/2016-07-26/myth-lone-wolf-terrorism (Stand: 27. Dezember 2017).

Glaser, Stefan/Pfeiffer, Thomas (Hrsg.): Erlebniswelt Rechtsextremismus. Menschenverachtung mit Unterhaltungswert, 2. Auflage, Berlin 2009.

Goertz, Stefan: Islamistische Gefährder, Relevante Personen und Foreign Fighters in Deutschland, in: Sicherheitsmelder vom 23.01.2019, online verfügbar unter: www.sicherheitsmelder.de/xhtml/articleview.jsf; jsessionid=D006283F0B950FA90904FB7E64285311.BoorbergSolrAppLive?id=1547645066_36&piwik_campaign=Sicherheitsmelder-20190123&piwik_kwd=Islam (Stand: 24. Januar 2019).

Goertz, Stefan: Islamistischer Terrorismus. Analysen, Definitionen, Taktik, Heidelberg 2017.

Goertz, Stefan/Goertz-Neumann Martina: Politisch motivierte Kriminalität und Radikalisierung, Heidelberg 2018.

Göppinger, Hans: Kriminologie, 6. Auflage, München 2008.

Groote, Everhard von: Prognose von Täterverhalten bei Geiselnahmen. Zur Einschätzung von Gewaltbereitschaft und Suizidneigung, Frankfurt am Main, 2002.

Grumke, Thomas/Hüllen, Rudolf van: Der Verfassungsschutz. Grundlagen. Gegenwart. Zukunft? Opladen/Berlin/Toronto 2016.

Gundling, Lukas C.: Der enge Rahmen des Neutralitätsgebotes, in: Zeitschrift für Landesver-fassungsrecht und Landesverwaltungsrecht, 1/2017, S. 23.

Gusy, Christoph: Grundrechte und Verfassungsschutz, Wiesbaden 2011.

Hafeneger, Benno: Islamismus, Salafismus, Dschihadismus. Überlegungen und Hinweise zum religiös motivierten Extremismus, in: Sozial Extra, 2-2015, S. 10–15.

Hakemi Sara/Hecken, Thomas: Ulrike Meinhof. Leben. Werk. Wirkung, Berlin 2010.

Hartleb, Florian: Neue virtuelle und internationale Dimension im Fall „München", in: Deutsche Polizei 9/2018, S. 32–35.

Hartleb, Florian: Rechtsextremistisch motivierter Einsamer-Wolf-Terrorismus statt Amoklauf. Eine notwendige Neubewertung der Morde am Olympiaeinkaufszentrum München. Ein Gutachten im Auftrag der Stadt München, Fachstelle für Demokratie, 2017.

Hartleb, Florian: Rechtsterrorismus statt Amoklauf. Eine notwendige Neubewertung des Attentats von München am 22. Juli 2016, in: Kriminalistik 12/2017, S. 715–722.

Hassemer, Winfried/Reemtsma, Jan-Philipp: Verbrechensopfer. Gesetz und Gerechtigkeit, München 2002.

Heinke, Eva-Maria: Terrorismus und moderne Kriegsführung. Politische Gewaltstrategien in Zeiten des „War on Terror", Bielefeld 2016.

Hempel, Claudia: Wenn Kinder rechtsextrem werden. Mütter erzählen, Springe 2008.

Herriger, Norbert: Empowerment in der Sozialen Arbeit: Eine Einführung, 5. Auflage, Stuttgart 2014.

Hessisches Ministerium des Innern und für Sport (Hrsg.): Verfassungsschutz in Hessen. Bericht 2016, Wiesbaden 2017.

Heubrock, Dietmar: Weibliche Attentäter. Teil 2: Psychologische Aspekte der Abwehr stereotyp-inkongruenter Suizidterroristen, in: Kriminalistik 5/2017, S. 300–305.

Heubrock, Dietmar/Kindermann, Sally/Palkies, Petra/Röhrs, Anne: Die Fähigkeit zur Identifikation von Attentätern im öffentlichen Raum: Ein experimenteller Vergleich zwischen professionellen und ungeübten Beobachtern, in: Polizei & Wissenschaft 2/2009, S. 2–11.

Heubrock, Dietmar/Kindermann, Sally/Palkies, Petra/Röhrs, Anne: Verhaltensmerkmale von Attentätern in der Vortatphase. Nonverbale Alarmsignale für Personenschützer, in: Polizei und Wissenschaft 1/2009, S. 2–11.

Hesterman, Jennifer: Soft Target Hardenin. Protecting People from Attack, Boca Raton 2015.

Hilker, Thomas: Terrorismus. Grundwissen, Organisationen, Angriffsmittel, Religiöser Fanatismus, Suizidbomber, Münster 2006.

Hirscher, Gerhard (Hrsg.): Linksextremismus in Deutschland. Bestandsaufnahme und Perspektiven, in: Argumente und Materialien zum Zeitgeschehen (AMZ) der Hanns-Seidel-Stiftung, München 2014.

Hirscher, Gerhard/Jesse, Eckhard (Hrsg.): Extremismus in Deutschland. Schwerpunkte, Vergleiche, Perspektiven, Baden-Baden.

Hoffmann, Anika/Illgner, Christian/Leuschner, Fredericke/Rettenberger, Martin: Extremismus und Justizvollzug. Literaturauswertung und empirische Erhebungen, Wiesbaden 2017.

Hoffmann, Jens/Musolff, Cornelia (Hrsg.): Täterprofile bei Gewaltverbrechen. Mythos, Theorie und Praxis, Heidelberg 2002.

Hoffmann, Jens/Roshdi, Karoline/Rohr, Rudolf von (Hrsg.): Bedrohungsmanagement. Projekte und Erfahrungen aus der Schweiz, Frankfurt am Main 2013.

Hole, Günther: Fanatismus. Der Drang zum Extrem und seine psychischen Wurzeln, Gießen 2004.

Horn, Philipp: Person droht zu springen. Ein Leitfaden zur Verhandlung mit Suizidanten, in: Notfall + Rettungsmedizin 6/2011, S. 491–196.

Hossfeld, B./Adams, H. A./Bohnen, R./Friedrich, K./Friemert, B./Gräsner, J.-T./Gromer, S./Josse, F./Lechleuthner, A./Poloczek, S./Walz, N./Weber, M./Wurmb, T./Helm, M.: Zusammenarbeit von Rettungskräften und Sicherheitsbehörden bei bedrohlichen Lagen Ergebnisse eines nationalen Konsensusgesprächs, in: DGAInfo 2017/58, S. 573–583.

Hüllen, Rudolf van: Definition und Dimension, Erscheinungsformen und Kernaussagen des Linksextremismus, Sankt-Augustin/Berlin 2012.

Hüllen, Rudolf van: Kommunikationsmethoden und Rekrutierungsstrategien im Linksextremismus, Sankt-Augustin/Berlin 2012.

Hür, Kemal: DITIB- Ankaras Einfluss auf deutschen Moscheeverband, in: Deutschlandfunk vom 26. Januar 2018, online verfügbar unter: https://www.deutschlandfunk.de/ditib-ankaras-einfluss-auf-deutschen-moscheeverband.724.de.html?dram:article_id=409350 (Stand: 10. Oktober 2018).

ID-Verlag (Hrsg.): Rote Armee Fraktion. Texte und Materialien zur Geschichte der RAF, Berlin 1997.

Isensee, Josef: Der Verfassungsstaat als Friedensgarant (II), in: Politische Meinung, 49/2004, S. 66–72.

Jäggi, Christian/Krieger, David J.: Fundamentalismus, Zürich 1991.

Janisch, Wolfgang/Schultz, Tanjev: Blut, Beil und Runen, in: Süddeutsche Zeitung vom 7. Mai 2015, Online verfügbar unter: www.sueddeutsche.de/politik/rechtsextremismus-blut-beil-und-runen-1.2467081 (Stand: 28. Augst 2018).

Jansen, Frank: Prozess gegen vier Salafisten in Düsseldorf, in: Tagesspiegel vom 8. September 2014, online verfügbar unter: www.tagesspiegel.de/politik/bombenattentat-in-bonn-prozess-gegen-vier-salafisten-in-duesseldorf/10666024.html (Stand: 21. August 2018).

Jansen, Frank: Zwölfjähriger wollte offenbar Nagelbombe auf Weihnachtsmarkt zünden, in: Tagesspiege.de vom 16. Dezember 2016, online verfügbar unter: www.tagesspiegel.de/politik/ludwigshafen-zwoelfjaehriger-wollte-offenbar-nagelbombe-auf-weihnachtsmarkt-zuenden/14989032.htm (Stand: 30. Oktober 2017).

Jansen, Frank/Graeber, Julian: Terrorverdächtiger Albakr tot in Zelle aufgefunden, in: Tagesspiegel vom 13. Oktober 2016, online verfügbar, unter: www.tagesspiegel.de/politik/suizid-in-jva-leipzig-terrorverdaechtiger-albakr-tot-in-zelle-aufgefunden/14681102.html (Stand: 28. August 2018).

Jaschke, Hans-Gerd: Politischer Extremismus, Wiesbaden 2006.

Jaschke, Hans-Gerd: Orte der islamistischen Radikalisierung, in: bpb vom 4. Mai 2018, online verfügbar unter: http://www.bpb.de/politik/extremismus/islamismus/268726/orte-der-islamistischen-radikalisierung (Stand: 2. Oktober 2018).

Jaschke, Hans-Gerd: Rechtsextremismus und Fremdenfeindlichkeit, 2. Auflage, Wiesbaden 2001.

Jaschke, Hans-Gerd: Verschlungene Traditionen: Zur Geschichte des Rechtsextremismus in der Bundesrepublik, in: Gewerkschaftliche Monatshefte 9/89, S. 513–523.

Jesse, Eckhard/Mannewitz, Tom (hrsg.): Extremismusforschung. Handbuch für Wissenschaft und Praxis, Baden-Baden 2018.

Jost, Klaus: Gefährliche Gewalttäter? Grundlagen und Praxis der Kriminalprognose, Stuttgart 2012.

Kaddor, Lamya: Zum Töten bereit. Warum deutsche Jugendliche in den Dschihad ziehen. München/Berlin, 2015.

Kaiser, Günther. Kriminologie, 10. Auflage, Heidelberg 1997.

Kambouri, Tania: Deutschland im Blaulicht. Notruf einer Polizistin, 2. Auflage, München 2017.

Kandel, Johannes R.: Islamismus in Deutschland. Freiburg im Breisgau 2011.

Käsehage, Nina: Dschihad als Ausweg, Springe 2017.

Kast, Verena: Abschied von der Opferrolle, 14. Auflage, Freiburg im Breisgau 2013.

Kawelovski, Frank: Gutachterliche Stellungnahme zum Antrag der nordrhein-westfälischen CDU-Fraktion zur Einführung eines Maßnahmepakets zur Bekämpfung des Wohnungseinbruchsdiebstahls, Landtag NRW, Drucksache 16/12344, Gutachten 16/4352.

Keller, Christoph: Verdeckte personale Ermittlungen. Recht und Taktik, Stuttgart 2017.

Kepel, Gilles/Jardin, Antoine: Terror in Frankreich. Der neue Dschihad in Europa, München 2016.

Kernberg, Otto: Hass, Wut, Gewalt und Narzissmus, 2. Auflage, Stuttgart 2016.

Kernberg, Otto F./Hartmann, Hans-Peter (Hrsg.): Narzissmus. Grundlagen – Störungsbilder – Therapie, Stuttgart 2006.

Khosrokhavar, Farhad: Radikalisierung, Hamburg 2016.

Kienle, Sigrid: Islamistische Radikalisierung In Justizvollzugsanstalten am Beispiel Bayern, Frankfurt am Main, 2016.

Kober, Marcus: Zur Evaluation von Maßnahmen der Prävention von religiöser Radikalisierung in Deutschland, in: Journal for Deradicalization Nr. 11/2017, S. 219–257.

Köcher, Renate, in: FAZ Online vom 17. Februar 2016, online verfügbar unter: www.faz.net/aktuell/politik/inland/allensbach-umfrage-zeigt-angst-um-innere-sicherheit-steigt-14073805.html?printPagedArticle=true#pageIndex_2 (letzter Zugriff am 8. September 2018).

Köhn, Klaus: Praxisbezogenes Lexikon der Kriminologie,

Kolnberger, Thomas/Six, Clemens (Hrsg.): Fundamentalismus und Terrorismus. Zur Geschichte und Gegenwart radikalisierter Religion, 2. Auflage, Essen 2008.

Kopietz, Andreas: Islamischer Staat: Terroristen rufen zu Mord an Polizisten auf, in: Berliner Zeitung vom 7. April 2017, Quelle: www.berliner-zeitung.de/26677218 (Stand: 10. September 2017).

Kopke, Christoph: Gutachterliche Stellungnahme: Amoktat, Attentat, Hasskriminalität? Überlegungen zur Bewertung des mehrfachen Mordes des David S. Expertengespräch der Stadt München „Hintergründe und Folgen des OEZ-Attentates" München, 6. Oktober 2017 (Sperrvermerk: Es gilt das gesprochene Wort), online verfügbar, unter: https://webcache.googleusercontent.com/search?q=cache:0uzjBT9DJJ4J:https://www.muenchen.de/rathaus/dam/jcr:95fb8762-ff86-4ece-ad53-b4cc9e114837/2017-10-06%2520Gutachten%2520Hintergr%25C3%25BCnde%2520und%2520Folgen%2520des%2520OEZ-Attentats%2520Kopke.pdf+&cd=2&hl=de&ct=clnk&gl=de (Stand: 10. September 2018).

Kraushaar, Wolfgang (Hrsg.): Die RAF. Entmythologisierung einer terroristischen Organisation, Bonn 2008.

Kruppa, Felix: Autoritäre Einstellungen bei Schülerinnen und Schülern mit besonderer Berücksichtigung der Religionszugehörigkeit, ohne Datumsangabe, online verfügbar unter: https://hpd.de/sites/hpd.de/files/field/file/diskussionspapier-autoritare-einstellungen-bei-schulerinnen-und-schulern-mit-besonderer-berucksichtigung-der-religionszugehorigkeit.pdf (Stand: 30. August 2018).

Kühn, Thomas/Koschel, Kay-Volker: Die Bedeutung des Konsums für moderne Identitätskonstruktionen, 2010, online verfügbar unter: www.ssoar.info/ssoar/bitstream/handle/document/21188/ssoar-2010-kuhn_et_al-die_bedeutung_des_konsums_fur.pdf?sequence=1 (Stand 28. September 2018).

LaFree, Gary/Freilich, Joshua D.: The Criminology of Terrorism, West Sussex 2017.

Landesamt für Verfassungsschutz Sachsen (Hrsg.): Information zum Thema „Reichsbürger“ (ohne Datumsangabe),www.verfassungsschutz.sachsen.de/download_Reichsbuerger_Informationen.pdf (Stand: 22. August 2018).

Landespolizeischule Rheinland-Pfalz, Landeskriminalamt Rheinland-Pfalz, VolkswagenStiftung-Forschungsprojekt HeyMAT an der HU Berlin (Hrsg.): Radikalsiierungsmechanismen und Deradikalisierungsstrategien bei der Bekämpfung des islamistischen Terrorismus im Europäischen Vergleich. Bundesweite Fachtagung 2011, Hilden 2012.

Landeszentrale für politische Bildung Baden-Württemberg (Hrsg.): Türkei. Zwischen Demokratie und Diktatur, ohne Datumsangabe, online verfügbar, unter: www.politische-bildung.de/tuerkei_erdogan.html (Stand: 23. Januar 2019).

Lange, Hans-Jürgen/Lanfer, Jens (Hrsg.): Verfassungsschutz. Reformperspektiven zwischen administrativer Effektivität und demokratischer Transparenz, Wiesbaden 2016.

Lankfort, Adam: The Myth of Martyrdom – what really drives suicide bombers, rampage shooters amd other self destructive killers, New York 2013.

Lipset, Seymour Martin (Hrsg.): The Encyclopedia of Democracy, Washington 1995.

Liszt, Franz von: Strafrechtliche Aufsätze und Vorträge. Band 1: 1875–1891, Berlin 1970.

Logvinov, Michail: Auf dem Weg zum Terrorismus. Modellierung der Radikalisierungsursachen und -mechanismen, in: Kriminalistik 6/2017, S. 377–380.

Logvinov, Michail: Der deutsche Dschihad – Taten und Worte, in: Totalitarismus und Demokratie, 11/2014, S. 123–153.

Lohmann, Wolfgang: Die Bereitschaftspolizeien – unverzichtbarer Eckpfeiler in der Sicherheitsarchitektur, in: Deutsches Polizeiblatt (DPolBl) 1/2017, S. 2–4.

Luther, Carsten/Vu, Vanessa: Der Mythos vom einsamen Wolf, in: Zeit Online vom 30. Juli 2016, online verfügbar unter: http://www.zeit.de/politik/ausland/2016-07/terrorismus-einsamer-wolf-anschlaege/komplettansicht (Stand: 28.Oktober 2017).

Lützinger, Saskia: Die Sicht der Anderen. Eine qualitative Studie zu Biografien von Extremisten und Terroristen, Köln 2010.

Macchiavelli, Niccolo: Der Fürst, Frankfurt am Main 1990.

Maletz, Claudia: § 129 StGB – praktikabler Straftatbestand bei der Bekämpfung von Organisierter Kriminalität oder juristisches Placebo? in: Kriminalistik 7/2010, S. 428–436.

Malick, André: „Was Terroristen wollen!“, in: Die Kriminalpolizei 4/2018, S. 15 –19.

Manea, Elham: Der alltägliche Islamismus. Terror beginnt, wo wir ihn zulassen, München 2018.

Manemann, Jürgen: Der Dschihad und der Nihilismus des Westens. Warum ziehen junge Europäer in den Krieg. Bielefeld 2015.

Mansour, Ahmad: Generation Allah. Warum wir im Kampf gegen den religiösen Extremismus umdenken müssen, Frankfurt am Main 2017.

Marighella, Carlos: Mini-Manual of the Urban Guerilla, Montreal 2002.

Marks, Erich/Steffen, Wiebke (Hrsg.): Prävention rechnet sich. Zur Ökonomie der Kriminalprävention, Norderstedt 2015.

Marx, Karl: Zur Judenfrage, Braunschweig 1843.

Meck, Ute: Selbstmordattentäter sterben, um zu töten, Frankfurt 2007.

Mekhennet, Souad/Sautter, Claudia/Hanfeld, Michael: Die Kinder des Dschihad. Die neue Generation des islamistischen Terrors in Europa, erweiterte Neuauflage, München/Zürich 2015.

Mobile Beratungsstelle Niedersachsen gegen Rechtsextremismus für Demokratie (Hrsg.): Rechtsextreme Symbole, Codes, Marken und Organisationen im Überblick (ohne Orts- und Datumsangabe).

Moghagheghi, Hamideh (Hrsg.): Frauen für den Dschihad. Das Manifest der IS-Kämpferinnen, Freiburg/Basel/Wien 2015.

Molden, Daniel C.: Understanding Priming Effects in social Psychology: What is „Social Priming" and how does it occur?, in: Social Cognition, Vol. 32, Special Issue, 2014, S. 1–11.

Möller, Kurt/Schuhmacher, Nils: Rechte Glatzen. Rechtsextreme Orientierungs- und Szenezusammenhänge – Einstiegs-, Verbleibs- und Ausstiegsprozesse von Skinheads, Wiesbaden 2007.

Möllers, Martin H. W./Ooyen, Robert Chr. Van: NSU-Terrorismus: Ergebnisse der parlamentarischen Untersuchungsausschüsse und Empfehlungen für die Sicherheitsbehörden, Frankfurt am Main 2015.

Möllers, Martin H. W./Ooyen, Robert Chr. Van: Politischer Extremismus 2: Terrorismus und wehrhafte Demokratie, Frankfurt am Main 2006.

MPG Saarlouis (Hrsg.): Faschismus Merkmale faschistischer Bewegungen und System, OAA, ohne Datumsangabe, online verfügbar, unter: www.mpg-saarlouis.de/projekte/unterricht/geschichte/Lernbilder_09/20_Faschismus_Merkmale.pdf (Stand: 10. September 2018).

Müller, Jan-Werner: Was ist Populismus? Ein Essay, Bonn 2016.

Münkler, Herfried: Der Wandel des Krieges. Von der Symmetrie zur Asymmetrie, Weilerswist 2010.

Münkler, Herfried: Populismus in Deutschland. Eine Geschichte seiner Mentalitäten, Mythen und Symbole, London 2012.

Musharbash, Yassin: Die neue Al-Qaida. Innenansichten eines lernenden Terrornetzwerks, Köln 2006.

Nabers, Dirk: Allianz gegen den Terror. Deutschland, Japan und die USA, Wiesbaden 2005.

Nagel, Tilman: Geschichte der islamischen Theologie – von Mohammed bis zur Gegenwart, München 1994.

Neitzel, Christian/Ladehof, Karsten (Hrsg.): Taktische Medizin. Notfallmedizin und Einsatzmedizin, 2. Auflage, Berlin/Heidelberg 2015.

Neubacher, Franz: Kriminologie, 3. Auflage Baden-Baden 2017.

Neumann, Peter: Radikalisierung, Deradikalisierung und Extremismus, in APuZ – Aus Politik und Zeitgeschichte, 63. Jg., 29-31/2013, S. 3–10.

Niedermayer, Oscar (Hrsg.): Handbuch Parteienforschung, Wiesbaden 2013.

Niedersächsisches Ministerium für Inneres, Sport und Integration/Verfassungsschutz (Hrsg.): Linksextremismus – Die unterschätzte Gefahr?, Symposium am 28. Mai 2009, o.O.A.

OAA: 16-Jährige für Messerattacke zu sechs Jahren Haft verurteilt, vom 26. Januar 2017, online verfügbar unter: www.zeit.de/gesellschaft/zeitgeschehen/2017-01/is-sympathisantin-safia-s-urteil-prozess-messerattacke-polizisten (Stand: 2. Mai 2018).

OAA: 35 Tote – Belgien erhöht abermals Zahl der Terroropfer, in: Welt Online vom 28. März 2016, online verfügbar unter: www.welt.de/politik/ausland/article153725195/35-Tote-Belgien-erhoeht-abermals-Zahl-der-Terroropfer.html (Stand: 20. August 2018).

OAA: Anschläge in der Türkei, in: Tagesschau vom 1. Januar 2018, online verfügbar unter: www.tagesschau.de/ausland/tuerkei-anschlaege-105.html (Stand: 20. August 2018).

OAA: Attacke in Thalys-Schnellzug: „Das hätte ein Blutbad geben können". In: Spiegel Online. 22. August 2015, online verfügbar unter: http://www.spiegel.de/politik/ausland/thalys-vorfall-verdacht-auf-terroristischen-hintergrund-verdichtet-sich-a-1049355.html (Stand: 22. August 2018).

OAA: Défilé du 1er mai: Matthias Fekl dénonce des violences dues à des „casseurs", in: BFM TV vom 1. Mai 2017, unter: www.bfmtv.com/police-justice/defile-du-1er-mai-matthias-fekl-denonce-des-violences-dues-a-des-casseurs-1154822.html (letzter Zugriff am 29. August 2018).

OAA: Der Fall Jamal Khashoggi – eine digital-forensische Analyse, in: Rank Analyst vom 30. Januar 2019, online verfügbar unter: https://rankanalyst.de/der-fall-jamal-khashoggi-1268/(Stand: 3. Februar 2019).

OAA.: Erdogan-Rede in Köln im Wortlaut: „Assimilation ist ein Verbrechen gegen die Menschlichkeit", in: Süddeutsche Zeitung vom 17. Mai 2010, online verfügbar unter: https://www.sueddeutsche.de/politik/erdogan-rede-in-koeln-im-wortlaut-assimilation-ist-ein-verbrechen-gegen-die-menschlichkeit-1.293718 (Stand: 30. Oktober 2018).

OAA: Finanzminister bestätigt Razzia gegen Terrorfinanzierer, in: WDR Online vom 15. September 2017, Quelle: www1.wdr.de/nachrichten/islamismus-nrw/eoks-umsatzsteuerbetrug-terrorfinanzierer-razzia-100.html (Stand: 16. September 2018).

OAA: Großrazzia gegen „Ku-Klux-Klan"-Gruppe, in: Tagesschau Online vom 16. Januar 2019, online verfügbar unter: www.tagesschau.de/ausland/ku-klux-klan-razzia-101.html (Stand: 26. Januar 2019).

OAA: Innenministerium führt NSU-Morde nicht in Statistik auf, in DLF vom 8. September 2018, online verfügbar unter: www.deutschlandfunk.de/politische-gewalt-innenministerium-fuehrt-nsu-morde-nicht.1939.de.html?drn:news_id=922766 (Stand: 10. September 2018).

OAA: Konflikt um Rigarer Straße – Linksextreme bedrohen Berliner Referatsleiter, in: Tagesspiegel vom 30. August 2018, online verfügbar unter: www.tagesspiegel.de/berlin/konflikt-um-rigaer-strasse-linksextreme-bedrohen-berliner-referatsleiter-im-buero/22973730.html (Stand: 30. August 2018).

OAA: Lebenslange Haft für Reichsbürger nach Mord an Polizisten vom 23. Oktober 2017, online verfügbar, unter: www.zeit.de/gesellschaft/zeitgesche

hen/2017-10/reichsbuergerbewegung-urteil-mord-polizisten-wolfgang-p (Stand: 28. Dezember 2018).

OAA: Muslim Publics Share Concerns about Extremist Groups. Much Diminished Support for Suicide Bombing, in: PEW Reasearch Center vom 10. September 2013, online verfügbar unter: www.pewglobal.org/2013/09/10/muslim-publics-share-concerns-about-extremist-groups/(Stand: 29. September 2018).

OAA: Mutmaßlicher Schütze wütend auf Israel, in: FAZ vom 16. Februar 2015, online verfügbar unter: www.faz.net/aktuell/politik/ausland/europa/kopenhagen-mutmasslicher-schuetze-wuetend-auf-israel-13431272.html?printPagedArticle=true#pageIndex_0 (Stand: 10. August 2018).

OAA: Polizei am Flughafen Frankfurt. Fünfter Terrorverdächtiger aus Nordbaden festgenommen, in: Stuttgarter Zeitung vom 23. Dezember 2018, online verfügbar unter: www.stuttgarter-zeitung.de/inhalt.polizei-am-flughafen-frankfurt-fuenfter-terrorverdaechtiger-aus-nordbaden-festgenommen.0a833f1d-f2c8-4e0e-b326-8fbf144fe29f.html (Stand: 27. Dezember 2018).

OAA: Rechtslexikon Staatsschutzdelikte (ohne Datumsangabe) unter: www.rechtslexikon.net/d/staatsschutzdelikte/staatsschutzdelikte.htm (Stand 8. September 2018).

OAA: Sechs islamistische Anschläge seit 2017 wurden verhindert, in: RP Online vom 18. Dezember 2018, online verfügbar unter: www.msn.com/de-de/nachrichten/politik/sechs-islamistische-anschläge-seit-2017-wurden-verhindert/ar-BBR8VlY?ocid=spartanntp (Stand: 18. Dezember 2018).

OAA: Suche nach RAF-Terroristen, LKA zeigt neue Tat-Videos: Wo versteckt sich das Trio?, in: Berliner Kurier vom 4. Juli 2018, online verfügbar, unter: www.berliner-kurier.de/news/politik--wirtschaft/suche-nach-raf-terroristen-lka-zeigt-neue-tat-videos–wo-versteckt-sich-das-trio–30729676 (Stand: 5. August 2018).

OAA: Vergewaltigungen, Enthauptungen, Morde: Traumatisierte Lösch-Mitarbeiterin verklagt Facebook, in: Merkur vom 25. September 2018, online verfügbar, unter: www.merkur.de/wirtschaft/vergewaltigungen-enthauptungen-morde-loesch-mitarbeiterin-verklagt-facebook-wegen-trauma-zr-10271396.html (Stand: 28. Januar 2019).

OAA: WELT-Emnid-Umfrage: Sicherheitsgefühl der Deutschen leidet Zustimmung für härtere Strafen nach Messerangriffen, in: Presseportal.de vom 5. April 2018, unter: www.presseportal.de/pm/13399/3908898 (Stand: 8. September 2018).

OAA: Zahl der Straftaten sinkt deutlich, in: Tageschau.de vom 8. Mai 2018, online verfügbar unter: unter: www.tagesschau.de/inland/pks-kriminalstatistik-101.html (Stand: 8. September 2018).

Ohlemacher, Thomas: Polizei und Wissenschaft an polizeilichen (Aus-)Bildungseinrichtungen: Eine schwierige Beziehung mit Perspektive, in: Die Polizei 7/2013, S. 187- 191.

Opitz, Olaf: Linke Brandanschläge mit teuren Folgen, in: Focus Online vom 25. August 2017, online verfügbar www.focus.de/politik/deutschland/deutsche-bahn-linke-brandanschlaege-mit-teuren-folgen_id_7511741.htmlgl (30. August 2018).

Ourghi, Abdel-Hakim: Reform des Islam. 40 Thesen, München 2017.

Out of focus Filmproduktion/Initiative „Pogrom 91“: www.hoyerswerda-1991.de/(Stand 28. November 2017).

Peil, Florian: Terrorismus. Wie wir uns schützen können, Hamburg 2016.

Pelzer, Robert: Policing of Terrorism Using Data from Social Media, in: European Journal for Security Research, 3/2018, S. 163–179.

Peters, Butz: Tödlicher Irrtum. Die Geschichte der RAF, Berlin 2004.

Pfahl-Traughber, Armin: Antizionistischer Antisemitismus, in: bpb vom 28.11.2006, online verfügbar unter: www.bpb.de/politik/extremismus/antisemitismus/37954/antizionistischer-antisemitismus (Stand: 19. September 2018).

Pfahl-Traughber, Armin: Die Islamismuskompatibilität des Islam. Anknüpfungspunkte in Basis und Geschichte der Religion, in: Aufklärung und Kritik, Sonderheft 13/2007, S. 62–78.

Pfahl-Traughber, Armin: Gewaltbereiter und gewalttätiger politischer Extremismus in Deutschland, in: Kriminalistik 4/03 S. 202–208.

Pfahl-Traughber, Armin: Islamismus – Was ist das überhaupt? Definition – Merkmale – Zuordnungen, in: Bundeszentrale für politische Bildung (Hrsg.): Dossier Islamismus Bonn, 2011.

Pfahl-Traughber, Armin: Ist der Islamismus bzw. Salafismus eine Form totalitären Denkens? – Eine ideologiekritische Analyse von Klassikerpositionen, in: Totalitarismus und Demokratie, 11/2014, S. 49–71.

Pfahl-Traughber, Armin: Linksextremismus in Deutschland. Eine kritische Bestandsaufnahme, Wiesbaden 2014.

Pfahl-Traughber, Armin: Rechtsextremismus in der Bundesrepublik, 4. Auflage, München 2004.

Pfahl-Traughber, Armin: Reichsbürger – Die unterschätzte Gefahr, in: HPD vom 27. September 2017, online verfügbar, unter: https://hpd.de/artikel/reichsbuerger-unterschaetzte-gefahr-14809 (Stand: 23. September 2018).

Pfahl-Traughber, Armin: „Wir gegen die Anderen“ – Annäherungen an den Begriff des Populismus, in: Blätter der Wohlfahrtspflege 4/2017, S. 123–125.

Pfeifer, Wolfgang (Hrsg.): Etymologisches Lexikon, 8. Auflage München 2005.

Pflieger, Klaus: Rote Armee Fraktion – RAF, 2. Auflage, Baden-Baden 2007.

Piasecki, Stefan/Johne, Felix: Populismus in Europa. Sozialpolitische Forderungen und ihre Auswirkungen auf die Soziale Arbeit, in: Blätter der Wohlfahrtspflege 4/2017, S. 123–125.

Pientka, Monika: Kriminalwissenschaften II, München 2014.

Pinker, Steven: Gewalt. Eine neue Geschichte der Menschheit, Frankfurt am Main 2013.

Polndorfer, Claus: Der provozierte Suizid – das Phänomen „Suicide by Cop“, Frankfurt am Mai 2014.

Popper, Karl: Die offene Gesellschaft und ihre Feinde, Tübingen 1992.

Poser, Hans: Wissenschaftstheorie. Eine philosophische Einführung, 2. Auflage Stuttgart 2012.

Quent, Matthias: Rassismus, Radikalisierung, Rechtsterrorismus. Wie der NSU entstand und was er über die Gesellschaft verrät, Weinheim/Basel 2016.

Ranan, David: Muslimischer Antisemitismus. Eine Gefahr für den gesellschaftlichen Frieden in Deutschland? Bonn 2018.

Reis Schweizer, Stefan: Alle Terroranschläge in Grossbritannien seit 2000, in: NZZ vom 15. September 2017, online verfügbar unter: www.nzz.ch/international/attacken-und-anschlaege-terror-in-grossbritannien-seit-2000-ld.153020 (Stand: 20. August 2018).

Reisin, A./Laurin, S.: „Sicherheit" nur für Nazi-Hools?, vom 21. August 2012, online verfügbar unter: www.publikative.org/2012/08/21/sicherheit-nur-fur-nazi-hools/(Stand 23. August 2018).

Rettke, Arne: Vermögensabschöpfung im polizeilichen Alltag, in: Die Kriminalpolizei 2/2018, S. 13–18.

Rietzschel, Antonie: Wer steckt hinter der Oldschool Society? in: Süddeutsche Zeitung vom 7. Mai 2015, Online verfügbar, unter: https://www.sueddeutsche.de/politik/rechtsextemer-terror-in-deutschland-wer-steckt-hinter-der-oldschool-society-1.2468804 (Stand: 29. August 2018).

Ronczkowski, Michael: Terrorism and Organized Hate Crime: Intelligence Gathering, Analyses, and Investigations, Florida 2004.

Röpke, Andrea/Speit, Andreas (Hrsg.): Blut und Ehre. Geschichte und Gegenwart rechter Gewalt in Deutschland, Bonn 2013.

Röpke, Andrea/Speit, Andreas (Hrsg.): Mädelsache. Frauen in der Neonazi-Szene, Bonn 2011.

Rüdiger, Thomas-Gabriel/Bayerl, Petra Saskia (Hrsg.): Digitale Polizeiarbeit – Herausforderungen und Chancen, Wiesbaden 2017.

Salzborn, Samuel: Rechtsextremismus, 2. Auflage, Baden-Baden 2015.

Schäfers/, Bernhard/Zapf, Wolfgang (Hrsg.): Handwörterbuch zur Gesellschaft Deutschlands, Opladen 1998.

Schedler, Jan/Häusler, Alexander (Hrsg.): Autonome Nationalisten. Neonazismus in Bewegung, Wiesbaden 2011.

Scheithauer, Herbert/Bondü, Rebecca: Amoklauf. Wissen was stimmt, Freiburg im Breisgau 2008.

Schieren, Stefan (Hrsg.): Populismus, Extremismus, Terrorismus. Eine Einführung, Schwalbach 2014.

Schirrmacher, Christiane: Das Bemühen auf dem Weg Gittes – Der „Jihad" im Islam, ohne Datumsangabe, online verfügbar unter: www.efg-hohenstaufenstr.de/downloads/texte/Jihad_im_Islam_Schirrmacher.pdf (Stand: 26. August 2018).

Schirrmacher, Christiane: Scharia. Recht und Gesetz im Islam, 2. Auflage, Holzgerlingen 2009.

Schirrmacher, Thomas: Fundamentalismus. Wenn Religion zur Gefahr wird, Holzgerlingen 2010.

Schmidt, Holger: Wie sicher sind wir? Terrorabwehr in Deutschland. Eine kritische Bilanz, Zürich 2017.

Schmidt-Lellek, Christoph J.: Charisma, Macht und Narzissmus. Zur Diagnostik einer ambivalenten Führungseigenschaft, in: OSC 11 (1), 2004, S. 27- 40.

Schmitz-Berning, Cornelia: Vokabular des Nationalsozialismus. 2. Auflage, Berlin 2007.

Schneider, Friedrich/Hofer, Bernhard: Ursachen und Wirkungen des weltweiten Terrorismus, Wiesbaden 2008.

Schneider, Hans Joachim: Kriminologie. Ein internationales Handbuch. Band 1: Grundlagen, Berlin/Boston 2014.

Schneider, Irene/Hanstein, Thoralf (Hrsg.): Beiträge zum Islamischen Recht V, Berlin 2006.

Schneider, Ursula/Schneider, Hans-Joachim: Übungen in Kriminologie, Jugendstrafrecht und Strafvollzug, Berlin/New York 1995.

Schöngen, Dorothée: Die Entwicklung jugendlicher Identität in Abhängigkeit von der elterlichen Identität unter Berücksichtigung der elterlichen Erziehung als Einflussvariable, Köln 2005.

Schramm, Matthias/Taube, Markus: Ordnungsprinzipien der supranationalen Transaktionssicherung im islamischen *hawala*-Finanzsystem, Duisburg 2003.

Schubarth, Wilfried: Gewalt und Mobbing an Schulen, Stuttgart 2009.

Schulte, Thomas/Boberg, Martin/Vander Beken Tom: Criminal Money Management in Europa, in: Kriminalistik 1/2008, S. 19–27.

Schwindt, Hans-Dieter: Kriminologie und Kriminalpolitik. Eine praxisorientierte Einführung mit Beispielen, 23. Auflage, Heidelberg 2016.

Seesemann, Rüdiger: Dschihad zwischen Frieden und Gewalt, vom 18. August 2015, in: bpb, online verfügbar unter: www.bpb.de/politik/extremismus/isla mismus/210988/dschihad-zwischen-frieden-und-gewalt (Stand 31. August 2018)

Sefrin, Peter: Besondere Lage – Terroranschlag, in: Notarzt 2017, 33(02), S. 68–80.

Seidel, Andreas / Schubarth, Wilfried / Dudziak, Ines / Gottmann, Corinna / List, Ingke: Erfolgreich intervenieren bei Gewalt und Mobbing, in: Pädagogik 09/2015, S. 38–41.

Senatsverwaltung für Inneres und Sport Berlin (Hrsg.): Denis Cuspert – Eine jihadistische Karriere, Berlin 2014.

Senatsverwaltung für Inneres und Sport (Hrsg.): Vom Gangster-Rap zum Jihad-Aufruf – radikalisierende Hymnen „neugeborener“ Salafisten, Berlin 2011.

Sevinç, Necdet: Ülkücüye Notlar, Istanbul 1976.

Shalicar, Ayre Sharuz: Der neu-deutsche Antisemit. Gehören Juden heute zu Deutschland? Leipzig 2018.

Sieber, Ulrich/Vogel, Benjamin: Terrorismusfinanzierung. Prävention im Spannungsfeld von internationalen Vorgaben und nationalem Tatstrafrecht, Freiburg im Breisgau 2015.

Siefert, Volker: Der Islamist an der Uni, in: Zeit Online vom 14. Februar 2016, online verfügbar unter: www.zeit.de/gesellschaft/2016-02/islamismus-is-tu-darmstadt-universitaeten (Stand: 23. Januar 2019).

Sigmund, Thomas: Allein unter Feinden? Was der Staat für unsere Sicherheit tut – und was nicht, Freiburg/Basel/Wien 2017.

Sommerfeld, Alisa: Verwaltungsnetzwerke am Beispiel des Gemeinsamen Terrorismusabwehrzentrums des Bundes und der Länder (GTAZ), Berlin 2015.

Speit, Andreas (Hrsg.): Reichsbürger. Die unterschätzte Gefahr, Bonn 2018.

Spiegel Online/dpa: Anschlag auf Essener Sikh-Tempel, Täter zu langen Jugendstrafen verurteilt, vom 21.3.2017, online verfügbar unter: www.spiegel.de/panorama/justiz/essen-anschlag-auf-sikh-tempel-taeter-verurteilt-a-1139691.html (Stand 18. Oktober 2017).

Stein, Timo: Zwischen Antisemitismus und Israelkritik. Antizionismus in der deutschen Linken, Wiesbaden 2011.

Steinberg, Guido: Jihadistische Radikalisierung im Internet und mögliche Gegenmaßnahmen, in: APuZ – Aus Politik und Zeitgeschichte, 63. Jg., 29-31/2013, S. 17–25.

Stöss, Richard: Rechtsextremismus im Wandel, Berlin 2005.

Sundermeyer, Olaf: Rechter Terror in Deutschland. Eine Geschichte der Gewalt, München 2012.

Stuttgarter Nachrichten: Anklage: Täter wollte „Ungläubige" töten, vom 27.09. 2016, online verfügbar unter: www.stuttgarter-nachrichten.de/inhalt.mord-in-bad-friedrichshall-anklage-taeter-wollte-unglaeubige-toeten.551057ee-220e-4c64-9c03- ed7a994a3e6d.html (Stand: 11. Januar 2017).

Sydow, C.: Al-Qaidas Autounfall-Strategie: Dschihad mit Blechschaden, in: Spiegel Online vom 1. März 2013, online verfügbar unter: www.spiegel.de/politik/ausland/al-qaida-ruft-in-inspire-magazin-zu-autounfaellen-im-westen-auf-a-886359.html (Stand 20. September 2018).

Sykes, Gresham M./Matza, David: Techniques of Neutralization: A theory of Delinquency, in: American Sociological Review, 22/1958, S. 664–670.

Thamm, Berndt Georg (Hrsg.): Terrorismus. Ein Handbuch für Täter und Opfer, Hilden 2002.

Thiedeke, Udo (Hrsg.): Virtuelle Gruppen. Charakteristika und Problemdimensionen, 2. Auflage, Wiesbaden 2003.

Tibi, Bassam: Islamische Zuwanderung und ihre Folgen. Wer sind die neuen Deutschen? Stuttgart 2017.

Traxl, Bernd (Hrsg.): Aggression, Gewalt und Radikalisierung, Frankfurt am Main 2017.

Troeger, Eberhard: Der Islam und die Gewalt, Gießen 2016.

Ullrich, Norbert: „Extremismus": Ein Rechtsbegriff und seine Bedeutung, in: Juristenzeitung 71, 2016, S. 169–176.

Urban, Johannes: Die Bekämpfung des internationalen islamistischen Terrorismus, Wiesbaden 2006.

Virchow, Fabian/Langebach, Martin/Häusler, Alexander (Hrsg.): Handbuch Rechtsextremismus, Wiesbaden 2016.

Voltaire (Arouet, François-Marie): Über die Toleranz, 3. Auflage, Berlin 2015.

Wahl, Klaus: Aggression und Gewalt: Ein biologischer, psychologischer und sozialwissenschaftlicher Überblick, Heidelberg 2012.

Weissermehl, Philip: Terrorismus als Kommunikationsstrategie. Ein Vergleich der Roten Armee Fraktion und des Islamischen Staates, Baden-Baden 2017.

Wiegel, Michael: Einer von 8250 Islamisten, in: FAZ vom 14. Juni 2016, Quelle: www.faz.net/aktuell/politik/ausland/europa/polizistenmord-nahe-paris-einer-von-8250-islamisten-14287226.html (Stand: 9. September 2017).

Wille, James P.: Sicherheitsrisiko Förderalismus!? Braucht die Deutsche Polizei eine Reform? Norderstedt 2017.

Wilson, J., Q. & Kelling, G., L.: The Police and the Neighbourhood Safety: Broken Windows, in: The Atlantic Monthly. 3/1982, S. 29–39.

Wirth, Hans-Jürgen: Narzissmus und Macht. Zur Psychoanalyse seelischer Störungen in der Politik, 3. Auflage, Gießen 2006.

Wirth, Ingo (Hrsg.): Kriminalistik-Lexikon, 4. Auflage, Heidelberg 2011.

Wolfersdorf, Manfred/Wedler, Hans (Hrsg): Terroristen-Suizide und Amok, Regensburg 2002.

Wördemann, Franz: Terrorismus. Motive, Täter, Strategien, München/Zürich 1977.

ZDK Gesellschaft Demokratische Kultur gGmbH (Hrsg.): „Der ideale Türke". Der Ultranationalismus der Grauen Wölfe in Deutschland, Berlin 2013.

Zwiener, Ulrich/Kodalle, Klaus-M./Frindte, Wolfgang (Hrsg.): Extremismus – Gewalt – Terrorismus. Hintergründe und Handlungskonsequenzen, Jena und Erlangen 2003.

Zywietz, Bernd: Was ist Hasspropaganda? (ohne Datumsangabe), online verfügbar unter: www.stoppt-hasspropaganda.de/was-ist-hass-propaganda (Stand: 27. September 2018).